Morick/Nootz-Morick

C/C++ Referenz

FRANZIS
PROFESSIONAL SERIES

Franz Morick
Petra Nootz-Morick

C/C++ Referenz

21 Abbildungen

Bibliografische Information der Deutschen Bibliothek
Die Deutsche Bibliothek verzeichnet diese Publikation in der Deutschen Nationalbibliografie; detaillierte Daten sind im Internet über **http://dnb.ddb.de** abrufbar.

Hinweis
Alle Angaben in diesem Buch wurden vom Autor mit größter Sorgfalt erarbeitet bzw. zusammengestellt und unter Einschaltung wirksamer Kontrollmaßnahmen reproduziert. Trotzdem sind Fehler nicht ganz auszuschließen. Der Verlag und der Autor sehen sich deshalb gezwungen, darauf hinzuweisen, dass sie weder eine Garantie noch die juristische Verantwortung oder irgendeine Haftung für Folgen, die auf fehlerhafte Angaben zurückgehen, übernehmen können. Für die Mitteilung etwaiger Fehler sind Verlag und Autor jederzeit dankbar.
Internetadressen oder Versionsnummern stellen den bei Redaktionsschluss verfügbaren Informationsstand dar. Verlag und Autor übernehmen keinerlei Verantwortung oder Haftung für Veränderungen, die sich aus nicht von ihnen zu vertretenden Umständen ergeben.
Evtl. beigefügte oder zum Download angebotene Dateien und Informationen dienen ausschließlich der nicht gewerblichen Nutzung. Eine gewerbliche Nutzung ist nur mit Zustimmung des Lizenzinhabers möglich.

Satz: DTP-Satz A. Kugge, München
art & design: www.ideehoch2.de
Druck: Bercker, 47623 Kevelaer
Printed in Germany

ISBN 978-3-7723-**6089-3**

Vorwort zur sechsten Auflage

C/C++ gehört zu den am weitesten verbreiteten Programmiersprachen. In nahezu allen Bereichen der Informatik sind heute Erfahrungen in C/C++ gewünscht und erforderlich. Die Bedeutung von C/C++ spiegelt sich auch in Massenprodukten wie z.B. UNIX oder Windows-NT wider, die in dieser Programmiersprache geschrieben sind. Gleichzeitig bildet C/C++ eine optimale Grundlage zum Erlernen weiterer Programmiersprachen wie etwa JAVA.

Vor der Erstellung des Buches haben wir uns drei Ziele gesetzt:

- Als Referenz wird der gesamte Sprachumfang der Programmiersprache C/C++ wiedergegeben.
- Das Buch repräsentiert den Stand der ANSI-Standardisierung – aktuell die Standard Template Library.
- Es ist sowohl für NeueinsteigerInnen als auch für fortgeschrittene ProgrammiererInnen geeignet.

Dieses Buch ist aus unserer Praxisarbeit in der beruflichen Weiterbildung entstanden und daher erprobt und didaktisch aufbereitet. Im Teil 1 wird zunächst das Gemeinsame von C und C++ beschrieben. Dazu gehören u.a. die eingebauten Datentypen, Operatoren, Ausdrücke, Felder und Funktionen. Anschließend wird der objektorientierte Ansatz von C++ behandelt. Hierzu gehören Klassen, Objekte, Vererbung und Polymorphismus. Abgeschlossen wird dieser Teil mit den Templates und der *Standard Template Library.* Im Teil 2 des Buches erfolgt eine komplette Beschreibung aller Funktionen und Klassen entsprechend dem aktuellen ANSI-Standard.

Vorkenntnisse in C oder C++ werden nicht vorausgesetzt. Abgeschlossene und nachvollziehbare Programmbeispiele machen auch AnfängerInnen den Einstieg in C/C++ leicht. Durch zahlreiche Abbildungen und umfangreiche Tabellen ist das Buch ein anschauliches und kompaktes Nachschlagewerk für Praktiker. Alles, was Sie zusätzlich benötigen, ist eine Programmentwicklungsumgebung mit einem ANSI-C/C++-Compiler, der Templates unterstützt.

Gleichzeitig widerlegt dieses Buch zwei oft geäußerte Vorurteile gegenüber C/C++. Es tritt den Beweis an, dass C/C++ sehr wohl als erste Sprache zum Einstieg in die Programmierung geeignet ist. Zum zweiten zeigt es, dass auch C/C++-Programme lesbar geschrieben werden können und somit keine WOPs sein müssen (write-only-Programme).

An dieser Stelle möchten wir uns bei allen LeserInnen für die zahlreichen Rückmeldungen bedanken, die wir erhalten haben. Ihr Lob über das vorliegende Buch »ging runter wie Öl« und hat uns zu weiteren Buchprojekten motiviert. In diesem Zusammenhang hat uns insbesondere gefreut, dass das Konzept bzw. die »Philosophie« des Buches aufgegangen ist. Aus dem großen Feedback entnehmen wir, dass das Buch sowohl vom Autodidakten gekauft wird als auch im Aus- und Weiterbildungssektor eingesetzt wird. Ebenso haben wir von professionellen ProgrammiererInnen und aus dem Hochschulbereich positive Rückmeldungen erhalten.

Dies hat uns auch die Kraft gegeben, uns an den Schreibtisch bzw. an diese Auflage zu machen. Was ist nun aber neu an dieser aktualisierten Auflage? Im Wesentlichen sind in der vierten Auflage zwei Veränderungen hinzugekommen und in der fünften und sechsten noch einige kleine Änderungen:

- Anpassung an den aktuellen Standard ISO/IEC 14882-1998
- Übungsaufgaben mit Lösungen zu ausgewählten Kapiteln im Grundlagenbereich

Abschließend noch zwei Hinweise: Von einigen LeserInnen kam der Vorschlag, die Quelltexte doch im Internet zur Verfügung zu stellen. Wer sie also noch nicht via E-Mail von uns bekommen hat, kann sie ab sofort über unsere Test-Homepage herunterladen:

http://www.comwork.nootz-morick.de

LeserInnen, die am aktuellen ANSI/ISO-C++-Sprachstandard interessiert sind, empfehlen wir, die folgende Internetseite aufzusuchen:

http://www.open-std.org/jtc1/sc22/WG21/

Last but not least: Für die Durchsicht des Manuskripts und die umfangreichen Korrekturarbeiten waren Julia und Dorothea verantwortlich. Danke! Wir wünschen Ihnen viel Spaß bei der Arbeit mit diesem Buch, möglichst viele Aha-Erlebnisse und hoffen, dass es Ihr ständiger Begleiter beim Programmieren unter C/C++ wird. Wir würden uns freuen, wenn Sie uns eventuelle Fehler, Kritik, Anregungen und vielleicht auch Lob mitteilen würden (**comwork@nootz-morick.de**).

Petra Nootz & Franz Morick

Hinweise an die LeserInnen

Als wir dieses Buchprojekt begonnen haben, standen wir vor der Frage, wie sollen wir es gliedern? So wie DU einmal C/C++ gelernt hast, oder wie ICH einmal, oder ... ?

Klar, so viele Menschen es gibt, so viele Lerntypen gibt es auch. Was lag da näher, als das Buch lieber entsprechend der Entwicklung von C und C++ chronologisch und sachlogisch aufzubauen. Dabei haben wir versucht, darauf zu achten, dass Verweise auf noch unbehandelte Themen möglichst nicht erforderlich sind.

Sie sollten dieses Buch nicht von der ersten bis zur letzten Seite durcharbeiten. Wir empfehlen Ihnen stattdessen, das Buch zunächst in einer ruhigen Stunde und mit Muße einmal durchzublättern – werden Sie warm mit dem Buch. Verweilen Sie an Stellen, die Ihnen interessant erscheinen, und überblättern Sie Seiten, die Sie jetzt vielleicht noch nicht verstehen. Später, wenn Sie eigene Programme schreiben, fällt Ihnen dann bestimmt wieder ein »Mensch, da war doch was zu diesem Thema ...« .

Damit Sie einen dauerhaften Nutzen von diesem Buch haben, richtet es sich an eine breite LeserInnenschaft:

- LeserInnen ohne Programmierkenntnisse
- UmsteigerInnen von anderen Programmiersprachen oder C
- Fortgeschrittene ProgrammiererInnen

Die NeueinsteigerInnen erhalten eine gründliche und dennoch kompakte Einführung in die Programmierung von C/C++. Sie sollten sich zunächst nicht mit allzu viel Theorie belasten, sondern vielmehr mit den zahlreichen Programmbeispielen experimentieren und diese auf eigene Problemstellungen übertragen. Eine Programmiersprache können Sie nur lernen, wenn Sie eigene Programme schreiben. Dadurch lernen Sie Ihre Programmentwicklungsumgebung kennen, die Fehlermeldungen zu verstehen und die Fehler letztlich zu beseitigen.

Wenn Sie einmal etwas gar nicht verstehen, verzweifeln Sie nicht und halten Sie sich nicht zu lange dabei auf, vielleicht macht es schon drei Seiten später »klick«. Andererseits sollten Sie dennoch die Erfahrung machen, dass beim Programmieren für das Lösen eines Problems mal fünf Stunden, vielleicht auch einmal fünf Tage benötigt werden. Aber das Gefühl und die Erfahrung, es dann doch geschafft zu haben, motiviert ungemein zu neuen Taten.

Für die UmsteigerInnen von C auf C++ dürfte es insbesondere mit dem Kapitel 8 interessant werden. Ab hier werden die objektorientierten Elemente von C++ behandelt. Aber auch bei den Grundlagen gibt es teilweise Erweiterungen gegenüber C – auch wenn C eine Untermenge von C++ ist. Wenn dies der Fall ist, haben wir die Unterschiede immer deutlich hervorgehoben.

Fortgeschrittene ProgrammiererInnen können dieses Buch durch sein umfangreiches Stichwortverzeichnis gut als Nachschlagewerk bei der täglichen Arbeit mit C/C++ verwenden. Dies trifft insbesondere für den Teil 2 zu. Gegenüber einer Online-Hilfe kann man in »das gute alte Buch« halt doch leichter Anmerkungen schreiben oder umgeknickte Ecken als Marken verwenden.

So, nun aber genug der Vorrede. Wir wünschen Ihnen viel Erfolg und vor allem Spaß bei der Programmierung unter C/C++!

Inhaltsverzeichnis

Teil I – Einführung in C/C++

1 Einführung in C/C++

1.1 Übersicht über die Programmiersprachen

Gerade für die NeueinsteigerInnen unter den LeserInnen ist es sicherlich hilfreich zu wissen, welches große Feld im Softwarebereich sie gerade bearbeiten und wie sie Ihre Programmierarbeit darin einzuordnen haben. Hierzu sollen zur Orientierung an dieser Stelle einige Strukturen aufgezeigt werden. Die Strukturen werden dabei jeweils so weit verfeinert, bis wir beim derzeitigen Entwicklungsstand der Programmiersprache C/C++ angelangen. Die Profis unter den LeserInnen können dieses Kapitel getrost überschlagen und mit Verständnis daran denken, dass wir alle einmal ganz bescheiden angefangen haben.

Wenn Sie mit diesem Buch gerade vor Ihrem Rechner sitzen, können Sie das vor Ihnen stehende System grob in zwei Bereiche aufteilen.

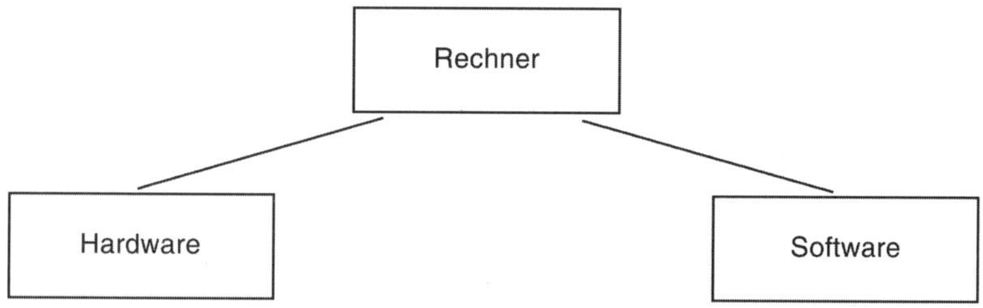

Diese Aufteilung ist Ihnen sicherlich bekannt. Zur **Hardware** zählen sichtbare Dinge wie Monitor und Drucker, aber auch der Speicher in Ihrem Rechner. Man könnte sagen, »wenn etwas herunterfällt und kaputt geht, war es Hardware«. Besser ist jedoch folgende Abgrenzung. Die **Software** zählt zu den leichter (soft) veränderbaren Komponenten eines Rechners. Das ist der Zweig, den wir an dieser Stelle verfolgen wollen:

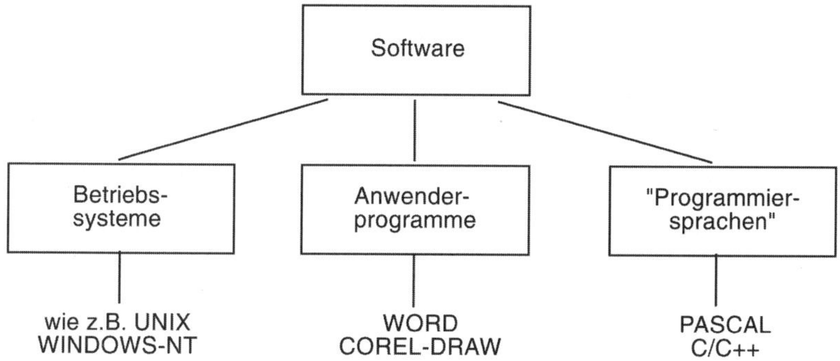

Aber schon wird es ein wenig komplizierter. Wenn Sie an Ihrem Rechner arbeiten wollen, benötigen Sie ein Betriebssystem. Das **Betriebssystem** (engl. operating system) ist die Bezeichnung für all die Programme, die Ihnen das Betreiben Ihres Rechners erst ermöglichen. Es sorgt für die Kommunikation zwischen Ihnen und dem Rechner, wird zum Ausführen der Anwenderprogramme benötigt und kontrolliert die Verteilung der Betriebsmittel.

Zu den **Anwender-** oder **Dienstprogrammen** gehören z.B. Textverarbeitungsprogramme oder auch Spiele – fertige Programme, die Sie anwenden. Manchmal äußern Personen, die an einem Rechner arbeiten, fälschlicherweise, sie würden programmieren – in der Regel wenden sie aber Dienstprogramme an.

Natürlich zählen auch die »Programmiersprachen« zur Anwendersoftware. Wenn Sie in einen Laden gehen und ein Entwicklungspaket zur C-Programmierung kaufen, erwerben Sie ja schließlich auch eine Programmsammlung aus Editor, Compiler usw., die Sie zum Programmieren anwenden. Andererseits sind die Programmiersprachen schon etwas Besonderes. Schließlich müssen Betriebssysteme und Anwendersoftware – aber auch neue Compiler – mit Hilfe einer Programmiersprache erstellt werden. Der Zweig »Programmiersprachen« ist hier aus didaktischen Gründen extra aufgeführt, weil er etwas differenzierter betrachtet werden soll:

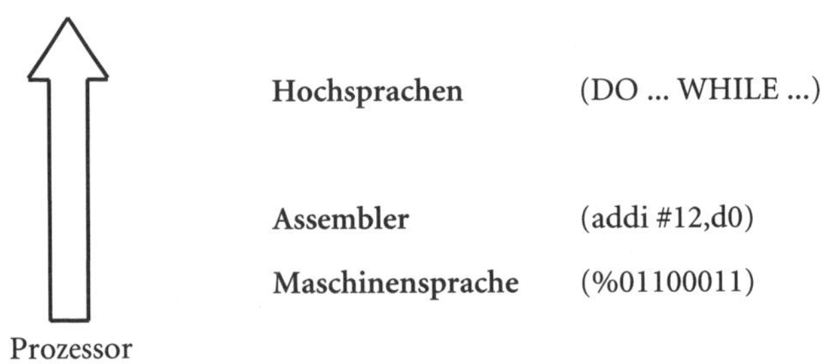

Beginnen wir unten bei der **Maschinensprache.** Sie ist die einzige Sprache, die Ihr Computer direkt ausführen kann. Hier liegen die einzelnen Befehle als Folge der Dualziffern »0« und »1« vor. Diese Art der Programmierung ist jedoch sehr fehleranfällig, und die Funktion eines Maschinenprogramms ist für Menschen nur schwer ersichtlich.

Etwas anschaulicher ist die maschinenorientierte **Assembler-Sprache.** Hier werden für den Menschen leichter verständliche (mnemonische) Symbole verwendet. So addiert z.B. der Befehl *addi #12,d0* den konstanten Wert *12* zum Inhalt des Registers *d0* in einem 68000er-System. Der Vorteil von Assembler-Programmen gegenüber Hochsprachenprogrammen ist u.a. ihr geringerer Speicherbedarf und die schnellere Ausführungszeit. Beide Vorteile verlieren durch die technische Entwicklung jedoch zunehmend an Bedeutung. Außerdem sind solche, auf die jeweilige Hardware zugeschnittenen Programme nur schwer auf andere Computertypen übertragbar. Selbstverständlich müssen Assembler-Programme zur Ausführung mittels eines Assemblers in Maschinensprache übersetzt werden.

Einen qualitativen Sprung hinsichtlich des Programmierkomforts stellen die höheren Programmiersprachen dar. In diesen **Hochsprachen** ähneln die Befehle der Umgangssprache (z.B. »Tue..., solange ...« wird zu DO ... WHILE ...). Auch hier müssen die Kommandos z.B. mit Hilfe eines Compilers in Maschinensprache übersetzt werden. Die Programmiersprache C gehört mit zu den Hochsprachen, die jetzt etwas genauer untersucht werden sollen.

Es gibt schätzungsweise über 1000 Hochsprachen, denen ein bestimmtes Konzept oder Denkschema zugrunde liegt und die oft für spezielle Anwendungen entwickelt wurden. Aber keine Angst, wesentliche Bedeutung haben davon nur ca. zehn bis 20 Sprachen. Wie die folgende Tabelle zeigt, kann man diese Sprachen grob in vier Kategorien einteilen.

Imperative Programmier-spachen	*Funktionale Programmier-spachen*	*Prädikative Programmier-spachen*	*Objektorientierte Programmier-spachen*
ADA	LISP	PARLOG	C++
ALGOL	LOGO	PROLOG	MODULA-3
C	ML		OBERON-2
COBOL			SMALTALK-80
FORTRAN			JAVA
MODULA-2			
PASCAL			
PL/I			
SIMULA			

Tab. 1.1: Übersicht über die Programmiersprachen

Die **imperativen** Programmiersprachen bestehen aus einer Folge von Befehlen (lat. imperare). Wesentlich ist das Konzept der Variablen und die Anlehnung an das VON-NEUMANN-PRINZIP. Ein VON-NEUMANN-RECHNER zeichnet sich im Wesentlichen durch seine fünf Funktionseinheiten aus: Steuerwerk, Rechenwerk, Ein- und Ausgabewerk sowie Speicher. Der Informationsaustausch zwischen diesen Einheiten erfolgt dabei über einen Daten-, einen Adress- und einen Steuerbus. Eine Anpassung dieses »Universalrechners« an das zu lösende Problem erfolgt über aufeinander folgende Befehle, das Programm (Bearbeitungsvorschrift).

Bei den **funktionalen** Programmiersprachen werden Funktionen berechnet, die Eingabedaten in Ausgabedaten (Mengen) abbilden. Völlig anders ist das Konzept der **prädikativen** Programmierung. Hier wird aus der Eingabe von Fakten und Regeln der Wahrheitsgehalt hypothetisch aufgestellter Aussagen ermittelt. Bei den **objektorientierten** Programmiersprachen schließlich werden die zur Lösung eines Problems vorhandenen Daten und Anweisungen in so genannte Objekte zusammengefasst, wobei die Objekte nach vorgegebenen Regeln Informationen untereinander austauschen. Die Klassifizierung in vier Gruppen hat natürlich auch ihre Grenzen. Wenn Sie wollen, können Sie im Gegensatz zu rein objektorientierten Sprachen wie SMALTALK die Sprachen C++ und OBERON-2 als eine Hybride (»Mischlingspflanze«) bezeichnen. Neben der Objektorientierung beinhalten sie auch das Konzept der imperativen Programmierung. Wie später noch gezeigt wird, ist C als Untermenge in C++ erhalten geblieben. Beachten Sie hierzu auch das folgende Kapitel zur Entwicklungsgeschichte von C bzw. C++. Sie liegen also richtig mit Ihrer Entscheidung, unter C bzw. C++ zu arbeiten bzw. zu lernen. Sie haben sich für eine repräsentative, imperative und objektorientierte Sprache entschieden, die gleichzeitig auch ein guter Ausgangspunkt zum Erlernen einer weiteren Programmiersprache ist. Dies trifft insbesondere für einen eventuellen späteren Umstieg auf JAVA zu. Abschließend zeigt *Abb. 1.1* einen aus Gründen der Übersichtlichkeit recht vereinfachten »Stammbaum« der höheren Programmiersprachen:

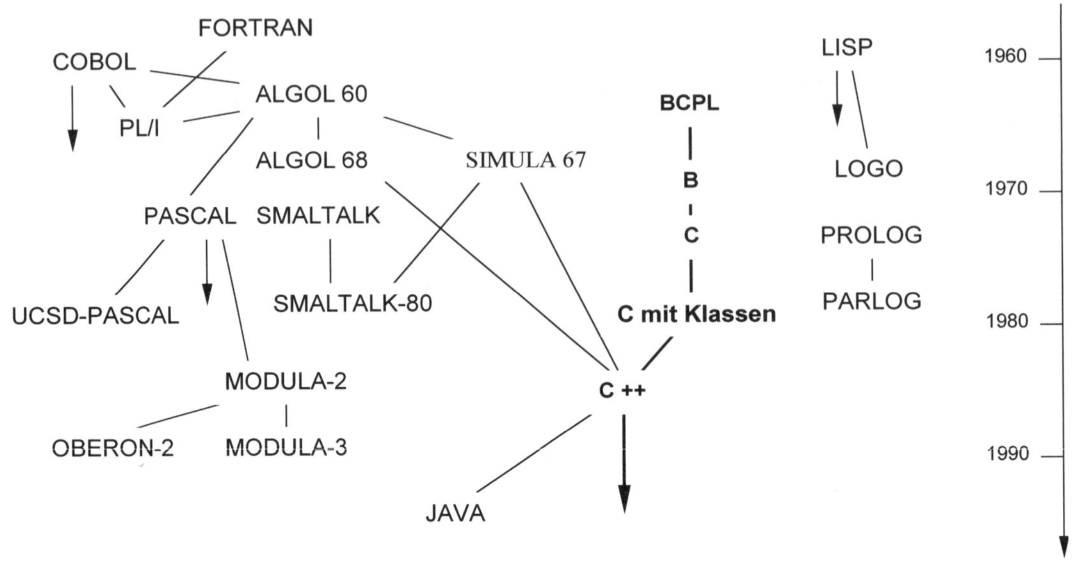

Abb. 1.1: Stammbaum der Programmiersprachen

1.2 Zur Genese von C/C++

Mit diesem Kapitel wollen wir wieder vom Allgemeinen zum Konkreten finden – zur Entwicklungsgeschichte der Programmiersprache C/C++. Wie die vorstehende Übersicht *Abb. 1.1* zeigt, gab es in den siebziger Jahren noch eine rechte »Artenvielfalt« unter den Programmiersprachen. COBOL, FORTRAN, LISP und PASCAL sind nur einige aus diesem Pool, und einige LeserInnen haben vielleicht schon unter mehreren Programmiersprachen Programme entwickelt und arbeiten heute unter C oder C++. In der Tat zählt C/C++ heute wohl mit Abstand zu den bedeutenden Programmiersprachen. Aber auch moderne Softwareprodukte wie Word oder Betriebssysteme wie UNIX und Windows NT, die wir heute bei der täglichen Arbeit einsetzen, sind zum größten Teil in C/C++ geschrieben.

Die Bedeutung der Programmiersprache C spiegelt sich aber auch in der kontinuierlichen Standardisierung durch das American National Standards Institute (ANSI) wider. Der folgende kurze Abriss zeigt die Entstehung und Weiterentwicklung der Programmiersprache C auf.

BCPL Die Wurzeln der Programmiersprache C finden sich Mitte der sechziger Jahre, als MARTIN RICHARDS die Programmiersprache BCPL (Basic Combined Programming Language) entwickelt.

B Zur Implementierung einer der ersten Versionen des Betriebssystems UNIX auf einer DEC-PDP-7 entwickelt KEN THOMPSON 1970 bei den AT&T Bell Laboratories auf Grundlage von BCPL die Programmiersprache B.

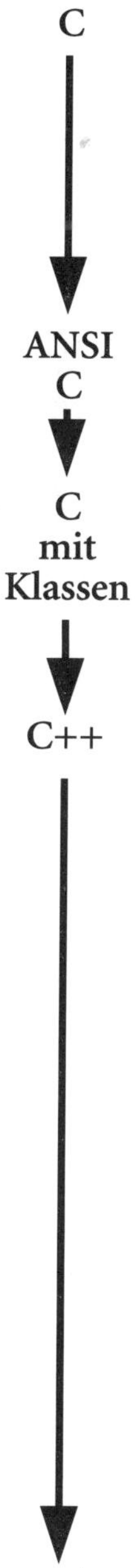

Ein wesentlicher Meilenstein in der historischen Entwicklung findet sich im Jahr 1972. DENNIS M. RITCHIE, welche(r) C-ProgrammiererIn kennt diesen Namen nicht, entwickelt eine neue Version von B, die Programmiersprache C. Sie wurde u.a. von BRIAN W. KERNIGHAN weiterentwickelt. Auch hier war wieder der Anlass, das Betriebssystem UNIX auf einen DEC-Rechner zu übertragen, diesmal auf einer PDP-11.

Es zeigt sich, wie eng die Entwicklung der Programmiersprache C mit der des Betriebssystems UNIX verbunden ist – letztlich ist das Betriebssystem UNIX zu über 90% in C geschrieben.

Von 1983 bis 1988 erarbeitet das ANSI eine eindeutige und maschinenunabhängige Definition der Programmiersprache C, den ANSI-C-Standard X3.159-1989.

Die Ursprünge für das heutige C++ gehen bis ins Jahr 1980 zurück. BJARNE STROUSTRUP, ebenfalls bei AT&T beschäftigt, erweitert die bisherige C-Version um das Klassenkonzept, auch unter dem Namen »C mit Klassen« bekannt. STROUSTRUP entwickelte diesen Vorläufer von C++, um umfangreiche Programme für ereignisgesteuerte Simulationen mit minimalem Platz- und Zeitbedarf zu schreiben.

Auf dieser Grundlage, C und »C mit Klassen«, wurde 1983 damit begonnen, die Programmiersprache C++ zu entwickeln. Ihr wesentliches Merkmal ist die Erweiterung zur objektorientierten Programmierung. Auch diese Arbeiten erfolgten bei AT&T.

Ein wesentliches Motiv zur objektorientierten Programmierung ist und war die rationelle Softwareentwicklung. Zunächst nur so viel: Eine Klasse beschreibt ein abgegrenztes Objekt – eine Abbildung der realen Welt – mit den Mitteln einer Software. Durch das Konzept des Vererbens von Eigenschaften bekannter Objekte wird zusätzlich ein hoher Wiederverwertbarkeitsgrad der Software erreicht. Mehr zu diesen Begrifflichkeiten aber später.

Wichtig ist: C ist dabei als Untermenge in C++ erhalten geblieben und ermöglicht so u.a. nach wie vor die Systemprogrammierung auf unterster Ebene.

Der Name C++, der an den Inkrement-Operator der Sprache anknüpft, wurde 1983 von RICK MASCITTI geprägt. Wenn man den Ausführungen von STROUSTRUP in seinem Standardwerk »Die C++ Programmiersprache« glauben darf, war der Name C+ schon für eine andere Programmiersprache vergeben und stellt unter C++ ohnehin einen Syntaxfehler dar.

Da es sich bei der Programmiersprache C++ um eine wesentliche Erweiterung von C handelt, wollte man ihr nicht den Namen D geben – so viel zur »Taufe« der Programmiersprache C++.

ANSI C++

Aufgrund der raschen Verbreitung von C++ begann man ab 1987 mit einer Standardisierung. Hierzu wurde 1989 auf Initiative von HEWLETT PACKARD (HP) das ANSI-Komitee X3J16 gegründet, mit dem Ziel, einen ANSI-C++-Standard zu entwickeln.

Der derzeit aktuelle Stand bei der Entwicklung der Programmiersprache C++ ist die Standardisierung der bei HP entwickelten *Standard Template Library* (STL). Im Sommer 1998 schließlich wurde C++ als **ISO/IEC 14882-1998** standardisiert (International Standardization Organizatin / International Elctrotechnical Commission).

Soweit zur Genese der Programmiersprache C/C++. Wenn Sie sich über den aktuellen Stand der Standardisierung informieren wollen, finden Sie im Internet jede Menge an Adressen bzw. Informationen – siehe hierzu auch das Literaturverzeichnis. Für 18 US-Dollar können Sie **ISO/IEC 14882-1998** (gut 750 Seiten) unter *http://webstore.ansi.org/ansidocstore/default.asp* downloaden.

1.3 Leistungsmerkmale von C/C++

Die große Verbreitung der Programmiersprache C++ wurde bereits angedeutet. Es stellt sich die Frage, was zeichnet C++ so aus? Hierzu eine Übersicht der Leistungsmerkmale und wichtiger Eigenschaften von C/C++ :

- schnelle Laufzeit
- gute Portabilität
- kompakter Quellcode
- ermöglicht systemnahe Programmierung
- geringer Sprachumfang
- freies Format
- unterstützt moderne Datentypen
- rekursiver Gebrauch bei allen Sprachelementen möglich
- unterstützt dynamische Variablen und Felder
- umfangreiche Möglichkeiten bei der Bildung von Ausdrücken
- flexibles Zeigerkonzept
- ermöglicht objektorientierte Programmierung
- Überladen von Funktionen, Klassen usw.
- Templates

Selbstverständlich sind einige der Merkmale auch für andere Hochsprachen mehr oder weniger charakteristisch.

2 Grundlagen

2.1 Aufbau eines C/C++-Programms

In diesem Buch soll das erste Programm einmal nicht »*Hello world*« auf den Bildschirm ausgeben.

```
// MULTI1.CPP

#include <iostream>
using namespace std;

int main()
{
  int zahl_1, zahl_2, ergeb;

  cout << "Bitte die erste ganze Zahl eingeben: ";
  cin >> zahl_1;
  cout << "Bitte die zweite ganze Zahl eingeben: ";
  cin >> zahl_2;

  ergeb = zahl_1 * zahl_2;

  cout << zahl_1 << " mal " << zahl_2 << " = " << ergeb;

  return 0;
}
```

Wenn Sie dieses C++-Programm jetzt **editieren** (d.h. eingeben, bearbeiten), **kompilieren** (übersetzen), mit anderen Modulen **linken** (zusammenbinden) und anschließend starten, erhalten Sie folgende Ausgabe bzw. folgenden Dialog:

> Bitte die erste ganze Zahl eingeben: *2*
> Bitte die zweite ganze Zahl eingeben: *3*
> 2 mal 3 = 6

Zur Erstellung eines lauffähigen Programms beachten Sie bitte auch *Abb. 2.3* auf Seite 48. Da alle Beispiele in diesem Buch dem ANSI-Standard entsprechen, ist es egal, ob Sie die Programme z.B. unter VISUAL C++, Borland C++ oder mit einem GNU-Compiler testen. Die Bedienung dieser Programme entnehmen Sie bitte dem jeweiligen Handbuch. Eine Erläuterung an dieser Stelle würde den Rahmen dieses Buchs sprengen. Gleiches gilt für die Handhabung des jeweiligen Debuggers bei der Fehlersuche.

Zur ersten Unterscheidung zwischen C und C++ jetzt das Multiplikationsprogramm zum direkten Vergleich in C geschrieben:

```
/* MULTI1.C */
#include <cstdio>

int main()
{
  int zahl_1, zahl_2, ergeb;

  printf ("Bitte die erste ganze Zahl eingeben: ");
  scanf("%d",&zahl_1);
  printf ("Bitte die zweite ganze Zahl eingeben: ");
  scanf("%d", &zahl_2);

  ergeb = zahl_1 * zahl_2;

  printf ("%d  mal  %d  =  %d",zahl_1,zahl_2,ergeb);

  return 0;
}
```

Sehen wir uns die einzelnen Programmzeilen etwas genauer an:

```
// MULTI1.CPP
```

Mit zwei aufeinander folgenden Schrägstrichen (//) werden unter C++ **Kommentare** eingeleitet, d.h. ab hier werden alle folgenden Zeichen bis zum jeweils nächsten Zeilenende vom Compiler ignoriert. Unter C werden **Kommentare** durch /* ... */ gekennzeichnet und können über beliebig viele Zeilen gehen. Aufgrund der Kompatibilität können diese Zeichen natürlich auch in C++-Programmen verwendet werden.

Sie sollten großzügig beim Einsatz von sinnvollen Kommentaren verfahren. Wenn Sie mal ein älteres Programm zur Hand nehmen, werden Sie sehen, dass Sie sich dann wesentlich schneller in Ihre damaligen Gedankengänge wieder einarbeiten können. Die Kommentarzeichen können aber auch bei der Fehlersuche recht hilfreich sein, wenn Sie bestimmte Programmzeilen kurzfristig sperren wollen.

```
#include <iostream>
```

#include gehört nicht zum eigentlichen C- bzw. C++-Sprachschatz. Es handelt es sich um eine Anweisung an den Präprozessor (Vorübersetzer), die Header-Datei *<iostream>* an diese Stelle einzufügen. Sie wird für die Standardausgabe **cout** benötigt, analog ist in *<cstdio>* **printf** definiert. Dies genügt an dieser Stelle. Ausführliche Informationen zum Präprozessor und **#include** folgen am Ende dieses Kapitels ab Seite 38 .

```
using namespace std;
```

In C++ müssen alle Dinge zu einem Namensbereich gehören. Hier wird der Namensraum **std** verwendet – mehr hierzu ab Seite 203. Sollte Ihr Compiler den aktuellen C++-Standard nicht unterstützen, dann ersetzen Sie bitte einfach die beiden Zeilen `#include <iostream>` und `using namespace std;` durch die eine Zeile `#include <iostream.h>`.

```
int main()
{
  ...
}
```

Hierbei handelt es sich um eine Funktion mit dem Namen **main**. Diese Funktion muss in jedem Programm einmal (!) enthalten sein. Wenn Sie Ihre Programme starten, wird diese Funktion ausgeführt. Liefert die Funktion einen int-Wert ungleich Null zurück, wird dem System hierüber das Auftreten eines Fehlers mitgeteilt. Alternativ finden Sie in einigen Büchern auch die Schreibweise **void main(void)**. Hierbei bedeuten **void** und **(void)**, dass diese Funktion keine Werte zurückgibt und auch keine Werte empfängt. Diese Schreibweise »schleppt« sich durch viele Lehrbücher und funktioniert auch mit den meisten Compilern – entspricht aber nicht dem ANSI-Standard. Welche weiteren Möglichkeiten die Funktion **main()** noch bietet, erfahren Sie in Kapitel 7.7.

```
return 0;
```

Da unser erstes Programm einwandfrei funktioniert, lassen wir die Funktion **main( )** den Wert **0** an den aufrufenden Prozess (z.B. das Betriebssystem) zurückgeben.

An dieser Stelle ist es wichtig, sich zunächst Folgendes zu merken:

> In jedem C/C++-Programm muss die Funktion **main()** genau einmal vorkommen.
>
> Die Anweisungen, die in einer Funktion ausgeführt werden sollen, müssen in einem **Block** durch die geschweiften Klammern ({ }) zusammengefasst werden.

PASCAL-ProgrammierInnen kennen dies von den Schlüsselwörtern BEGIN und END.

> Ein (C)/C++-Programm hat folgenden »Rahmen«:
>
> ```
> #include < ... >
> using namespace std;
>
> int main( )
> {
>         Anweisung(en);
>         return 0;
> }
> ```

```
int zahl_1, zahl_2, ergeb;
```

In dieser Zeile werden die drei ganzzahligen Variablen (**int**) *zahl_1*, *zahl_2* und *ergeb* vereinbart. Dies sind die Namen/Platzhalter, unter denen sich der Rechner Ihre Eingaben merkt. Da Sie bei jedem Programmstart andere Werte für *zahl_1* eingeben können, muss dieser Operand als veränderlich/variabel deklariert werden. Diese Deklaration von Variablen muss unter C am Anfang des jeweiligen Blocks stehen. Unter C++ kann die Deklaration an jeder beliebigen Stelle erfolgen – aber natürlich vor der eigentlichen Verwendung der Variablen.

```
cout << "Bitte die erste ganze Zahl eingeben: ";
```

Mit der Anweisung **cout** erfolgt die eigentliche Ausgabe. Beachten Sie bitte:

> Jede Anweisung muss mit einem
> Semikolon (;) abgeschlossen werden.

Der Einschiebeoperator << zeigt an, dass der String *Bitte die erste Zahl eingeben:* zum Standardausgabegerät geschoben wird, d.h. auf den Bildschirm ausgegeben wird. Die Ausgabe unter **C** erfolgt analog mittels **printf**. Selbstverständlich können Sie **printf** auch wieder in C++-Programmen einsetzen, allerdings ist **cout** wesentlich flexibler. Auf beides wird später noch ausführlich eingegangen. An dieser Stelle noch ein Hinweis darauf, wie Sie mehrzeiligen Text ausgeben können. Mittels der **Escape-Sequenzen**, die in Hochkommas(') oder Anführungszeichen(") eingeschlossen werden, können Sie z.B. über **\n** in eine neue Zeile wechseln oder mit **\t** einen Tabulatorsprung erreichen.

Mit

```
cout << "Zeile 1" << "\nZeile 2";
cout << "\n\t\tZeile 3 um zwei TAB eingerueckt!";
```

oder analog mit **printf**

```
printf ("Zeile 1 \nZeile 2");
printf ("\n\t\tZeile 3 um zwei TAB eingerueckt!");
```

ergibt sich die Ausgabe:

```
Zeile 1
Zeile 2
        Zeile 3 um zwei TAB eingerueckt!
```

Eine Zusammenfassung der Escape-Sequenzen finden Sie im Anhang von Teil 1 dieses Buches.

```
cin >> zahl_1;
```

cin ist das Gegenstück zu **cout.** Hier wird Ihre Eingabe vom Standardeingabegerät Tastatur zur angegebenen Variablen »geschoben« (>>). Gleichzeitig erscheint Ihre Eingabe auf dem Bildschirm (Echo). Unter **C** erfolgt das Einlesen von Variablenwerten mittels **scanf.**

Jetzt fehlen nur noch drei wichtige Hinweise, die Sie bei der Erstellung jedes C/C++-Programms beachten müssen.

> C/C++ ist **case-sensitive**, d.h. es unterscheidet
> zwischen Groß- und Kleinschreibung.

So stehen z.B. die Variablennamen *zahl_1*, *Zahl_1* oder *ZAHL_1* für drei völlig verschiedene Variablen. Bei *Main()* anstatt *main()* erhalten Sie daher auch eine Fehlermeldung.

C/C++ ist eine formatfreie Sprache.

Sie können ein Programm z.B. wie folgt schreiben:

```
/*TEST.CPP*/#include<iostream>
using namespace std; int main(){cout<<"Ich liebe Dich!"; return 0;}
```

Oder so:

```
/* TEST.CPP */
#include <iostream>
using namespace std;
int main()
{
cout << "Ich liebe Dich!";
return 0;
}
```

Oder **besser** so:

```
/* TEST.CPP */

#include <iostream>
using namespace std;

int main()
{
   cout << "Ich liebe Dich!";
   return 0;
}
```

Sie erzeugen gut leserliche und überschaubare Programme, wenn Sie den Quelltext

(a) durch Leerzeilen sinnvoll gliedern,
(b) mit Kommentaren versehen,
(c) jeweils in eine Zeile nur eine Anweisung schreiben und
(d) die Zeilen je Ebene um mindestens zwei Zeichen einrücken.

Noch ein abschließender Hinweis für die »NeueinsteigerInnen«. Hier wurde zwar ein etwas schwierigeres Einführungsbeispiel als sonst üblich gewählt, dafür können Sie mit diesem Programm aber auch besser experimentieren. Und das sollten Sie auch ausgiebig tun. Verändern Sie die Ausgaben, ändern Sie die mathematische Funktion des Programms usw., und vergessen Sie nicht: Je mehr Fehler Sie dabei machen, umso mehr lernen Sie!

Die »UmsteigerInnen« von C nach C++ haben schon gemerkt, dass es sich bei C um eine Untermenge von C++ handelt. Wenn Sie also einmal partout keine geeignete Lösung in C++ finden, ist es nicht verboten, ein Problem auf die Ihnen bekannte Art in C zu lösen.

2.2 Datentypen, Variablen und Konstanten

Stellen Sie sich vor, Sie wollen ein kleines Programm schreiben, das nach dem Radius eines Kreises »fragt«, dann die Kreisfläche berechnet und anschließend das Ergebnis ausgibt. Wenn Sie sich die Formel

$$A = \pi * r^2$$

ansehen, können Sie vorweg schon vier Feststellungen treffen:

- Bei Pi handelt es sich um eine feststehende Konstante.
- Der Radius *r*, und damit auch die Fläche *A*, sind variabel/veränderlich.
- Im Gegensatz zu Pi ergeben sich *r* und *A* erst während der Laufzeit des Programms und können nicht vorher initialisiert werden.
- Bei Pi handelt es sich um eine »Kommazahl«, während für den Radius ganze Zahlen oder »Kommazahlen« eingegeben werden können.

Der nächste Schritt wäre die Umsetzung der Aufgabe in ein Programm. Hierzu muss dem Rechner mitgeteilt werden, mit welchen Datentypen er arbeiten soll, unter welchen Namen er sich die Variablen »merken« soll und welche Konstanten es gibt. Und genau darum geht es in diesem Kapitel.

2.2.1 Elementare Datentypen

Im Einführungsprogramm haben Sie schon die Deklaration einer Variablen kennen gelernt. Über *int zahl_1* wurde eine Variable mit dem Namen (identifier) *zahl_1* vom Datentyp *int* deklariert. Wenn Sie in C oder C++ programmieren, müssen Sie alle Namen für Datenobjekte wie Variablen und später auch für Felder, Strukturen, Funktionen, Klassen usw. deklarieren.

> Die **Deklaration** der Datentypen kann an beliebiger Stelle erfolgen – nur unter C muss sie am Anfang eines Blocks ({})erfolgen.
>
> Der **Gültigkeitsbereich** (scope) eines deklarierten Namens reicht bis zum Ende des Blocks, inklusive eventuell neuangelegter innerer Blöcke.
>
> Ist mit der Deklaration gleichzeitig eine **Definition** verbunden, wird entsprechend dem Datentyp Speicherplatz für das Datenobjekt reserviert.

Bezüglich der Deklaration und Definition abgeleiteter oder abstrakter Datentypen gelten teilweise zusätzliche Regelungen. Hier geht es um die Deklaration von Variablen und Konstanten. Welche elementaren Datentypen Ihnen hierbei zur Verfügung stehen, sehen Sie hier:

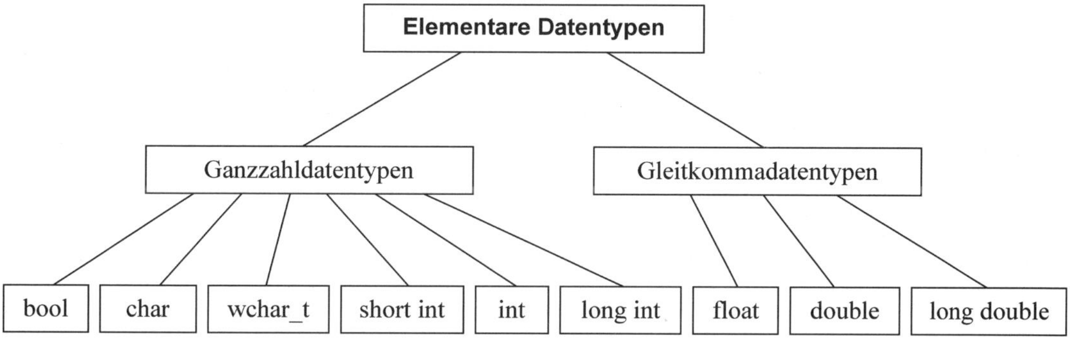

Abb. 2.1: Elementare Datentypen

Die elementaren Datentypen gliedern sich in Ganzzahl- bzw. Integerdatentypen mit den Typen **bool, char, wchar_t, short int, int** und **long int** und Gleitkomma- bzw. Fließkommadatentypen mit den Typen **float, double** und **long double.** Einen Überblick über den benötigten Speicherplatz, den Wertebereich und die Genauigkeit dieser Datentypen gibt die folgende Tabelle.

Datentyp	*Bit*	*Min. Wert*	*Max. Wert*	*Genauigkeit*
bool	8	false oder true		
char	8	-128	127	
unsigned char	8	0	255	
wchar_t	16	0	65535	
short int	16	-32768	32767	
unsigned short int	16	0	65535	
int	(16) 32 (64)	-2147483648	2147483647	
unsigned int	(16) 32	0	4294967295	
long int	32 (64)	-2147483648	2147483647	
unsigned long int	32	0	4294967295	
float	32	ca. ±3.4E-38	±3.4E38	>= 6 Ziffern
double	64	ca. ±1.7E-308	±1.7E308	>= 10 Ziffern
long double	80	ca. ±1.2E-4932	±1.2E4932	>= double

Tab. 2.1: Wertebereich und Genauigkeit elementarer Datentypen

Für logische Werte (entsprechend L und H bzw. 0 und 1) steht der Datentyp **bool** zur Verfügung. Er speichert die beiden Wahrheitswerte *false* (falsch) oder *true*(wahr) und belegt 1 Byte.

Der Datentyp **char** repräsentiert in der Regel ein Zeichen und kann mit einer Breite von 8 Bit (1 Byte) genau ein ASCII-Zeichen aufnehmen. Anwendung findet dieser Datentyp auch bei der Hardwareprogrammierung wie z.B. der Messdatenerfassung. Der Eindeutigkeit wegen sollte beim Typ **char** entweder das Attribut **unsigned** oder das redundante Attribut **signed** hinzugefügt werden. Für Zeichensätze mit mehr als 256 Zeichen (z.B. dem Unicode) steht der Typ **wchar_t** zur Verfügung.

Wie die Tabelle zeigt, sind die Datentypen **char**, **short int**, **int** und **long** vorzeichenbehaftet und können somit negative und auch positive Zahlen darstellen. Wenn Sie wollen, können Sie vor alle vier Datentypen den redundanten Modifizierer **signed** setzen. Ebenso können Sie bei den **int**-Typen auch nur das Attribut angeben. **short** wird dann vom Compiler automatisch wie **short int** und **long** wie **long int** interpretiert.

Die Datenbitbreite für die Typen **int** (16/32/64) und **long** (32/64) hängt vom System ab. Im Gegensatz zu früheren Gepflogenheiten sollte daher aus Portabilitätsgründen auf den Datentyp **int** nach Möglichkeit verzichtet und stattdessen **short** (oder **long**) eingesetzt werden.

Beachten Sie bitte unbedingt, dass die Größe des belegten Speichers ebenso wie die Genauigkeit zum Teil implementationsabhängig sind. Verstehen Sie die Angaben daher nur als Richtwerte.

Mit welcher Datenbitbreite und mit welcher Genauigkeit Ihr System Fließkommazahlen verarbeitet, können Sie schnell mit dem folgenden Programm ermitteln.

Die Beschreibung der dabei verwendeten Funktionen **cout.precision()** und **sizeof()** erfolgt später.

```
// FLIESTYP.CPP
// ermittelt Groesse und Genauigkeit
// von Fliesskommazahlen

#include <iostream>
using namespace std;

int main()
{
  float       floati;
  double      doubli;
  long double longli;

  floati=doubli=longli=10.0/3.0;  // in dieser Folge wg.
  cout.precision(32);             // Datenverlust

  cout << "float:  " << 8*sizeof(floati) << " Bit  "
       << floati << "\n";
  cout << "double: " << 8*sizeof(doubli) << " Bit  "
       << doubli << "\n";
  cout << "long:   " << 8*sizeof(longli) << " Bit  "
       << longli << "\n";
  return 0;
}
```

Unter VISUAL-C++ gibt dieses Programm z.B. folgende Werte aus:

float:	32 Bit 3.33333
double:	64 Bit 3.33333333333333
long:	80 Bit 3.3333333333333333

Für die Praxis noch zwei wichtige Hinweise:

> Um kompakte und schnelle Programme zu schreiben,
> wählen Sie hinsichtlich des Wertebereichs und der Genauigkeit
> einen der Anwendung entsprechenden Datentyp.

Achten Sie auf »**Datenverlust**«! So führt

```
int a=5, b=2, c;
c = a / b;
cout << c;
```

ebenso wie

```
int a=5, b=2;
float c;
c = a / b;
cout << c;
```

durch die Variablendeklaration von *a* und *b* als **int** zur **falschen** Ausgabe von *5/2=2.* Selbstverständlich würden Sie diesen Fehler auch unter C produzieren. Erst

```
int a=5;
float b=2, c;
c = a / b;
cout << c;
```

gibt den richtigen Wert *2.5* auf den Bildschirm aus. Ebenso führt dieses Konstrukt zu einer **falschen** Ausgabe:

```
int a=30000, b=10, c;
c = a * b;
cout << c;
```

Obwohl die beiden Variablen *a* und *b* im Gültigkeitsbereich von **int**-Zahlen liegen, erfolgt bei der Variablen *c* eine Bereichsüberschreitung (hier ein overflow). Dies führt zur falschen Ausgabe *-27680.* Erst wenn Sie alle drei Variablen als **long** deklarieren, lautet die Ausgabe richtigerweise *300000.* Eine elegantere Lösung, bei der nicht alle drei Variablen als **long** deklariert werden müssen, finden Sie im Kapitel *Datentypenumwandlung.*

2.2.2 Variablen

Variablennamen

Der variablen Größe r bei der Kreisberechnung könnten Sie z.B. den Namen *radius* geben. Bei der Vergabe eines solchen Variablennamens sind – ebenso wie bei den Konstantennamen – folgende **Regeln** zu beachten:

- Es sind alle alphanumerischen Zeichen inklusive des Unterstrichs erlaubt. Also die Zeichen A...Z, a...z, 0...9 sowie _ (z.B. *var_Zahl_1*).
- Der Variablenname kann beliebig lang sein. In einigen Systemen sind jedoch nur die ersten 31 Zeichen signifikant.
- Der Name darf nicht mit einer Ziffer beginnen.
- Auf den doppelten Unterstrich am Anfang und Ende des Namens oder auf einen Unterstrich als erstes Zeichen sollte verzichtet werden, da viele Variablen in vordefinierten Funktionen usw. diese Kennzeichnung tragen (z.B. __TIME__).
- Zwischen Groß- und Kleinschreibung wird unterschieden (z.B. *otto* und *Otto* sind zwei verschiedene Variablen).
- Verboten sind die Schlüsselwörter von C und C++ (z.B. **int**). Die Schlüsselwörter können aber innerhalb eines Variablennamens neben anderen Zeichen stehen (z.B. intRadius).
- Variablennamen sollten aussagekräftig gewählt werden und eventuell Rückschlüsse auf den Datentyp ermöglichen.

Mögliche gültige Variablennamen sind:

```
zahl2
ein_guter_name
NochEinGuterName
```

Diese Variablennamen sind **falsch**:

```
2zahl                     wg. der 2 am Anfang des Namens
zahl 2                    wg. dem Leerzeichen
karl*otto                 wg. dem *
```

Die Deklaration einer Variablen mit dem Namen *laenge* vom Datentyp **short** würde so aussehen:

```
short laenge;
```

Wenn Sie mehrere Variablen vom gleichen Typ deklarieren wollen, können Sie die Namen durch ein Komma (,) getrennt aufzählen:

```
int seite_a, seite_b, flaeche_recht;
```

oder

```
int seite_a,              // Seite a des Rechteckes
    seite_b,              // Seite b des Rechteckes
    flaeche_recht;        // Flaeche des Rechteckes
```

Variableninitialisierung

Zur Initialisierung einer Variablen wird hinter dem Namen ein Gleichheitszeichen und eine numerische Konstante angegeben. Wenn Sie die Initialisierung einer Variablen vergessen, können Sie sich **nicht** darauf verlassen, dass diese Variable automatisch mit dem Wert 0 initialisiert wird!

Die Initialisierung einer Variablen kann bei ihrer Deklaration erfolgen

```
short  faktor=10;
```

oder sich erst zur Laufzeit des Programms ergeben:

```
short  faktor, messwert;
...
faktor = messwert;
...
```

Wenn nicht unbedingt notwendig, sollten Sie wegen der größeren Rechenzeit aber auf eine Initialisierung während der Laufzeit verzichten.

2.2.3 Konstanten

Feststehende Werte wie z.B. die Konstante Pi oder den Mehrwertsteuersatz können Sie am Anfang eines Programms als konstant definieren. Aller Voraussicht nach wird sich der Wert für Pi in naher Zukunft ohnehin nicht ändern und es sieht schöner aus, als in jede Formel 3.14159 zu schreiben.

Der Mehrwertsteuersatz wird sich dagegen sicherlich öfters ändern – besser gesagt erhöhen. Haben Sie ihn am Anfang des Programms als konstant deklariert, gestalten sich notwendige Änderungen an einer Stelle des Programms wesentlich einfacher und sind nicht so fehleranfällig.

Konstantendeklaration

> Konstanten werden mit dem vorangestellten Schlüsselwort **const** wie Variablen deklariert.
>
> Der dem Namen über das =-Zeichen zugeordnete Wert kann nicht im Programm verändert werden.
>
> Für eine fehlende Typenangabe wird **int** angenommen.

Eine Deklaration der Konstanten 3.14159 unter dem Namen Pi und vom Datentyp **float** würde so aussehen:

```
const float   PI = 3.14159;
```

Alternativ können Sie eine Konstante auch über die Präprozessoranweisung #define definieren:

```
#define  PI 3.14159
```

Eine Beschreibung von #define finden Sie im folgenden Kapitel *Der Präprozessor.* Sie sollten die Konstantendeklaration mittels **const** aber wegen der Kontrolle des Gültigkeitsbereichs und der Typenprüfung durch den Compiler bevorzugen.

Ganzzahlkonstanten

int-Zahlen können durch die zusätzliche Angabe des Zahlensystems auf drei verschiedene Arten dargestellt werden. Für das oktale Zahlensystem (hier durch 8 gekennzeichnet) wird der Zahl eine **0** (Null) vorangestellt. Hexadezimale Zahlen (hier 16) werden durch die Zeichenkombination **0X** oder **0x** gekennzeichnet.

Die dezimale Zahl 30 lautet im Oktalsystem 36_8 und im Hexadezimalsystem $1E_{16}$. Die drei Anweisungen

```
short summe;
summe = 30 + 036 + 0x1E;
cout << summe;
```

geben somit für *summe* den dezimalen Wert 90 aus.

Zusätzlich können Sie eine Konstante durch das Suffix **L** oder **l** als **long** und durch **U** oder **u** als **unsigned** kennzeichnen (z.B. 30U).

Gleitkommakonstanten

Auch bei Gleitkommakonstanten kann durch ein Suffix ein bestimmter Typ angegeben werden. **float** wird durch **F** oder **f** und **long double** durch **L** oder **l** gekennzeichnet. Erfolgt keine Angabe, sind die Konstanten automatisch vom Typ **double.**

Bei der Darstellung können darüber hinaus ein Vorzeichen, Vor- und Nachkommastellen, ein Dezimalpunkt oder ein Ganzzahl-Exponent eingesetzt werden.

So repräsentieren z.B. die folgenden vier Schreibweisen alle den dezimalen Wert 0,033 .

```
0.033
+.033
33E-3
+33.0e-03
```

Zeichen- und Zeichenkettenkonstanten

Die beiden Anweisungen

```
const char zeichen = 'n';
cout << zeichen << "\n fuer neue Zeile";
```

geben

n

fuer neue Zeile

aus. *zeichen* ist dabei eine (Ein-)Zeichenkonstante, die durch Hochkommata (') eingefasst wird. Bei \n handelt es sich um eine besondere Zeichenkonstante, die schon bekannte Escape-Sequenz. Sie wird durch Hochkommata oder Anführungszeichen (") begrenzt. Alternativ kann hinter dem Backslash (\) auch der entsprechende Zahlenwert im oktal- oder hex-Format angegeben werden. Mehrere Zeichen werden als Zeichenkette (String) in Anführungszeichen gesetzt.

Zur Erinnerung: Am Anfang dieses Kapitels stand das Problem, die Formel zur Kreisberechnung in ein C/C++-Programm umzusetzen. Zusammenfassend soll nun das fertige Programm zur Kreisflächenberechnung nachgeliefert werden:

```
// KREIS1.CPP

#include <iostream>
#include <cmath>
using namespace std;

int main()

{                //Variablendeklaration

  double  radius, flaecheK;
  const float  PI = 3.14159;

                 // Radius abfragen und einlesen
  cout << "Bitte geben Sie den Kreisradius ein: ";
  cin >> radius;

                 // Flaeche berechnen
  flaecheK = PI * pow(radius, 2);  // in <cmath> def.

                 // Ergebnis ausgeben
  cout << "Die Kreisflaeche betraegt: "<< flaecheK;
  return 0;
}
```

Wie Sie sehen, wurde hier bei der Berechnung der Fläche nicht *radius*radius* eingegeben, sondern zur Berechnung der Potenz eine Funktion verwendet. Die Funktion **pow(x,y)** – »power« Potenzierung – führt die Berechnung *x* hoch *y* aus.

Da der Prototyp dieser Funktion in der Header-Datei <cmath> deklariert ist, muss diese über #include mit eingebunden werden. Falls Sie es noch nicht getan haben, ist jetzt eine gute Gelegenheit, mal im Teil 2 dieses Buches zu stöbern. Sie werden sich wundern, wie viele schöne Sachen Sie nicht mehr nacherfinden müssen.

2.2.4 Explizite Datentypenumwandlung

In C/C++ stellt das Verarbeiten gemischter Ausdrücke kein Problem dar. Dank den Prioritäts- und Assoziativitätsregeln erfolgt eine automatische Konvertierung bei unterschiedlichen Datentypen. Ist in einem Programm die explizite Umwandlung eines Datentyps dennoch erforderlich, kann diese Konvertierung über so genannte **casts** erfolgen.

Hierzu wird in C dem Operanden ein **cast**, eine in Klammern gesetzte Typbezeichnung, vorangestellt:

(Typbezeichnung) Ausdruck

Der Wert des Ausdrucks wird dabei in den angegebenen Typ umgewandelt. Unter C++ steht alternativ auch diese Schreibweise zur Verfügung:

Typbezeichnung (Ausdruck)

Zu Testzwecken wird eine Compilerwarnung der Art »*type conversion; possible loss of data*« erzeugt:

```
float  floati = 3.45678;
int    inti=2, sumi ;
sumi = floati + inti;      //    ---> Warnung
```

Die explizite Umwandlung erfolgt in C (und natürlich auch C++) mit

```
sumi = (int)floati + inti;
```

oder typischerweise in C++:

```
sumi = int(floati) + inti;
```

2.2.5 Boolesche Werte unter C++

In diesem Kapitel haben Sie bereits die elementaren Datentypen **char** für ein Zeichen, **int** für ganzzahlige Werte und **double** für Gleitkommawerte kennen gelernt. Unter **C++** steht Ihnen zusätzlich zur Ein-/Ausgabe und zur Verarbeitung logischer Werte der Datentyp **bool** zur Verfügung.

Zur Erinnerung an den britischen Mathematiker und Logiker GEORGE BOOLE wird in der Regel der Begriff **Boolescher Wert** verwendet.

> Ein **Boolescher Wert** kann einen (!) der beiden Werte
> **true** (wahr) oder **false** (falsch) annehmen.
> Im Rechner wird er durch die beiden Werte
> **1** bzw. **0** repräsentiert.

Zur Verdeutlichung einige Beispiele:

```
#include <iostream>
using namespace std;

int main()
{
   int   zahl_1=1, zahl_2=2, zahl_3=2, zahl_4;
```

```
    bool  pruef_a, pruef_b;

    pruef_a  =  zahl_1 == zahl_2;
    pruef_b  =  zahl_2 == zahl_3;

    cout << pruef_a << "  " << pruef_b;
      return 0;
}
```

Dieses kleine Testprogramm gibt die Werte *0* und *1* aus. Zunächst werden die beiden Variablen *zahl_1* und *zahl_2* auf Gleichheit (==) geprüft.

Da die aktuellen Werte (hier 1 und 2) nicht gleich sind, wird der Variablen *pruef_a* der Wert **false** bzw. **0** zugewiesen (=); ist doch »logisch«. Entsprechend enthält *pruef_b* **true** bzw. **1**.

Wenn es denn einen Sinn ergibt, können Sie mit einer Variablen vom Typ **bool** z.B. auch arithmetische Operationen durchführen. Das kleine Testprogramm am Ende um die beiden (hervorgehobenen) Zeilen

```
   ...
   cout << pruef_a << "  " << pruef_b;
   zahl_4  =  zahl_2 + pruef_a + pruef_b;  // = 2+0+1
   cout << "\n" << zahl_4;
}
```

erweitert, führt zu folgender Ausgabe:

```
0 1

3
```

Dies als »Beweis« dafür, dass der Datentyp **bool** neben **char** und **int** zu den **Integer**-Datentypen gehört. Sie stören sich an der Ausgabe **1** oder **0**? Wie Sie das Ausgabeformat verändern können, lernen Sie später noch ausführlich. Schon im Vorgriff an dieser Stelle – um das Kapitel Datentypen abzuschließen – folgender Hinweis. Über **boolalpha** (in <iomanip>) können Sie die symbolische Darstellung für **true** und **false** einschalten.

```
#include <iostream>
#include <iomanip>
using namespace std;

int main()
{
     ...
   cout << boolalpha;
   cout << pruef_a << "  " << pruef_b;
   return 0;
}
```

In Abhängigkeit von Ihrer Sprachumgebung gibt der Rechner nun **false** und **true** oder z.B. **falsch** und **wahr** aus. So viel zur Verarbeitung und Ausgabe Boolescher Werte. Das Eingabeformat für **bool** hängt von Ihrer Sprachumgebung ab. Der Defaultwert ist aber auch hier **1** und **0** – experimentieren Sie!

Warnung! Wenn Sie als NeueinsteigerIn mit diesem Buch arbeiten, können Sie das folgende Kapitel – mit doch recht viel Theorie – zunächst ruhigen Gewissens überspringen. Holen Sie sich lieber erst einmal ein paar Erfolgserlebnisse, indem Sie mit Kapitel 3 weiterarbeiten. Die folgenden Ausführungen, insbesondere zur Programmerstellung, sollten Sie dennoch später einmal durcharbeiten.

2.3 Der Präprozessor

Nun zu der Frage, welche Funktion hat eigentlich der Präprozessor?

(1) Aufgabe des Präprozessors ist es u.a., weitere files (Dateien) einzufügen, symbolische Konstanten und Makros zu substituieren (einzusetzen) sowie die bedingte Generierung von Programmen.

(2) Die Präprozessor- Direktiven (Kommandos) beginnen mit dem #-Zeichen.

(3) Zwischen dem ANSI-C-Standard und dem C++-Sprachentwurf gibt es keine Unterschiede hinsichtlich der Präprozessoren.

2.3.1 Ablauf des Preprocessing

Der Ablauf des Preprocessing erfolgt als Vorpass vor der eigentlichen Kompilierung des Quelltextes und gliedert sich in folgende Phasen:

Quellcode

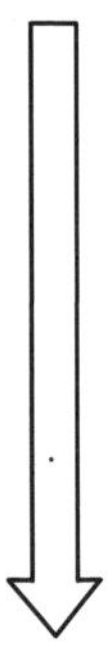

»interner Quellcode«

- Drei-Zeichen-Folgen ersetzen (s.u.),
- *backslash(\)* und *newline* löschen und Zeilen aneinander hängen,
- Kommentare durch ein *whitespace* ersetzen,
- Programmtext in Token (Identifikatoren, Grundsymbole) mit trennenden *whitespace*-Zeichen zerlegen,
- Präprozessor-Anweisungen ausführen (Makros expandieren, files einfügen, bedingte Kompilierung usw.),
- Escape-Sequenzen und string-literale (in doppelte Anführungszeichen eingeschlossene Textzeichen) ersetzen
- sowie benachbarte Zeichenketten verbinden.

Anschließend wird der hieraus resultierende »interne Quellcode« übersetzt und gegebenenfalls mit anderen Objektmodulen zusammengebunden. Siehe hierzu auch die Abbildung zur Programmerstellung am Ende dieses Kapitels.

Drei-Zeichen-Folgen ersetzen

Die Drei-Zeichen-Folgen (trigraph-Sequenzen) stehen für einige im ASCII-Zeichensatz nicht definierte Zeichen.

<table>
<tr><th>trigraph-Sequenz</th><th>Äquivalent</th></tr>
<tr><td>??=</td><td>#</td></tr>
<tr><td>??/</td><td>\</td></tr>
<tr><td>??<</td><td>{</td></tr>
<tr><td>??></td><td>}</td></tr>
<tr><td>??(</td><td>[</td></tr>
<tr><td>??)</td><td>]</td></tr>
<tr><td>??'</td><td>^</td></tr>
<tr><td>??!</td><td>|</td></tr>
<tr><td>??-</td><td>~</td></tr>
</table>

Tab. 2.2: Trigraph-Sequenzen

2.3.2 Präprozessor-Anweisungen

Ein wesentlicher Bestandteil des Preprocessing ist die Ausführung der Präprozessor-Anweisungen. Die unten stehende Tabelle gibt eine Übersicht über die Präprozessor-Direktiven und -Operatoren. Diese werden ergänzt durch die vordefinierten Symbole und Konstanten.

Direktive	*Bedeutung*
#define	Makrodefinition
#undef	Entfernen der Makrodefinition
#...	aktuelles Argument als string-literal
##...	zwei Zeichenfolgen verbinden
#include	file einfügen
#if	Operator für bedingte Kompilierung
#ifdef	dto., entspr. #if
#ifndef	dto., entspr. #if !defined
#elif	dto., Prüfung
#else	dto., für die vier vorstehenden Konstruktionen
#endif	dto., Ende der bedingten Kompilierung
#line	Zeilennummer verändern
#error	Fehlermeldung generieren
#pragma	Anweisung für Compiler
#	NULL-Direktive

Tab. 2.3: Präprozessor-Direktiven

Eine ausführliche Beschreibung mit Anwendungsbeispielen zu diesen Präprozessor-Anweisungen finden Sie auf den folgenden Seiten.

Makro-Definition und -Expansion

Die Präprozessor-Anweisung

> **#define** *Bezeichner string*

sorgt dafür, dass alle Vorkommen von *Bezeichner* durch *string* ersetzt werden. Dies hat zwei Vorteile. Zum einen wird die Lesbarkeit eines Programms deutlich erhöht, zum anderen ist durch die Festlegung des Wertes an einem Ort im Programm eine schnelle und sichere Anpassung möglich – was wir hier nicht hoffen wollen:

```
#include <iostream>
using namespace std;
#define MWSt 0.16
int main()
{
  float Betrag = 10.0, Summe;
  Summe = Betrag + Betrag * MWSt;
  cout << "10,-DM plus Steuer gleich " << Summe
       << " DM.";
  return 0;
}
```

Auch die »funktionsartige« Übergabe von Parametern ist möglich:

> **#define** *Bezeichner (Bezeichner$_1$, ..., Bezeichner$_n$) string*

Beachten Sie, dass sich zwischen dem Makronamen und der öffnenden Klammer keine trennenden whitespace-Zeichen befinden dürfen. Auch die Anzahl der Parameter muss beim Aufruf des Makros mit der bei der Definition des Makros angegebenen Anzahl übereinstimmen:

```
#include <iostream>
using namespace std;
#define max(a, b)  (a)>(b)?(a):(b)  // Bed.operator ?:
int main()                          // wenn (?) a > b
{                                   // dann gilt a
  int a=2, b=3, Maxwert;            // ansonsten (:) b
  Maxwert = max(a, b);
  cout << Maxwert;
  return 0;
}
```

Sichtbarkeit von Makrodefinitionen

Die Direktive

> **#undef** *Bezeichner*

hebt die Sichtbarkeit und die Definition eines Makros wieder auf. Hierbei ist lediglich der Makroname ohne eventuelle Parameter anzugeben.

Der #-Operator

Wird bei der Makrodefinition einem formalen Parameter der #-Operator vorangestellt, wird beim Aufruf des Makros das aktuelle Argument als Zeichenkettenkonstante dargestellt.

```
#include <iostream>
using namespace std;
#define testausgabe(var) cout << #var << "=" << var
int main()
{
  int laenge=10, flaeche=100;
  testausgabe(laenge);
  testausgabe(flaeche);
  return 0;
}
```

Die Monitorausgabe hierbei lautet *laenge=10 flaeche=100*, wobei *laenge* durch *#var* und *10* durch *var* erzeugt wird.

Der ##-Operator

Der ##-Operator weist den Präprozessor an, zwei Zeichenfolgen zusammenzufassen. So würde *Petra##Brigitte=43* vom Präprozessor in *PetraBrigitte=43* umgewandelt. Diese Verkettung von Parametern wird im folgenden Programm eingesetzt, um aktuelle Variablenwerte z.B. zu Testzwecken auszugeben:

```
#include <iostream>
using namespace std;
#define testausgabe(wert) cout<<var##wert
int main()
{
  int var1=0, var2=0, var3=7;
  testausgabe(1);
  testausgabe(2);
  testausgabe(3);
  return 0;
}
```

Dieses Testprogramm zum ##-Operator gibt *007* auf den Monitor aus, und nicht etwa *var1var2var3* oder *123*. Bleibt nur noch anzumerken, dass man auf solche nichts sagenden Variablennamen in der Praxis besser verzichten sollte.

Dateien einfügen

Die Präprozessor-Direktive

#include <*Filename*>

bewirkt, dass diese Zeile durch die gesamte Datei *Filename* ersetzt wird. In der Regel handelt es sich dabei um Standard-Header-Dateien wie z.B. <*cstdio*>, es kann sich aber auch um beliebige C/C++-Quelltextdateien handeln. Eine Schachtelung der Anweisung ist dabei möglich. Das Verzeichnis, in dem die Datei gesucht wird, ist implementationsabhängig.

#include »*Filename*«

Üblicherweise wird diese Syntax zum Einbinden eigener Header-Dateien verwendet. Wo die Datei gesucht wird, ist auch wieder implementationsabhängig. Bleibt die Suche erfolglos, wird dort gesucht, wo auch <*Filename*> gesucht würde. Aber auch die explizite Angabe von Laufwerken und Verzeichnissen ist möglich.

Bedingte Kompilierung

Mit diesen Präprozessor-Kontrollstrukturen ist eine bedingte Kompilierung möglich. Dies ist u.a. in Testphasen oder bei der Kompilierung betriebssystemabhängiger Teile auf unterschiedlichen Rechnern sehr hilfreich.

Eingeleitet wird der bedingt zu kompilierende Block durch eine der drei folgenden Anweisungen:

#if *Konstante-Ausdruck*
#ifdef *Bezeichner*
#ifndef *Bezeichner*

Ist der Konstantenausdruck wahr (Wert ungleich 0) bzw. sind die *Bezeichner* definiert, werden die folgenden Anweisungen generiert. **#ifdef** *Bezeichner* ist dabei identisch mit **#if defined** *Bezeichner* bzw. **#ifndef** ist identisch mit **#if !defined**. Abgeschlossen wird der bedingte Anweisungsblock durch ein:

#endif

Optional kann zwischen einer der drei **if**-Anweisungen und dem **#endif** eine der beiden folgenden Anweisungen stehen

#else
#elif *Konstante-Ausdruck*

und einen alternativen bedingten Anweisungsblock einleiten.

Die Konstrukte für die bedingte Kompilierung können dabei geschachtelt werden. Ein Beispiel zur bedingten Kompilierung finden Sie am Ende des Abschnitts *Vordefinierte Symbole.*

Fehlermeldungen

Durch

#error *string*

wird der Präprozessor veranlasst, eine bestimmte Fehlermeldung (*string*) zu generieren.

```
#include <iostream>
using namespace std;
int main()
{
  int variable1;
  #if !defined variable2
    #error Das war wohl nichts!
  #endif
  return 0;
}
```

Hier wird an der Stelle, an der ansonsten eventuelle Compiler-Fehlermeldungen erscheinen, der Text *Das war wohl nichts!* ausgegeben.

Zeilennummer

#line *Konstant* [*Filename*]

Über *Konstant* wird die neue Zeilennummer für den Quelltext und optional der Dateiname gesetzt. Die Symbole **__LINE__** und **__FILE__** werden dabei mit verändert. So ergeben sich z.B. zusammen mit **#error** weiter gehende Möglichkeiten bei der Fehlersuche.

Bleiben abschließend noch zwei Direktiven zu erwähnen. Über **#pragma** *string* wird ein implementationsabhängiges Verhalten erzeugt, welches Sie bitte der Dokumentation Ihres Compilers entnehmen. Die NULL-Direktive # hat keine Auswirkungen und kann z.B. zur optischen Hervorhebung bestimmter Bedingungen in einem Programm eingesetzt werden.

2.3.3 Vordefinierte Symbole und Konstanten

Für ANSI-Präprozessoren (Compiler) sind unten stehende Namen vordefiniert. Diese Symbole können nicht redefiniert oder mittels **#undef** für ungültig erklärt werden.

Symbol	Beschreibung
__LINE__	Integer-Konstante mit der aktuellen Quelltextzeile
__FILE__	Zeichenkettenkonstante mit dem Dateinamen des gerade kompilierten Quellmoduls *__LINE__* und *__FILE__* können über die Direktive #line gesetzt werden
__DATE__	Zeichenkettenkonstante mit dem Datum der Übersetzung im Format »*mmm ss yy*«
__TIME__	Zeichenkettenkonstante mit der Uhrzeit der Übersetzung im Format »*hh:mm:ss*«
__STDC__	Konstante mit dem Wert 1, wenn es sich um einen ANSI-C-Compiler handelt
__cplusplus	Konstante, die C++-Compiler anzeigt

Tab. 2.4: Vordefinierte Symbole und Konstanten

Das Testprogramm

```
#include  <cstdio>

int main()
{
  printf ("Heute ist " __DATE__ " ");
  printf (__TIME__ "\n");
  printf ("und ich melde mich aus " __FILE__);
  printf (", Zeile %d .\n" , __LINE__);
  printf ("Dies war eine Mitteilung Deines ");
  #if __cplusplus
    printf ("C++-Compilers.");
  #else
    printf ("C-Compilers.");
  #endif
  return 0;
}
```

gibt z.B. die Meldung aus:

> Heute ist Nov 8 1998 21:43:57
> und ich melde mich aus c:\msvc\bsp_fiti\c_buch\test.cpp , Zeile 7.
> Dies war eine Mitteilung Deines C++-Compilers.

Dies nebenbei auch als »Beweis« dafür, dass man mit einem C++-Compiler auch C-Programme übersetzen kann. Das gleiche Testprogramm, z.B. unter TEST.C abgespeichert, würde zur Ausgabe » ... *Deines C-Compilers.*« führen.

2.4 Hinweise zum Programmentwurf

Zum Abschluss dieses Kapitels noch einige allgemeingültige Anmerkungen zum Programmieren.

Eine mögliche Antwort auf die Frage » ... was heißt eigentlich programmieren?«, könnte lauten:

> Programmieren bedeutet, dem Rechner mitteilen,
> welche Aufgaben er wann, wie und womit ausführen soll.

Gerade NeueinsteigerInnen oder »HobbyprogrammiererInnen« neigen nun dazu, sich an den Rechner zu setzen und den Quelltext zu editieren – den »Fahrplan für das Programm« haben sie dabei im Hinterkopf. Bei einfachen Programmen tut dies ja auch fast jeder, nur größere Programme kann man so nicht entwickeln – jedenfalls nicht ökonomisch.

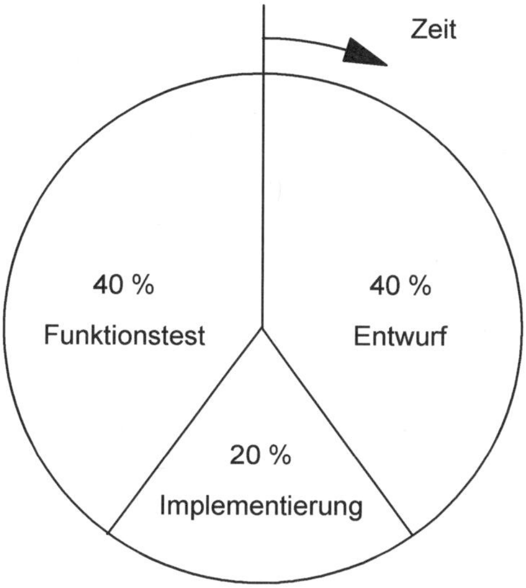

Abb. 2.2: Zeitplan bei der Programmentwicklung

Wie die vorstehende Abbildung zeigt, sollten Sie bei der Programmentwicklung Ihren Schwerpunkt auf die Phase des Programmentwurfs legen. Die Zeit, die Sie hier investieren, sparen Sie bei der Fehlersuche und bei eventuellen Programmerweiterungen wieder ein.

Aus der Problemanalyse heraus entwerfen Sie das Programm, d.h. Sie entwickeln ein Modell, das die gestellten Anforderungen erfüllt. Hierzu formulieren Sie Algorithmen, Datenstrukturen, Klassen, Objekte usw. Als vorteilhaft hat sich dabei die Modulbildung erwiesen. Hierzu wird das Gesamtsystem in abgegrenzte, überschaubare Einzelbausteine zerlegt, die unabhängig voneinander realisiert werden können. So können Sie z.B. Module aus anderen Programmen verwenden, Module bei Bedarf austauschen oder ein größeres Projekt arbeitsteilig erstellen. Dabei sollten Sie alle wichtigen Ideen, Festlegungen, Modulbeschreibungen usw. dokumentieren.

Anschließend erfolgt die Implementierungsphase, also die Erstellung der einzelnen Module bis hin zu einem dokumentierten, lauffähigen Programm.

In der Regel ist es damit aber leider noch nicht getan – jetzt folgt die Testphase. Sie ist gar nicht so einfach. Nur weil z.B. eine Eingabe fehlerfrei erfolgt, ist dies noch lange kein Beweis dafür, dass sie unter allen Umständen korrekt arbeitet – die Abwesenheit von Fehlern kann man leider nicht beweisen. Schon in etwas größeren Programmen erreicht die Kombination aus Variablen, Ereignissen usw. eine derartig große Dimension, dass das Verhalten des Programms unter allen möglichen Eventualitäten gar nicht mehr getestet werden kann. Fehlerhafte Stellwerksteuerungen bei der Bahn oder sich in Rauch auflösende Raketen sind nur zwei traurige Beispiele hierfür. Im Bereich des professionellen Software Engineering versucht man, dies durch differenzierte Testphasen zu verhindern. Hierzu gehört der Modultest, der Integrationstest, u.U. ein Installationstest und schließlich ein Abnahmetest.

Kommen wir aber wieder zu unseren kleinen bescheidenen Programmen zurück. Die Phasen, die bei jeder Programmerstellung notwendig sind, zeigt abschließend noch einmal die folgende Abbildung.

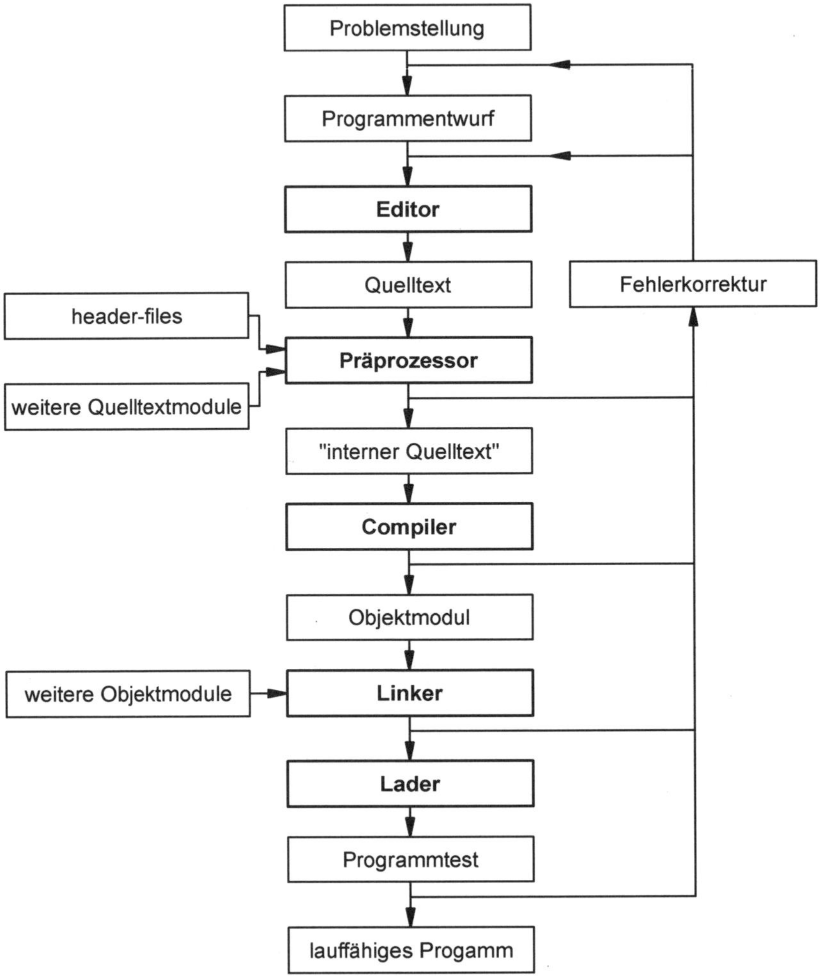

Abb. 2.3: Erstellung eines lauffähigen Programms

2.5 Übungen zu den Grundlagen

2.5.1 Aufgaben

(A.2.1) Wie heißt der »Erfinder« der Programmiersprache C++?

(A.2.2) Wann wurde der aktuelle C++ Standard festgelegt?

(A.2.3) Nennen Sie fünf typische Merkmale bzw. Eigenschaften der Programmiersprache C++.

(A.2.4) Welches ist die wesentliche Erweiterung von C++ gegenüber C?

(A.2.5) Nennen Sie vier Programmiersprachen, aus denen sich C++ entwickelt hat.

(A.2.6) Nennen Sie fünf wesentliche Schritte bei der Programmerstellung (wie z.B. editieren) – in der richtigen Reihenfolge.
Welche Variablendeklarationen sind falsch?

(A.2.7)

```
int     otto=1,
        2otto,
        einotto,
        _otto,
        otto1,
        &otto;
char    sieb*en,
        i,
        otto&hans,
        otto_und_hans;
```

(A.2.8) Wie viele Fehler enthält das folgende Programm? Bitte verbessern Sie diese auch.

```
include <iostream>
using namespace std;
int Main()
{
  float a, b, V;
  cout << "Bitte die Laenge eingeben (in m): ";
  cin >> a;
  cout << "Bitte die Breite eingeben (in m): ";
  cin >> b;
  cout << "Bitte die Hoehe eingeben (in m): ";
  cin >> c;
  V = a * a * c
  cout << "Das Volumen betraegt " << "V" << " Kubikmeter.";
  return 0;
}
```

(A.2.9) Schreiben Sie ein Programm, das den Benutzer nach den zwei Seitenlängen eines Rechtecks fragt (als Ganzzahl) und anschließend die beiden eingegebenen Größen sowie die Fläche des Rechtecks ausgibt.

(A.2.10) Unter welchen Bedingungen »spinnt« das Programm, obwohl zwei gültige Werte eingegeben werden?

```
#include <iostream>
using namespace std;
int main()
{
  short zahl_1, zahl_2, summe;
  cout << "Bitte erste Zahl eingeben: ";
  cin >> zahl_1;
  cout << "Bitte zweite Zahl eingeben: ";
  cin >> zahl_2;
  summe = zahl_1 + zahl_2;
  cout << zahl_1 << " + " << zahl_2 << " = " << summe;
  return 0;
}
```

(A.2.11) Welcher Wert wird hier für *Summe* ausgegeben?

```
#include <iostream>
using namespace std;
int main()
{
  int zahl_1, zahl_2, summe;
  summe = zahl_1 + zahl_2;
  cout << summe;
  return 0;
}
```

(A.2.12) Welche Funktion erfüllen die vier Escape-Sequenzen?

\n	\f
\\	\"

(A.2.13) Wie lautet jeweils die Ausgabe?

```
int a=5, b=2, c;
c = a/b;
cout << c;

int a=5, b=2;
float c;
c = a/b;
cout << c;
```

```
int a=5;
float b=2, c;
c = a/b;
cout << c;

short a=30000, b=10, c;
c = a*b;
cout << c;
```

(A.2.14) Es soll nach dem Ohmschen-Gesetz der Strom I [A] nach der Formel

$$I = \frac{U}{R}$$

berechnet werden. Nachdem der Anwender Werte für die Spannung U [V] und den Widerstand R [Ω] eingegeben hat, sollen anschließend alle drei Größen mit den Maßeinheiten ausgegeben werden. Bei welchen Extremwerten treten hier Probleme auf?

(A.2.15) Es soll der Strom I [A] nach der Formel

$$P = U * I$$

berechnet werden. Nachdem der Anwender einen Wert für P [W] eingegeben hat, sollen anschließend alle drei Größen mit den Maßeinheiten ausgegeben werden. Es ist von einer »konstanten« (Netz-)Spannung von U=230V auszugehen.

(A.2.16) Es soll der Leitungswiderstand R_L [Ω] für eine Kupferleitung berechnet werden:

$$R_L = \frac{l * \rho}{A}$$

Nachdem der Anwender Werte für die Leiterlänge l [m] und den Leiterquerschnitt A [mm^2] eingegeben hat, sollen anschließend alle drei Größen mit den Maßeinheiten ausgegeben werden. Der spezifische Widerstand von Kupfer beträgt ρ_{CU} = 0,0178 $\Omega * mm^2/m$.

(A.2.17) Es soll gleichzeitig der Reihen- und Parallelwiderstand [Ω] für drei Widerstände berechnet werden:

$$R_{Rges} = R_1 + R_2 + R_3 \qquad \frac{1}{R_{Pges}} = \frac{1}{R_1} + \frac{1}{R_2} + \frac{1}{R_3}$$

Nachdem der Anwender alle Werte für die drei Widerstände eingegeben hat, sollen anschließend der Reihen- und Parallelwiderstand ausgegeben werden.

(A.2.18) Berechnen Sie das Volumen einer Kugel. Dabei soll der Durchmesser d [cm] eingelesen und das Volumen [l] ausgegeben werden. Verwenden Sie dabei bitte die Konstante **M_PI** für **π** und die Funktion **pow(x, y)** – beide in **<cmath>**. Die Formel lautet:

$$V = \frac{\pi * d^3}{6}$$

(A.2.19) Schreiben Sie ein Programm zur Zinseszinsrechnung:

$$\boldsymbol{K}_n = \boldsymbol{K}_0 * \boldsymbol{r}^n \qquad r = 1 + \frac{p}{100}$$

Dabei ist K_0 der Anfangsbetrag, r der Aufzinsungsfaktor, p der Prozentsatz, n die Anzahl der Jahre und K_n der Betrag im n-ten Jahr. Der Anwender soll nach dem Anfangsbetrag, dem Prozentsatz und der Anzahl der Jahre gefragt werden. Anschließend sollen diese drei Größen sowie der Betrag im n-ten Jahr ausgegeben werden.

(A.2.20) Entsprechend der vorhergehenden Aufgabe sollen jetzt die Anzahl der Jahre berechnet werden:

$$n = \frac{\lg \boldsymbol{K}_n - \lg \boldsymbol{K}_0}{\lg \boldsymbol{r}}$$

Nachdem Anfangs- und Endkapital sowie der Prozentsatz abgefragt wurden, soll das Programm die hierfür erforderliche Zeit in Jahren ausgeben. Verwenden Sie dabei im Programm bitte die Funktion **log10(x)** aus **<cmath>**.

2.5.2 Lösungsvorschläge

(L.2.1) Dr. BJARNE STROUSTRUP – Leiter der Forschungsabteilung zur Programmierung bei AT&T.

(L.2.2) 1998 wurde C++ als ISO/IEC 14882-1998 standardisiert.

(L.2.3)
- objektorientierte Programmierung
- freies Format
- systemnahe Programmierung
- gute Portabilität
- kompakter Quellcode

(L.2.4) Während C nur die strukturierte Programmierung unterstützt, kommt bei C++ die Unterstützung der objektorientierten Programmierung hinzu.

(L.2.5) BCPL → B → C → C with Classes → C++

(L.2.6)
- das Problem gedanklich durchdringen und analysieren
- eine mögliche Lösung entwerfen – z.B. ein Struktogramm entwickeln
- das Programm editieren
- ... compilieren
- ... linken
- ... testen
- Fehlersuche und -behebung

(L.2.7) Folgende vier Variablendeklarationen sind **falsch**:

```
2otto,

&otto;

sieb*ben

otto&hans,
```

(L.2.8) Das Programm enthält **sechs Fehler:**

```
#include <iostream>
using namespace std;
int main()
{
  float a, b, c, V;
  cout << "Bitte die Laenge eingeben (in m): ";
  cin >> a;
  cout << "Bitte die Breite eingeben (in m): ";
  cin >> b;
  cout << "Bitte die Hoehe eingeben (in m): ";
  cin >> c;
  V = a * b * c;
  cout << "Das Volumen betraegt " << V << " Kubikmeter.";
  return 0;
}
```

(L.2.9)

```
#include <iostream>
   using namespace std;
   int main()
   {
     float a, b, A;
     cout << "Bitte Laenge der ersten Seite eingeben (in m): ";
     cin >> a;
     cout << "Bitte Laenge der zweiten Seite eingeben (in m): ";
     cin >> b;
     A = a * b;
     cout << "Ein Rechteck von " << a << "m mal " << b
     << "m hat eine Flaeche von " << A <<  "qm !";
     return 0;
     }
```

(L.2.10) Die Ergebnisausgabe ist immer dann falsch, wenn das Additionsergebnis den gültigen Zahlenbereich des Datentyps **short** über- bzw. unterschreitet.

(L.2.11) Hier wird natürlich »Quatsch« ausgegeben, da beiden Variablen *zahl_1* und *zahl_2* kein Wert zugewiesen wird.

(L.2.12) \n neue Zeile (new line) \f Seitenvorschub (formfeed)
\\ backslash ausgeben \" Anführungszeichen ausgeben

(L.2.13)
```
int a=5, b=2, c;
c = a/b;
cout << c;        → 2

int a=5, b=2;
float c;
c = a/b;
cout << c;        → 2

int a=5;
float b=2, c;
c = a/b;
cout << c;        → 2.5

short a=30000, b=10, c;
c = a*b;
cout << c;        → Überlauf
```

(L.2.14)
```
// OHM1.CPP
#include <iostream>
using namespace std;
int main()
{
  float  strom, spg, widerstd;
  cout << "* Ohmsches Gesetz *\n\n"
       << "Geben Sie bitte ein: \n"
       << "Spannung (in V) \t";
  cin >> spg;
  cout << "Widerstand (in Ohm) \t";
  cin >> widerstd;
  strom = spg / widerstd;
  cout << "\nDurch eine Widerstand von " << widerstd << " Ohm "
       << "fliesst bei einer Spannung von " << spg << " V \n"
       << "ein Strom von " << strom << " A.\n";
  return 0;
}
```

Mögliche Kontrollwerte: 5V und 180Ω → 28mA

Wenn Sie für den Widerstand R den Wert 0 eingeben (in der Praxis als Kurzschluss möglich), dann wird eine unerlaubte Division durch Null ausgeführt. Das Ergebnis wird dann theoretisch unendlich (groß) und der Rechner »hängt« – genauso wie auch Ihr Taschenrechner – bei dieser Eingabe. Wie Sie eine solche »Fehleingabe« leicht abfangen können, lernen Sie im Kapitel *Kontrollstrukturen*. Um sich auf das Wesentliche – die Programmierung von Formeln und das Erarbeiten neuer mathematischer Funktionen –

zu konzentrieren, wird auch bei den hier folgenden Aufgaben dieser mögliche Fehler *nicht* abgefangen.

(L.2.15)
```
// LEISTG1.CPP
#include <iostream>
using namespace std;
int main()
{
  const short  spg = 230;
  float  leistg, strom;
  cout << "* Strom und Leistung an 230 V *\n\n"
       << "Geben Sie bitte die Leistung (in W) ein: \t";
  cin >> leistg;
  strom = leistg / spg;
  cout << "\nBei einer Leisutng von " << leistg << " W an 230 V "
       << "fliesst ein Strom von " << strom << " A. \n";
  return 0;
}
```

Mögliche Kontrollwerte: 3600W → 15,7A

(L.2.16)
```
// WID_LTG1.CPP
#include <iostream>
using namespace std;
int main()
{
  const double  rho_cu = 0.0178;
  double  laenge, flaeche, r_ltg;
  cout << "* Widerstand einer Kupferleitung *\n\n"
       << "Geben Sie bitte ein: \n"
       << "Leiterlaenge (in m) \t\t";
  cin >> laenge;
  cout << "Leiterquerschnitt (in qmm) \t";
  cin >> flaeche;
  r_ltg = laenge * rho_cu / flaeche;
  cout << "\nEin Kupferleiter mit der Laenge " << laenge << " m "
       << "und einem Querschnitt von " << flaeche << " qmm \n"
       << "hat einen Widerstand von " << r_ltg << " Ohm.\n";
  return 0;
}
```

Mögliche Kontrollwerte: 100m und 1,5mm² → 1,187Ω

(L.2.17)
```
// WID_RP1.CPP
#include <iostream>
using namespace std;
int main()
{
  float  r1, r2, r3, rr, rp;
  cout << "* Reihen- u. Parallelschaltung von drei Widerstaenden *\n\n"
```

```
         << "Geben Sie bitte ein: \n"
         << "1. Widerstand (in Ohm) \t";
    cin >> r1;
    cout << "2. Widerstand (in Ohm) \t";
    cin >> r2;
    cout << "3. Widerstand (in Ohm) \t";
    cin >> r3;
    rr = r1 + r2 + r3;
    rp = 1 / (1/r1 + 1/r2 + 1/r3);
    cout << "\nDer Gesamtwiderstand betraegt bei Reihenschaltung " << rr
         << " Ohm \n"
         << "und bei Parallelschaltung " << rp << " Ohm \n";
    return 0;
}
```

Mögliche Kontrollwerte: Alle drei Widerstände 1Ω → $R_{Rges} = 3\Omega$ und $R_{Pges} = 0{,}333\Omega$

(L.2.18)

```
// VOL_KUG1.CPP
#include <iostream>
#include <cmath>
using namespace std;
int main()
{
  const double  PI = 3.14;
  double  d, v_kug;
  cout << "* Volumenberechnung einer Kugel *\n\n"
       << "Geben Sie bitte den Durchmesser (in cm) ein:  ";
  cin >> d;
  v_kug = PI * pow(d, 3) / 6;
  cout << "\nEine Kugel mit einem Durchmesser von " << d << " cm \n"
       << "hat ein Volumen von " << v_kug/1000 << " Liter. \n";
  return 0;
}
```

Mögliche Kontrollwerte: 10cm → 0,523 Liter

Die Funktion **pow(x, y)** erwartet zur Berechnung von x^y zwei Werte vom Datentyp **double** und liefert als Ergebnis einen Wert vom Datentyp **double** zurück – **double pow(double x, double** y); . Selbstverständlich hätten Sie in der Formel auch *d*d*d* eingeben können. Als Alternative zu **M_PI** können Sie natürlich auch **const double PI = 3.1415927;** deklarieren und dann **PI** in die Formel eingeben oder direkt den Wert 3.14 in die Formel schreiben.

(L.2.19)

```
// ZIN_ZIN1.CPP
#include <iostream>
#include <cmath>
using namespace std;
int main()
{
```

```
  double  n, p, r, k0, kn;
  cout << "* Zinseszinsrechnung - Endbetrag *\n\n"
       << "Geben Sie bitte ein: \n"
       << "Anfangsbetrag (in DM) \t";
  cin >> k0;
  cout << "Prozentsatz (in %) \t";
  cin >> p;
  cout << "Laufzeit (in Jahren) \t";
  cin >> n;
  r = 1 + p / 100;
  kn = k0 * pow(r, n);
  cout << "\nEin Anfangsbetrag von " << k0 << " DM "
       << "ergibt bei " << p << " % Zinsen \n"
       << "und einer Laufzeit von " << n << " Jahre(n) "
       << "einen Endbetrag von " << kn << " DM. \n";
  return 0;
}
```

Mögliche Kontrollwerte: 100,- , 5% und 2 Jahre → 110,25 DM

(L.2.20)

```
// ZIN_ZIN2.CPP
#include <iostream>
#include <cmath>
using namespace std;
int main()
{
  double  n, p, r, k0, kn;
  cout << "* Zinseszinsrechnung - Laufzeit *\n\n"
       << "Geben Sie bitte ein: \n"
       << "Anfangsbetrag (in DM) \t";
  cin >> k0;
  cout << "Enbetrag (in DM) \t";
  cin >> kn;
  cout << "Prozentsatz (in %) \t";
  cin >> p;
  r = 1 + p / 100;
  n = (log10(kn) - log10(k0)) / log10(r);
  cout << "\nNach " << n << " Jahre(n) ergibt "
       << "bei " << p << " % Zinsen \n"
       << "ein Anfangsbetrag von " << k0 << " DM einen "
       << "Endbetrag von " << kn << " DM. \n";
  return 0;
}
```

Mögliche Kontrollwerte: 100,- , 110,25 und 5% → 2 Jahre

Die Funktion **log10(x)** erwartet und liefert zur Berechnung des Logarithmus zur Basis 10 einen Wert vom Datentyp double – **double log10(double** x);.

3 Ein- und Ausgabefunktionen

Im vorhergehenden Kapitel haben Sie bereits gelernt, wie Sie Werte in den Rechner eingeben, im Programm bearbeiten und auch wieder ausgeben können. In diesem Kapitel geht es darum, wie Sie die Ausgabe formatieren können, um ihr z.B. eine persönliche ästhetische Note zu geben, oder weil die Ausgabe vielleicht bestimmten wissenschaftlichen Notationen entsprechen muss. Ebenso erfahren Sie, wie Daten in eine Datei geschrieben und wieder zurückgelesen werden. Zum Schluss wird die Druckerausgabe gezeigt, denn Sie wissen ja, was man schwarz auf weiß hat, das kann man ... .

3.1 Die formatierte Ein- und Ausgabe

3.1.1 printf und scanf

Kommen wir zunächst zur formatierten Ein- und Ausgabe unter C. Das Einführungsbeispiel enthält die Ausgabeanweisung:

```
printf ("%d  mal  %d  =  %d", zahl_1, zahl_2, ergeb);
```

Wie Sie sehen, werden die auszugebenden Variablen bzw. Argumente durch ein Komma (,) getrennt angegeben. In welchem Format die entsprechenden Werte ausgegeben werden, wird in einer Kontrollzeichenkette angegeben – durch die einschließenden Hochkommata (") gekennzeichnet. Die Formatangabe muss dabei der Anzahl der aufgeführten Variablen sowie ihrer Reihenfolge entsprechen.

Die allgemeine Syntax für ein Formatelement lautet:

% F n . n U

%	leitet immer Formatelement ein
F	Formatierungszeichen
n	mind. Feldlänge (wird bei Bedarf mit Leerzeichen aufgefüllt, bei *0*n mit Nullen)
.	optional, trennt die beiden Zahlenangaben *n* und *d*
n	max. Feldlänge oder Anzahl der Ziffern nach dem Dezimalpunkt (Präzision)
U	Umwandlungszeichen

Als Formatierungszeichen stehen zur Verfügung:

Formatierungszeichen	*Bedeutung*
-	optional, linksbündige Ausgabe
keine Angabe	rechtsbündige Ausgabe
%	das %-Zeichen wird ausgegeben
l	optional, folgendes *d,o,x* oder *u* spezifiziert ein long int Argument
h	optional, folgendes *d,o,x* oder *u* spezifiziert ein short int Argument

Tab. 3.1: Formatierungszeichen bei printf

Die Umwandlungszeichen:

Umwandlungszeichen	*Bedeutung*
c	einzelnes Zeichen
s	Zeichenkette
d	int Argument in dezimaler Notation
u	vorzeichenlose Ganzzahl in dezimaler Notation
f	*float* oder *double* als dezimale Gleitpunktzahl
g G	kürzeste Darstellung (entweder im Format *d, e* oder *f*)
e E	*float* oder *double* in Exponentialdarstellung
o	*int* in oktaler Notation
x X	*int* in hexadezimaler Notation

Tab. 3.2: Umwandlungszeichen für printf

Die Ausgabe mit printf

Die umfangreichen und sehr flexiblen Formatierungsmöglichkeiten sollen an drei Beispielen verdeutlicht werden. Zunächst ein Beispiel zum Experimentieren mit den verschiedenen Formatierungs- und Umwandlungszeichen:

```
/* PRINTF_F.C
   Zeigt Beispiele fuer die formatierte Ausgabe
   mit printf. */
#include <cstdio>
int main()
{
  char  zeichen = 'Z';
  char* string = "Hallo Du da!";
  short ganzz = 20;
  float gleitz = 100.0 / 3.0;

  printf("Zeichen: Z \n");
  printf("%%c\t |%c| \n", zeichen);
  printf("%%15c\t |%15c| \n\n", zeichen);
  printf("Zeichenkette: Hallo Du da! \n");
  printf("%%s\t |%s| \n", string);
```

```
  printf("%%-15s\t |%-15s| \n\n", string);
  printf("Ganzzahl: 20 \n");
  printf("%%d\t |%d| \n", ganzz);
  printf("%%10.3d\t |%10.3d| \n", ganzz);
  printf("%%-10.4d\t |%-10.4d| \n", ganzz);
  printf("%%o\t |%o| \n", ganzz);
  printf("%%x\t |%x| \n\n", ganzz);
  printf("Gleitpunktzahl: 33,333... \n");
  printf("%%f\t |%f| \n", gleitz);
  printf("%%10.3f\t |%10.3f| \n", gleitz);
  printf("%%-10.4f\t |%-10.4f| \n", gleitz);
  printf("%%e\t |%e| \n", gleitz);
  printf("%%7.3e\t |%7.3e| \n", gleitz);
  return 0;
}
```

Selbstverständlich werden in der Praxis die Anweisungen wie

```
printf("%%d\t |%d| \n", ganz);
```

auf

```
printf("%d", ganz);
```

reduziert. Die zusätzlichen Angaben in der Kontrollzeichenkette dienen lediglich dazu, eine aussagekräftige Bildschirmausgabe zu erzeugen:

Ausgabe mit printf

```
Zeichen: Z
%c       |Z|
%15c     |              Z|

Zeichenkette: Hallo Du da!
%s       |Hallo Du da!|
%-15s    |Hallo Du da!   |

Ganzzahl: 20
%d       |20|
%10.3d   |       020|
%-10.4d  |0020      |
%o       |24|
%x       |14|

Gleitpunktzahl: 33,333...
%f       |33.333332|
%10.3f   |    33.333|
%-10.4f  |33.3333   |
%e       |3.333333e+001|
%7.3e    |3.333e+001|
```

Tab. 3.3: Formatierte Ausgabe mit printf

Das zweite Beispiel können Sie z.B. zur Erstellung einer ASCII-Tabelle verwenden. Nach der Eingabe eines Zeichens wird der entsprechende ASCII-Wert in verschiedenen Formaten ausgegeben.

```
/* ASCII.C
   Fragt nach einem Zeichen und gibt den
   entsprechenden Wert dezimal, oktal
   und hexadezimal aus. */

#include <cstdio>

int main()
{
  char zeichen;

  printf("Bitte ein Zeichen eingeben: ");
  scanf("%c", &zeichen);
  printf("'%c':  %d (dezimal)  ", zeichen, zeichen);
  printf("%o (oktal)  ", zeichen);
  printf("%x (hexadezimal)", zeichen);
  return 0;
}
```

Bei der Eingabe des Zeichens Z lautet die Ausgabe des Programms:

Bitte ein Zeichen eingeben: *Z*

'Z': 90 (dezimal) 132 (oktal) 5a (hexadezimal)

Das dritte und letzte Beispiel zeigt, wie Sie sich ganz schnell eine »Umrechnungstabelle« für die verschiedenen Zahlensysteme erzeugen können. Sehen Sie bitte einfach darüber hinweg, dass hier schon eine Schleife zur Anwendung kommt. Vom Anfangswert 0 an wird die Zählvariable n in den drei Zahlensystemen ausgegeben, anschließend wird n um 1 erhöht, und es erfolgt die erneute Ausgabe des aktuellen Wertes für n – und das so lange, wie n kleiner als 256 ist.

```
/* ZA_SYS_M.C
   Gibt die Zahlen von 0 bis 255 dezimal, oktal
   und hexadezimal als Tabelle auf den Monitor aus. */

#include <cstdio>

int main()
{
  short n;

  printf("/*** Zahlentabelle ***/\n\n");
  printf("dezimal: \t oktal: \t hexadezimal:\n");

  for(n=0;n<256;n++)
    printf("%3d \t\t  %2o \t\t  %2x \n", n, n, n);

  return 0;
}
```

/*** Zahlentabelle ***/

dezimal:	oktal:	hexadezimal:
0	0	0
1	1	1
2	2	2
...	...	...
254	376	FE
255	377	FF

Die Eingabe mit scanf

Die Funktion **scanf** entspricht weitgehend der Funktion **printf**. Auch hier gibt es eine »Kontrollzeichenkette«, der eine Liste der Variablen, getrennt durch ein Komma (,), folgt. Ebenso gelten, soweit sinnvoll, die Formatierungs- und Umwandlungszeichen. Beachten Sie aber bitte, dass der Variablen immer der Adress-Operator & vorangestellt werden muss. Wie Sie später noch sehen werden, ist dies durch die Parameterübergabe bei der Funktion **scanf** festgelegt. Praktisch bedeutet dies im folgenden Beispiel: Der erste eingegebene Zahlenwert wird in der Speicherzelle gespeichert, deren Adresse sich der Rechner unter der Variablen *oper1* »merkt«.

Das Testprogramm SCANF.C gibt Ihnen die Möglichkeit, mit unterschiedlichen Eingabeformaten zu experimentieren:

```
/* SCANF.C
   Testprogramm fuer scanf  */

#include <cstdio>

int main()
{
  float oper1, oper2, summe;
  scanf("%f %f", &oper1, &oper2);
  summe = oper1 + oper2;
  printf("%f", summe);
  return 0;
}
```

So führen z.B. die folgenden willkürlich ausgewählten Eingabeformate alle zu dem richtigen Ergebnis:

2	+ *3* = 5.000000
02.0	+ *3* = 5.000000
2e0	+ *3* = 5.000000
+02e+0	+ *3* = 5.000000
.2e1	+ *3* = 5.000000
.02E2	+ *3* = 5.000000

3.1.2 cout und cin

Unter C++ steht zusätzlich die komfortable Aus- und Eingabe mittels Datenströmen (streams) zur Verfügung. **cout** repräsentiert dabei den Standard-Output-Stream, **cin** den Standard-Input-Stream und der <<-Operator gibt die (»Fluss«)Richtung an. Anstelle von <cstdio> muss hierzu <iostream> eingebunden werden. Eine Formatangabe wie *%d* bei **printf** oder **scanf** wird dabei nicht benötigt.

Exemplarisch werden mit dem folgenden Testprogramm verschiedene formatierte Ausgaben erzeugt. Durch die mit aufgeführten resultierenden Ausgaben sprechen die jeweiligen Anweisungen für sich und können leicht auf andere Anwendungen übertragen werden. Experimentieren Sie!

```
// COUT.CPP
// Zeigt Beispiele fuer die formatierte Ausgabe
// mittels cout.

#include <iostream>
#include <iomanip>
using namespace std;

int main()
{
  char  zeichen = 'Z';
  char* string = "Hallo Du da!";

  cout << zeichen << "\n" << string << " Wie geht's?";
  return 0;
}
```

Und wenn der Bildschirm mal wieder zu kurz und das Buch zu schmal ist – kein Problem:

```
cout<<zeichen<<"\n"<<string
    <<" Wie geht's?";
```

Beide Versionen führen zur Ausgabe:

Z

Hallo Du da! Wie geht's?

Keine schöne Ausgabe:

```
char* string = "Hallo!";
cout << string << string ;
```

Hallo!Hallo!

Für Tabellen mit linksbündiger Ausgabe, bei Bedarf selbst festgelegten Füllzeichen und definierter Spaltenbreite:

```
cout << setiosflags(ios::left);
cout << setfill('.');
cout << setw(10) << string << setw(15) << string;
```

Hallo!....Hallo!.........

Eine vollständige Übersicht der Manipulatoren (**setiosflags**, **setfill**, **setw** usw.) zur formatierten Ausgabe finden Sie im *Kapitel 12.3*.

Ganz- und Gleitkommazahlen ohne Formatierung:

```
short ganzz = 20;
float gleitz = 100.0 / 3.0;
cout << "Ganzzahl: " << ganzz
     << "  Gleitkommazahl: " << gleitz;
```

Ganzzahl: 20 Gleitkommazahl: 33.3333

Man kann auch »während der Ausgabe rechnen«:

```
cout << "ganzz/gleitz = " << ganzz/gleitz;
```

ganzz / gleitz = 0.6

Ausgabe in wissenschaftlicher Exponentialschreibweise:

```
cout << gleitz <<"  "
     << setiosflags(ios::scientific) << gleitz;
```

33.3333 3.33333e+001

Ausgabe mit Umwandlung in andere Zahlensysteme:

```
cout << ganzz << "  " << hex << ganzz;
```

20 14

Die Eingabe mittels **cin** gestaltet sich ähnlich einfach:

```
// CIN.CPP
// Test fuer cin

#include <iostream>
using namespace std;

int main()
{
  char  zeichen;
  char  name[20];
  float zahl1, zahl2;

  cout << "Zeichen?  ";
  cin >> zeichen;
  cout << "Name?  ";
  cin >> name;
  cout << "Zahl1?  ";
  cin >> zahl1 ;
  cout << "Zahl2?  ";
  cin >> zahl2 ;
  cout<<zeichen<<"  "<<name<<"  "<<zahl1<<"  "<<zahl2;
  return 0;
}
```

Zeichen? *X*

Name? *Hugo*

Zahl1? *.033*

Zahl2? *3.3e-2*

X Hugo 0.033 0.033

3.2 Ein- und Ausgabe von Zeichen und Zeilen

Eine typische Anwendung für das Einlesen eines einzelnen Zeichens stellen die Auswahlmenüs dar. In einem späteren Programmbeispiel erscheint z.B. das Menü:

Bitte wählen Sie: <a>ddieren
<s>ubtrahieren
<m>ultiplizieren
<d>ividieren

Zum Einlesen der Benutzerwahl stehen Ihnen dabei die folgenden Funktionen zur Verfügung.

3.2.1 Ein- und Ausgabe von Zeichen

Unter C und C++ haben Sie die Möglichkeit, aus der Header-Datei <cstdio> die Funktionen **getchar** zum Lesen eines einzelnen Zeichens und **putchar** zur Ausgabe eines Zeichens zu verwenden.

Mit

```
#include <cstdio>
int main()
{
  char zeichen;

  zeichen = getchar();
  putchar(zeichen);

  return 0;
}
```

können Sie beide Funktionen testen. Wenn Sie dieses Programm starten, werden Sie sehen, dass Sie nach dem Drücken der Taste für das gewünschte Zeichen Ihre Eingabe mit <RETURN> beenden müssen, bevor das Zeichen wieder ausgegeben wird.

Und hier steckt manchmal der Teufel im Detail. Durch Ihre Eingabe werden zwei Zeichen in einen Puffer eingelesen. Das erste Zeichen war z.B. ein 'Z'. Gleichzeitig wird als zweites Zeichen automatisch der Code für <RETURN> ($CR=0D_{16}$) in den Puffer geschrieben. Bei einem weiteren

Gebrauch von **getchar** würde dann dieser Wert, und nicht das neue gewünschte Zeichen an **getchar** übergeben. Da hilft oft nur noch, ein zusätzliches (dummy) **getchar** dazwischenzuschieben.

Alternativ können Sie auch **getc** und **putc** verwenden. Das Schreiben und Lesen auf die Standard-ein- und Standardausgabegeräte wird durch die Funktionen **getchar** und **putchar** aber vereinfacht.

zeichen = **getchar( )**		*zeichen* = **getc(stdin)**
	<- entspricht ->	
putchar(*zeichen***)**		**putc(***zeichen*, **stdout)**

Sie können also schreiben

```
zeichen = getchar()
```

oder

```
zeichen = getc(stdin)
```

oder z.B.

```
zeichen = getc(stream)
```

stream ist dabei der Zeiger auf einen Stream, d.h. eine Struktur des Typs FILE. Dies wird z.B. im noch folgenden Abschnitt *Lesen einer Datei* eingesetzt.

Zum Einlesen eines einzelnen Zeichens kann unter **C++** auch **get** eingesetzt werden:

```
#include <iostream>
using namespace std;

int main()
{
  char zeichen;

  zeichen = cin.get();
  cout << zeichen;

  return 0;
}
```

Gleichzeitig können über **get** aber auch mehrere Zeichen eingelesen werden (siehe folgende Seite). Zur Ausgabe eines Zeichens in einen Stream steht unter C++ entsprechend **put** zur Verfügung.

Eine Übersicht darüber, welche Funktionen in **iostream** neben **get** und **put** noch zur Verfügung stehen, finden Sie in den *Tabellen 12.1* und *12.2* auf *Seite 220 f.*

3.2.2 Ein- und Ausgabe von Zeichenketten

Bei der Eingabe von Zeilen (Sätzen), Zeichenketten usw. kann es unter Umständen zu folgendem »Fehler« kommen.

```
#include <cstdio>

int main()
{
  char name[30];

  scanf("%s", &name);          // !!!
  printf("%s", name);
  return 0;
}
```

Geben Sie hier beispielsweise einen Doppelnamen ein, werden die Daten verstümmelt:

Aus

Petra Brigitte von Luneborn

wird:

Petra

Ursache hierfür ist, dass bei der Verwendung von **scanf** das Einlesen der Zeichenkette durch das Leerzeichen beendet wird – Gleiches würde auch bei TABs, Zeilenvorschüben usw. erfolgen. Wenn Sie statt dessen **gets** verwenden und die entsprechende Programmzeile durch

```
  gets(name);                  // besser
```

ersetzen, dann klappt's auch mit dem Leerzeichen. Weitere Informationen zu **gets** stehen auf der folgenden Seite.

Das gleiche Problem kann auch mit **cin** unter C++ auftreten:

```
#include <iostream>
using namespace std;

int main()
{
  char name[30];

  cin >> name;                 // !!!
  cout << name;

  return 0;
}
```

Eine von vielen verschiedenen Möglichkeiten, das Problem zu lösen, wäre der Gebrauch von **get**:

```
  cin.get(name, 30);           // besser
```

get liest Daten bis zu einem Begrenzungszeichen ein (Standardvorgabe LF für Zeilenvorschub), bis n-1 Zeichen gelesen wurden oder bis das Dateiende erreicht wurde. Anschließend wird ein NULL-Zeichen angehängt.

Eine weitere einfache Möglichkeit zum Lesen und Schreiben von Zeichenketten bieten die Funktionen **fgets** und **fputs**:

fgets(*vektor, n, dateizeiger*)

fputs(*vektor, dateizeiger*)

mit

vektor	ein char-Feld zur Aufnahme der Zeichen
n	max. zu lesende Zeichen
dateizeiger	Name der Datei bzw. des zugeordneten Streams, aber auch stdin/stdout (im Regelfall Tastatur/Monitor)

Ein Beispiel hierzu:

```
#include <cstdio>
#include <iostream>
using namespace std;

int main()
{
  char* string;
  fgets(string,80,stdin);
  fputs(string,stdout);

  return 0;
}
```

Dies ist ein Test.

Dies ist ein Test.

Zur Vereinfachung der Ein-/Ausgabe auf die Standardein-/ausgabegeräte gibt es auch hier die Funktionen **gets** und **puts**.

gets(*vektor*)		**fgets**(*vektor*, *n*, **stdin**)
	<- entspricht ->	
puts(*vektor*)		**fputs**(*vektor*, **stdout**)

Im obigen Beispiel kann man die beiden Anweisungen also auch durch

```
gets(string);
puts(string);
```

ersetzen.

Zum Einlesen einer Zeile bzw. eines Streams bietet C++ zusätzlich die Methoden **getline** und **read**:

getline(*vektor, n, limit*)

read(*vektor, n*)

mit

vektor	ein char-Feld zur Aufnahme der Zeichen
n	max. zu lesende Zeichen
limit	Begrenzungszeichen (Standardvorgabe LF)

```
#include <iostream>

using namespace std;

int main()
{
  char str1[80]=" ", str2[80]=" ";

  cin.getline(str1, 80, '\n');
  cin.read(str2, 20);
  cout << str1 << "\n" << str2;

  return 0;
}
```

Diese Zeile ist über getline() eingelesen.
Nicht mehr als 20 Zeichen einlesen!
Diese Zeile ist über getline() eingelesen.
Nicht mehr als 20 Ze

Beachten Sie bitte, dass **read** typischerweise zum Einlesen binärer Dateien eingesetzt wird und hier nur zu Demonstrationszwecken aufgenommen wurde. **read** interpretiert weder die gelesenen Daten noch wird ein abschließendes NULL-Zeichen angehängt. Entsprechend zu **read** steht unter C++ zum Schreiben mehrerer Zeichen in einen Stream **write** zur Verfügung.

3.3 Einfache Dateioperationen

In vielen Anwendungen sollen die Ergebnisse eines Programms in einer Datei gesichert und/oder auf den Drucker ausgegeben werden. Ein selbstgeschriebenes Adressverwaltungsprogramm oder ein Programm, das Messwerte in den Rechner einliest und bearbeitet, sind nur zwei Beispiele hierfür. Damit Sie diese zwei wichtigen Optionen in Ihren Programmen möglichst früh einsetzen können, werden an dieser Stelle drei sehr einfache Programmbeispiele beschrieben, für die (fast) kein weiteres Vorwissen in C/C++ benötigt wird. Später erfolgt dann im Kapitel *Dateien und Ströme* eine ausführliche Beschreibung weiterer wichtiger Dateioperationen.

Schreiben in eine Datei

Das Programm ZA_SYS_D.CPP eröffnet eine Datei und schreibt Daten in diese Datei hinein. Damit die Funktion des Programms auch kontrolliert werden kann, wird die schon bekannte Tabelle mit Zahlen in verschiedenen Zahlensystemen erzeugt und in eine Datei geschrieben:

```
// ZA_SYS_D.CPP
// Schreibt die Zahlen von 0 bis 255 dezimal, oktal
// und hexadezimal als Tabelle in eine Datei.

#include <cstdio>

int main()
{
  short n;
  FILE  *stream;

  stream = fopen("C:\\ZAHLEN.TAB", "w");

  fprintf(stream,"/*** Zahlentabelle ***/\n\n");
  fprintf(stream,"dezimal:\t oktal:\t hexadezimal:\n");
  for(n=0;n<256;n++)
    fprintf(stream,"%3d \t\t  %2o \t\t  %2x \n",n,n,n);

  fclose(stream);
  return 0;
}
```

Das Programm unterscheidet sich nur unwesentlich vom Programm ZA_SYS_M.CPP, welches die Zahlentabelle auf den Monitor ausgibt. Die neuen oder veränderten Programmzeilen lauten im Einzelnen:

```
FILE  *stream;
```

Beim Start des Programms werden automatisch die drei **FILE**-Objekte **stdin**, **stdout** und **stderr** für die Standardeingabe, -ausgabe und die Standardfehlermeldungen erzeugt. Über den Dateizeiger (filepointer), hier mit dem Namen *stream*, wird die Verbindung zwischen dem **FILE**-Objekt und der zu bearbeitenden Datei hergestellt:

```
stream = fopen("C:\\ZAHLEN.TAB", "w");
```

Beachten Sie bitte den hier erforderlichen doppelten Backslash (\\). Da eine Zeichenkette ("...") übergeben wird, muss die Escape-Sequenz für den Backslash angegeben werden. Mit der Funktion **fopen** aus der Header-Datei <cstdio> werden Dateien für den Lese- oder Schreibzugriff geöffnet. Diese Funktion erwartet zwei Parameter. Der erste Parameter für den Dateinamen lautet hier »*C:\\ZAHLEN.TAB*«. Der zweite Parameter für die Zugriffsart legt in diesem Beispiel über »*w*« fest, dass die Datei für einen Schreibzugriff geöffnet wird. Existiert die angegebene Datei noch nicht, wird sie automatisch erzeugt. Besteht bereits eine Datei mit diesem Namen, wird deren Inhalt gelöscht. Soll dies nicht geschehen, um z.B. an den alten Dateiinhalt neue Informationen anzuhängen (append), muss für den Modus »a« angegeben werden. Die fortlaufende Aktualisierung einer Adressdatei wäre eine typische Anwendung hierfür. Eine ausführliche Beschreibung der Funktion **fopen** finden Sie im Teil 2 dieses Buchs.

```
fprintf(stream,"/*** Zahlentabelle ***/\n\n");
```

Die Funktion **fprintf** enthält, zusätzlich zu **printf**, einen Parameter für den Stream bzw. den Namen der Datei, in welche die Daten geschrieben werden sollen – hier *stream.*

```
fclose(stream);
```

Über **fclose** werden eventuell noch ungeschriebene Daten übergeben und die Datei wird geschlossen.

Beachten Sie bitte, dass es sich hier nur um ein Minimalprogramm handelt. Was passiert, wenn die Datei aus den verschiedensten Gründen gar nicht geöffnet werden konnte? Wo bleiben dann die kostbaren Daten? Hierzu liefern die Funktionen **fopen** und **fprintf** einen Rückgabewert, der mit den Elementen der Kontrollstrukturen ausgewertet werden kann – später mehr dazu.

Lesen einer Datei

Die durch das Programm ZA_SYS_D.CPP erzeugte Zahlentafel in der Datei ZAHLEN.TAB können Sie übrigens in eine Textverarbeitung laden und dort bearbeiten. An dieser Stelle soll die erzeugte Datei mit dem folgenden Programm wieder geöffnet und eingelesen und dann auf den Bildschirm ausgegeben werden:

```
// D_LESEN.CPP
// Ueber einen stream wird eine Datei
// zeichenweise ausgelesen und auf den
// Bildschirm ausgegeben.

#include <cstdio>

int main()
{
  char  zeichen;
  FILE  *stream;

  stream = fopen("C:\\ZAHLEN.TAB", "r");

  while ((zeichen=getc(stream)) != EOF)   // end of file
  {
    printf("%c",zeichen);
  }

  fclose(stream);

  return 0;
}
```

Neu ist hier eigentlich nur die while-Schleife:

```
  while ((zeichen=getc(stream)) != EOF)
  {
    printf("%c",zeichen);
  }
```

Im Vorgriff könnte man diese drei Zeilen umgangssprachlich so beschreiben: Solange oder weil (while) das aktuelle Zeichen, das aus dem Stream gelesen wurde (getc(stream)), nicht (!=) das Zeichen für das Dateiende ist (EOF), gebe das Zeichen auf den Monitor aus (printf) und lese das nächste Zeichen.

Dies ist nur eine von vielen Möglichkeiten, wie man schnell, aber auch wieder ohne jede Fehlerprüfung, eine Datei lesen kann. Selbstverständlich hätte man auch, anlog zum Schreibprogramm, mit fscanf arbeiten können, ebenso wie man die Datei auch mit putc, als Gegenstück zu getc, hätte schreiben können.

3.4 Druckerausgabe mit fprintf

Das Programm ZA_SYS_P.CPP gibt schließlich unsere »Testtabelle«

auf den Drucker aus:

```
// ZA_SYS_P.CPP
// Gibt die Zahlen von 0 bis 255 dezimal, oktal
// und hexadezimal als Tabelle auf den Drucker aus.

#include <cstdio>
#include <iostream>
using namespace std;

int main()
{
  short n;
  FILE *stream;

  stream = fopen("LPT1", "w");

  fprintf(stream,"/*** Zahlentabelle ***/\n\n");
  fprintf(stream,"dezimal: \t oktal: \t hexadezimal:\n");
  for(n=0;n<256;n++)
    fprintf(stream,"%3d \t\t  %2o \t\t  %2x \n",n,n,n);

  fclose(stream);

  return 0;
}
```

Ja, Sie haben richtig gelesen! Es ist das gleiche Programm, wie es auch zum Schreiben in eine Datei verwendet wurde (ZA_SYS_D.CPP). Lediglich der Dateiname wurde in »LPT1« geändert.

3.5 Übungen zu den Ein- und Ausgabefunktionen

3.5.1 Aufgaben

(A.3.1) Schreiben Sie ein Programm, das eine beliebige (dezimale) Zahl abfragt und anschließend diese Zahl sowohl dezimal als auch oktal und hexadezimal wie folgt wieder ausgibt:

```
* Ausgabe in versch. Zahlensystemen *

Geben Sie bitte eine Zahl ein:  255
255 (dezimal) = 377 (oktal) = ff (hexadezimal)
```

(A.3.2) Die Testkonstante *const double zahl = 123.456789* soll in den folgenden Formaten auf den Monitor ausgegeben werden:

```
* Versch. Ausgabeformate fuer 123.456789 *

123.457              direkte Ausgabe
 123.457             Ausgabebreite 8 ueber setw()
     123.457         Ausgabebreite 12 ueber setw()
.....123.457         Ausg.breite 12 u. setfill()
123.46               Ausg.genauigkeit 5 ueber setprecision()
123.456789           Ausg.genauigkeit 20 ueber setprecision()
..123.456789         Ausg.genauigkeit 20 und -breite 12
```

3.5.2 Lösungsvorschläge

(L.3.1)

```
// IOTEST2.CPP
#include <iostream>
using namespace std;
int main()
{
  long  zahl;
  cout << "* Ausgabe in versch. Zahlensystemen *\n\n"
       << "Geben Sie bitte eine Zahl ein:  ";
  cin >> zahl;
  cout << zahl << " (dezimal) = "
       << oct << zahl << " (oktal) = "
       << hex << zahl << " (hexadezimal)" << endl;
  return 0;
}
```

(L.3.2)

```
// IOTEST4.CPP
#include <iostream>
#include <iomanip>
using namespace std;
int main()
{
  const double  zahl = 123.456789;
  cout << "* Versch. Ausgabeformate fuer 123.456789 *\n\n";
  cout << zahl << "\t\t\t direkte Ausgabe" << endl
       << setw (8) << zahl
            << "\t\t Ausgabebreite 8 ueber setw()"<< endl
       << setw (12) << zahl
            << "\t\t Ausgabebreite 12 ueber setw()"<< endl
       << setw(12) << setfill('.') << zahl
            << "\t\t Ausg.breite 12 u. setfill()"<< endl
       << setprecision(5) << zahl
            << "\t\t\t Ausg.genauigkeit 5 ueber setprecision()"<< endl
       << setprecision(20) << zahl
            << "\t\t Ausg.genauigkeit 20 ueber setprecision()"<< endl
       << setprecision(20) << setw(12) << zahl
            << "\t\t Ausg.genauigkeit 20 und -breite 12"<< endl;
  return 0;
}
```

4 Operatoren und Ausdrücke

Bisher haben Sie erfahren, wie Sie Werte in den Rechner einlesen, ausgeben und sichern können. In der Regel wollen Sie die Werte natürlich auch manipulieren, also mit ihnen arbeiten/operieren. In der Anweisung

```
ergeb = zahl_1 * zahl_2;
```

haben Sie schon die beiden **Operatoren** = und * sowie die drei **Operanden** *ergeb*, *zahl_1* und *zahl_2* kennen gelernt.

> **Operatoren** sind Sonderzeichen, die festlegen, welche Operationen mit den **Operanden** (Primärausdrücken) auszuführen sind.
> Dabei bilden Operanden, die durch einen oder mehrere Operatoren miteinander verknüpft sind, einen **Ausdruck**.

Es sind in C/C++ 50 solcher Operatoren definiert. Zusätzlich sind in C++, wie Sie später noch sehen werden, einige Operatoren überladbar bzw. schon überladen. Um einen Überblick über diese große Anzahl von Operatoren zu bekommen, kann man sie nach verschiedenen Gesichtspunkten ordnen:

Assoziativität: Die Abarbeitung kann von links nach rechts (>) oder umgekehrt (<) erfolgen.

Priorität: Jeder Operator hat einen Rang mit den Stufen 1 für höchste Priorität bis 16 für kleinste Priorität. Ist die Priorität gleich, erfolgt die Abarbeitung von links nach rechts (außer bei Rang 2 und 15).

Anzahl der Operanden: Operatoren mit ein, zwei oder drei Operanden.

Funktion: Zuweisung, Zugriff auf Elemente, Funktionsaufruf usw.

Im Folgenden sind die Operatoren nach Funktionsgruppen aufgeführt. Dabei werden nur wirklich wichtige oder allgemein gültige Hinweise gegeben und gegebenenfalls durch Beispiele verdeutlicht. Ansonsten finden Sie ausführliche Erläuterungen und Anwendungsbeispiele unter dem jeweiligen Kapitel. Operatoren, die **nur** unter C++ zur Verfügung stehen, sind in den Tabellen **fett** hervorgehoben.

4.1 Arithmetische Operatoren

Operator	*Bedeutung*	*Assoziativität*	*Rang*	*Beispiel*
+	Addition	>	5	a+b
-	Subtraktion	>	5	a-b
*	Multiplikation	>	4	a*b
/	Division	>	4	a/b
%	Modulo	>	4	a%b

Tab. 4.1: Arithmetische Operatoren

Priorität der Operatoren

Da die Operatoren * und / einen höheren Rang als die Operatoren + und – haben, genügt es

```
a = b + c * d;
```

anstelle von

```
a = b + (c * d);
```

zu schreiben. Es gilt also automatisch »Punkt- vor Strichrechnung«. Wollen Sie die Ausdrucksberechnung jedoch explizit festlegen, können Sie dies durch zusätzliche runde Klammern erreichen. Diese Klammern haben dabei Vorrang vor der eigentlichen Priorität der Operatoren.

Die Formel

$$h = \frac{a}{b} + \frac{c-d}{e+f} * g$$

in eine C/C++-Anweisung umgewandelt, lautet:

```
h = a / b + ((c - d) / (e + f)) * g;
```

Es gilt: Zu viele Klammern schaden nie! Allerdings sollten Sie ganz allgemein immer beachten:

> Es muss immer genauso viele öffnende ({([ ) wie schließende Klammern ( ])}) geben.

An dieser Stelle noch eine Anmerkung zu den Begriffen Syntax und Semantik. Unter der Syntax versteht man die Lehre vom Satzbau in einer Sprache. Die Aussage »Alle Hunde haben sechs Beine.« ist in unserer Sprache syntaktisch richtig. Die Anweisung d = a * (b – c; ist wegen der fehlenden Klammer unter C/C++ jedoch syntaktisch falsch. Dagegen sagt die Semantik etwas über den Sinn/die Logik einer Aussage aus. Das mit den Hunden ist natürlich semantisch falsch. Aber ob es sinnvoll/logisch ist, dass Sie in der obigen Anweisung a mit der Differenz von b und c multiplizieren, das wissen nur Sie. Also:

> Der Compiler überprüft die Anweisungen nur auf Richtigkeit der Syntax nach den Regeln der Programmiersprache C/C++. Logische Fehler werden nicht angezeigt!

+ – * /

Alle vier Operatoren können sowohl auf Ganz- als auch auf Gleitkommazahlen angewendet werden. Haben die Operanden unterschiedliche Datentypen, dann wird der Typ des Operanden mit dem niedrigen Datentyp in den mächtigeren Datentyp umgewandelt – also z.B. int in long. Ebenso wird der Integer- in den Gleitkommadatentyp umgewandelt. Der mächtigste Datentyp ist somit long double. Ein Beispiel hierzu:

```
short  a=6, b=2;
float  c=2.5, d;

d = a - b * c;
```

↓
- b in float umwandeln (b = 2.0)
- b und c multiplizieren
- a in float umwandeln (a = 6.0)
- Zwischenergebnis von a subtrahieren
- d das Ergebnis zuweisen (d = 1.0)

%

Der Modulo-Operator % kann nur auf Integer-Datentypen angewandt werden:

```
short  a=11, b=3;
float  c, d;

c = a / b;
d = a % b;
```

Hier gibt der Rechner für d den Wert 2 aus (11 geteilt durch 3 »geht« dreimal und der Rest (Modulo) ist 2). Nebenbei bemerkt wird der Variablen c der Wert 3, und nicht etwa 3.666 zugewiesen. Weiteres hierzu im Kapitel *Explizite Umwandlung des Datentyps.*

4.2 Vergleichsoperatoren

Operator	*Bedeutung*	*Assoziativität*	*Rang*	*Beispiel*
<	kleiner als	>	7	a<b
<=	kleiner oder gleich	>	7	a<=b
>	größer	>	7	a>b
>=	größer oder gleich	>	7	a>=b
==	gleich	>	8	a==b
!=	ungleich	>	8	a!=b

Tab. 4.2: Vergleichsoperatoren

< <= > >=

Auch bei diesen Verhältnisoperatoren (relationale Operatoren) erfolgt bei Bedarf die Typenumwandlung einer der beiden Operanden in den jeweils mächtigeren Datentyp. Das Ergebnis dieser Vergleichsoperatoren hat den logischen Wert wahr oder falsch. Rechnerintern wird das Ergebnis als eine Integerzahl mit einem Wert ungleich 0 oder dem Wert 0 repräsentiert.

Eine Aussage ist / ein Vergleich ergibt entweder	oder
true	**false**
! = 0	**= 0**
wahr	**falsch**

Die Anweisungen

```
short a=2, b=3, c, d;

c = a < b;
d = a > b;
```

ordnen der Variablen c den Wert 1 und d den Wert 0 zu. Wesentliche Bedeutung haben die Vergleichsoperatoren bei den bedingten Verzweigungen. Sollen z.B. in eine Datei nur Personen aufgenommen werden, die mindestens 20 Jahre alt sind, würde die entsprechende Anweisung in einem C/C++-Programm so aussehen:

```
if (20 <= alter)
{
    ...
}
```

= =

Der Vergleichsoperator == (gleich) darf nicht mit dem Zuweisungsoperator = verwechselt werden. Ein solcher logischer Fehler wird vom Compiler nicht erkannt!

```
a = 5;   // a bekommt den Wert 5 zugewiesen
```

Im Gegensatz zu

```
a == 5;  // hat die Variable a momentan den Wert 5 ?
```

4.3 Logische Operatoren

Operator	*Bedeutung*	*Assoziativität*	*Rang*	*Beispiel*
&	bitweises AND	>	9	a&b
|	bitweises OR	>	11	a|b
^	bitweises XOR	>	10	a^b
<<	bitweises Linksschieben	>	6	a<<n
>>	bitweises Rechtsschieben	>	6	a>>n
~	Einerkomplement	<	2	~a
&&	logisches AND	>	12	a&&b
||	logisches OR	>	13	a||b
!	logische Negation	<	2	!a

Tab. 4.3: Logische Operatoren

& | ^

Hierzu zunächst ein kleiner Exkurs zur rechnerinternen Darstellung von Zahlen. Dies soll verdeutlicht werden an der Integerzahl 14994, die hier exemplarisch vom Typ **unsigned short** sei. Der Rechner kann so eine Zahl natürlich nur binär speichern und verarbeiten – symbolisiert durch die beiden dualen Ziffern **0** und **1**. Bei einer Zahl vom Typ **short** wird dabei mit einer Datenbitbreite von 16 Bit, also 2 Byte bzw. 1 Wort, gearbeitet, wie die folgende Abbildung zeigt:

Stellen-wert	32768	16384	8192	4096	2048	1024	512	256	128	64	32	16	8	4	2	1
	2^{15}	2^{14}	2^{13}	2^{12}	2^{11}	2^{10}	2^9	2^8	2^7	2^6	2^5	2^4	2^3	2^2	2^1	2^0
bitpos	15	14	13	12	11	10	9	8	7	6	5	4	3	2	1	0
bin	**0**	**0**	**1**	**1**	**1**	**0**	**1**	**0**	**1**	**0**	**0**	**1**	**0**	**0**	**1**	**0**
hex	**3**				**A**				**9**				**2**			
dez	**14994**															

Abb. 4.1: Darstellung einer Zahl vom Typ unsigned short

Der Wertebereich einer vorzeichenlosen Integerzahl vom Typ **unsigned short** reicht somit

von	0	% 0000 0000 0000 0000
über	1	% 0000 0000 0000 0001
usw. bis	65535	% 1111 1111 1111 1111

Arbeiten Sie mit Integerzahlen vom Typ **signed short**, dann wird das werthöchste Bit (Bit 15) zur Kennzeichnung des Vorzeichens verwendet. Zur Codierung des eigentlichen Betrags stehen somit nur noch 15 Bit zur Verfügung (Bit 0 bis Bit 14). Daher reicht der Wertebereich für den Typ **signed short** auch »nur« von -32768 bis 32767.

Auf diese einzelnen Bits können Sie direkt zugreifen und mit ihnen arbeiten. Zunächst aber noch eine Vereinbarung zur Kennzeichnung der Zahlen in den verschiedenen Zahlensystemen, denn z.B. die Zahl *101* kann völlig unterschiedliche Bedeutungen haben:

Dezimalzahl:	101
Dualzahl:	$\%101 = 101_{bin} = 5$
Hexadezimalzahl:	$\$101 = 101_{hex} = 0x101 = 257$

Der folgende Programmausschnitt zeigt, wie mit Hilfe der logischen Operatoren ein eingelesener Buchstabe von Klein- in Großschrift umgewandelt werden kann:

```
unsigned char zeichen;

cin >> zeichen;
zeichen = zeichen & 0xDF;  // klein ---> GROSS
cout << zeichen ;
```

Wie dies funktioniert, soll exemplarisch am Buchstaben ‘a’ aufgezeigt werden – im **ASCII** durch die Zahl 97=$61 dargestellt. Dieser Wert wird mit dem logischen Operator **&** mit der hexadezimalen Zahl $DF verknüpft. Hierbei werden jeweils paarweise von Bit 0 bis Bit 7 die Bits logisch **AND** verknüpft. D.h. nur dann, wenn in **beiden** Operanden das jeweilige Bit den Wert 1 hat, wird das Bit im Ergebnis auch auf 1 gesetzt:

‘a’	⟶	$61	=	% 0110 0001	
		$DF	=	% 1101 1111	&
‘A’	⟵	$41	=	% 0100 0001	

Dieser Vorgang, das logische, bitweise Verknüpfen, wird auch als Maskieren (Ausblenden) bezeichnet. Wenn Sie sich die ASCII-Tabelle genauer ansehen, erkennen Sie, dass man die Umwandlung von Klein- in Großbuchstaben auch durch die Subtraktion von 32 erreichen kann:

```
zeichen = zeichen - 32;          // klein ---> GROSS
```

Natürlich steht Ihnen auch noch die Funktion *toupper* in <cctype> zur Verfügung:

```
zeichen = toupper(zeichen);      // klein ---> GROSS
```

Die folgende Abbildung zeigt noch einmal die Wahrheitstabellen für alle drei logischen Verknüpfungen, die bitweise arbeiten. Bei unterschiedlichem Format der Integerwerte wird dabei das Format durch Hinzufügen von 0-Bits erweitert, und bei **signed** erfolgt eine Vorzeichenausdehnung.

Bitmanipulatoren

b	a	AND (a, b → & → c) c = a & b	OR (a, b → ≥1 → c) c = a | b	XOR (a, b → >1 → c) c = a ^ b
0	0	0	0	0
0	1	0	1	1
1	0	0	1	1
1	1	1	1	0

Tab. 4.4: Wertetabelle für die Bitmanipulatoren

<< >>

Beide Operanden müssen vom Typ **integer** sein, wobei der rechte (immer positive) Operand angibt, um wie viel Stellen der linke Operand geschoben werden soll:

```
unsigned short a=3, b;

b = a << 2;
cout << b;
```

Da die bitweise Verschiebung um eine Stelle nach links einer Multiplikation mit 2 entspricht, lautet die Ausgabe *12*. Entsprechend bedeutet jede Verschiebung nach rechts eine Division durch 2.

3 = % 0000 0000 0000 0011
<<
———————————
% 0000 0000 0000 0110 (= 6)
<<
———————————
12 = % 0000 0000 0000 1100

Dies ist kein »theoretisches« Verfahren. Sie müssen sich immer vor Augen halten, dass *alle* Tätigkeiten, die Ihr Rechner ausführt, letztlich im Prozessor auf die drei Tätigkeiten Addieren, Schieben und Invertieren reduziert werden – und das natürlich immer nur bitweise.

~

Dieser Operator bildet das Einerkomplement (bitweises Invertieren). Aus 1 wird 0 und aus 0 wird 1. So wird durch die folgenden Anweisungen aus dem Wert 4 der Wert 65531.

```
unsigned short a=4, b;

b = ~ a;
cout << b ;
```

4 = % 0000 0000 0000 0100

~

% 1111 1111 1111 1011 (= 65531)

Bedeutung hat das Einerkomplement bei der Darstellung negativer Zahlen. Hierzu wird das Zweierkomplement einer Zahl gebildet. Das Zweierkomplement ist dabei das Einerkomplement der Zahl plus die Addition von 1. Wenn *a* und *b* vom Typ **signed short** sind, gibt der Rechner für dieses Bitmuster den Wert -5 aus. Dies sieht nur etwas ungewöhnlich aus, da die -5 im Zweierkomplement dargestellt ist:

% 1111 1111 1111 1011

~

% 0000 0000 0000 0100
% 0000 0000 0000 0001 +

% 0000 0000 0000 0101 (= – 5)

Es ist also nicht *b=~a* mit *b=-a* zu verwechseln. Nur bei letzterer Anweisung wird der Wert -4 ausgegeben.

&& || !

Hier werden zwei logische Werte (**true** oder **false**) logisch miteinander verknüpft, wobei das Ergebnis selbst wieder nur ein logischer Wert sein kann. Umgangssprachlich wäre dies eine logische **AND**-Verknüpfung (&&): Wenn ich Urlaub habe **und** wenn die Sonne scheint, dann und nur dann gehe ich paddeln. Logisch **OR** verknüpft, (||) müsste ich den ganzen Urlaub über paddeln und natürlich auch immer, wenn die Sonne scheint.

Der folgende Programmausschnitt zeigt eine logische **AND**-Verknüpfung in der Programmierpraxis:

```
if ((20 <= alter) && (alter <= 80))
{
   ...
}
```

Hier werden bestimmte Anweisungen (...) nur dann ausgeführt, wenn die Variable *alter* einen Wert hat, der >= 20 **und** gleichzeitig <= 80 ist. Die folgende Abbildung zeigt noch einmal die Wahrheitstabellen für alle drei logischen Verknüpfungen:

Wahrheitstabelle

b	a	AND 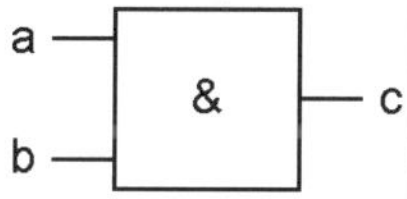 c = a && b	OR 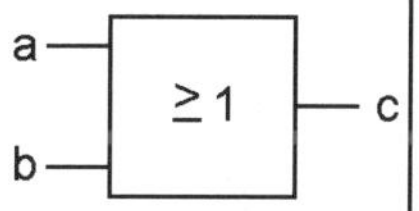 c = a || b	NOT 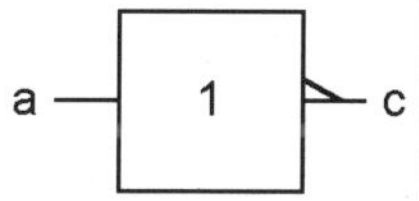 c = !a
false	false	false	false	true
false	true	false	true	false
true	false	false	true	true
true	true	true	true	false

Tab. 4.5: Wahrheitstabelle für logische Verknüpfungen

4.4 Zuweisungsoperatoren

Operator	*Bedeutung*	*Assoziativität*	*Rang*	*Beispiel*
=	Zuweisung	<	15	a=b
+=	Zuweisung nach Addition	<	15	a+=b
-=	... Subtraktion	<	15	a-=b
*=	... Multiplikation	<	15	a*=b
/=	... Division	<	15	a/=b
%=	... Modulo	<	15	a%=b
<<=	... bitweisem Linksschieben	<	15	a<<=n
>>=	... bitweisem Rechtsschieben	<	15	a>>=n
&=	... bitweisem AND	<	15	a&=b
|=	... bitweisem OR	<	15	a|=b
^=	... bitweisem XOR	<	15	a^=b

Tab. 4.6: Zuweisungsoperatoren

*[+ – * / % << >> & | ^] =*

Bei diesen Operatoren erfolgt die Zuweisung erst nach der Ausführung des vorangestellten Operators. Dies ermöglicht eine verkürzte Schreibweise. Hierzu einige Beispiele, jeweils mit der gleichen Anfangsbedingung a=b=c=3 :

a += 2;	entspricht	a = a + 2;	⟶	a = 5
a <<= 2;	entspricht	a = a << 2;	⟶	a = 12
a += b *= c <<= 2;	entspricht	a = a + b * (c << 2);	⟶	a = 39

4.5 Post- und Prefix-Operatoren

Operator	*Bedeutung*	*Assoziativität*	*Rang*	*Beispiel*
++	Inkrement	> <	1 2	a++ ++a
--	Dekrement	> <	1 2	a-- --a
( )	Funktionsaufruf	>	1	sqrt(a)
[ ]	Arrayelement	>	1	feld[n]
.	Feld einer structur o. union	>	1	tag.dat
->	Zeiger auf structur	>	1	zeig->ele
(type)	expl. Typenumwandlung	<	2	double(a)

Tab. 4.7: Post- und Prefix-Operatoren

++ --

Die Inkrement- und Dekrement-Operatoren finden häufig Anwendung bei Zählvariablen im Zusammenhang mit Schleifen(durchläufen). Dabei bedeutet:

++	**Inkrementierung**	Addition von 1
- -	**Dekrementierung**	Subtraktion von 1

Der Operator liefert einerseits den Wert der Variablen, gleichzeitig verändert er den Wert der Variablen auch. Zur Verdeutlichung wieder drei Beispiele, wobei jeweils a=b=3 angenommen wird:

a++; entspricht a = a + 1; ⟶ a = 4

a = ++b;
- b inkrementieren
- b der Variablen a zuweisen
- ⟶ a = 4 und b = 4

a = b--;
- b der Variablen a zuweisen
- b dekrementieren
- ⟶ a = 3 und b = 2

Bei den Variablen kann es sich dabei auch um Gleitpunktzahlen handeln. Aber Vorsicht, it's dangerous men!

```
#include <iostream>
using namespace std;
int main()
{
   short int   zaehler = 32767;
   zaehler++;
   cout << zaehler;
   return 0;
}
```

Ohne jede Compilerwarnung wird der Rechner hier einen Wert für *zaehler* ausgeben – nur nicht 32768! Um solche Banalitäten, mit denen (zum Trost) jeder Anfänger zu kämpfen hat, müssen Sie sich schon selbst kümmern. Ebenso sind folgende Konstrukte **nicht** definiert:

```
short int   zaehler = 1;
cout << zaehler++ << zaehler++;
printf ("%d, %d", zaehler++,  zaehler++);
```

4.6 Zeigeroperatoren

Operator	*Bedeutung*	*Assoziativität*	*Rang*	*Beispiel*
&	Adresse von	<	2	&a
*	Indirektion	<	2	*a
.*	Dereferenzzeiger	>	3	tag.*dat
->*	Dereferenzzeiger	>	3	tag->det

Tab. 4.8: Zeigeroperatoren

4.7 Diverse Kategorien

Operator	*Bedeutung*	*Assoziativität*	*Rang*	*Beispiel*
?:	Bedingung	<	14	a?b:c
,	Aufzählungsoperator	>	16	a, b, ...
-	unäres Minus	<	2	-n
+	unäres Plus	<	2	+n
sizeof(typ)	Größe des Typs in Byte	<	2	sizeof(a)
new	dynam. Objekt erzeugen	<	2	b = new float[a]
delete	dynam. Objekt löschen	<	2	delete b
::	Zugriffs-/Bereichsoperator	<	2	adr::nam

Tab. 4.9: Diverse Operatoren

? :

Dieser Bedingungsoperator benötigt als einziger Operator drei Operanden. Die Anweisung in der Form *a?b:c;* bedeutet: Wenn *a* **true**, dann gilt *b*, ansonsten gilt *c*. Das Resultat liegt dabei im Typ der Variablen *b* vor; bei Bedarf wird der Typ der Variablen *c* darin umgewandelt. Ein beliebtes Anwendungsbeispiel zu diesem Operator zeigt die folgende Sequenz:

```
short max, z1=2, z2=3;

max = (z1 > z2) ? z1 : z2;
cout << max ;
```

Da in diesem Beispiel *z1>z2* **false** ist, wird als Maximum *z2* mit dem Wert *3* ausgegeben.

Alle Operatoren, die hier nicht besprochen wurden, werden an anderer Stelle, in den zutreffenden Zusammenhängen, ausführlich erklärt.

4.8 Übungen zu Operatoren und Ausdrücken

4.8.1 Aufgaben

(A.4.1) Wie lautet hier die Bildschirmausgabe?

```
// BITMAN1.CPP
#include <iostream>
#include <cctype>
using namespace std;

int main()
{
  char zeich1='a', zeich2='b', zeich3='c';

  zeich1 = zeich1 & 0xDF;
  zeich2 = zeich2 - 32;
  zeich3 = toupper(zeich3);

  cout << zeich1 << zeich2 << zeich3 << endl;
  return 0;
}
```

(A.4.2) Schreiben Sie analog zur vorstehenden Aufgabe ein Programm, das diesmal die im Programm vorgegebenen Zeichen A, B und C in a, b und c umwandelt, wobei wieder alle drei Verfahren zum Einsatz kommen sollen.

(A.4.3) Angenommen, Sie sind stolze(r) BesitzerIn einer Funkuhr (DCF-Uhr), haben sich ein Interface gebaut und die Uhr über die serielle Schnittstelle an Ihren Rechner angeschlossen. Wenn Sie jetzt ein kleines Programm schreiben wollen, um die Uhrzeit einzulesen und damit die BIOS- oder Systemzeit zu setzen, dann müssen Sie im Wesentlichen (a) die serielle Schnittstelle ansprechen und (b) aus den empfangenen Bit's die Uhrzeit selektieren. Um Letzteres geht es hier.

Es wird folgender fiktiver Fall angenommen: In den empfangenen 32 Bits (repräsentiert durch eine achtstellige Hexadezimalzahl) stehen in den vier werthöchsten Bits (Bit 28 bis 31) die Zehner der Stunden (z.B. die 1 von 12 Uhr). In den folgenden vier Bits (Bit 24 bis 27) stehen die Einer der Stunden. Die Uhrzeit liegt dabei als BCD-Wert (Binary Coded Decimal, binär codierte Dezimalzahl) vor, d.h. sie ist wie folgt codiert:

Stellenwert der vier Bits:	**8**	**4**	**2**	**1**	
von	0	0	0	0	für dezimal 0
	0	0	0	1	für 1
	0	0	1	0	für 2
bis	1	0	0	1	für 9

Um an die verschlüsselte Uhrzeit zu gelangen, müssen Sie sowohl die 32 Bits maskieren (z.B. mit dem &-Operator) als auch die jeweils so gewonnenen vier Bits noch verschieben (z.B. mit dem >>-Operator). In dem folgenden kleinen Testprogramm wird von einem angenommenen 32Bit-BCD-Wert *$12AAAAAA = %0001 0010 1010...1010* ausgegangen – gespeichert in der Variablen *zeit_bcd.*

Testen, analysieren und erklären Sie das Programm. Wie viel Uhr ist es bzw. wie lautet die letzte Bildschirmausgabe?

```
// DCF_UHR1.CPP
// 32Bit-Zeitinformation, hier Stunden ermitteln

#include <iostream>
using namespace std;

int main()
{
  unsigned int  zeit_bcd=0x12AAAAAA,     // angenommener 32Bit-BCD-Wert
                zeit_bcd_hE,             // Stunden (Einer) - BCD
                zeit_bcd_hZ,             // Stunden (Zehner) - BCD
                zeit_E,                  // Stunden (Einer) - DEC
                zeit_Z,                  // Stunden (Zehner) - DEC
                zeit;                    // Stunden dezimal

  cout << zeit_bcd << "\n";              // -->

  zeit_bcd_hE = zeit_bcd & 0x0F000000;   //

  zeit_E = zeit_bcd_hE >> 24 ;           //

  cout << zeit_E << "\n";                // -->

  zeit_bcd_hZ = zeit_bcd & 0xF0000000;   //

  zeit_Z = zeit_bcd_hZ >> 28 ;           //

  cout << zeit_Z << "\n";                // -->
```

```
  zeit = zeit_E + 10*zeit_Z;             //

  cout << zeit << "\n";                  // -->
  return 0;
}
```

4.8.2 Lösungsvorschläge

(L.4.1) Die Ausgabe lautet: A B C

(L.4.2)

```
// BITMAN2.CPP

#include <iostream>
#include <cctype>
using namespace std;

int main()
{
  char zeich1='A', zeich2='B', zeich3='C';

  zeich1 = zeich1 | 0x20;
  zeich2 = zeich2 + 32;
  zeich3 = tolower(zeich3);

  cout << zeich1 << zeich2 << zeich3 << endl;
  return 0;
}
```

(L.4.3) Kommt Ihr Leut und lasst Euch sagen, unsere Uhr hat zwölf geschlagen. Jetzt haben Sie sich aber ein richtiges Bier verdient!

```
// DCF_UHR1.CPP
// 32Bit-Zeitinformation, hier Stunden ermitteln
#include <iostream>
using namespace std;
int main()
{
  unsigned int  zeit_bcd=0x12AAAAAA,    // angenommener 32Bit-BCD-Wert
                zeit_bcd_hE,            // Stunder (Einer) - BCD
                zeit_bcd_hZ,            // Stunder (Zehner) - BCD
                zeit_E,                 // Stunden (Einer) - DEC
                zeit_Z,                 // Stunden (Zehner) - DEC
                zeit;                   // Stunden decimal
  cout << zeit_bcd << "\n";             // --> 313174698
  zeit_bcd_hE = zeit_bcd & 0x0F000000;  // Stunden Einer selektieren
  zeit_E = zeit_bcd_hE >> 24 ;          // und holen
  cout << zeit_E << "\n";               // --> 2
  zeit_bcd_hZ = zeit_bcd & 0xF0000000;  // Stunden Zehner selektieren
```

```
  zeit_Z = zeit_bcd_hZ >> 28 ;          // und holen
  cout << zeit_Z << "\n";               // --> 1
  zeit = zeit_E + 10*zeit_Z;            // Zeit = Einer + Zehner
  cout << zeit << "\n";                 // --> 12
  return 0;
}
```

5 Kontrollstrukturen

Normalerweise werden die Anweisungen in einem Programm der Reihe nach abgearbeitet. Über die Kontrollstrukturen **Verzweigungen** und **Schleifen** kann dieser Programmfluss gezielt kontrolliert werden. Die Verzweigungen ermöglichen es, während der Laufzeit in Abhängigkeit von bestimmten Eingaben, Daten usw. die Programmabarbeitung an vorher bestimmter Stelle fortzusetzen. Die Schleifen ermöglichen es, bestimmte Anweisungen wiederholt auszuführen. So kann der Rechner »stumpfsinnige«, immer wiederkehrende Tätigkeiten, wie z.B. das Arbeiten an Tabellen, effizient ausführen. Zunächst zu den bedingten Verzweigungen.

5.1 Verzweigungen

5.1.1 Die if-Anweisung

Die **if**-Verzweigung kennen Sie schon:

Der Kühlschrank ist voll.

Wenn (if) dies stimmt, *wird gegessen, was auf den Tisch kommt,*

sonst (else) *darf ich heute essen gehen.*

In der Syntax von C/C++ formuliert, sieht diese bedingte Verzweigung allgemein formuliert so aus:

if (Ausdruck) Anweisung(en)1 **else** Anweisung(en)2

In einem Struktogramm stellt sich die **if**-Verzweigung so dar:

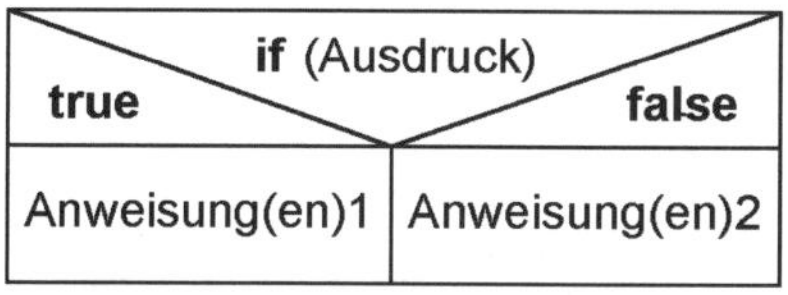

Abb. 5.1: Die if-Verzweigung

Zunächst wird der Ausdruck (die Bedingung) berechnet. Ist das Ergebnis **true** (!= 0), werden die Anweisungen1 im **if**-Teil ausgeführt, ist es **false** (== 0), werden die Anweisungen im **else**-Teil ausgeführt.

if (Ausdruck)
{
    Anweisungen1;
}
else
{
    Anweisungen2;
}

Grundsätzlich müssen alle Anweisungen, die im **if**- oder **else**-Teil abgearbeitet werden sollen, als **Verbundanweisungen** durch geschweifte Klammern ({}) gekennzeichnet werden. Einzige Ausnahme: Es handelt sich um nur eine Anweisung – dann kann auf die Klammern verzichtet werden. Ebenso ist der **else**-Teil optional und kann entfallen.

```
if ( a == 0)
  b = 2;
```

oder:

```
if (a==0) b=2;
```

Die **if**-Verzweigung kann geschachtelt werden, d.h. sowohl im **if**- wie auch im **else**-Teil können weitere **if**-Anweisungen oder Schleifen folgen. Aus Gründen der Übersichtlichkeit sollten aber allzu tief verschachtelte **if**-Verzweigungen, wenn möglich, durch die **switch**-Anweisung realisiert werden. Drei »gerne« gemachte **Fehler** bei der **if**-Anweisung:

(1) Nach der **if**-Anweisung darf, ebensowenig wie nach der schließenden geschweiften Klammer (}) **kein** Semikolon (;) stehen.

```
if ( ... ) ;          // ; falsch !
```

Hier würden alle der **if**-Anweisung folgenden Anweisungen ausgeführt.

(2) Verwechseln Sie nicht die Zuweisung

```
if ( a = 2 )          // = falsch !
```

mit der logischen Bedingung:

```
if ( a == 2)
```

(3) Falsche **else**-Zuordnung:

```
if ( ...)
  if ( ...)
else ...
```

Der **else**-Teil gehört zur zweiten **if**-Anweisung – egal, ob er mehr oder weniger eingerückt ist. Nur durch die Verbundanweisung ({}) ist der **else**-Teil eindeutig an die erste **if**-Anweisung gebunden:

```
if ( ... )
{
  if ( ... )
}
else ...
```

Das folgende **Anwendungsbeispiel** soll zur Vermeidung von Fehleingaben ein eingelesenes Zeichen daraufhin überprüfen, ob es ein alphanumerisches Zeichen ist (a..z, A..Z oder 0..9). Um zwei weitere **if**-Verzweigungen mit ins Spiel zu bringen, wird zunächst überprüft, ob es sich überhaupt um ein ASCII-Zeichen handelt, und gleichzeitig werden eingegebene Kleinbuchstaben in Großbuchstaben umgewandelt. Diese drei Funktionen werden dabei über die Gruppe der **is..-Funktionen** (in <cctype>) erreicht. Den Programmablaufplan zeigt das folgende Struktogramm:

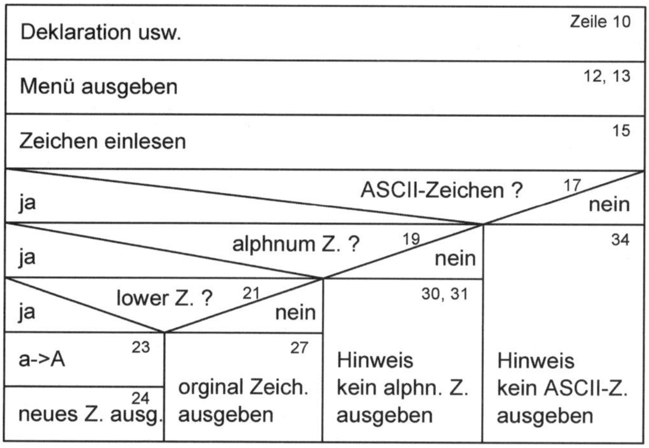

Abb. 5.2: Struktogramm zu EINPRUEF.CCP

Wie fein Sie so ein **Struktogramm** gliedern, bleibt Ihnen überlassen. Die Formulierungen sollten dabei so allgemein gehalten sein, dass es egal ist, ob der so dargestellte Programmentwurf in einem C-Programm, in PASCAL oder z.B. in Assembler umgesetzt werden soll. Wenn hier dennoch teilweise Variablennamen auftauchen, dann dient das an dieser Stelle nur dazu, Ihnen die Zuordnung zu den Quelltexten zu erleichtern. Abschließend zeigen wir das aus dem Struktogramm entwickelte Programm:

```
// 0   EINPRUEF.CPP    Beispiel fuer if.
// 1   Prueft auf gueltige Eingabe und wandelt
// 2   Klein- in Grossbuchstaben.
/* 3*/
/* 4*/ #include <iostream>
/* 5*/ #include <cctype>
/* 6*/ using namespace std;
/* 7*/
/* 8*/ int main()
/* 9*/ {
/*10*/   char  altZ, neuZ;
/*11*/
/*12*/   cout<<"\nBitte einen Buchstaben oder "
/*13*/       <<"eine Ziffer eingeben: ";
/*14*/
/*15*/   cin.get(altZ);
```

```
/*16*/
/*17*/   if (isascii(altZ))
/*18*/   {
/*19*/     if (isalnum(altZ))
/*20*/     {
/*21*/       if (islower(altZ))
/*22*/       {
/*23*/         neuZ=toupper(altZ);
/*24*/         cout<<"Habe in  "<<neuZ<< "  gewandelt.";
/*25*/       }
/*26*/       else
/*27*/         cout<<"Danke fuer das/die  "<<altZ<<" .";
/*28*/     }
/*29*/     else
/*30*/       cout<<"Das war kein alphanumerisches"
/*31*/           <<"Zeichen!";
/*32*/   }
/*33*/   else
/*34*/     cout<<"Das war kein ASCII-Zeichen!";
/*35*/   return 0;
/*36*/ }
```

5.1.2 Die switch-Anweisung

Im Gegensatz zur **if**-Anweisung ist die **switch**-Anweisung eine Auswahlanweisung.

> **switch** (Ausdruck) Anweisung(en)

In Abhängigkeit des Ausdrucks (Schalters) wird hier zu einer von mehreren Marken verzweigt. Das Ergebnis der Ausdrucksauswertung muss dabei vom Typ Integer sein.

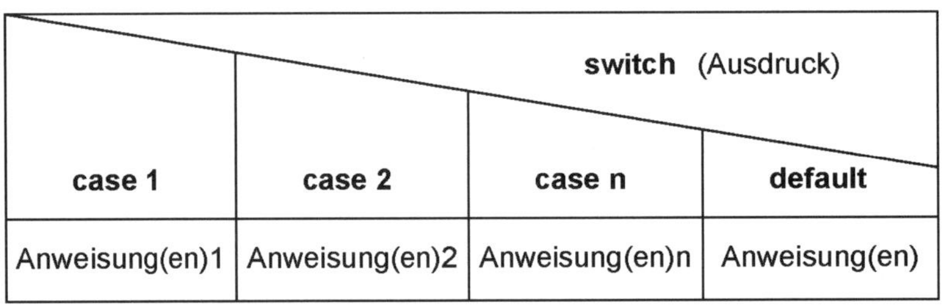

Abb. 5.3: Die switch-Anweisung

Da im Programm die Verbundanweisungen der einzelnen **case**-Marken untereinander stehen, sollte jede Verbundanweisung mit einem **break** enden. Andernfalls werden auch die Anweisungen der folgenden Marken abgearbeitet.

```
switch ( Ausdruck )
{
        case 1 :      Anweisungen1;
                      break;
        case 2 :      Anweisungen2;
                      break;
        default:      Anweisungen;
}
```

Die Angabe einer **default**-Marke ist optional. Sie wird angesprungen, wenn die Berechnung des Ausdrucks keine vorhandene Marke ergab. So können u.a. Fehler abgefangen werden. Deshalb sollte die **default**-Marke als letzte Marke aufgeführt werden. Wird keine dem Ausdruck entsprechende Marke gefunden und ist auch keine **default**-Marke angegeben, wird als Nächstes die der **switch**-Anweisung folgende Anweisung ausgeführt.

Zur Verdeutlichung der **switch**-Anweisung folgt als **Programmbeispiel** ein »Taschenrechner«, der je nach Wahl eine der vier Grundrechenarten ausführt.

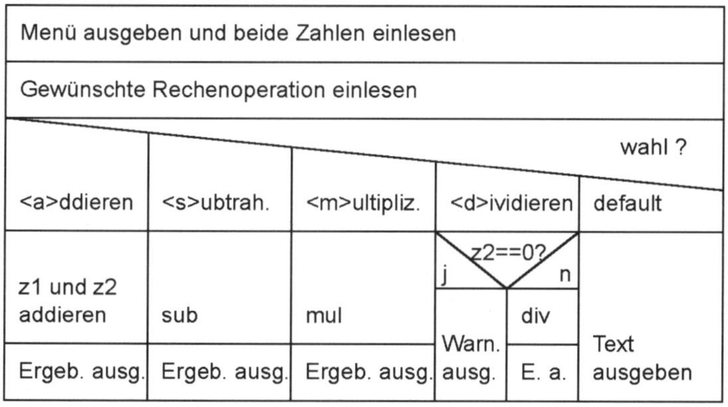

Abb. 5.4: Struktogramm zu RECHNER.CPP

```
// RECHNER.CPP    Beispiel fuer switch
// Fehleingaben werden nicht abgefangen

#include <iostream>
using namespace std;

int main()

{
  float zahl_1, zahl_2, ergeb;
  char   wahl;

  cout<<"\n\n*** RECHNER ***\n\n";
  cout<<"Bitte die erste Zahl eingeben: ";
  cin>>zahl_1;
```

```
  cout<<"Bitte die zweite Zahl eingeben: ";
  cin>>zahl_2;
  cout<<"\nBitte waehlen Sie: <a>ddieren\n"
      <<"                     <s>subtrahieren\n"
      <<"                     <m>ultiplizieren\n"
      <<"                     <d>ividieren  ";
  cin>>wahl;

  switch (wahl)
  {
    case 'a': ergeb=zahl_1+zahl_2;
              cout<<zahl_1<<" + "<<zahl_2
                  <<" = "<<ergeb;
              break;
    case 's': ergeb=zahl_1-zahl_2;
              cout<<zahl_1<<" - "<<zahl_2
                  <<" = "<<ergeb;
              break;
    case 'm': ergeb=zahl_1*zahl_2;
              cout<<zahl_1<<" * "<<zahl_2
                  <<" = "<<ergeb;
              break;
    case 'd': if (zahl_2==0)
                cout<<"Ich mag heut' nicht "
                    <<"durch Null dividieren!";
              else
              {
                ergeb=zahl_1/zahl_2;
                cout<<zahl_1<<" / "<<zahl_2
                    <<" = "<<ergeb;
              }
              break;
    default : cout<<"Wer nicht will, der hat schon.";
  }
  return 0;
}
```

Zur Auflockerung noch ein weiteres **Programmbeispiel** zur **switch**-Anweisung. Wenn Sie wollen, können Sie das Programm beliebig erweitern. Weitere Informationen hierzu finden Sie in DER SPIEGEL Jg. 39, H. 39/1985, S. 110 .

```
// HELMUT.CPP    Beispiel fuer switch
// Fehleingaben werden nicht abgefangen

#include <iostream>
using namespace std;

int main()

{
  unsigned short int zahl, wahl;
```

```
  cout<<"Bitte geben Sie eine dreistellige "
      <<"Zahl aus den Ziffern 1, 2 und 3 ein (213): ";
  cin>>zahl;
  cout<<"\nAlso sprach der Kanzler:\n";

  switch (wahl=zahl/100)       // Hunderter aus Zahl
  {                            // ermitteln
    case 1:cout<<"Der unbedingte Wille "; break;
    case 2:cout<<"Die geschichtliche Aufgabe "; break;
    case 3:cout<<"Die schlichte Notwendigkeit "; break;
  }
  zahl=zahl-wahl*100;          // Zehner ermitteln
  switch (wahl=zahl/10)
  {
    case 1:cout<<"hier und jetzt "; break;
    case 2:cout<<"ohne \"Wenn\" und \"Aber\" "; break;
    case 3:cout<<"notfalls im Alleingang "; break;
  }
  switch (wahl=zahl-wahl*10)  // Einer ermitteln
  {
    case 1:cout<<"kraftvoll anzupacken."; break;
    case 2:cout<<"nach vorne zu blicken."; break;
    case 3:cout<<"das Ich vor das Wir zu stellen.";
    break;
  }

  return 0;
}
```

5.1.3 break, continue und goto

Bei der **switch**-Anweisung haben Sie bereits die **break**-Anweisung kennen gelernt. Sie gehört neben **continue** und **goto** zu den unbedingten Sprunganweisungen. Diese Sprunganweisungen können auch bei den folgenden drei Schleifen **for**, **do...while** und **while** eingesetzt werden.

Die **continue**-Anweisung unterbricht die Abarbeitung der Verbundanweisungen und führt zur vorzeitigen neuen Berechnung der Ausdrucksbedingung. Je nach Ergebnis wird die Schleife dann erneut durchlaufen oder aber abgebrochen. Die **break**-Anweisung dagegen bewirkt, dass die Schleifen oder Verbundanweisungen direkt verlassen werden, die Schleife also abgebrochen wird.

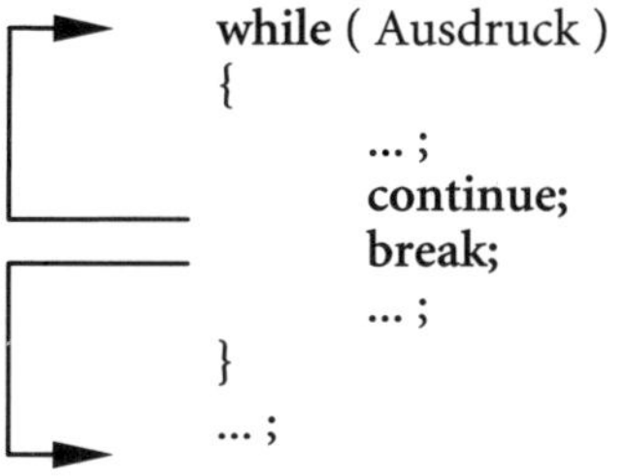

Die früher teilweise so geschätzte **goto**-Anweisung ermöglicht das Springen zu einer (fast) beliebigen Marke. Nichts gegen Chaos (ganz im Gegenteil!), aber im Interesse lesbarer Programme, der Programmkonsistenz, im Sinne der strukturierten Programmierung usw. wird hier auf eine weitere Erklärung verzichtet. Mit den Möglichkeiten der hier aufgezeigten Kontrollstrukturen kann ohnehin generell auf die **goto**-Anweisung verzichtet werden.

5.2 Schleifenanweisungen

5.2.1 Die for-Schleife

Die allgemeine Syntax der **for**-Schleife:

for (Ausdruck1; Ausdruck2; Ausdruck3) Anweisung(en)

Sinnbild der **for**-Schleife in einem Struktogramm:

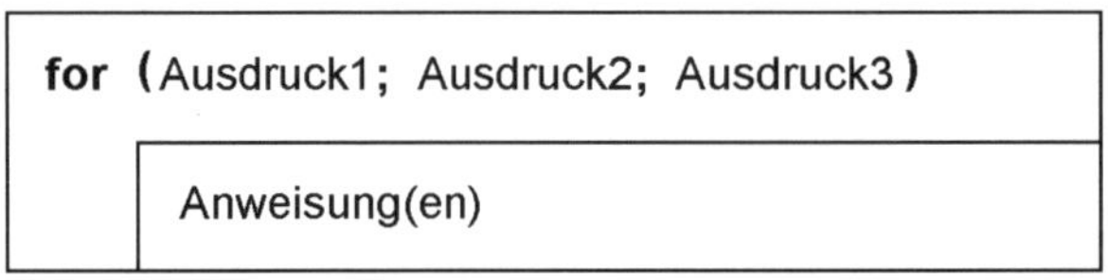

Abb. 5.5: Die for-Schleife

Die **for**-Schleife im Programm:

```
for ( Ausdruck1; Ausdruck2; Ausdruck3 )
{
        Anweisungen;
}
```

Ein einfaches Beispiel zur Veranschaulichung:

```
int n;
...;
for ( n=3; n<5; n++)
{
  ...;
  cout << „Hallo!“;
}
```

Hier würde zweimal, für n=3 und n=4, der Gruß ausgegeben. Der **Ausdruck1** (Initialisierung) wird nur einmal zu Beginn der **for**-Schleife ausgeführt und legt die Anfangsbedingung fest. Unter **C++** besteht auch die Möglichkeit, die Laufvariable an dieser Stelle zu deklarieren und ihr gleichzeitig einen Anfangswert zuzuweisen:

```
for ( int n=3; n<5; n++)
```

Ausdruck2 (Schleifenbedingung) wird vor jeder Ausführung der folgenden Verbundanweisungen ausgeführt. Ergibt die Berechnung **true**, werden die Schleifenanweisungen ausgeführt. Beim Ergebnis **false** wird die Schleife beendet. **Ausdruck3** wird jeweils im Anschluss an die Schleifenanweisungen berechnet und dient in der Regel dazu, den nächsten Wert der Laufvariablen zu berechnen. Es können ein, zwei oder alle drei Ausdrücke entfallen:

```
for ( ; ; )
```

Fehlt der Ausdruck2, sollte jedoch innerhalb der Schleife eine **break**- oder **continue**-Anweisung stehen – typischerweise in eine **if**-Anweisung gebettet. Bei einer Verzweigung durch continue ist zu beachten, dass zunächst noch der Ausdruck3 ausgeführt wird, bevor der Ausdruck2 berechnet wird. Dieses Verhalten ist auch der Unterschied zwischen der **for**- und der noch folgenden **while**-Schleife. Die Laufvariable kann nur oder auch zusätzlich in der Schleife manipuliert werden, was die Fehlersuche aber nicht unbedingt vereinfacht:

```
for (n=2; n>0; n++)
{
   ...;
   n=n+a;
}
```

Unter der Bedingung, dass z.B. a=-4 ist, würde sich hieraus ohnehin eine Endlosschleife ergeben.

Das **Anwendungsbeispiel** zeigt zwei ineinander verschachtelte **for**-Schleifen. Die Laufvariablen *n* und *i* werden dabei auch direkt zur Ausgabe des kleinen Einmaleins eingesetzt.

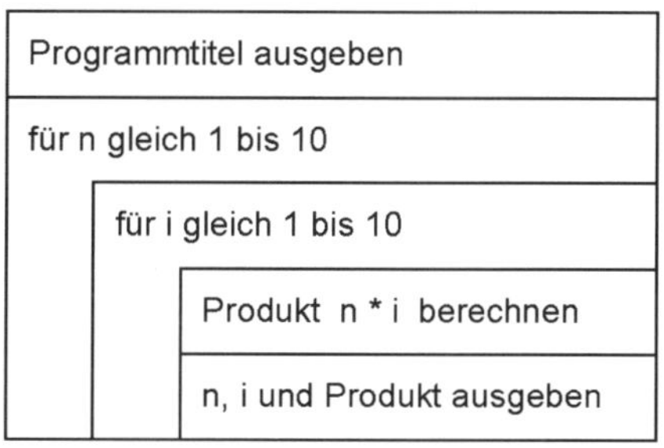

Abb. 5.6: Struktogramm zu 1X1_FOR.CPP

```
// 1X1_FOR.CPP      Beispiel fuer for
// Gibt das kleine 1 x 1 aus.

#include <iostream>
using namespace std;

int main()
{
  short int i, n, prod;

  cout << "*** Das kleine 1 x 1 ***\n\n";
```

```
  for (n=1; n<11; n++)       // aeussere
  {
    for (i=1; i<11; i++)  // innere Schleife
    {
      prod = n * i;
      cout<<n<<" mal "<<i<<" = "<<prod<<"\n";
    }

    cout << endl;            // neue Zeile
  }
  return 0;
}
```

Wie das Beispiel zeigt, multipliziert sich bei ineinander geschachtelten **for**-Schleifen die Anzahl der Schleifendurchläufe. Wenn Ihr Rechner Sie also mal wieder zur Verzweiflung getrieben hat, können Sie ihn ja zur Strafe mit dem folgenden Fünfzeiler für die nächsten ca. 150 Mio. Jahre ruhigstellen – leichte Differenzen wegen Rechner, Interrupts usw. außer Acht gelassen.

```
for (unsigned long n=0;n<4294967295;n++)
{
  for (unsigned long i=0;i<4294967295;i++)
    cout << n << "\n";
};
```

5.2.2 Die while-Schleife

while (Ausdruck) Anweisung(en)

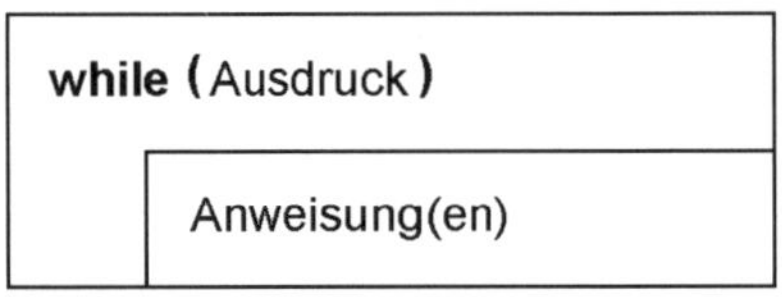

Abb. 5.7: Die while-Schleife

```
while ( Ausdruck )
{
        Anweisungen;
}
```

Wie das Sinnbild zeigt, erfolgt als Erstes die Berechnung des Ausdrucks. Ist das Ergebnis **true**, werden die Schleifenanweisungen ausgeführt – bei **false** wird die Schleife abgewiesen. Daher auch der Name **Abweisschleife**. Nach Ausführung der abhängigen Anweisungen wird der Ausdruck neu berechnet und die Schleife so lange durchlaufen, wie der Ausdruck **true** ergibt. Werden die im Ausdruck relevanten Operanden nicht in der Schleife manipuliert, liegt eine Endlosschleife vor, d.h. es sollte dann innerhalb der Schleife eine **break**-Anweisung stehen.

Die **while**-Schleife kann auch als **for**-Schleife formuliert werden:

while

```
while (n <= anz)
{
  cout << "Bitte Zahl eingeben: ";
  cin >> zahl;
  sum = sum + zahl;
  n++;
}
```

for

```
for (anz; n <= anz; n++)
{
  cout << "Bitte Zahl eingeben: ";
  cin >> zahl;
  sum = sum + zahl;
}
```

Typischerweise wird die **for**-Schleife, im Gegensatz zur **while**-Schleife, dann eingesetzt, wenn die Anzahl der notwendigen Schleifendurchläufe vorher schon bekannt ist.

Das folgende **Anwendungsbeispiel** berechnet den arithmetischen Mittelwert. Die Anzahl der Werte kann dabei vom Benutzer eingegeben werden.

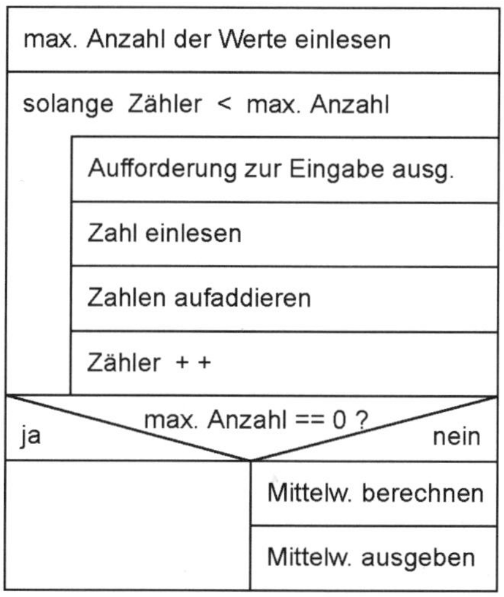

Abb. 5.8: Struktogramm zu MITTELW.CPP

Das entsprechende Programm hierzu:

```
// MITTELW.CPP     Ein Beispiel fuer while.
// Berechnet den arithm. Mittelwert aus
// beliebig vielen Zahlen.

#include <iostream>
using namespace std;
```

```
int main()

{
  short anz, n=1;
  float zahl=0, sum=0, mittelw;

  cout << "*** Mittelwertberechnung ***\n\n";
  cout << "Wie viel Zahlen wollen Sie eingeben? ";
  cin >> anz;

  while (n <= anz)
  {
    cout << "Bitte Zahl eingeben: ";
    cin >> zahl;
    sum = sum + zahl;
    n++;
  }                 // bis alle Werte eingelesen

  if (anz != 0)     // wg. Divsion durch 0
  {
    mittelw = sum / anz;

    cout << "\n Der Mittelwert betraegt:  "
         << mittelw;
  }
  return 0;
}
```

5.2.3 Die do...while-Schleife

do Anweisung(en) **while** (Ausdruck);

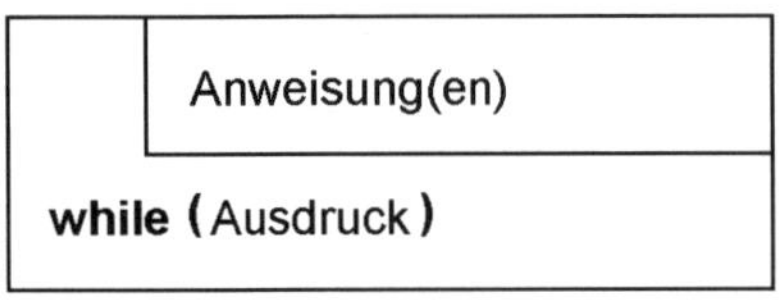

Abb. 5.9: Die do...while-Schleife

do
{
        Anweisungen;
} **while** (Ausdruck) ;

Die dritte und letzte Schleife ist die **do...while**-Schleife. Im Gegensatz zur **while**- und **for**-Schleife werden die Schleifenanweisungen hier mindestens einmal ausgeführt, daher auch die Bezeichnung **Nichtabweisschleife.**

Nach Ausführung der Schleifenanweisungen erfolgt die Berechnung des Ausdrucks. Nur wenn dies **true** ergibt, erfolgt ein erneuter Schleifendurchlauf. Es ist auf eine sinnvolle Manipulation der im Ausdruck relevanten Operanden zu achten:

```
n=3;
do
{
  ...;
  n--;
} while ( n !=  0 );
```

Bei n==0 würde hier schon der erste Schleifendurchlauf eine Endlosschleife erzeugen. Auch in der **do...while**-Schleife können **continue** und **break** eingesetzt werden. Im ersten »**Anwendungsbeispiel**« kommen eine **do...while**-Schleife und eine **switch**-Anweisung zum Einsatz. Es geht da-rum, innerhalb von drei Versuchen eine vom Rechner erzeugte Zufallszahl im Bereich von 0 bis 10 zu erraten.

```
// RATEZAHL.CPP
// Ein Beispiel fuer do...while und if.
// Drei Versuche, um eine Zufallszahl zu raten.

#include <iostream>
#include <cstdlib>                // fuer rand()
#include <ctime>                  // fuer srand()
using namespace std;

int main()

{
  int  geszahl, eingzahl, n=1;

  srand ((int) time(NULL));      // "mehr Zufall"
  do
  {
    geszahl = rand();            // Zufallszahl
  }while (geszahl > 10);         // kleiner 11 erzeugen

  cout<<"Bitte geben Sie eine ganze Zahl "
      <<"zwischen 0 und 10 ein: ";

  do
  {
    cin>>eingzahl;               // Zahl einlesen
    if (eingzahl == geszahl)     // Treffer
    {
      cout<<"\nHerzlichen Glueckwunsch \n"
          <<"- und das beim "<<n<<". Versuch!";
    }
    else
    {
      if (n == 3)                // 3. Versuch negativ
```

```
          cout<<"\nSorry, die gesuchte Zahl war die "
              <<geszahl<<" .";
        else                      // Tip ausgeben
        {
          if (eingzahl < geszahl)
            cout<<"\nDie gesuchte Zahl ist groesser!"
                <<"\nNeue Zahl: ";
          else
            cout<<"\nDie gesuchte Zahl ist kleiner!"
                <<"\nNeue Zahl: ";
        }
      n++;                        // n zaehlt Versuche
      }
    }while ((eingzahl != geszahl) && (n < 4));
    return 0;
}
```

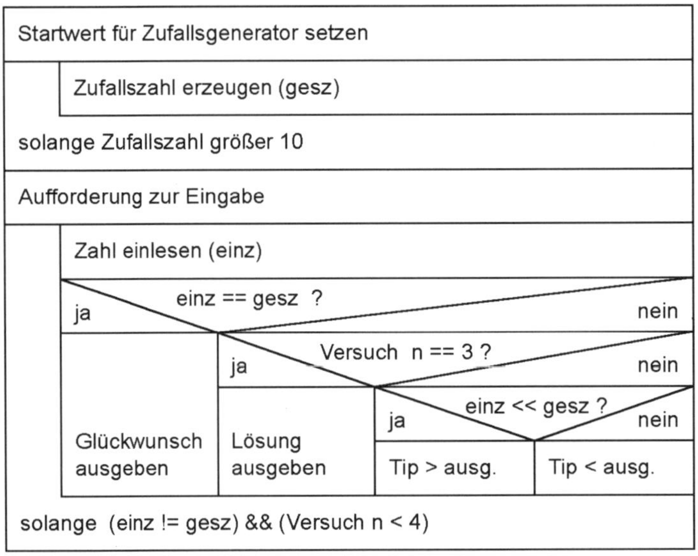

Abb. 5.10: Struktogramm zu RATEZAHL.CPP

Nachdem Sie nun vielleicht ein bisschen relaxt haben, folgt als abschließendes **Beispiel** zu den Kontrollstrukturen eine etwas anspruchsvollere Anwendung, in der sowohl die **do...while-**, die **while**-Schleife als auch eine **if**-Verzweigung eingesetzt werden.

Es sollen alle Primzahlen bis 100 ermittelt und angezeigt werden. Eine positive Zahl heißt prim, wenn sie ohne Rest nur durch 1 und durch sich selbst teilbar ist. Per Definition ist die 1 keine und die 2 die kleinste Primzahl. Zur Ermittlung einer Primzahl *n* ist also zu prüfen, ob die Bedingung

$$< \text{alle Restwerte von } \frac{n}{2}+\frac{n}{3}+\frac{n}{4} \text{ bis } \frac{n}{\sqrt{n}} \quad \text{sind ungleich Null} >$$

erfüllt ist. Diesen Algorithmus finden Sie im folgenden Struktogramm umgesetzt:

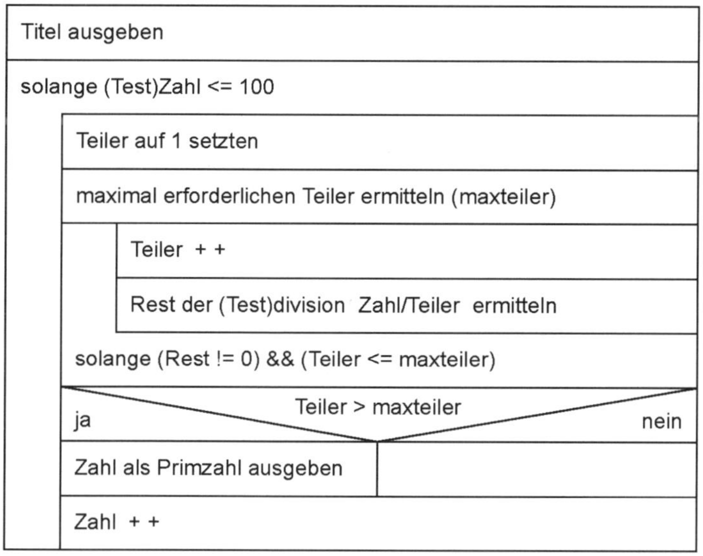

Abb. 5.11: Struktogramm zu PRIMZAHL.CPP

Durch die (äußere) **while**-Schleife werden alle Zahlen im Bereich von 2 bis 100 getestet. In der (inneren) **do...while**-Schleife findet für jede Zahl die »Testdivision« statt. Wesentlich ist die verknüpfte Abbruchbedingung dieser **do...while**-Schleife. Ergab eine Division den Rest Null, wird wegen der nicht erfüllten Bedingung (*rest!=0*) die Schleife verlassen. Da die **if**-Bedingung nicht erfüllt ist, wird dieser Wert nicht als Primzahl ausgegeben. Es erfolgt ein neuer Versuch mit der nächsten Zahl (*zahl=zahl+1*). Die zweite Abbruchbedingung für die **do...while**- Schleife ist erfüllt, wenn alle erforderlichen Divisionen (bis *maxteiler*) erfolgreich durchgeführt wurden – d.h. bei jeder Division ein Rest aufgetreten ist. Diese Zahl wird anschließend als Primzahl ausgegeben und *zahl* wird für den nächsten Versuch inkrementiert.

```
// PRIMZAHL.CPP
// Beispiel fuer while und do...while.
// Gibt die Primzahlen bis 100 aus.


#include <iostream>
#include <cmath>
using namespace std;

int main()
{
  int  zahl=2, maxteiler, teiler, rest;

  cout << "*** Die Primzahlen bis 100 *** \n\n";
```

```
  while (zahl <= 100 )
  {
    teiler = 1;
    maxteiler = sqrt(zahl);    // type conversion
                               // hier ohne Probleme
    do
    {
      teiler = teiler + 1;
      rest = zahl % teiler;
    } while ((rest != 0) && (teiler <= maxteiler));

    if (teiler > maxteiler)
      cout << zahl <<"\n";

    zahl = zahl + 1;
  }
  return 0;
}
```

5.3 Übungen zu den Kontrollstrukturen

5.3.1 Aufgaben

(A.5.1) Schreiben Sie ein Programm, das von zwei eingegebenen Zahlen den größten gemeinsamen Teiler ermittelt und auf den Monitor ausgibt. Das folgende Struktogramm zeigt einen möglichen Algorithmus zur Umsetzung:

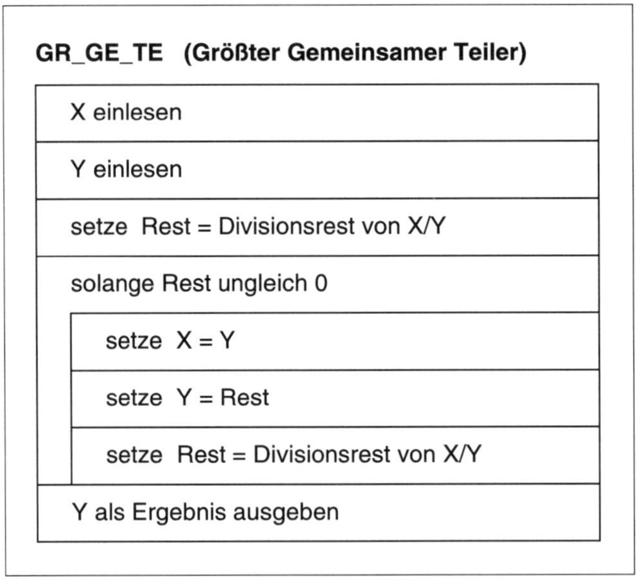

5.3.2 Lösungsvorschläge

(L.5.1)

```
// GR_GE_TE.CPP
#include <iostream>
using namespace std;
int main()
{
  int   X, Y, Rest;
  cout << "* Groester gemeinsamer Teiler *\n\n"
       << "Geben Sie bitte Zahl 1 ein:  ";
  cin >> X;
  cout << "Geben Sie bitte Zahl 2 ein:  ";
  cin >> Y;
  Rest = X % Y;
  while (Rest != 0)
  {
    X = Y;
    Y = Rest;
    Rest = X % Y;
  };
  cout << "\nDer GGT ist:  " << Y << "\n";
  return 0;
}
```

```
* Groester gemeinsamer Teiler *

Geben Sie bitte Zahl 1 ein:  13013
Geben Sie bitte Zahl 2 ein:  390
Der GGT ist:  13
```

6 Felder, Strukturen und Zeiger

Felder, Strukturen und Zeiger gehören zu den abgeleiteten Datentypen. Allgemein lässt sich sagen:

> Abgeleitete Datentypen setzen sich aus
> den elementaren Datentypen zusammen.

Auch Funktionen, Referenzen, Aufzählungen und Unions gehören zu der Kategorie der abgeleiteten Datentypen.

6.1 Felder

6.1.1 Eindimensionale Felder

Wird in Programmen eine Vielzahl von Daten mit gemeinsamen Eigenschaften verarbeitet, bietet es sich an, diese Daten in einem Feld – oft auch **array** genannt – unterzubringen. So ein Datenfeld setzt sich zusammen aus:

> Typ **array_name** [groesse] ;

Mit *Typ* wird der Datentyp des Array festgelegt, mit *array_name* wird ein Variablenname für dieses Array vereinbart und mit *groesse* wird die Anzahl der Elemente für das Array bestimmt. Die Anzahl der Elemente kann man auch als die Anzahl der Werte, die dieses Feld fassen kann, bezeichnen. Aus dem Datentyp und der Anzahl der Feldelemente ergibt sich dann der Speicherplatzbedarf für das Array. Die Angabe über die Größe darf nur in positiven, konstanten Ausdrücken (die größer null sind) erfolgen und ist in [ ] zu fassen!

`char name [3];`	*name* ist ein Feld, in dem *3* Werte des Datentyps **char** gespeichert werden können. Der Speicherplatzbedarf ist also 3 * char (8 Bit) = 3 Byte.
`int zahlen [4];`	*zahlen* ist ein Feld, das *4* Werte des Datentyps **int** fassen kann – dies entspricht einem Speicherplatzbedarf von 4 * int (16 Bit) = 8 Byte .
`double werte [5];`	*werte* ist ein Feld für *5* Werte des Datentyps **double** und belegt 5 * double (64 Bit) = 40 Byte .

Das Initialisieren von Feldern, d.h. das Zuweisen von Werten an die einzelnen Feldelemente, kann auf verschiedene Art erfolgen. Bei

```
int  zahlen[4] = {1, 12, 130, 999};
```

wird quasi in einem Zug allen Elementen ein Wert zugewiesen. Diese Form der Feldinitialisierung ist aber nur in der Kombination Felddefinition **und** Initialisierung möglich! Alternativ zum obigen Beispiel könnte auch geschrieben werden:

```
int  zahlen[] = {1, 12, 130, 999};
```

Da Definition und Initialisierung in einem Schritt erfolgen, wird die Größe des Array aus der Anzahl der Elemente ermittelt. In beiden Fällen wird die Initialisierung mit dem Gleichheitszeichen begonnen und die einzelnen Werte, getrennt durch ein Komma, werden in geschweiften Klammern zusammengefasst und wie üblich mit einem Semikolon abgeschlossen. Wollen Sie ein **char**-Array mit der Zeichenkette *Gelb* initialisieren, können Sie dies ebenfalls in der eben besprochenen Form machen.

```
char wort1[4] = {'G','e','l','b'};

char wort2[] = "Gelb";
```

Will man an einer x-beliebigen Stelle im Programm ein Feld initialisieren, kann dies durch eine direkte Zuweisung des Wertes an das gewünschte Element geschehen:

```
zahlen[0] = 11;
zahlen[1] = 55;
zahlen[2] = 113;
zahlen[3] = 777;
```

Die Initialisierung und der Zugriff auf Array-Elemente erfolgt hier über einen Index. Das erste Element des Array hat immer den Index 0 und entsprechend hat das letzte Element immer den Index von *groesse-1*! Sollen nun in einem **Programm** alle ganzen Zahlen von 1 bis 10 zum Quadrat genommen werden, könnte dies folgendermaßen aussehen:

```
#include <iostream>
using namespace std;

int main()
{
  int quad[10], i;

  cout << "Zahlen von 1 bis 10 zum Quadrat."<<endl;

  for (i=0; i<10; i++)
    quad[i]=(i+1)*(i+1);        // Feld initialisieren

  for (i=0; i<10; i++)          // Feld ausgeben
    cout << i <<". Element: " << quad[i] << endl;

  return 0;
}
```

Als Erstes wird ein Feld mit *zehn* Elementen für den Datentyp **int** unter dem Namen *quad* definiert. Danach wird in einer **for**-Schleife dieses Feld initialisiert:

```
for (i=0; i<10; i++)
  quad[i]=(i+1)*(i+1);
```

Mit *i = 0* ist in diesem Fall gewährleistet, dass die Initialisierung auch mit dem Element 0 beginnt. Durch *i < 10* ist sichergestellt, dass Element 9 das letzte Element ist, was in der Summe dann wieder 10 Elemente gibt. Durch *i++* wird nun jedes Element mit dem Wert »gefüllt«. Würde man z.B. nur jedes zweite Element initialisieren wollen, müsste statt *i++* natürlich *i=i+2* eingesetzt werden. Dieses eben beschriebene Schema findet auch bei der Ausgabe statt. Es werden alle Elemente, angefangen bei dem Element mit dem Index 0, ausgegeben:

```
for (i=0; i<10; i++)
  cout << i <<". Element: " << quad[i] << endl;
```

Sollen nur die ersten drei oder die letzten vier Elemente ausgegeben werden, müsste nur die Abbruchbedingung bzw. der Startwert der Schleife geändert werden. Ein Problem kann auftreten, wenn Sie die Abbruchbedingung der Schleife von *i < 10* in *i <= 10* ändern. Das Programm würde jetzt versuchen, auf ein Feldelement zuzugreifen, das es überhaupt nicht gibt. Das Element mit dem Index 10 kann nicht gefunden werden, denn es wurde nur ein Feld mit 10 Elementen (Element 0 bis Element 9) vereinbart. Solche Fehler werden nicht angezeigt, bestenfalls erhalten Sie eine Ausgabe, die »Müll« anzeigt, schlimmstenfalls zerstören Sie andere Programme oder das Programm selbst, das diese Speicherzelle momentan verwendet. Vermeiden lassen sich solche »Schweinereien«, zumindest teilweise, indem man die Feldgröße als symbolische Konstante wie z.B.

```
#define GROESSE  10
```

definiert und dann damit weiterarbeitet.

Zusammenfassend lässt sich an dieser Stelle sagen:

- Felder werden durch die Angabe des Datentyps, des Feldnamens und der Feldgröße vereinbart.
- Für die Größenangabe dürfen nur positive, konstante Ausdrücke größer null benutzt werden.
- Felder können direkt bei der Felddefinition initialisiert werden.
- Die Größenangabe kann entfallen, wenn Definition und Initialisierung gleichzeitig vorgenommen werden.
- Der Zugriff auf Felder bzw. auf Feldelemente erfolgt über einen Index.
- Das erste Element hat immer den Index 0, das letzte immer den Index *groesse-1*.

6.1.2 Mehrdimensionale Felder

Für mehrdimensionale Felder gelten im Prinzip die gleichen Regeln wie für die eindimensionalen Felder.

Typ **array_name** [groesse_1] [groesse_2]...[groesse_n];

Eine Felddefinition wie

```
int wert[4][3];
```

kann man sich vorstellen wie eine Tabelle mit *vier* Zeilen und *drei* Spalten. Hier könnten nun 4 * 3 **int**-Werte gespeichert werden. Folgendes Beispiel zeigt die Initialisierung und den Zugriff auf das array:

```
#include <iostream>
using namespace std;
int main()
{
  int wert[4][3]={1,2,3,4,5,6,7,8,9,10,11,12};
  int i,x;

  cout << "Zweidimensionales Feld"<<endl;
  for (i=0; i<4; i++)
  {
    for(x=0; x<3; x++)
      cout << wert[i][x] << "   " ;
    cout << endl;
  }

  return 0;
}
```

und würde auf dem Bildschirm ausgeben:

Zweidimensionales Feld
1 2 3
4 5 6
7 8 9
10 11 12

Wie Sie dem Programm entnehmen können, erfolgt die Initialisierung von dem Array direkt bei der Definition. Die einzelnen Werte werden dabei nach dem Zeilen-/Spaltenschema zugeordnet.

wert[0][0] = 1	wert[0][1] = 2	wert[0][2] = 3
wert[1][0] = 4	wert[1][1] = 5	wert[1][2] = 6
wert[2][0] = 7	wert[2][1] = 8	wert[2][2] = 9
wert[3][0] = 10	wert[3][1] = 11	wert[3][2] = 12

Die Ausgabe folgt auch diesem Schema: Die äußere **for**-Schleife entspricht dabei den Zeilen, die innere **for**-Schleife den Spalten.

Wissen Sie übrigens, auf welchen Wochentag der 6.11.1917 fiel? Kein Problem, es gibt ja den »**Immerwährenden Kalender**«. Dieser Kalender besteht im Prinzip aus drei Tabellen.

Jahr					**Monat**											
1901 – 2030					**1**	**2**	**3**	**4**	**5**	**6**	**7**	**8**	**9**	**10**	**11**	**12**
	25	53	81	09	4	0	0	3	5	1	3	6	2	4	0	2
	26	54	82	10	5	1	1	4	6	2	4	0	3	5	1	3
	27	55	83	11	6	2	2	5	0	3	5	1	4	6	2	4
	28	56	84	12	0	3	4	0	2	5	0	3	6	1	4	6
01	29	57	85	13	2	5	5	1	3	6	1	4	0	2	5	0
02	30	58	86	14	3	6	6	2	4	0	2	5	1	3	6	1
03	31	59	87	15	4	0	0	3	5	1	3	6	2	4	0	2
04	32	60	88	16	5	1	2	5	0	3	5	1	4	6	2	4
05	33	61	89	17	0	3	3	6	1	4	6	2	5	0	3	5
06	34	62	90	18	1	4	4	0	2	5	0	3	6	1	4	6
07	35	63	91	19	2	5	5	1	3	6	1	4	0	2	5	0
08	36	64	92	20	3	6	0	3	5	1	3	6	2	4	0	2
09	37	65	93	21	5	1	1	4	6	2	4	0	3	5	1	3
10	38	66	94	22	6	2	2	5	0	3	5	1	4	6	2	4
11	39	67	95	23	0	3	3	6	1	4	6	2	5	0	3	5
12	40	68	96	24	1	4	5	1	3	6	1	4	0	2	5	0
13	41	69	97	25	3	6	6	2	4	0	2	5	1	3	6	1
14	42	70	98	26	4	0	0	3	5	1	3	6	2	4	0	2
15	43	71	99	27	5	1	1	4	6	2	4	0	3	5	1	3
16	44	72	00	28	6	2	3	6	1	4	6	2	5	0	3	5
17	45	73	01	29	1	4	4	0	2	5	0	3	6	1	4	6
18	46	74	02	30	2	5	5	1	3	6	1	4	0	2	5	0
19	47	75	03		3	6	6	2	4	0	2	5	1	3	6	1
20	48	76	04		4	0	1	4	6	2	4	0	3	5	1	3
21	49	77	05		6	2	2	5	0	3	5	1	4	6	2	4
22	50	78	06		0	3	3	6	1	4	6	2	5	0	3	5
23	51	79	07		1	4	4	0	2	5	0	3	6	1	4	6
24	52	80	08		2	5	6	2	4	0	2	5	1	3	6	1

Wochentag						
Mo	**Di**	**Mi**	**Do**	**Fr**	**Sa**	**So**
						1
2	3	4	5	6	7	8
9	10	11	12	13	14	15
16	17	18	19	20	21	22
23	24	25	26	27	28	29
30	31	32	33	34	35	36
37						

Um nun herauszubekommen, auf welchen Wochentag der 6.11.1917 gefallen ist, wird in der Rubrik Jahre die Jahreszahl (1917) und in der Rubrik Monate der Monat (11) gesucht. Im Schnittpunkt der Zeilen (Jahr) und Spalten (Monat) findet man eine Zahl (hier 4). Addiert man nun zu dieser Zahl den Tag (6), so kommt man auf einen Wert, der immer zwischen 1 und 37 liegt (hier 10). Sucht man nun in der Tabelle der Wochentage diesen Wert, findet man den gesuchten Wochentag (hier Dienstag).

Dieser »immerwährende Kalender« wird nun in ein entsprechendes **Programm** umgesetzt.

```
// KALEND1.CPP der "immerwaehrende Kalender" fuer
// die Jahre 1901 bis 2030

#include <iostream>
using namespace std;

int main()
{
 int tafel_monate [28][12] = {
                              {4,0,0,3,5,1,3,6,2,4,0,2},
                              {5,1,1,4,6,2,4,0,3,5,1,3},
                              {6,2,2,5,0,3,5,1,4,6,2,4},
                              {0,3,4,0,2,5,0,3,6,1,4,6},
                              {2,5,5,1,3,6,1,4,0,2,5,0},
                              {3,6,6,2,4,0,2,5,1,3,6,1},
                              {4,0,0,3,5,1,3,6,2,4,0,2},
                              {5,1,2,5,0,3,5,1,4,6,2,4},
                              {0,3,3,6,1,4,6,2,5,0,3,5},
                              {1,4,4,0,2,5,0,3,6,1,4,6},
                              {2,5,5,1,3,6,1,4,0,2,5,0},
                              {3,6,0,3,5,1,3,6,2,4,0,2},
                              {5,1,1,4,6,2,4,0,3,5,1,3},
                              {6,2,2,5,0,3,5,1,4,6,2,4},
                              {0,3,3,6,1,4,6,2,5,0,3,5},
                              {1,4,5,1,3,6,1,4,0,2,5,0},
                              {3,6,6,2,4,0,2,5,1,3,6,1},
                              {4,0,0,3,5,1,3,6,2,4,0,2},
                              {5,1,1,4,6,2,4,0,3,5,1,3},
                              {6,2,3,6,1,4,6,2,5,0,3,5},
                              {1,4,4,0,2,5,0,3,6,1,4,6},
                              {2,5,5,1,3,6,1,4,0,2,5,0},
                              {3,6,6,2,4,0,2,5,1,3,6,1},
                              {4,0,1,4,6,2,4,0,3,5,1,3},
                              {6,2,2,5,0,3,5,1,4,6,2,4},
                              {0,3,3,6,1,4,6,2,5,0,3,5},
                              {1,4,4,0,2,5,0,3,6,1,4,6},
                              {2,5,6,2,4,0,2,5,1,3,6,1},
                             };
```

```
char wochentag[7][11]={
                        "Montag","Dienstag","Mittwoch",
                        "Donnerstag","Freitag",
                        "Samstag","Sonntag"
                       };

int tafel_tage[38]={
                    6,0,1,2,3,4,5,6,0,1,2,3,4,5,6,0,1,
                    2,3,4,5,6,0,1,2,3,4,5,6,0,1,2,3,4,
                    5,6,0,1
                   };

int jahr, tag, monat, zeilem, spaltem, zahlm, zahlt, tagm;

cout << "Bitte geben Sie ein:\n\nTag (als Zahl):\t\t";
cin >> tag;
cout << "Monat (als Zahl):\t"; cin >> monat;
cout << "Jahr (vierstellig):\t"; cin >> jahr;

if (jahr>=1901 && jahr<=1924)  zeilem = jahr - 1900 + 3;
if (jahr>=1925 && jahr<=1952)  zeilem = jahr - 1900 - 25;
if (jahr>=1953 && jahr<=1980)  zeilem = jahr - 1900 - 53;
if (jahr>=1981 && jahr<=1999)  zeilem = jahr - 1900 - 81;
if (jahr>=2000 && jahr<=2008)  zeilem = jahr - 2000 + 19;
if (jahr>=2009 && jahr<=2030)  zeilem = jahr - 2000 - 9;

spaltem = monat-1;            // Indexkorrektur
tagm=tag-1;                   // Indexkorrektur
zahlm = tafel_monate [zeilem][spaltem] + tagm;
zahlt = tafel_tage[zahlm];

cout << "\nDer "<<tag << "." << monat << "." << jahr
     << " war/ist ein " << wochentag[zahlt]<< "!" << endl;
return 0;
}
```

Die Bildschirmausgabe dazu sieht dann so aus:

Bitte geben Sie ein:

Tag (als Zahl) :	*6*
Monat (als Zahl) :	*11*
Jahr (vierstellig) :	*1917*

Der 6.11.1917 war/ist ein Dienstag!

Doch zurück zum Programm: Zuerst wird ein zweidimensionales Feld für die Monate initialisiert. Dies entspricht 28 Zeilen und 12 Spalten – siehe Tabelle Monate. Die Werte entsprechen den Vorgaben des Kalenders.

```
int tafel_monate[28][12]={
                          {4,0,0,3,5,1,3,6,2,4,0,2},
                           ...
                          {2,5,6,2,4,0,2,5,1,3,6,1},
                         };
```

Als Zweites wird ebenfalls ein zweidimensionales Feld für die Wochentage definiert und initialisiert. Dabei entspricht [7] der Anzahl der Wochentage und [11] der Länge der Wochennamen.

```
char wochentag[7][11]={ "Montag", "Dienstag", ... };
```

Der dritte Schritt besteht in der Umsetzung der Wochentagstabelle in ein eindimensionales Feld. Da das erste Element eines Feldes aber immer den Index 0 hat, muss für dieses Element ein »Dummy« an diese Stelle eingefügt werden. Daher weist dieses Feld 38 Elemente auf.

```
int tafel_tage[38]={0,0,1,2,3,4,5,6,0, ... };
```

Um die erforderliche Zahl für die Ermittlung des Wochentags zu finden, wird zuerst über die **if**-Verzweigungen die Jahreszahlzeile = *zeilenm* festgelegt, wobei gleichzeitig berücksichtigt werden muss, dass das erste Feldelement immer den Index 0 hat.

```
if (jahr>=1901 && jahr<=1924)  zeilem = jahr - 1900 + 3;
...
```

Anschließend erfolgt die Festlegung der Monatsspalte = *spaltenm*

```
... tafel_monate [zeilem][spaltem] ...
```

und im gleichen Schritt wird durch die Addition des Datums der für den Wochentag relevante Wert ermittelt.

```
zahlm = tafel_monate [zeilem][spaltem] + tagm;
```

Bleibt eigentlich nur noch, den zu diesem Wert gehörenden Wochentag in dem Feld *tafel_tage[38]* zu finden. Dies gestaltet sich denkbar einfach. Da es sich um ein eindimensionales Feld handelt, wird lediglich der Inhalt des zuvor festgestellten Elements der Variablen *zahlt* zugewiesen.

```
zahlt = tafel_tage[zahlm];
```

In der Bildschirmausgabe wird nun durch

```
... << wochentag[zahlt] ...
```

der entsprechende Wochentag ausgegeben. Zwar war *wochentag* als zweidimensionales Feld *char wochentag[7][11]* definiert, da aber nur die erste Größe (Zeile) dieses Feldes für den auszugebenden Wochentag zuständig ist, braucht auch nur dieser Parameter angegeben zu werden.

6.2 Strukturen und Unions

Für Informationen, die zusammengehören, aber unterschiedliche Datentypen haben, wie es z.B. der Fall ist, wenn Adressen verwaltet werden, bietet sich der Gebrauch von Strukturen an. Strukturen und Unions gehören zu den abgeleiteten Datentypen. Sie bestehen aus dem Schlüsselwort

struct bzw. **union**, dem Namen der Struktur/Union und den einzelnen Komponenten, die in { } zusammengefasst werden. Im Regelfall erhält sie noch eine Strukturvariable und wird immer mit einem Semikolon abgeschlossen. Diese Strukturvereinbarung heißt verallgemeinert:

struct *Name* { Komponentenliste } [*Strukturvariable*] ;	**union** *Name* { Komponentenliste } [*Unionvariable*] ;

Nehmen wir einmal an, Sie wollen in einem Programm über eine Struktur den Geburtstag Ihres/r besten Freundes/Freundin festhalten. Ihre Strukturvereinbarung könnte wie folgt aussehen:

```
struct GEBURT
{
  int  datum, monat;
  char name[80];
};
```

Mit dem Schlüsselwort **struct** deklarieren Sie die Struktur und geben ihr den Namen *GEBURT*. Danach folgen die Strukturkomponenten – oft auch Elemente genannt: *int datum* für den Geburtstag, *int monat* für den Geburtsmonat und für den Namen ein Array *char name[80]*. Zum Schluss das zwingend notwendige Semikolon. Um nun auf einzelne Elemente dieser Struktur zugreifen zu können, wird im Programm der Punktoperator (.) benötigt. Die allgemeine Syntax dazu lautet:

Postfix-Ausdruck **.** Bezeichner

Der *Postfix-Ausdruck* stellt den Namen der Struktur/Union dar und der *Bezeichner* eine Komponente dieser Struktur/Union. In ein Programm umgesetzt, könnte das dann so aussehen:

```
#include <iostream>
using namespace std;

struct GEBURT
{
  int  datum, monat;
  char name[80];
};

int main()
{
  GEBURT test={13,11,"Anna"};
  cout << test.name << " hat am "<< test.datum<<"."
       << test.monat<< ". Geburtstag!!";
  return 0;
}
```

Zuerst wird eine Variable für die Struktur GEBURT vereinbart, hier *test*. Dann werden in einem Schritt die Werte für die Strukturkomponenten übergeben. Die 13 wird *datum*, die 11 *monat* und Anna *name* zugewiesen.

Bei der Ausgabe wird nun mit dem Punktoperator (.) auf die einzelnen Elemente zugegriffen. Zuerst mit *test.name* auf den Namen, dann mit *test.datum* auf den Geburtstag und zum Schluss mit *test.monat* auf den Geburtsmonat. Sollten Sie dieses Programm testen, müsste auf Ihrem Monitor erscheinen:

Anna hat am 13.11. Geburtstag!!

Zwei wichtige Hinweise an dieser Stelle:

Die Strukturvariablendefinition wie im obigen Beispiel müsste unter C **struct** GEBURT *test* lauten. Unter C++ kann (nicht muss!) an dieser Stelle das Schlüsselwort **struct** entfallen. Strukturvariablen können gleich bei der Strukturvereinbarung festgelegt werden.

Natürlich gibt es auch die Möglichkeit, Strukturen zu verschachteln. Wie Sie sehen, gibt es innerhalb der Struktur ADRESSEN die Struktur KONTAKT, für die hier gleichzeitig der Strukturvariablenname *was* vereinbart wurde.

Für die Struktur ADRESSEN wurde der Strukturvariablenname *adr[100]* vereinbart, d.h. dass hier ein Feld für 100 Datensätze des Strukturtyps ADRESSEN festgelegt wird.

```
#include <iostream>
using namespace std;

struct ADRESSEN
{
 char *nname, *vname;
 struct KONTAKT
 {
  char *beruf, *art;
 }was;
}adr[100];        // fuer 100 Datensaetze

int main()
{
 int i;
 adr[0].vname="Bill";
 adr[0].nname="Gates";
 adr[0].was.beruf="????";
 adr[0].was.art="geschaeftlich";
 adr[1].vname="Helmut";
 adr[1].nname="Kohl";
 adr[1].was.beruf="Politiker";
 adr[1].was.art="keinerlei";

 for (i=0;i<=1;i++)
  cout << adr[i].vname << " " << adr[i].nname << " - "
       << adr[i].was.beruf << " - " << adr[i].was.art
       << " Kontakt" <<endl;
 return 0;
}
```

Eine Zuweisung von Werten an die einzelnen Strukturkomponenten erfolgt auch hier wieder mit Hilfe des .-Operators. Berücksichtigt werden muss allerdings der gerade benötigte oder gewünschte

Datensatz. *Bill Gates* ist hier im ersten Datensatz, *Helmut Kohl* im zweiten Datensatz festgehalten. Der Zugriff auf die Komponenten der Struktur KONTAKT erfolgt z.B. mit

```
adr[i].was.beruf ...
```

Bei der Ausgabe wird auf die jeweiligen Datensätze mit ihren Komponenten über den Index i zugegriffen. Da die Datensätze in einem Feld abgelegt sind, muss berücksichtigt werden, dass der Index mit 0 beginnt.

Falls Sie jetzt auf den Geschmack gekommen sind, hier noch ein sich selbst erklärendes **Anwendungsbeispiel** für Strukturen. Das Programm ruft über die Funktion *system* verschiedene DOS-Befehle auf und führt sie aus.

```
// DOSI.CPP
// liefert Systeminformationen

#include <iostream>
#include <cstdlib>      //  fuer die Funktion system
using namespace std;


struct COMPUTER
{
 char*  version;
 char*  datentr;
 char*  speicher;
 char*  partition;
}my_computer={"VER","VOL","MEM","FDISK /STATUS"};

int main()
{
 char wahl;

 cout << "Syteminformationen:\n-------------------\n\n";
 cout << "<S>peicherinformationen\n"
      << "<D>atentraegerbezeichnung\n";
 cout << "<M>S-DOS-Versions-Nr.\n"
      << "<P>artitionsinformationen der Festplatte\n\n";
 cout << "Ihre Eingabe: "; cin >> wahl;
 switch (wahl)
 {
  case 's' :
  case 'S' : system(my_computer.speicher); break;
```

```
    case 'd' :
    case 'D' : system(my_computer.datentr); break;
    case 'm' :
    case 'M' : system(my_computer.version); break;
    case 'p' :
    case 'P' : system(my_computer.partition); break;
    default  : cout << "\nUngueltige Eingabe!"<<endl;
  }
  cout << "\n\n... und tschuess!!\n\n";
  return 0;
}
```

Und hier nun eine dazugehörige Bildschirmausgabe:

Systeminformationen:

<S>peicherinformationen
<D>atentraegerbezeichnung
<M>S-DOS-Versions-Nr.
<P>artitionsinformationen der Festplatte

Ihre Eingabe: S

Speichertyp	Gesamt	=	Belegt	+	Frei
Konventionell	640K		130K		510K
Oberer	0K		0K		0K
Reserviert	384K		384K		0K
XMS-Speicher	64.512K		232K		64.280K
--------------------	----------		-----------		------------
Speicher gesamt	65.536K		746K		64.790K
Ges. unter 1 MB	640K		130K		510K

EMS-Speicher gesamt	63M	(66.535.424 Bytes)
Freier EMS-Speicher	16M	(16.777.216 Bytes)
Max. Größe für ausführbares Programm	510K	(521.808 Bytes)
Größter freier oberer Speicherblock	0K	(0 Bytes)

MS-DOS ist resident im hohen Speicherbereich (HMA).

... und tschuess!!

Doch nun zu den Unions. Eine **union** wird wie eine Struktur vereinbart.

```
union beispiel
{
  short   eine_zahl;
  double  noch_eine_zahl;
}bsp;
```

Bei einer **union** werden alle Komponenten auf denselben Speicherplatz gelegt. Die Länge der **union** richtet sich dabei nach dem mächtigsten Datentyp, in diesem Fall nach **double**, und belegt somit einen Speicher von 8 Byte. Da beide Komponenten (bsp.eine_zahl und bsp.noch_eine_zahl) den gleichen Speicher belegen, kann immer nur auf eine dieser Komponenten zugegriffen werden. Sie findet ihren Einsatz dort, wo es Varianten einer Struktur gibt.

6.3 Aufzählungstyp

Ein **Aufzählungstyp** wird über das Schlüsselwort **enum** deklariert und besteht aus einem Satz benannter Integerkonstanten.

> **enum** *Name*
> {
>   Komponentenliste
> } [*enumvariable*] ;

Standardmäßig bekommt der erste Bezeichner der Komponentenliste den Wert 0 zugewiesen, der zweite den Wert 1 usw. Die Bezeichner in der Komponentenliste werden als Konstanten betrachtet und müssen daher innerhalb ihres Geltungsbereichs einzigartig sein. Die vorgegebenen Werte können durch explizite Zuordnungen beliebig geändert werden, wobei nachfolgende Elemente jeweils den Wert ihres Vorgängers plus 1 bekommen.

```
#include <iostream>
using namespace std;

enum farben
{
  rot,
  gelb,
  blau=7,
  gruen
};

int main()
{
  int was;
  cout << "Bitte 0,1,7 oder 8 waehlen: "; cin >> was;
  switch(was=(farben)was)
  {
    case rot    : cout << was << " = ROT";break;
    case gelb   : cout << was << " = GELB";break;
    case blau   : cout << was << " = BLAU";break;
    case gruen  : cout << was << " = GRUEN";break;
    default     : cout << was << " = nicht vorhanden!";
  }
  return 0;
}
```

Ein Aufzählungstyp mit vier Komponenten wird festgelegt:

```
enum farben
{
  rot,
  gelb,
  blau=7,
  gruen
};
```

Während *rot* und *gelb* mit den Standardwerten arbeiten, wird *blau* ein expliziter Wert 7 zugewiesen, somit erhält *gruen* automatisch den Wert 8.

Durch die Kontrollausgabe müssten Sie u.a. folgende Bildschirmausgabe erzeugen können:

> Bitte 0,1,7 oder 8 wählen: *7*
> 7 = BLAU

6.4 Zeiger

Die allgemeine Syntax für Zeiger lautet:

> Typ * Zeigername;

Ein Zeiger muss genau wie jede andere Variable deklariert werden. Bei der Vergabe von Zeigernamen gelten die gleichen Regeln wie bei der Vergabe von Variablennamen. Ein Zeiger kann auf jedes beliebige Datenobjekt zeigen, mit Ausnahme von Referenzen und Bitfeldern. Dem Zeigernamen wird bei der Deklaration der Verweisoperator * vorangestellt.

```
#include <iostream>
using namespace std;

int main()
{
 int        wert_1=77, wert_2=19;
 double     wert_3=2222.2222;
 char       feld[]="Versuch es";

 int        *zeig_int=&wert_1;
 double     *zeig_double=&wert_3;
 void       *zeig_feld=&feld;

 cout << "Typ\tWert\tbenoetigte Bytes\t  Adresse  Bytes \n";
 cout << "-------------------------------------------\n\n";
 cout << "int\t" << wert_1 << "\t\t" << sizeof(wert_1)
      << "\t  " << zeig_int << "    "
      << sizeof(zeig_int) << endl;
 zeig_int=&wert_2;
 cout << "int\t" << wert_2 << "\t\t" << sizeof(wert_2)
```

```
       << "\t  " << zeig_int << "     "
       << sizeof(zeig_int) << endl;
  cout << "float\t" << wert_3 << "\t\t" << sizeof(wert_3)
       << "\t  " << zeig_double<< "     "
       << sizeof(zeig_double) << endl;
  cout << "array\t" << feld << "\t" << sizeof(feld)
       << "\t  " << zeig_feld << "     "
       << sizeof(zeig_feld)<< endl;
  return 0;
}
```

Die dazugehörende Bildschirmausgabe:

Typ	Wert	benoetigte Bytes	Adresse	Bytes
int	77	4	0012FF7C	4
int	19	4	0012FF78	4
double	2222.22	8	0012FF70	4
array	Versuch es	11	0012FF64	4

Dieses kleine Programm soll Ihnen die Möglichkeiten der Zeigerdeklaration und Initialisierung aufzeigen.

```
int *zeig_int = &wert_1;
```

kennzeichnet einen Zeiger auf ein **int**-Datenobjekt und bekommt über den Adressoperator & die Adresse der Variablen *wert_1* zugewiesen.

```
double*zeig_float = &wert_3;
```

stellt einen Zeiger auf ein **double**-Datenobjekt dar, dem die Adresse von *wert_3* zugewiesen wurde.

```
void *zeig_feld = &feld;
```

dieser Zeiger wird genutzt, um auf ein **array** zu verweisen. Er enthält die Adresse des ersten Elements. Bei allen drei Fällen handelt es sich um eine Initialisierung, während die Anweisung

```
zeig_int = &wert_2;
```

»nur« eine Zuweisung ist. Bekommt ein bereits vorhandener Zeiger eine neue Adresse zugewiesen, wird ihm kein * mehr vorangestellt. Bei solchen Zuweisungen ist auch zu beachten, dass der Typ des Zeigers mit dem des Datenobjektes übereinstimmt, oder anders gesagt: Zeigertyp und Datenobjekttyp müssen identisch sein. Einzige Ausnahme ist ein Zeiger auf **void**, der ist typenlos.

Betrachten Sie die Bildschirmausgabe, so werden Sie feststellen, dass die Variablen (Wert) immer einen ihrem Datentyp entsprechenden großen Speicherplatz benötigen, während ein Zeiger immer mit einem Speicherplatz von 4 Byte auskommt. Die Erklärung liegt in der Tatsache, dass Zeiger Adressen enthalten und Adressen unabhängig vom Datentyp sind. Ebenso wie Zeiger initialisiert werden, müssen sie auch dereferenziert werden können. Eine Dereferenzierung ist der Bezug auf das Datenobjekt, auf das der Zeiger verweist.

Konkret bedeutet dies z.B.

```
int zahl = 7, neuzahl;
int *zeig;
...
zeig = &zahl;
neuzahl = *zeig;
...
cout << zeig  << endl;
cout << *zeig << endl;
```

Vereinbart sind zwei **int**-Variablen, wobei die eine bereits mit dem Wert 7 vorbesetzt ist, und ein Zeiger auf ein **int**-Datenobjekt. Dieser Zeiger bekommt nun die Adresse von *zahl* zugewiesen. Im nächsten Schritt wird der Inhalt der Adresse (nämlich der Wert 7) der Variablen *neuzahl* zugewiesen, und genau diesen Vorgang nennt man **Dereferenzierung.** Entscheidend für diesen Vorgang ist der Einsatz des Verweisoperators *. Er greift indirekt über den Zeiger auf den Wert zu und erwartet als Operanden einen Zeigerwert. Das Ergebnis ist der Wert an der Speicheradresse, die der Operand angibt. Betrachten Sie dazu die Ausgabe:

```
cout << zeig  << endl;
cout << *zeig << endl;
```

Im ersten Fall wird die Adresse, im zweiten Fall der Inhalt dieser Adresse, also der Wert ausgegeben. Allgemein kann man sagen:

> Wird der Zeiger **ohne** * benutzt, geht es um **Adressen,**
> wird der Zeiger **mit** * benutzt, geht es um **Werte.**

Wird ein Zeiger nicht initialisiert, enthält er einen zufälligen Wert. Dies kann bei einer Dereferenzierung unliebsame Programmfehler oder gar Programmabstürze zur Folge haben, da dieser zufällige Wert hier als Adresse interpretiert wird. Sie sollten deshalb Zeiger bei der Deklaration mit **NULL** initialisieren. Mit Zeigern kann man aber nicht nur auf Adressen und deren Inhalt zugreifen, sondern auch arithmetische Berechnungen durchführen. So ist das Inkrementieren oder Dekrementieren bei einem Zeiger auf ein Array eine nützliche Angelegenheit. Sie können aber auch mit Hilfe eines Zeigers die Länge eines Strings ermitteln.

```
#include <iostream>
using namespace std;

int main()
{
  char *string="Wie viele Zeichen hab' ich wohl?";
  int  i=0;
  cout << string;
  while (*string++)   i++;
  cout << " = " << i << " Zeichen.";
  return 0;
}
```

In diesem Fall enthält der String die vorgegebenen Zeichen, 30 an der Zahl. Innerhalb der **while**-Schleife wird nun der Zeiger so lange erhöht, bis das Begrenzungszeichen gefunden wird, analog dazu wird die Zählvariable *i* mit jedem Durchlauf erhöht. Das Ergebnis ist dann:

Wie viele Zeichen hab' ich wohl? = 30 Zeichen.

Zum Abschluss dieses Kapitels sollten Sie sich in aller Ruhe mit dem folgenden **Programm** beschäftigen. Es verschlüsselt den von Ihnen eingegebenen Text. Das Alphabet findet sich in dem ASCII-Zeichensatz quasi an zwei Stellen wieder, die Großbuchstaben A bis Z entsprechen den Dezimalwerten 65 bis 90, die Kleinbuchstaben a bis z den Dezimalwerten 97 bis 122. Die Codierung erfolgt dadurch, dass jeder Buchstabe durch den n-ten Nachfolger (0 – 25) ersetzt wird. Der Algorithmus hierfür stellt sich folgendermaßen dar:

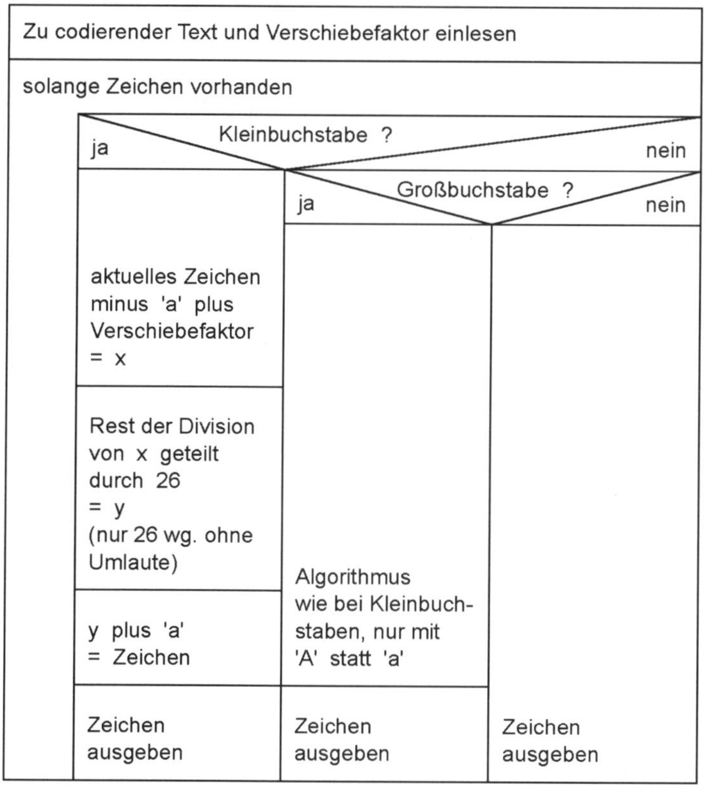

Abb. 6.1: Struktogramm zu CODIER.CPP

```
// CODIER.CPP

#include <iostream>
#include <cstdlib>
using namespace std;
```

```
int main()
{
 char eingabe[255];
 char *p=eingabe;
 int  i=0,x, schluessel;
 div_t weiter;
 cout << "Codierprogramm fuer zukuenftige Agenten!\n";
 cout << "Bitte Ihren Text (max. 255 Zeichen): \n\n\t";
 cin.getline(eingabe,255);
 cout << "\nUm wie viel Stellen (0 - 25) verschieben: ";
 cin >> schluessel;
 cout << "\nDer verschluesselte Text lautet: \n\n\t";
 while (*p)                    // solange ein Zeichen vorhanden ...
 {
  if (*p>=97 && *p<=122)       // Bereich der Kleinbuchstaben
  {
   x=*p-97+schluessel;
   weiter=div(x,26);
   *p=weiter.rem+97;
   cout << *p ;
  }
  else
  {
   if (*p>=65 && *p<=90)       // Bereich der Großbuchstaben
   {
    x=*p-65+schluessel;
    weiter=div(x,26);
    *p=weiter.rem+65;
    cout << *p ;
   }
   else
    cout << *p;                // alle and. Zeichen normal ausgeben
  }
  *p++;
 }
 return 0;
}
```

Hier ein Testlauf:

> Codierprogramm fuer zukuenftige Agenten!
> Bitte Ihren Text (max. 255 Zeichen):
> *Dieser Text ist verschlüsselt!*
> Um wie viel Stellen (0 – 25) verschieben: *2*
> Der verschluesselte Text lautet:
> Fkgugt Vgzv kuv xgtuejnüuugnv!

In der Variablendeklaration

```
char     eingabe[255];
char     *p = eingabe;
```

werden ein eindimensionales **char**-Feld und ein **char**-Zeiger vereinbart. Dieser Zeiger wird gleichzeitig über den Namen des Feldes initialisiert, d.h. mit der Anfangsadresse des Feldes. Mit *char *p=&eingabe[0]* würde der Zeiger ebenfalls mit der Anfangsadresse des Feldes initialisiert werden.

```
div_t weiter;
```

Für den Datentyp **div_t**, der in der Header-Datei **cstdlib** wie folgt definiert ist

```
typedef struct
{
  int quot;          // Quotient
  int rem;           // Divisionsrest
}div_t;
```

wird der Variablenname *weiter* vereinbart. Im Programm selber wird jedoch nur auf die Strukturkomponente *rem* zugegriffen. Nachdem alle für den Programmablauf relevanten Daten abgefragt und eingelesen wurden, folgt die Verschlüsselung mit dem zuvor beschriebenen Algorithmus. Zuerst wird mit

```
while (*p)
```

das erste Zeichen geholt bzw. festgestellt, ob überhaupt ein Zeichen vorhanden ist. Dieser Zeiger wurde ja zuvor mit der Anfangsadresse des Feldes initialisiert und kann somit auch den Inhalt dieser Adresse darstellen, also den Wert vom Element 0.

```
if (*p>=97 && *p<=122)
```

steht sozusagen für eine Bereichsprüfung. Hier wird überprüft, ob es sich um ein Zeichen aus dem Bereich der Kleinbuchstaben handelt. Ist dies der Fall, wird für diesen Buchstaben der *schluessel*-Nachfolger in drei Schritten ermittelt.

```
x = *p - 97 + schluessel;
```

sorgt dafür, dass von dem aktuellen Zeichen **p* das 'a' subtrahiert wird (a entspricht dem Dezimalwert 97). Gleichzeitig wird *schluessel* hinzuaddiert – dies ist die Anzahl der Stellen, um die verschoben werden soll. Das Ergebnis *x* wird für die Anweisung

```
weiter = div(x, 26);
```

benötigt. Die Funktion **div** dividiert zwei ganzzahlige Werte (x und 26) und liefert den Quotienten und den Divisionsrest an eine Variable des Datentyps div_t zurück. Die 26 entspricht übrigens der Anzahl der Buchstaben des Alphabets ohne Umlaute.

```
*p = weiter.rem + 97;
cout << *p;
```

Hier wird nun im dritten und letzten Schritt der neue Buchstabe erzeugt, zur Verfügung gestellt und ausgegeben. Mit *weiter.rem* wird auf die Komponente der oben dargestellten Struktur zugegriffen, die den Divisionsrest enthält. Zu diesem Rest wird nun wieder 'a' hinzuaddiert und das Ergebnis dem Zeiger zugewiesen. Dieser Wert wird nun zum Inhalt der Adresse, auf die der Zeiger verweist. An dieser Stelle ist dies immer noch die Anfangsadresse des Feldes, also das erste Element (Element 0).

Für den Fall, dass es kein Kleinbuchstabe, sondern ein Großbuchstabe ist,

```
if (*p>=65 && *p<=90)
```

werden die folgenden Anweisungen abgearbeitet. Die Bedeutung entspricht der für Kleinbuchstaben, mit dem einzigen Unterschied, dass immer 'A' subtrahiert bzw. hinzuaddiert wird.

```
x = *p - 65 + schluessel;
weiter = div(x, 26);
*p = weiter.rem + 65;
cout << *p;
```

Nachdem das aktuelle Zeichen entweder verändert oder aber so, wie es war, ausgegeben wurde, wird mit der Anweisung

```
*p++;
```

der Zeiger inkrementiert.

Der Gebrauch des Zeigers in diesem Programm soll nun abschließend exemplarisch an dem Text »Dieser« verdeutlicht werden:

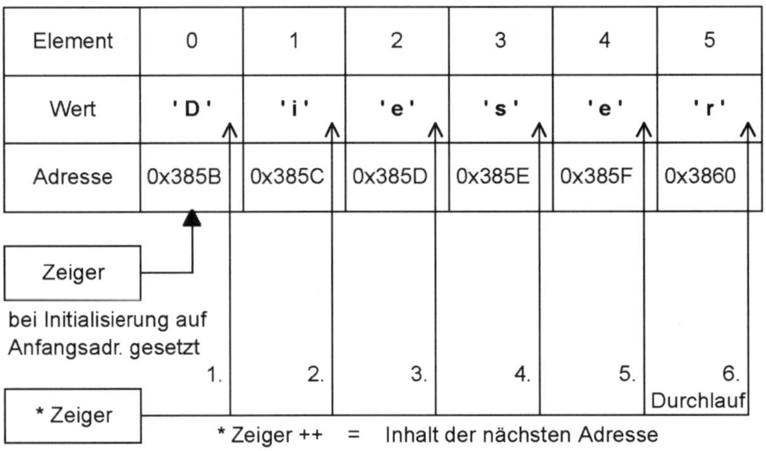

Abb. 6.2: Zeiger und Adressen

Eine gute Übung zu Zeigern wäre es, jetzt ein entsprechendes Programm zum Dechiffrieren zu entwickeln.

6.5 Dynamische Speicherverwaltung

Stellen Sie sich vor, Sie wollen mit den Daten einer Kundendatenbank arbeiten. Neben der Frage, welche Werte – wie etwa Adresse oder letztes Bestelldatum – Sie erfassen wollen, ist von wesentlicher Bedeutung, wie viele Datensätze Sie zu verarbeiten haben – nur 5 oder vielleicht doch 50000 Datensätze? Vielleicht sollte man zur Sicherheit das Programm doch gleich für 100.000 auslegen!

Das wäre schon allein wegen der wahrscheinlichen Verschwendung von Speicher sicher keine gute Lösung.

Eleganter ist da der Weg, bei der Programmerstellung die Größe zunächst offen zu lassen. Während der Programmausführung kann bei Bedarf zusätzlicher Speicherplatz nachträglich angefordert oder auch wieder freigegeben werden. Die Speicherverwaltung erfolgt also nicht statisch bei der Programmerstellung, sondern ergibt sich während der Programmausführung und ist dynamisch.

Zur Realisierung dieser dynamischen Speicherzuweisung und -verwaltung (dynamic **memory allo**cation) stehen Ihnen unter C/C++ für den Freispeicherbereich (**heap**) die Funktionen der »malloc-Familie« zur Verfügung:

malloc( )	Anforderung von Speicherbereich
calloc( )	Anforderung von Speicherbereich mit dessen Initialisierung mit Nullen
ralloc( )	Angeforderten Speicherbereich vergrößern oder verkleinern
free( )	Angeforderten Speicherbereich wieder freigeben

Bevor wir jedoch zu zwei kleinen Testprogrammen und zum Experimentieren mit diesen interessanten Funktionen kommen, zunächst kurz die allgemeine Syntax der Funktionen.

```
void *malloc( size_t size );
```

Die Funktion **malloc( )** dient zur Anforderung von Speicherbereich, wobei mittels **size** die gewünschte Größe in Byte übergeben wird. Ein Aufruf wie etwa *malloc(20)* reserviert *20* Byte im Arbeitsspeicher. Der Rückgabewert der Funktion ist dabei ein Zeiger auf den reservierten Speicherbereich oder aber ein NULL-Zeiger – weil z.B. der physikalisch vorhandene Speicher nicht ausreicht.

Wie die entsprechende Programmzeile

```
vektor = (int*) malloc(anzahl * sizeof(int));
```

aus dem folgenden Testprogramm (MALLOC.C) zeigt, erfolgt ein **Typ-cast** (siehe Seite 35). Da die Funktion **malloc( )** einen Zeiger vom Typ **void** zurückliefert, wird hier zur Sicherheit – unabhängig zur Definition von *vektor* – ein Zeiger auf eine ganze Zahl erzeugt. Die tatsächlich benötigte Größe des Speicherbereichs in Byte wird durch die Multiplikation der gewünschten Werte (*anzahl*) mit der Größe eines **int**-Wertes (*sizeof(int)*) berechnet.

void **free**(void *memblock);

Ein über **malloc( )**, **calloc( )** bzw. **realloc( )** angeforderter Speicherbereich muss über **free( )** wieder freigegeben werden – konkret in diesem Beispiel:

```
free(vektor);
```

```
/* MALLOC.CPP
   Testprogramm fuer malloc() und free() am Beispiel
   der Mittelwertberechnung beliebig vieler Werte */

#include <iostream>
#include <cstdio>
#include <cstdlib>
using namespace std;

int main()
{
  int   anzahl, index, *vektor;
  float summe=0, mittelwert;

  printf("Wie viele Werte wollen Sie eingeben? ");
  scanf("%d",&anzahl);
  printf("\n");

  vektor = (int*) malloc(anzahl * sizeof(int));

  if (vektor==NULL)
  {
    printf("\nNicht genuegend Speicher! Kaufen Sie RAM");
    printf("\n- noch sind die Preise guenstig!");
    exit(1);
  }
  else
  {
    for (index=0; index<anzahl; index++)
    {
      printf("%d. Zahl? ", index+1);
      scanf("%d", vektor+index);
      summe = summe + *(vektor+index);
    }
    if (anzahl != 0)
    {
      mittelwert = summe / anzahl;
      printf("Mittelwert:  %f \n\n", mittelwert);
    }

    free(vektor);

    printf("Speicherplatz wieder freigegeben!\n");
  }
  return 0;
}
```

Hier eine mögliche Bildschirmausgabe:

Wie viele Werte wollen Sie eingeben? *3*

1. Zahl? *1*
2. Zahl? *2*
3. Zahl? *2*
Mittelwert: 1.666667

Speicherplatz wieder freigegeben!

Eventuell kann die gewünschte Speicheranforderung aber auch nicht erfüllt werden. Durch die Anweisung

```
if(vektor==NULL)
```

erhalten Sie dann folgenden freundlichen Hinweis:

Wie viele Werte wollen Sie eingeben? *111222333*

Nicht genuegend Speicher! Kaufen Sie RAM

- noch sind die Preise guenstig!

Neben dem Rückgabewert von **malloc( )** stehen eigentlich keine Hilfsmittel zur Verfügung, die einem die erfolgreiche Speicheranforderung und insbesondere die Speicherfreigabe anzeigen. Eine gewisse Kontrolle bieten da die entsprechenden Programme aus Ihrem Betriebssystem, wie z.B. der Systemmonitor unter Windows.

Das zweite kleine Testprogramm demonstriert die Verwendung der Funktionen **calloc( )** und **realloc( )**. Die allgemeine Syntax für diese beiden Funktionen lautet:

> void ***calloc**(size_t num, size_t size);

Wie das CALLOC.C zeigt, erfolgt bei einer Speicheranforderung über **calloc( )** die Initialisierung mit Nullen. Als Parameter muss dabei die Anzahl der Elemente (**num**) und die Größe eines Elementes in Byte (**size**) übergeben werden.

> ***realloc**(void *memblock, size_t size);

Ein über **malloc( )** oder **calloc( )** reservierter Speicherbereich kann über **realloc( )** vergrößert oder aber auch verkleinert werden, wobei **size** die neue Größe des Speicherblocks bestimmt. Daten des bisherigen Bereichs werden dabei übertragen bzw. gehen bei einer Verkleinerung des Bereichs unter Umständen verloren. Bei einem Fehler wird ein NULL-Zeiger, ansonsten ein Zeiger auf den veränderten Block zurückgegeben.

Soweit zur »malloc-Familie«. Sie bietet wichtige Hilfsmittel für C-ProgrammiererInnen und selbstverständlich können diese Funktionen auch unter C++ eingesetzt werden. Dennoch haben wir an dieser Stelle nicht ohne Grund in den Beispielen die C-Syntax verwendet. Es soll Sie darauf aufmerksam machen, dass Ihnen unter C++ zur Speicherverwaltung die neuen einstelligen Operatoren **new** und **delete** zur Verfügung stehen. Mehr hierzu finden Sie ab Seite 180.

```
/* CALLOC.CPP
   Testprogramm fuer calloc() und realloc() */

#include <iostream>
#include <cstdio>
#include <cstdlib>
using namespace std;

int main()
{
  int       anzahl, index, *vektor;

  printf("Wie viele Werte wollen Sie eingeben? ");
  scanf("%d",&anzahl);
                    /* benoeti. Speicher reservieren */
  vektor = (int*) calloc(anzahl, sizeof(int));
                    /* wirklich mit 0en gefuellt? */
  printf("\n");
  for (index=0; index<anzahl; index++)
    printf("%d  ", vektor[index]);
  printf("\n");
                    /* Feld mit Werten fuellen */
  for (index=0; index<anzahl; index++)
  {
    printf("%d. Zahl? ", index+1);
    scanf("%d", vektor+index);
  }
                    /* und Kontrollausgabe */
  for (index=0; index<anzahl; index++)
    printf("%d  ", *(vektor+index));
                    /* Speicherbereich fuer zwei */
                    /* weitere Werte erweitern */
  vektor = (int*) realloc(vektor, 5*sizeof(int));
                    /* und wieder Kontrollausgabe */
    printf("\n");
  for (index=0; index<5; index++)
    printf("%d  ", *(vektor+index));

  free(vektor);
  return 0;
}
```

Wie viele Werte wollen Sie eingeben? *3*

0 0 0
1. Zahl? *1*
2. Zahl? *2*
3. Zahl? *3*
1 2 3
1 2 3 -842150451 -842150451

Dieses Kapitel soll durch ein Anwendungsbeispiel abgeschlossen werden, das noch einmal gemeinsam die Anwendung von Feldern und Zeigern sowie die dynamische Speicherverwaltung aufzeigt. Es ist mehr für die »theoretisch« interessierten LeserInnen gedacht, denen es Spaß macht, sich eine Vorstellung von mehrdimensionalen Feldern und Zeigern im Kopf oder auf dem Papier zu machen bzw. solche Programme zu analysieren.

Ziel des Programms DYN_MATR.C ist es, ein zweidimensionales Feld als Matrix zu betrachten, diese Matrix einzulesen, mit ihr zu arbeiten und schließlich wieder auszugeben. Die Größe der Matrix wird dabei erst zur Laufzeit bestimmt. Es gibt verschiedene Möglichkeiten, mehrdimensionale Felder zu definieren und auf die Feldelemente zuzugreifen. In diesem Programm wird der Weg beschritten, ein zweidimensionales Feld als Feld von Zeigern auf eine Gruppe nebeneinander liegender eindimensionaler Felder zu definieren. Zum besseren Verständnis einige Hinweise zum Programm:

```
int *matrix[max];
```

Hier wird vereinbart, dass *matrix* ein *max*-elementiges Feld mit Zeigern auf *ganzzahlige* Größen ist. Wichtig ist dabei, dass *matrix* als eindimensionales Zeigerfeld definiert ist, wobei jedes Feldelement auf ein eindimensionales Feld ganzer Zahlen zeigt. Über **matrix[max]* wird hier also ein Zeigerfeld und nicht wie etwa über *(*matrix)[max]* ein Zeiger auf eine Gruppe von Feldern definiert! Siehe hierzu auch die folgende Abbildung.

```
for (zeile=0; zeile<nzeilen; zeile++)
  matrix[zeile]=(int*)malloc(nspalten*sizeof(int));
```

Über **malloc( )** wird innerhalb der Schleife jeder Zeile so viel Speicher zugewiesen, dass *nspalten* ganzzahlige Größen mit jedem Zeiger darin Platz finden.

```
scanf("%d", (matrix[zeile]+spalte));
```

Der Zugriff auf die einzelnen Elemente erfolgt hier aus einer Kombination der Feld- und Zeigerschreibweise. Natürlich kann man hier auch die Schreibweise für ein zweidimensionales Feld (matrix[zeile][spalte]) einsetzen.

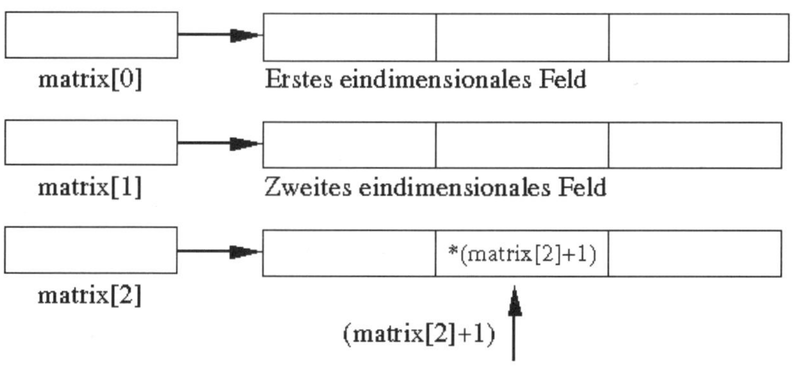

Abb. 6.3: Zeigerfelder

```
/* DYN_MATR.C
Beispiel fuer die dynamische Speicherverwaltung
bei einer Matrix. Die Anzahl der Zeilen und Spalten
werden erst zur Laufzeit festgelegt. Anschliessend
wird die Matrix eingelesen und die Summe aller
Matrixelemente sowie die Matrix selbst ausgegeben. */

#include <iostream>
#include <cstdio>
#include <cstdlib>
using namespace std;

#define max 20

int main()
{
  int nzeilen, nspalten, zeile, spalte, s=0;

          /* Matrix als eindimensionales Zeigerfeld */

  int *matrix[max];

          /* Parameter der Matrix einlesen */

  printf("* Matrix mit n Zeilen und n Spalten *\n\n");
  printf("Anzahl der Zeilen?  ");
  scanf("%d", &nzeilen);
  printf("Anzahl der Spalten?  ");
  scanf("%d", &nspalten);

          /* Jeder Zeile in der Matrix wird
             wird ein Speicherblock zugewiesen */

  for (zeile=0; zeile<nzeilen; zeile++)
    matrix[zeile] = (int*)malloc(nspalten*sizeof(int));

          /* Werte der Matrix einlesen */

  for (zeile=0; zeile<nzeilen; zeile++)
  {
    printf("\n");
    for (spalte=0; spalte<nspalten; spalte++)
    {
      printf("Wert?  ");
      scanf("%d", (matrix[zeile]+spalte));
    }
  }
  printf("\n");

          /* Matrix ausgeben sowie
             Summe berechnen und ausgeben */

  for (zeile=0; zeile<nzeilen; zeile++)
  {
    printf("\n");
```

```
    for (spalte=0; spalte<nspalten; spalte++)
    {
      printf("%5.2d", *(matrix[zeile]+spalte));
      s = s + *(matrix[zeile]+spalte);
    }
  }
  printf("\n\nSumme aller Matrix-Elemente  =  %d", s);

        /* Speicher wieder freigeben */

  for (zeile=0; zeile<nzeilen; zeile++)
    free((matrix[zeile]));
  return 0;
}
```

*** Matrix mit n Zeilen und n Spalten ***

Anzahl der Zeilen? *2*
Anzahl der Spalten? *3*

Wert? *0*
Wert? *1*
Wert? *2*

Wert? *10*
Wert? *11*
Wert? *99*

00 01 02
10 11 99

Summe aller Matrix-Elemente = 123

6.6 Übungen zu Feldern, Strukturen und Zeigern

6.6.1 Aufgaben

(A.6.1) Schreiben Sie ein Programm, das eine Bestellung wie folgt auf den Monitor ausgibt:

```
* Bestellung *

Pos.    Anz.    Artikel                  Einzel  Netto   Brutto
  1      20     Eier..................     0.30   6.00     6.96
  2       2     Schmalz...............     1.65   3.30     3.83
  3       1     Zucker................     1.70   1.70     1.97
  4       1     Salz..................     0.80   0.80     0.93
```

Die Daten für Artikelname, Einzelpreis und Bestellmenge sind hier zu Testzwecken in einer Dummy-Datentabelle im Quellcode hinterlegt:

```
// OUTFORM8.CPP
#include <iostream>
#include <iomanip>                          // fuer die Formatierung
using namespace std;

int main()
{
  float   mwst = 16.0;
  short   anzahl[] = {20, 2, 1, 1};       // Dummy-Datentabelle
  char    *artikel[] = {"Eier", "Schmalz", "Zucker", "Salz"};
  double  einz_preis[] = {0.30, 1.65, 1.7, 0.8};

  //     ???
  return 0;
}
```

Neben der Übung und Anwendung von Kontrollstrukturen und Feldern ist das eigentliche Ziel dieser Übung die formatierte Ausgabe (hier links- und rechtsbündig), Füllzeichen sowie zwei Nachkommastellen. Soweit notwendig erarbeiten Sie sich bitte zunächst mit Hilfe der Online-Dokumentation Ihrer Entwicklungsumgebung die folgenden Manipulatoren (siehe hierzu auch die Header-Dateien **iostream** und **iomanip**):

cout.precision(2)	**setiosflags**(ios::left)
cout.setf(ios::fixed)	**setfill**('.')
setw(3)	**resetiosflags**(ios::left)

(A.6.2) Es sollen beliebig viele Werte in ein Feld eingelesen werden (max. 100). Anschließend soll die Anzahl der eingegebenen Werte sowie (auf Wunsch) der Inhalt des Feldes wieder ausgegeben werden.

(A.6.3) Fünf ganze Zahlen sollen in ein Feld eingelesen werden. Anschließend soll der Inhalt eines frei wählbaren Elements wieder ausgegeben werden.

(A.6.4) Innerhalb eines Textes aus beliebig vielen eingelesenen Zeichen soll die Häufigkeit eines bestimmten, frei wählbaren Zeichens ermittelt werden.

(A.6.5) Erweitern Sie das Programm aus der vorhergehenden Aufgabe so, dass zusätzlich die Position(en) dieses Zeichen ausgegeben werden.

6.6.2 Lösungsvorschläge

(L.6.1)

```
// OUTFORM8.CPP
#include <iostream>
#include <iomanip>                          // fuer die Formatierung
using namespace std;

int main()
{
  float   mwst = 16.0;
  short   anzahl[] = {20, 2, 1, 1};         // Dummy-Datentabelle
  char    *artikel[] = {"Eier", "Schmalz", "Zucker", "Salz"};
  double  einz_preis[] = {0.30, 1.65, 1.7, 0.8};

  cout << "* Bestellung *\n\n"
       << "Pos.\tAnz.\tArtikel\t\t\tEinzel\tNetto\tBrutto" << endl;
  cout.precision(2);
  cout.setf(ios::fixed);
  for(short n=0; n<4; n++)
  {
    cout << setw(3) << n+1
         << setw(8) << anzahl[n]
         << "\t" << setiosflags(ios::left) << setfill('.')
         << setw(21) << artikel[n]
         << resetiosflags(ios::left) << setfill(' ')
         << setw(9) << einz_preis[n]
         << setw(7) << anzahl[n]*einz_preis[n]
         << setw(9) << anzahl[n]*einz_preis[n]*(1+mwst/100)
         << endl;
  }
  return 0;
}
```

Hierbei legt **precision** zusammen mit dem gesetzten flag **fixed** die Anzahl der Nachkommastellen fest. Die flags (Fahne, Anzeiger oder Merkmal) stehen dabei jeweils für ein bestimmtes Bit in einer Bitmaske und können einzeln oder gesamt gesetzt (1) oder z.B. über **resetiosflags( )** zurückgesetzt (0) werden. Die flags **left** und **right** stehen für eine links- bzw. rechtsbündige Ausgabe. **setw( )** bestimmt die (mindest) Datenbreite und beeinflusst die Ausgabe bis zum nächsten <<-Operator. Für dabei eventuell auftretende »Leerzeichen« können über **setfill ( )** beliebige Füllzeichen ausgegeben werden, wobei der Datentyp **char** als Argument erwartet wird.

(L.6.2)

```
// FELD1.CPP
// In einer Schleife werden beliebig viele Werte eingelesen
// (Obergrenze = 100). Anschliessend kann auf Wunsch des Benutzers
// der Inhalt des Feldes angezeigt werden.
```

```
#include <iostream>
#include <cctype>
using namespace std;

const int max=100;
int main()
{
  int zahl[max], i=0, x;
  char weiter, anzeige;
  do
  {
    cout << i+1 << ".Zahl: ";
    cin >> zahl[i];
    i++;
    cout << "Weiter? (j/n) -> ";
    cin >> weiter;
    weiter = tolower(weiter);
  } while (weiter == 'j');
  cout << "\nAnzahl der eingegebenen Werte: " << i << endl;
  cout << "Werte anzeigen? (j/n) -> ";
  cin >> anzeige;
  anzeige = tolower(anzeige);
  if (anzeige == 'j')
  {
    for (x=0; x<i; x++)
      cout << x+1 << ". Zahl: " << zahl[x] << endl;
  }
  cout << "... und tschuess!" << endl;
  return 0;
}
```

(L.6.3)

```
// FELD2.CPP
// Fuenf ganze Zahlen in ein Feld eingeben und anschliessend
// ein frei waehlbares Element ausgeben.

#include <iostream>
using namespace std;

int main()
{
  int feld[5];
  int i, index;
  cout << "Bitte fuenf ganze Zahlen eingeben!";
  cout << endl << endl;
  for (i=0; i<5; i++)
  {
    cout << i+1 << ". Zahl: ";
    cin >> feld[i];
  }
```

```
  do
  {
    cout << endl << "Welches Element soll angezeigt werden? (Nr.) -> ";
    cin >> index;
    if (index < 0 || index > i)
      cout << "Unzulaessiger Index - bitte einen Wert zwischen 0 .. 4!";
  } while (index < 0 || index > i);
  cout << "Das Element mit dem Index " << index;
  cout << " enthaelt den Wert: " << feld[index] << endl;
  return 0;
}
```

(L.6.4)

```
// SUCH1.CPP
#include <iostream>
#include <cstdio>                        // für die Funktion getchar()
using namespace std;
int main()
{
  char zeichen[81], suchzeichen;
  int i=0, x, zeichenzaehler=0;          // Deklar. und Initialisierung
  cout << "Max. 80 Zeichen eingeben: " << endl << endl;
  while ((zeichen[i]=getchar()) != '\n')// solange das eingegebene
  {                                      // Zeichen ungleich dem RETURN
    i++;                                 // ist, Zaehler um eins erhoehen
  }
  cout << endl;
  cout << "Nach welchem Zeichen soll gesucht werden? ";
  cin >> suchzeichen;
  cout << endl;
  for (x=0; x<i; x++)                    // bis die Anzahl der einzugeb.
  {                                      // Zeichen erreicht ist
    if (zeichen[x] == suchzeichen)       // falls das Zeichen identisch
      zeichenzaehler++;                  // mit dem Suchzeichen ist
  }                                      // Zeichenz. um eins erhoehen
  cout << suchzeichen << " ist " << zeichenzaehler
       << " mal vorhanden!" << endl;
  cout << endl << "... und tschuess!!!" << endl;
  return 0;
}
```

(L.6.5)

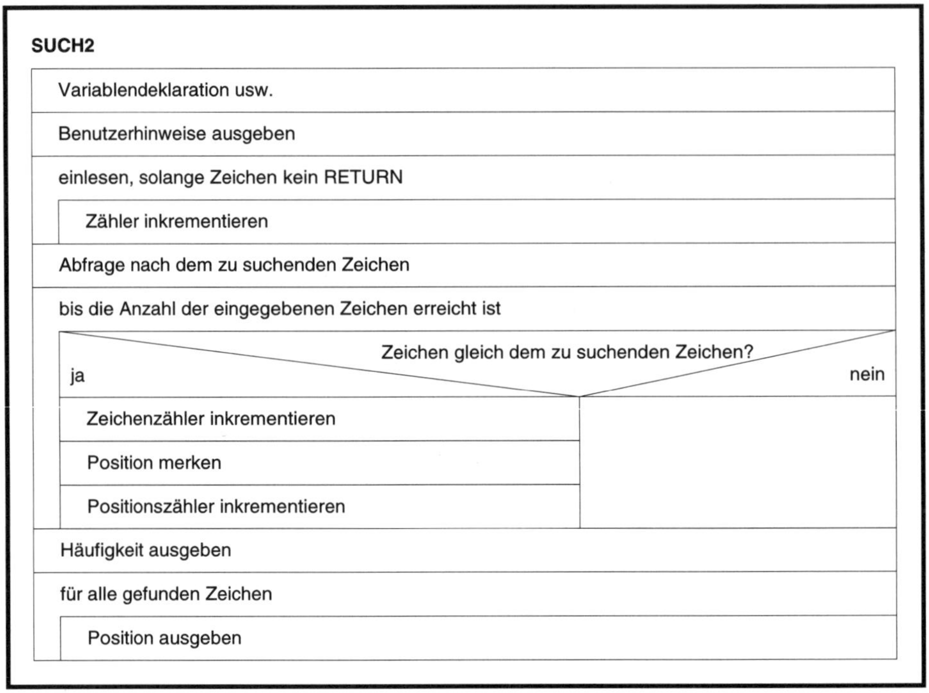


```
// SUCH2.CPP
#include <iostream>
#include <cstdio>
using namespace std;
int main()
{
  char zeichen[81], suchzeichen;
  int i=0, x, zeichenzaehler=0, position[80], pos=0;
  cout << "Max. 80 Zeichen eingeben: " << endl << endl;
  while ((zeichen[i] = getchar()) != '\n')
  {
    i++;
  }
  cout << endl << endl;
  cout << "Nach welchem Zeichen soll gesucht werden? ";
  cin >> suchzeichen;
  cout << endl;
```

```
    for (x=0; x<i; x++)
    {
      if (zeichen[x] == suchzeichen)
      {
        zeichenzaehler++;
        position[pos]=x;        // Position merken
        pos++;                  // Positionszaehler um eins erhoehen
      }
    }
    cout << suchzeichen << " ist " << zeichenzaehler
         << " mal vorhanden!" << endl << endl;
    cout << suchzeichen << " gefunden im Element mit dem Index: ";
    cout << endl;
    for (x=0; x<pos; x++)
      cout << position[x] << endl;
    cout << endl << "... und tschuess!!!" << endl;
    return 0;
  }
```

7 Funktionen

Programmieren ist ja fast wie mit LEGO spielen. Ihre kreative Aufgabe ist es, aus einem Vorrat von möglichst vielen verschiedenen LEGO-Steinen immer wieder neue Projekte/Programme zu erstellen. So ein LEGO-Stein ist z.B. die Funktion **time()** zur Ermittlung von Datum und Uhrzeit. Während Sie bisher immer fertige Funktionen eingesetzt haben, geht es in diesem Kapitel darum, sich neue Bausteine/Funktionen selbst zu schaffen, die Sie dann in Zukunft immer wieder über eigene Header-Dateien verwenden können.

Eine Funktion wird in der Regel dann eingesetzt, wenn bestimmte Teilaufgaben öfters erledigt werden sollen, wobei es unerheblich ist, ob diese Teilaufgaben einfach oder sehr komplex sind. Sie ermöglichen sich damit eine effiziente Programmerstellung und schaffen übersichtlich strukturierte Programme. Darüber hinaus können Sie im Sinne einer modularen Programmerstellung einzelne Funktionen/Module getrennt erstellen, kompilieren und testen.

Dies setzt natürlich voraus, dass es eine definierte »Schnittstelle« zur Funktion gibt. Damit ist gemeint, wie viele Daten der Funktion übergeben werden müssen, ob die Funktion ein Ergebnis zurückliefert und von welchem Typ diese Daten jeweils sind. All dies wird festgelegt in der Deklaration einer Funktion.

7.1 Deklaration, Definition und Aufruf

Bevor es theoretisch wird, experimentieren Sie doch zunächst einfach einmal mit dem folgenden **Programm**. Hier wird eine Funktion zur Erzeugung einer Zufallszahl deklariert, definiert und im Hauptprogramm aufgerufen. Damit zur Übung auch ein paar Werte übergeben werden, erwartet die Funktion Informationen über den Zahlenbereich, in dem die Zufallszahl liegen soll, und mit welcher Zeitverzögerung die Zahl ermittelt werden soll. Gleichzeitig kann die so gestaltete Funktion dann auch in dem späteren Programm »Lottozahlengenerator« eingesetzt werden.

```
// FKT_ZUFA.CPP
// Fkt. zur Erzeugung einer Zufallszahl, wobei die Be-
// reichsgrenzen und eine Zeitverzoegerung an die Fkt.
// uebergeben werden und die Fkt. die Zahl zurueckgibt.

#include <iostream>
#include <cstdlib>
#include <ctime>
using namespace std;

        /*** Funktion "Zufallszahl erzeugen" ***/
                                        // Fkt. deklarieren
short zufallszahl(short, short, double);
```

```
                                     // Fkt. definieren
short zufallszahl(short min, short max, double delay)
{
  short   z_zahl;
  time_t  start, finish;

  time(&start);                      // warten bis
  do                                 // Verzoegerungszeit
  {                                  // verstrichen
    time(&finish);
  }while(difftime(finish, start) < delay);

  srand((unsigned) time(NULL));      // Startwert fuer
  do                                 // Generator setzen u.
  {                                  // sol. Zahl erzeugen
    z_zahl = rand();                 // bis im gueltigen
  }while((z_zahl<min)||(z_zahl>max)); // Bereich

  return z_zahl;                     // Zahl zurueckgeben
}

       /*** Hauptprogramm ***/

int main()
{
  short anfang, ende, anz;
  double verz;
                                     // Daten einlesen
  cout<<"*** Zufallszahlengenerator ***"<<endl<<endl;
  cout<<"Untere Bereichsgrenze?  "; cin>>anfang;
  cout<<"Obere Bereichsgrenze?  "; cin>>ende;
  cout<<"Zeitverzoegerung (Sekunden)?  "; cin>>verz;
  cout<<"Wie viele Zahlen?  "; cin>>anz;
                                     // 'anz'mal die Fkt.
  for(short i=0; i<anz; i++)         // aufruf. u. Ausgabe
    cout<<endl<<zufallszahl(anfang, ende, verz);
  return 0;
}
```

Hier das Ergebnis eines Probelaufs:

> *** Zufallszahlengenerator ***
>
> Untere Bereichsgrenze? *1*
> Obere Bereichsgrenze? *49*
> Zeitverzoegerung (Sekunden)? *1*
> Wie viele Zahlen? *3*
>
> 9
> 4
> 31

Noch eine kleine Anmerkung am Rande. Um eine »echte« Zufallszahl zu erzeugen, ist es üblich, den Startwert (**srand**) des Zufallszahlengenerators (**rand**) über die Funktion **time** zu setzen. Wie Experimente an diesem Programm aber gezeigt haben, ist der Rechner heutzutage unter Umständen so schnell, dass **srand** wiederholt mit den gleichen Werten gesetzt wird. Dementsprechend werden auch keine Zufallszahlen, sondern es wird vielmehr die gleiche Zahl mehrmals hintereinander gezogen. Daher das etwas aufwendige Konstrukt. Dieses Phänomen hängt natürlich auch davon ab, ob zwischenzeitlich andere Anweisungen ausgeführt werden und welche tasks der Rechner zusätzlich noch parallel ausführt. Selbstverständlich gibt es auch noch andere Methoden zur Erzeugung einer Zufallszahl.

Deklaration einer Funktion

Die Deklaration einer Funktion dient dazu, dem Compiler mitzuteilen, dass er erste Syntaxprüfungen durchführen kann und an anderer Stelle im Programm noch die Definition der Funktion folgt. Bei der Deklaration werden sowohl der Datentyp des Funktionswertes (Ergebnis) als auch der Datentyp der einzelnen Parameter spezifiziert, die der Funktion bei ihrem Aufruf übergeben werden. Die Funktionsdeklaration wird daher auch als Funktionsprototyp bezeichnet.

> Die Deklaration einer Funktion ist die Vereinbarung über Datentyp, Speicherklasse, Datentypattribut und Gültigkeitsbereich der Datenobjekte der Funktion.

Die allgemeine Syntax der Funktionsdeklaration lautet:

> Rückgabetyp **Funktionsname** (Parameterliste mit Typangabe);

Im einführenden Programmbeispiel konkret:

```
short zufallszahl(short, short, double);
```

Sie sehen, dass die Angabe der Parameternamen weggelassen werden kann. Allgemein kann die Parameterliste so aussehen:

leer (Funktion erwartet keine Werte):	Fktname();
oder analog:	Fktname(void);
nur Parametertyp:	Fktname(int);
Parametertyp und -name:	Fktname(int zahl);

Auch wenn keine Parameter übergeben werden, müssen die beiden runden Klammern hinter dem Funktionsnamen stehen, damit der Compiler dies überhaupt als Funktion erkennt. Der Datentyp des Funktionswertes ist standardmäßig vom Type int und kann daher gegebenenfalls entfallen. Liefert die Funktion kein Ergebnis zurück, dann ist an dieser Stelle **void** einzusetzen.

Bei der Deklaration gilt standardmäßig der Speicherklassenbezeichner **extern**. Das Schlüsselwort **extern** teilt dem Compiler und dem Linker mit, dass die Funktion externe Bindung hat, d.h. auch außerhalb der momentanen Übersetzungseinheit sichtbar sein soll. So kann jede Funktion für sich entwickelt, umgesetzt und kompiliert werden. Sollen Funktionen aus anderen Sprachcompilern oder Assemblern hinzugelinkt werden, müssen Sie dies dem Linker durch die Angabe von extern »C« mitteilen:

```
extern  "C"  int ASMMUL(int, int);
```

Ein Anwendungsbeispiel und weitere Informationen hierzu finden sich im Kapitel *C/C++ und Assembler.*

Soll der Zugriff auf die Funktion nur aus Funktionen innerhalb des aktuellen Moduls heraus erfolgen dürfen, müssen Sie static angeben:

```
static short addi( short a, short b);
```

Dies verhindert, dass dem Linker der Name der Funktion mitgeteilt wird. Funktionen, die mit dem Zusatz static deklariert werden, sind also nur innerhalb der jeweiligen Übersetzungseinheit sichtbar.

Definition einer Funktion

Was unserer Funktion noch fehlt, ist die Information darüber, welche Aufgabe sie eigentlich erledigen soll. Dieser Programmcode steht in der Funktionsdefiniton. Hier werden auch lokale Variablen in Form einer Formalparameterliste angegeben:

Rückgabetyp **Funktionsname** (Formalparameterliste) { Anweisungsblock }

In unserem Beispiel:

```
short zufallszahl(short min, short max, double delay)
{
    ...
}
```

Definition einer Funktion:

- Die formalen Parameter stehen innerhalb der Funktion als lokale Datenobjekte zur Verfügung.
- Im Anweisungsblock einer Funktionsdefinition können zusätzliche lokale Datenobjekte deklariert werden.
- Hier stehen alle Anweisungen für die Funktion. Dies können auch geschachtelte Anweisungsblöcke sein.

Existiert, so wie hier, eine Deklaration und eine Definition, kann die Definition an beliebiger Stelle im Programm stehen, z.B. auch nach main(). Bei diesem Programmlayout könnte die Deklaration entfallen, da Deklaration und Definiton auch in einem Schritt erfolgen können. Dies funktioniert aber nur, weil in diesem Fall die Funktion vor main() steht. Sollte sie aber nach der abschließenden Klammer (}) von main() stehen, müsste vorher eine Deklaration erfolgen. Selbstverständlich muss die Deklaration einer Funktion immer vor ihrem erstmaligen Aufruf stehen.

Ist im Anweisungsblock der Definition kein return enthalten, dann werden die Anweisungen der Funktion bis zur abschließenden Klammer (}) ausgeführt, und anschließend wird das Programm in der aufrufenden Funktion fortgesetzt.

Rückgabewert einer Funktion

Gibt eine Funktion keinen Wert zurück, ist als Rückgabetyp void anzugeben. Ansonsten muss innerhalb der Funktionsdefintion mindestens eine Return-Anweisung stehen:

return [Ausdruck] ;

In unserem Programm wird die ermittelte Zufallszahl an den »Aufrufer« der Funktion zurückgegeben:

```
return z_zahl;
```

Die Return-Anweisung führt zum Verlassen der Funktion an der Stelle, an der sie gefunden wird.

Aufruf einer Funktion

Die so deklarierte und definierte Funktion kann jetzt beliebig oft und an beliebiger Stelle innerhalb anderer Funktionen aufgerufen werden. Hierzu ist entsprechend der Formalparameterliste in der Definition eine Aktualparameterliste anzugeben:

Funktionsname (Aktualparameterliste) ;

Zum Beispiel in der Form:

```
zufallszahl(anfang, ende, verz);
```

Hier wird neben Anfang und Ende der aktuelle Wert von verz (Verzögerungszeit) an die Funktion übergeben, die dann mit einer Kopie dieses Wertes unter dem Variablennamen delay arbeitet.

Gegebenenfalls kann diese Aktualparameterliste auch leer sein, jedoch dürfen die beiden runden Klammern nicht weggelassen werden. Stimmen Anzahl und/oder Typ in der Aktual- und der Formalparameterliste nicht überein, zeigt Ihnen der Compiler dies durch entsprechende Fehlermeldungen bzw. Warnungen an. Die identische Reihenfolge der Parameter in beiden Listen sollte natürlich selbstverständlich sein.

Abschließend noch ein Hinweis. Alles bisher Gesagte gilt natürlich auch für die »fertigen« Funktionen aus den Standardbibliotheken, die Sie ständig in Ihren Programmen einsetzen. So ist z.B. die Schnittstelle der Funktion time() in der Header-Datei <ctime> definiert. Es ist also empfehlenswert, für die selbst geschriebenen Funktionen eigene Header-Dateien anzulegen. Fassen wir dieses Kapitel noch einmal zusammen:

- Eine Funktion ist ein abgeschlossener Programmteil, der innerhalb anderer Funktionen aufgerufen werden kann. Die Funktion main() wird beim Programmstart aufgerufen.
- Beim Aufruf einer Funktion können aktuelle Parameter übergeben werden. Diese ersetzen die formalen Parameter der Funktion.
- Eine Funktion kann einen Funktionswert (Ergebnis) an die aufrufende Funktion zurückgeben.

7.2 Die Parameterübergabe

Bei der Übergabe der Parameter an die Funktion stehen Ihnen drei verschiedene Möglichkeiten zur Verfügung:

- Die Übergabe per Wert,
- mit Zeigern und
- über Referenzparameter.

7.2.1 Die Übergabe per Wert

Diese Methode haben Sie schon im vorstehenden Kapitel kennen gelernt. Hierbei werden die Werte als Werteparameter über den stack übergeben. Daher hat diese Methode auch den Namen **call by value**. Der stack (Stapel/Keller) ist ein eigener Speicherbereich, in dem Werte nach dem Kellerungsprinzip gespeichert werden (LIFO für last in first out). Da die aufgerufene Funktion nur mit einer Kopie des Wertes arbeitet, kann dieser Wert in der aufrufenden Funktion nicht verändert werden. Das folgende Testprogramm verdeutlicht dies:

```
#include <iostream>
using namespace std;

int main()
{
  short verz;
  verz = 2;
  testfkt(verz);
  cout << verz;
}
```

```
void testfkt(short delay)
{
  cout << delay;
  delay = 4;
}
```

Schritt 1: *verz* wird als Werteparameter mit dem Wert 2 übergeben.
2: Die lokale Kopie (*delay*) der Variablen (*verz*) hat jetzt den Wert 4.
3: *verz* behält den alten Wert 2.

Sollten Sie in der Funktionsdefinition anstelle von *delay* ebenfalls *verz* schreiben, wird auch in diesem Fall mit einer Kopie gearbeitet.

Zur Übung der Methode **call by value** und zur Auflockerung an dieser Stelle gibt es wieder ein **Programmbeispiel**. Dabei geht es um die Berechnung einer quadratischen Gleichung.

Normalform der quadratischen Gleichung: $\boxed{x^2 + px + q = 0}$

Für $p=4$ und $q=-5$, also $x^2+4x-5=0$, findet man sicherlich noch recht schnell die Lösung mit $x_1=1$ und $x_2=-5$. Einfacher ist es jedoch, die Lösungsformel

$$x_{1,2} = -\frac{p}{2} \pm \sqrt{\frac{p^2}{4} - q}$$

kurz in einen C/C++-Quelltext umzusetzen, da man diese Formel vielleicht öfters benötigt. Um z.B. um einen »Taschenrechner« zu programmieren, bietet es sich geradezu an, die Lösungsformel als Funktion zu schreiben.

Da Funktionen immer nur einen Wert zurückgeben können, das Ergebnis sich hier aber immer in zwei Werten darstellt, werden diese Werte der Einfachheit halber innerhalb der Funktion ausgegeben. Die Funktion selber hat daher auch keinen Rückgabewert. Sie werden später noch Möglichkeiten kennen lernen, wie man mit Hilfe von Zeigern bzw. Referenzen solche Probleme lösen kann.

Sollten Sie derzeit mit dieser Mathematik nicht ganz so vertraut sein, noch ein Hinweis: Wenn der Ausdruck unter der Wurzel (Determinante) negativ ist, besteht die Lösung aus einem realen und imaginären Teil, wobei letzterer durch ein angehängtes *j* gekennzeichnet wird.

Das folgende Listing zeigt die Umsetzung der Lösungsformel in einer Funktion. Die beiden Koeffizienten werden dabei im Hauptprogramm eingelesen und an die Funktion übergeben.

```
// FKT_QADG.CPP
// Fkt. ohne Rueckgabe/quadrat. Gleichung/call by value

#include <iostream>
#include <cmath>
using namespace std;

        /* Funktion "Berechnung der quadr. Gleichung" */

void quad_gleich(double p, double q)
{
  double diskri, x1, x2, real, imag;

  diskri = p*p/4-q;             // Diskriminate berechnen
  if (diskri >=0 )              // wenn positiv
  {
    x1 = -p/2+sqrt(diskri);     //   x1 u. x2 berechnen
    x2 = -p/2-sqrt(diskri);     //   und usgeben
```

```
    cout<<"x1 = "<<x1<<endl<<"x2 = "<<x2;
  }
  else                          // wenn negativ
  {
    real = -p/2;                //   real und imaginaer
    imag = sqrt(-diskri);       //   ber. und ausgeben
    cout<<"x1 = "<<real<<" + "<<imag<<"j"<<endl;
    cout<<"x2 = "<<real<<" - "<<imag<<"j";
  }
}
      /*** Hauptprogramm ***/

int main()
{
  double koef_p, koef_q;
  cout << "Berechne xx+px+q=0   p = ?  ";
  cin >> koef_p;                 // Koeffiz. einlesen
  cout << "              . . . und q = ?  ";
  cin >> koef_q; cout << endl;
  quad_gleich(koef_p, koef_q);   // Funktion aufrufen
  return 0;
}
```

Bei Eingabe der Koeffizienten *-8* und *18* gibt das Programm aus:

```
Berechne xx+px+q=0      p = ? -8
  . . . und             q = ? 18

x1 = 4 + 1.41421j
x2 = 4 – 1.41421j
```

7.2.2 Die Übergabe mit Zeigern

Wenn die aufgerufene Funktion den Wert einer Variablen in der aufrufenden Funktion verändern soll, müssen die Übergabe der Variablenadresse und die formalen Parameter als Zeigervariable vereinbart werden. Dieses Verfahren wird als **call by reference** bezeichnet, da hier Adressen übergeben werden.

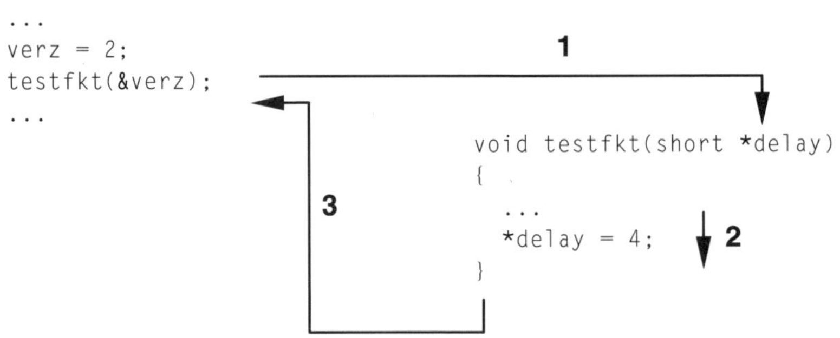

Schritt 1: *verz* wird als Referenz übergeben.
2: Da **delay* auf die Adresse von *verz* zeigt, wird der Wert dieser Variablen auf 4 verändert.
3: *verz* hat den neuen Wert 4.

Da hier also nicht mit einer Kopie der Variablen gearbeitet wird, ergeben sich entsprechende Vorteile hinsichtlich der Laufzeit und des Speicherplatzbedarfs gegenüber der Methode mit Werteübergabe. Dies hat insbesondere bei der Bearbeitung von Feldern Bedeutung. Da nicht mit Kopien gearbeitet wird, wird bei möglichen Fehlern aber auch das Original zerstört!

Da Feldnamen ja bekanntlich für die Anfangsadresse eines Feldes stehen, wird bei der Übergabe von Feldern immer mit **call by reference** gearbeitet. Es wird also auch bei Feldern keine Kopie angelegt, sondern die Feldelemente der aufrufenden Funktion werden direkt verändert.

Das folgende **Programm** »Lottozahlengenerator« verdeutlicht dies. In dem Array *zahlen* befinden sich sieben mögliche Zahlen. In der Funktion *sort_array* sollen davon die Werte der ersten sechs Elemente in aufsteigender Größe sortiert werden. Zum Einsatz kommt hierbei das Sortierverfahren **bubblesort**.

Die Programmzeile zum Aufruf der Funktion

```
sort_array(zahlen, 5);
```

und die Definition der Funktion

```
void sort_array(short *array, short laenge)
{
  ...
}
```

zeigen, dass hier das Array *zahlen* mit **call by reference** und die Variable *laenge* mit **call by value** übergeben wird. Nach Beendigung der aufgerufenen Sortierfunktion kann so in der aufrufenden Funktion (hier **main()**) direkt das sortierte Feld ausgegeben werden.

```
// FKTLOTTO.CPP
//
// Lottozahlengenerator
// Parameteruebergabe bei Feldern mit call by reference.

#include <iostream>
#include <cstdlib>
#include <ctime>
using namespace std;

        /*** Funktion "Zufallszahl erzeugen" ***/

 // siehe Listing vom einführenden Programm FKT_ZUFA.CPP

        /*** Funktion "array sortieren" ***/

void sort_array(short *array, short laenge)
{
  short merke, tauscheflag;
```

```
  do                                 // mittels bubbelsort
  {
    tauscheflag = 0;
    for (short i=0; i<laenge; i++)
    {
      if (array[i] > array[i+1])  // wenn Folgezahl
      {                           // kleiner, dann
        merke = array[i+1];       // tauschen
        array[i+1] = array[i];
        array[i] = merke;
        tauscheflag = 1;          // und flag setzen
      }
    }
  }                               // tauschen bis flag
  while (tauscheflag == 1);       // nicht mehr gesetzt
}

        /*** Hauptprogramm ***/

int main()
{
  short  zahlen[7], p=0, zahl, x, habeflag;

  cout << "Die Lottozahlen werden gezogen . . ." << endl;

        /* 7 gueltige u. verschiedene Zahlen erzeugen */

  while(p < 7)
  {
    zahl = zufallszahl(1, 49, 0); // Zufallszahl mit
    if (p==0)                     // o.a. Fkt. ermitteln
    {
      zahlen[p] = zahl;           // die erste Zahl kann
      p++;                        // getrost weggepackt
    }                             // werden
    else
    {
      for (x=0; x<p; x++)         // wurde Zahl bisher
      {                           // schon gezogen?
        if (zahlen[x] == zahl)    // wenn ja, dann
          habeflag = 1;           // habeflag setzen!
      }
      if (habeflag == 0)
      {
        zahlen[p] = zahl;         // sonst Zahl wegpacken
        p++;                      // und Indexzähler
      }                           // inkrementieren
      else
        habeflag = 0;             // habeflag zurueck-
    }                             // setzen und weiter
  }                               // bis 7 Zahlen gef.
```

```
      /* Zahlen sortieren */
                                  // mit der o.a. Fkt.
  sort_array(zahlen, 5);          // sortieren, nur 6
                                  // wg. Zusatzzahl
      /* Zahlen ausgeben */

  cout << "Und hier die Lottozahlen:\n\n";
  for (x=0; x<6; x++)
    cout << zahlen[x] << "   ";
  cout << "\nZusatzzahl:  " << zahlen[6];
  return 0;
}
```

Sollten diese Zahlen gezogen werden, bitten wir um eine Spende an die Verfasser!

> Die Lottozahlen werden gezogen . . .
> Und hier die Lottozahlen:
>
> 4 11 20 26 40 43
> Zusatzzahl: 39

7.2.3 Die Übergabe per Referenz

C++ bietet zusätzlich als dritte Möglichkeit der Parameterübergabe das Arbeiten mit Referenzparametern. Hier stehen synonyme Namen für aktuelle Argumente:

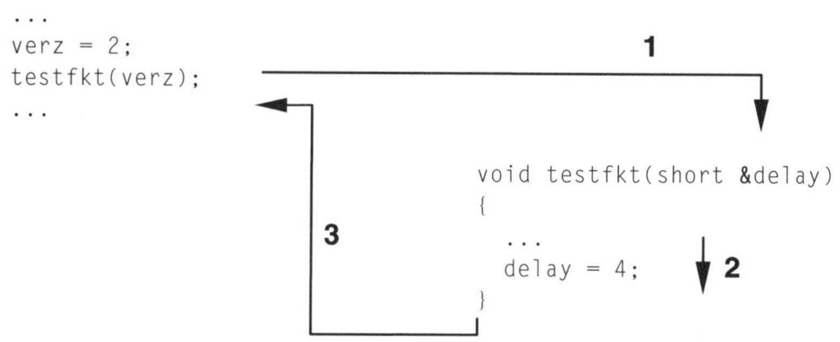

Schritt 1: *verz* wird als Referenz übergeben.
2: Da *delay* synonym für *verz* steht, wird der Wert dieser Variablen auf 4 verändert.
3: *verz* hat den neuen Wert 4.

Die Übergabe erfolgt analog zur Übergabe mit Werteparametern. Da aber hier nicht mit Kopien gearbeitet wird, ergeben sich wieder die Vorteile hinsichtlich der Laufzeit und des Speicherplatzbedarfs. Ein zusätzlicher Vorteil ist, dass in der aufgerufenen Funktion keine Zeiger zum Einsatz kommen müssen.

7.3 Variable Parameterliste

ANSI-C/C++ erlaubt auch den Einsatz variabler Parameterlisten. So ist es möglich, Funktionen zu formulieren, deren Parameterzahl sich erst zur Laufzeit des Programms ergibt bzw. variieren kann. Eine solche Parameterliste wird bei der Deklaration und Definition der Funktion durch eine **Ellipse** gekennzeichnet.

> Eine **Ellipse** ist eine Folge von drei Punkten (. . .),
> die in einer Parameterliste darauf hinweisen,
> dass weitere Argumente folgen können.

Konkret z.B. in der Form:

```
float durchschnitt(short erster, ... )
```

Die variable Parameterliste muss dabei mindestens einen bekannten Parameter enthalten. Auf die unbekannten Parameter wird über die drei Routinen **va_start**, **va_arg** und **va_end** zugegriffen, die gemäß ANSI-Standard als Makros in <cstdarg> definiert sind. Bevor diese Makros beschrieben werden sollen, folgt ein **Programmbeispiel** auf der nächsten Seite zum Experimentieren.

Beachten Sie bitte, dass dem Compiler die Anzahl und der Datentyp nicht zur Verfügung stehen. Der Compiler kann hier also keine Typenprüfung und keine eventuell notwendige Typumwandlung vornehmen!

```
// VAR_PARL.CPP
// Demo fuer variable Parameterliste am Beispiel der
// Durchschnittsberechnung beliebig vieler int-Werte.

#include <iostream>
#include <cstdarg>
using namespace std;

    /* Fkt. "Durchschnittsber." mit var. Param.liste */

float durchschnitt(short erster, ... )
{
  short summe=0, i=erster;
  float zaehler=0;

  va_list zeige;
                               // Initialisierung
  va_start(zeige, erster);     //   der Parameterliste
  while(i != -1)               // Werte aufaddieren
  {                            //   bis -1 fuer Ende
    summe += i;
    zaehler++;
    i = va_arg(zeige, short);
  }
  va_end(zeige);               // Deinitialisierung
                               // Durchschn. berechnen
```

```
  return( summe ? (summe / zaehler) : 0 );
}

  /*** Hauptprogramm ***/

int main()
{
               // Aufruf mit 2 Werten (-1 als Endmarke)
  cout << "Durchschnitt ist:  "
       << durchschnitt(1, 2, -1) << endl;
               // Aufruf mit Null Werten
  cout << "Durchschnitt ist:  "
       << durchschnitt(-1) << endl;
               // Aufruf mit 5 Werten
  cout << "Durchschnitt ist:  "
       << durchschnitt(3, 4, 5, 6, 7, -1);
  return 0;
}
```

Mit der Programmausgabe:

Durchschnitt ist: 1.5
Durchschnitt ist: 0
Durchschnitt ist: 5

Die in <**cstdarg**> definierten Makros sind für variable Parameter zuständig. Sie setzen einen Zeiger auf den Beginn einer Liste optionaler Parameter (**va_start**), lesen sämtliche Werte der Reihe nach (**va_arg**) und setzen den Zeiger wieder zurück (**va_end**) (**va** für variable Argumentenliste). Die Makros im einzelnen:

void va_start(va_list arg_ptr, prev_param)

Das Makro zum Setzen von *arg_ptr* auf den ersten optionalen Parameter. Es definiert eine Variable *arg_ptr* des Typs *va_list*. Durch den Aufruf von **va_start** wird *arg_ptr* auf den ersten optionalen Parameter gesetzt. **va_start** erwartet zusätzlich den Namen des letzten obligatorischen Parameters. Das ist der Parameter, der der variablen Liste unmittelbar vorausgeht.

typ **va_arg(va_list** arg_ptr, typ)

Das Makro zum Lesen des jeweils nächsten Parameters. Der erstmalige Aufruf des Makros **va_arg** liest den ersten optionalen Parameter und liefert ihn zusammen mit dem angegebenen Typ zurück. Diese Typinformation wird zur Bestimmung der Parametergröße verwendet, um *arg_ptr* auf den nächsten Parameter zu setzen. Durch weitere Aufrufe von **va_arg** wird die Parameterliste schrittweise durchlaufen.

void va_end(va_list arg_ptr)

Das Makro zum Zurücksetzen von *arg_ptr*. Die Funktion **va_end** beendet die Verarbeitung der variablen Parameterliste. Der Zeiger *arg_ptr*, der auf die Parameterliste zeigt, wird auf den Wert NULL gesetzt.

va_list

Zur Typendefinition des Zeigers auf die Parameterliste. Dieser Zeiger wird in **va_start**, **va_arg** und **va_end** benötigt.

Das Ende einer variablen Parameterliste wird nicht automatisch erkannt. Hierfür muss eine Vereinbarung getroffen werden (hier -1), die dann auch jeweils als letzter Parameter übergeben werden muss.

7.4 Überladen von Funktionen und Operatoren

In der Regel darf für einen Funktionsnamen auch nur eine Funktionsdefinition erfolgen – sonst weiß der Compiler ja auch nicht, welchen Funktionscode er einsetzen soll. Unter C++ ist diese Einschränkung aufgehoben! Hier kann eine Funktion mehrmals unter demselben Namen definiert sein. Man sagt, der Funktionsname ist überladen (overloaded).

Diese Methode ist insbesondere dann sehr hilfreich, wenn gleichartige Operationen auf unterschiedliche Datentypen angewendet werden sollen. Unter C müsste jede Funktion einen anderen Namen tragen, und dementsprechend müsste bei eventuellen Änderungen auch jedes Mal der korrespondierende Funktionsaufruf geändert werden. Beim Arbeiten mit überladenen Funktionen ist der Name beim Funktionsaufruf jedes Mal der gleiche, egal, ob sich die aktuellen Parameter hinsichtlich der Anzahl oder des Typs unterscheiden.

Realisiert wird das Überladen von Funktionen dadurch, dass der C++-Compiler zusätzlich zum Funktionsnamen eine so genannte Signatur einführt, die den Namen in Abhängigkeit von den formalen Parametern unterscheidet. So kann der Compiler beim Funktionsaufruf ermitteln, welche Definition zur aktuellen Parameterliste passt. Beachten Sie hierzu auch die Ausführungen zur **Homonymauflösung** im Kapitel *Templates*.

Funktionen können dann **überladen** werden, wenn sie sich

(a) in der Parameteranzahl unterscheiden oder sich

(b) mindestens in einem Parameter signifikant unterscheiden.

Nicht signifikant unterschiedlich sind folgende Typen:

typ	und	typ&	typ, const typ	und	volatile typ
typ[]	und	typ*	typ()	und	typ(*)()
static	und	nicht static	typdef	und	nicht typdef

Kann der Compiler einen Funktionsaufruf nicht auflösen, weil eine oder mehrere explizite Konvertierungen zu einer Mehrdeutigkeit führen, wird eine Fehlermeldung der Art »mehrdeutiger Aufruf einer überladenen Funktion« (»ambiguous call to overloaded function«) erzeugt.

Das folgende Testprogramm zeigt die Methode des Überladens von Funktionen an einem konkreten Beispiel:

```
// FKT_UEBL.CPP
// Demo fuer ueberladene Funktion

#include <iostream>
using namespace std;

      /* dreimal die ueberladene Fkt. "folgt" */

int folgt(int n)
{
  return ++n;
}

int folgt(int a, int b)
{
  return a+b;
}

char folgt(char z)
{
  return ++z;
}

      /*** Hauptprogramm ***/

int main()
{
  cout << "Auf 1 folgt " << folgt(1) << endl;
  cout << "Auf A folgt " << folgt('A') << endl;
  cout << "1 + 2 = " << folgt(1, 2);
  return 0;
}
```

An der Programmausgabe

Auf 1 folgt 2
Auf A folgt B
1 + 2 = 3

sehen Sie, wie anhand der aktuellen Parameter jeweils die richtige Funktion aufgerufen wird.

An dieser Stelle noch ein Exkurs zur **Überladung von Operatoren.** Dies funktioniert ähnlich wie das Überladen von Funktionen. Allgemein lautet die Syntax der Operatorendefinition:

Returndatentyp **operator** ⊗ (Argumentenliste) {Funktionscode}

Der Funktionsname einer Operatorfunktion besteht aus dem Schlüsselwort **operator** und dem angehängten Operatorzeichen, hier allgemein durch ⊗ symbolisiert.

Die Zeile

```
compl operator+(compl z1, compl z2);
```

mit

```
inline compl operator+(compl z1, compl z2)
{
  return compl(z1.re+z2.re, z1.im+z2.im);
}
```

führt zur Überladung des +-Operators. Durch die Operatorfunktion kann somit der bekannte arithmetische Operator + auch für den benutzerdefinierten Datentyp *Komplexe Zahl* verwendet werden. Da wenigstens ein Argument der Operatorfunktion ein **class**-Objekt sein muss, müssen wir an dieser Stelle auf das konkrete Anwendungsbeispiel STR_BEN.CCP ab Seite 222 verweisen.

Ferner gilt folgende Einschränkung beim Überladen von Operatoren.

Operatoren und Symbole, die **nicht** überladen werden können:						
.	.*	**sizeof**	::	?:	#	##

7.5 Rekursive Funktionen

Rekursiver (*zurückgehender*) Funktionsaufruf bedeutet, dass eine aufgerufene Funktion sich selbst noch einmal oder mehrmals wieder aufruft. Dieser Vorgang soll am Beispiel der Fakultätsberechnung verdeutlicht werden. Die Fakultät einer Zahl n ergibt sich aus $n! = 1*2*3*(n-1)*n$, wobei die Fakultät der Zahl 0 als 1 definiert ist. 3! ist also 1*2*3=6. Das folgende Listing zeigt, wie innerhalb der Funktion *fakultaet* diese Funktion sich selbst so oft wieder aufruft, bis die Variable *N=0* ist.

Die nächste Abbildung zeigt, dass zunächst viermal die Funktion *fakultaet* jeweils eine Ebene »tiefer« aufgerufen wird. Jetzt ist die Variable *N=0*, die »Abbruchbedingung« setzt ein, und es wird an die nächst »höher«liegende Funktion der Wert *1* zurückgegeben. Ohne eine Abbruchbedingung würde der geschachtelte Funktionsaufruf endlos weiter erfolgen!

Für die Variablen wird bei jedem Funktionsaufruf neuer Speicherplatz verwendet. Der eigentliche Wert von *erg*, der in Schritt 8 an das Hauptprogramm übergeben wird, wird erst im Schritt 7 bestimmt. Daher ist es auch nicht ohne weiteres möglich, den Wert dieser Variablen zu beobachten, wenn man das Programm über einen Debugger Schritt für Schritt abarbeitet. Durch das Ablegen von Zwischenwerten auf den Stack wird bei der Verwendung rekursiver Funktionen also kein Speicherplatz eingespart, allerdings lässt sich so ein sehr kompakter Code schreiben. Selbstverständlich hätte man die Fakultätsberechnung auch über eine **for**- oder **while**-Schleife realisieren können – aber das Beispiel eignet sich nun mal so schön zum Erklären des rekursiven Funktionsaufrufs, der einen sehr hohen Stellenwert in der Mathematik und in der Informatik hat.

```
// REK_FKT1.CPP
#include <iostream>
using namespace std;

long double fakultaet(short N)
{
  long double erg;
  if (N <= 0)
    return 1;
  erg = N * fakultaet(N-1);
  return erg;
}

int main()
{
  short zahl;
  long double ergebnis;

  cout << "Fakultaet von ... ?  ";
  cin >> zahl;
  ergebnis = fakultaet(zahl);
  cout << zahl << "! = " << ergebnis;

  return 0;
}
```

N mal rekursiver Aufruf

Fakultaet von ... ? *9*
9! = 362880

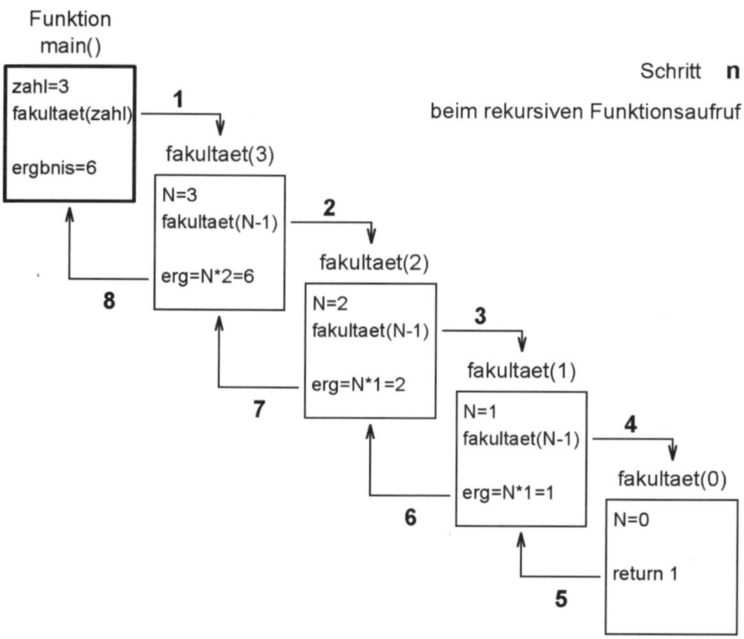

Abb. 7.1: Rekursiver Funktionsaufruf bei der Fakultätsberechnung

Eine weitere Anwendung für den rekursiven Funktionsaufruf zeigt die folgende kleine Spielerei:

```
Wie viele Zeilen haetten Sie gern ? 5
                                       1
                                      121
                                     12321
                                    1234321
                                   123454321
```

Zur Übung der Analyse des rekursiven Funktionsaufrufs wird bei diesem Programm ausnahmsweise mal auf eine Kommentierung verzichtet.

```
// REK_FKT2.CPP

#include <iostream>
using namespace std;

void ausgabe (short zeile, short j)
{
  cout << zeile;
  if(zeile < j)
    ausgabe(zeile+1, j);
  if(zeile != j)
    cout << zeile;
}

int main()
{
  short anzahl;
  cout<< "Wie viele Zeilen haetten Sie gern ?  ";
  cin >> anzahl;
  for(short i=1; i <= anzahl; i++)
  {
    for(short n=1; n <= 40-i; n++)
      cout << " ";
    ausgabe(1, i);
    cout << endl;
  }
  return 0;
}
```

7.6 main( ) und Kommandozeilenparameter

Unter C/C++ ist jedes Programm eine Funktion. Schließlich schreiben Sie ja auch immer **main()**. Dies ist die Funktion, die beim Programmstart aufgerufen wird. Daher muss und darf **main()** in einem Programm nur einmal bzw. bei der modularen Programmerstellung in exakt nur einem Modul stehen. Wenn Sie wollen, können Sie auch hier Parameter übergeben:

```
// PASSWORT.CPP
// Test fuer Kommandozeilenparameter

#include <iostream>
#include <cstring>
using namespace std;

int main(int argc, char *argv[])
{
  char *vergl="sesam";

  if(strcmp(vergl, argv[1])) // beide strings vergleichen
  {
    cout << "Kein Passwort eingegeben!";
    return;
  }
  else
    cout << "Hallo";          // ab hier das
}                             // eigentliche Programm
```

Nur wenn Sie das Programm PASSWORT durch die Eingabe von

passwort sesam

starten, bekommen Sie den Gruß bzw. würde eine größere Anwendung starten – andernfalls wird das Programm sofort nach Ausgabe der Warnung beendet. Kommandozeilenparameter werden in vielen Dienstprogrammen eingesetzt, ohne dass Sie dies unbedingt merken müssen.

Insgesamt können Sie bis zu drei Parametern bei der Funktion **main**() angeben. Diese Parameter werden beim Aufruf eines Programms angegeben und daher **Kommandozeilenparameter** genannt. Auf sie kann innerhalb des Programms zugegriffen werden. Die drei Parameter im Einzelnen:

int **argc**

Gibt die Anzahl der Kommandozeilenparameter an, also die Elementenzahl des Array **argv**. Da der Name des Programms als erster Parameter gezählt wird, hat **argc** mindestens den Wert 1.

char * **argv**[]

Ein Array von Zeigern auf ASCII-Strings mit den einzelnen Kommandozeilenparametern. Es kann sowohl als *char *argv[]* als auch als *char **argv* deklariert werden. Das erste Element dieses Array zeigt auf den Namen des Programms inklusive Laufwerksnamen und Pfad. Das letzte Element (argv[argc]) ist durch den Wert NULL gekennzeichnet.

char * **envp**[]

Ein Array von Zeigern auf ASCII-Strings mit den einzelnen Umgebungsvariablen des Programms. Es kann auch wieder sowohl als *char *envp[ ]* als auch als *char **envp* deklariert werden. Ein Zähler im Sinne von **argc** existiert hier nicht, jedoch ist das letzte Element auch hier durch den Wert NULL gekennzeichnet.

7.7 Übungen zu Funktionen

7.7.1 Aufgaben

(A.7.1) Schreiben Sie ein Programm, das eine eingegebene dezimale Zahl in eine duale Zahl umwandelt und das Ergebnis auf den Monitor ausgibt. Eine Möglichkeit zur Umwandlung von dezimal nach dual ist das Divisionsrestverfahren. Hierbei wird die Dezimalzahl bzw. das Ergebnis der Division fortlaufend durch 2 geteilt. Der Divisionsrest (0 oder 1) der ersten Division bestimmt dabei den Wert der wertniedrigsten bzw. rechten Dualstelle (das LSB) und der Rest der letzten Division die werthöchste bzw. linke Dualstelle (das MSB). Ein Beispiel zur Verdeutlichung, das %- Zeichen kennzeichnet dabei eine Dualzahl:

13 = % 1101

13 : 2 = 6 Rest 1

6 : 2 = 3 Rest 0

3 : 2 = 1 Rest 1

1 : 2 = 0 Rest 1

	1	1	0	1
mit den Stellenwerten	2^3	2^2	2^1	2^0
für	8	4	2	1
ergibt	1*8 +	1*4 +	0*2 +	1*1 = 13

Da bei diesem Verfahren wiederholt durch den Wert 2 geteilt werden muss, bietet sich hier der rekursive Funktionsaufruf an. Zur Erinnerung: Über den Divisionsrest können Sie über den %-Operator zugreifen.

7.7.2 Lösungsvorschläge

(L.7.1)

```
// DEZ_DUAL.CPP
#include <iostream>
using namespace std;

void dezdual(int n)
{
  bool bit;
  if (n > 1)
    dezdual (n / 2);          // rekursiver Aufruf
  bit = n % 2;
  cout << bit << " ";         // Ergebnisausgabe
}
```

```
int main()
{
  int zahl;
  cout << "* Dezimal --> Dual *\n\n"
       << "Geben Sie bitte die dezimale Zahl ein:  ";
  cin >> zahl;
  cout << zahl << "  =  % ";  // '%' als Binaerzahl-Kennung
  dezdual (zahl);             // Funktionsaufruf
  cout << "\n\n";
  return 0;
}
```

8 Klassen und Objekte

8.1 Einführung

Das folgende Kapitel befasst sich mit einem der wesentlichen Sprachelemente von C++. Es handelt sich um eine Erweiterung des Strukturkonzepts, u.a. mit dem Ziel, ein Mehr an Sicherheit und Flexibilität durch eine Zugriffskontrolle auf die Elemente zu erreichen. Hierzu wird ein neuer Datentyp eingeführt:

Abstrakter Datentyp = Datentypen plus Funktionen

Daten und Methoden werden in einer Klasse zusammengefasst, sind gekapselt und befinden sich, wie es sich für zusammengehörige Dinge gehört, an einem Ort. Der Zugriff und die Manipulation der Daten erfolgt kontrolliert über die Funktionen. Die Schnittstellenfunktionen verbergen die Daten vor dem Rest des Programms und bilden quasi das Interface zwischen der Klasse und dem Rest des Programms. Gleichzeitig wird eine Überarbeitung des Programms wesentlich einfacher. Es müssen nicht mehr bestehende Strukturen verändert und an vielen Stellen überarbeitet werden, sondern es muss nur einmal die Klasse an die neue Problemstellung angepasst werden.

Zunächst soll an einem einfachen Beispiel die Syntax aufgezeigt und neue Begriffe eingeführt und erläutert werden. Anschließend wird ausführlich auf weitere Details zu den Klassen eingegangen.

```
// KLA_ADR1.CPP

#include <iostream>
using namespace std;

class Adressbuch
{
  public:
    char vorname[20], name[20], strasse[30], nr[4],
         plz[6], ort[30];
    void adreingabe();
    void adrausgabe();
};

void Adressbuch::adreingabe(void)
{
  cout << "\n Bitte die neue Adresse eingeben:";
  cout << "\n\t Vorname: \t"; cin >> vorname;
  cout << "\t Namen: \t"; cin >> name;
  cout << "\t Strasse: \t"; cin >> strasse;
```

```
  cout << "\t Hausnummer: \t"; cin >> nr;
  cout << "\t Postleitzahl: \t"; cin >> plz;
  cout << "\t Ort: \t\t"; cin >> ort;
}

void Adressbuch::adrausgabe(void)
{
  cout << "\n\n Die Adresse lautet: \n\t ";
  cout << vorname << " " << name << "  "
       << strasse << " " << nr << "  "
       << plz << " " << ort;
}


int main()
{
  Adressbuch ersteadr, zweiteadr;

  ersteadr.adreingabe();
  zweiteadr.adreingabe();
  ersteadr.adrausgabe();

  return 0;
}
```

Dieses Programm fordert Sie zur Eingabe von zwei Adressen auf und gibt anschließend die zuerst eingegebene Adresse wieder auf den Monitor aus. Sicherlich ist das noch kein komfortables Adressverwaltungsprogramm, aber in diesem einfachen Beispiel geht es um die Einführung von neuen Begriffen – das Programm selbst wird später noch verbessert.

8.1.1 Deklaration einer Klasse

```
class Klassenname
{
        [private:]
                [member] ...
        public:
                member ...
        [protected:]
                [member] ...
} [Bezeichner];
```

hier:

```
class Adressbuch
{
  public:
    char vorname[20], name[20], strasse[30], nr[4],
         plz[6], ort[30];
    void adreingabe();
    void adrausgabe();
};
```

Eingeleitet wird die Deklaration einer Klasse durch das Schlüsselwort **class**, gefolgt von dem Namen der Klasse. Dieser Klassenname stellt einen neuen Typbezeichner dar und kann genauso wie die eingebauten Schlüsselwörter verwendet werden. Anschließend folgt ein durch {...} zusammengefasster und mit einem ´;´ abgeschlossener Anweisungsblock. Diese Deklaration gleicht der einer Struktur, und in der Tat können Sie bei diesem einfachen Beispiel das Schlüsselwort **class** durch **struct** ersetzen. Dennoch gibt es zwei wesentliche Unterschiede:

1. Strukturen können global oder lokal deklariert werden – Klassen müssen immer global deklariert werden.
2. In Strukturen sind alle Elemente **public** – in Klassen kann eine Zugriffskontrolle über die Schlüsselwörter **public**, **private**, **protected** oder **friend** erfolgen.

8.1.2 Konstruktor und Destruktor

C++ bietet die Möglichkeit der Initialisierung von Objekten über die Spezialfunktionen Konstruktor und Destruktor. Diese Methoden sorgen dafür, dass Objekte bei ihrer Deklaration gültige Daten zugewiesen bekommen und beim Ende der Lebenszeit von Objekten die notwendigen »Aufräumarbeiten« erledigt werden. Wenn Sie bei der Klassendeklaration keinen Konstruktor oder Destruktor definieren, wirken die Standardkonstruktoren, die jedoch keine Argumente enthalten.

Zurück zu unserem Anfangsbeispiel. Sperren Sie bitte in *main()* die beiden Eingabeaufforderungen, so dass lediglich das Objekt *ersteadr* ausgegeben wird. Das Programm arbeitet einwandfrei und gibt (wie zu erwarten) »Müll« für die erste Adresse aus. Das ist in diesem Beispiel nicht weiter schlimm, aber uninitialisierte Objekte können auch schwerwiegendere Programmfehler verursachen.

Um die Sicherheit der Klasse zu erhöhen, sollten Sie also mindestens einen Konstruktor verwenden. Er ist eine Methode der Klasse und besitzt denselben Namen wie die Klasse selbst. Beachten Sie dabei, dass ein Konstruktor und ein Destruktor keinen Ergebnistyp besitzen – auch nicht void.

```
class Adressbuch
{
  public:
    ...
    Adressbuch();                    // Konstruktor
    ~Adressbuch();                   // Destruktor
```

```
    void adreingabe();
    ...
};

Adressbuch::Adressbuch(void)        // neue Konstruktorfkt.
{
  strcpy (ort, "Buxtehude");        // in <cstring>
}

Adressbuch::~Adressbuch(void)       // neue Destruktorfkt.
{
  // hier leer
}
```

Wenn Sie das Programm jetzt laufen lassen – wieder nur mit einer Ausgabe –, sehen Sie, dass jetzt bei jedem neu erzeugten Objekt *ort* mit *Buxtehude* vorbesetzt wird. In welcher Reihenfolge der Konstruktor und Destruktor aufgerufen werden, können Sie sehr schön sehen, wenn Sie mit dem Programm experimentieren und innerhalb der Konstruktor- und Destruktorfunktionen Testausgaben vorsehen.

Wie Sie oben sehen, setzt sich der Name des Destruktors aus dem Klassennamen und der vorangestellten Tilde (~) zusammen. In diesem Beispiel hat der Destruktor keine Funktion. Wenn aber z.B. Objekte selbstständig dynamischen Speicher belegen, ist eine Freigabe des Speichers beim Destruktoraufruf unbedingt erforderlich. Dies wird im Kapitel *new und delete* ausführlich behandelt.

8.1.3 Zugriffsrechte auf Klassenelemente

Die Schlüsselwörter **public**, **private** und **protected** werden wie Marken (Label) verwendet, wobei sie innerhalb einer Klassendeklaration in beliebiger Reihenfolge und beliebig oft auftreten können. Erfolgt keine Angabe, dann sind die folgenden Elemente automatisch **private** Komponenten der Klasse. Auf **public**-Elemente haben auch Methoden und andere Funktionen des Programms Zugriff. Sie bilden das Interface zwischen der Klasse und dem Programm. Auf **private**-Elemente können nur die Methoden der Klasse zugreifen. Hierunter verbergen sich für den Anwender unwichtige Interna der Klasse. Lediglich **friend**-Klassen oder -Funktionen haben hierauf einen Zugriff. **protected**-Elemente sind geschützt, d.h. sie stehen nur in abgeleiteten Klassen zur Verfügung. Mehr hierzu ab Seite 173.

8.1.4 Methoden einer Klasse

Methoden sind im Prinzip nichts anderes als Funktionen, die Zugriff auf Daten eines Objekts haben und Elemente einer Klasse sind. In der Literatur finden sich auch folgende Bezeichnungen für die Klassenfunktionen: Schnittstellenfunktionen, Elementfunktionen, Methoden oder Member-Funktionen. In unserem Beispiel sehen Sie die Deklaration von zwei Funktionen:

```
void adreingabe();
void adrausgabe();
```

Die Definition dieser Funktionen erfolgt später, könnte aber auch in die Klassendeklaration mit aufgenommen werden.

Funktionen mit einem Funktionskörper von kurzer Ausführungszeit, wie sie bei Klassen typischerweise verwendet werden, sollten als **inline** deklariert werden. Dies gilt insbesondere bei häufigen Funktionsaufrufen, wie z.B. innerhalb von Schleifen. Hierdurch wird eine erhebliche Effizienz erreicht. Beim Kompilieren wird der Aufruf einer **inline**-Funktion durch die eigentliche Funktion ersetzt. Es erfolgt also später kein wirklicher Funktionsaufruf – und das spart Zeit. Die Definition einer Funktion kann innerhalb einer Klasse erfolgen:

```
class Adressbuch
{
  void adrausgabe() { ...}          // automatisch inline
  ...
}
```

Die Funktion ist so automatisch **inline**. Erfolgt die Definition außerhalb der Klasse, muss vor der Definition das Schlüsselwort **inline** stehen:

```
class Adressbuch
{
  void adrausgabe();
  ...
}

inline void Adressbuch::adrausgabe(void)
{
  ...
}
```

8.1.5 Zugriff auf Methoden

Bei der Definition der Funktionen erfolgt die eindeutige Zuordnung der Funktion zur Klasse über den Gültigkeits- oder Zugriffsoperator ´::´.

```
void Adressbuch::adreingabe(void)
```

Der Bezeichner *Adressbuch::*, gefolgt vom Funktionsnamen *adreingabe*, teilt dem Compiler mit, dass die Funktion in der Klasse *Adressbuch* als Methode deklariert ist. Durch diese eindeutige Zuordnung gibt es keine Probleme, wenn Sie innerhalb Ihres Programms eine weitere Funktion *adreingabe()* schreiben.

8.1.6 Erzeugung von Objekten

In unserem Beispiel erzeugen wir zwei Objekte:

```
Adressbuch ersteadr, zweiteadr;
```

Synonym wird dieser Vorgang auch als das Erzeugen von Instanzen bezeichnet – Objekte sind also Instanzen von Klassen. Hier werden die zwei Variablen *ersteadr* und *zweiteadr* vom abstrakten Datentyp *adressbuch* angelegt.

Der Zugriff auf die Objekte erfolgt mit Hilfe des Punktoperators '.' über die Elementfunktionen:

```
ersteadr.adreingabe();
zweiteadr.adreingabe();
```

So wird auch nur für die Datenelemente eines jeden Objekts Speicherplatz benötigt. Die Schnittstellenfunktion wird natürlich nur einmal erzeugt und steht hier beiden Objekten zur Verfügung.

Abschließend noch ein Hinweis: Eine effektive Nutzung von Klassen ergibt sich, wenn Sie Ihre Klassendeklarationen in einem Headerfile ablegen und bei Gebrauch mittels #include einfügen. Wie auch Funktionen sollten zusammengehörende Klassen in Bibliothekmodulen ableget werden. Diese Trennung der Schnittstellen vom eigentlichen Programmcode (Implementation) ist bei der modularen Programmierung ohnehin Standard.

Zum Beispiel in ADR.H

```
class Adressbuch
{
      void adreeingabe(void);
      ...
};
```

und in KLA_ADR.CPP

```
#include "adr.h"
...
void Adressbuch::adresseingabe(void)
{
      ...
}
```

So viel zur notwendigen Klärung einiger neuer Begriffe. Im Folgenden werden besondere Merkmale der Klassen ausführlich beschrieben.

8.2 friend-Funktionen und friend-Klassen

8.2.1 Zugriff auf private-Elemente

Speichern Sie bitte unser Einführungsbeispiel KLA_ADR1.CPP z.B. unter dem Namen KLA_ADR2.CPP und nehmen Sie dort folgende mit '!' gekennzeichnete Veränderungen vor:

```
class Adressbuch
{
  public:
    char vorname[20], name[20], strasse[30], nr[4],
         plz[6], ort[30];
    void adreingabe();
```

```
    void adrausgabe();
  private:                                       // !
    char gebdatum [11];                          // !
}
void Adressbuch::adreingabe(void)
{
  ...
  cout << "\t Geb.datum: \t"; cin >> gebdatum;  // !
}

int main()
{
  Adressbuch ersteadr, zweiteadr;

  ersteadr.adreingabe();
  zweiteadr.adreingabe();
  ersteadr.adrausgabe();
  cout << ersteadr.ort;                          // !
//  cout << ersteadr.gebdatum;                   // !

  return 0;
}
```

Unser Programm fragt jetzt bei der Adresseingabe jedes Mal auch nach dem Geburtsdatum und gibt nach der Ausgabe der ersten Adresse noch einmal den Ort dieser Adresse aus. Auf den als **public** gekennzeichneten *ort* haben Sie also z.B. auch in der Hauptfunktion *main()* Zugriff.

Wenn Sie in der Hauptfunktion aber die letzte – z.Z. noch mit den Kommentarzeichen gesperrte – Zeile freigeben, werden Sie z.B. folgende Fehlermeldung des Compilers erhalten:

```
gebdatum' : cannot access private member declared
in class 'Adressbuch'
```

Dies war ja auch zu erwarten, denn wie die Fehlermeldung bestätigt, haben Sie den Zugang zum Geburtsdatum über das Schlüsselwort **private** gesperrt. Lediglich Klassenfunktionen haben Zugriff auf die mit **private** geschützten Klassenelemente. Wenn Sie also das Geburtsdatum ausgeben wollen, entfernen Sie wieder die beiden letzten Zeilen in *main()* und ergänzen statt dessen die Elementfunktion *adrausgabe()* um folgende Zeile:

```
void Adressbuch::adrausgabe(void)
{
  cout << "\n\n Die Adresse lautet: \n\t ";
  ...
       << "  " << gebdatum;          // !
}
```

Wie dieses Beispiel gezeigt hat, können (und sollten) Sie Datenelemente immer als **private** deklarieren, um den Zugriff zuverlässig zu verhindern bzw. zu kontrollieren. Es kann sich in der konkreten Anwendung aber ergeben, dass für einen effizienten Datenaustausch mit anderen Funktionen oder Klassen dieser Zugriffsschutz gezielt und kontrolliert aufgehoben werden soll. Dies erreichen Sie über die Deklaration **friend**-Funktionen bzw. -Klassen.

8.2.2 friend-Funktionen

Wieder ausgehend von unserem Anfangsbeispiel KLA_ADR1.CPP, ergänzen Sie bitte die Klasse *Adressbuch* um die Deklaration folgender **friend**-Funktion:

```
class Adressbuch
{
  friend void geheimausgabe(Adressbuch&);        // !

  public:
  ...
};
```

Die Definition der Funktion *geheimausgabe()* könnte wie folgt aussehen:

```
void geheimausgabe(Adressbuch& ersteadr)
{
   cout << "\n Geburtstag wird am "
        << ersteadr.gebdatum  << " gefeiert!";
}
```

Und schließlich der Aufruf der Funktion:

```
int main()
{
  ...
  geheimausgabe(ersteadr);                       // !
}
```

Die willkürlich gewählte Funktion *geheimausgabe()* hat so Zugriff auf die privaten Daten der Klasse *Adressbuch*. Wenn Sie das Schlüsselwort **friend** in der Deklaration der Klasse weglassen, bekommen Sie die schon bekannte Fehlermeldung des Compilers bzw. können dann nur noch auf die **public**-Daten der Klasse, wie z.B. *ort*, zugreifen.

Auch wenn Sie jetzt den Datenschutz etwas durchlöchert haben, was man ja eigentlich nicht machen sollte, bestimmen immer nur die Klassen selbst, besser gesagt Sie, wer zu Freunden deklariert wird.

8.2.3 friend-Klassen

Selbstverständlich können Sie auch ganze Klassen zu Freunden erklären:

```
class ErsteKlasse
{
  friend class ZweiteKlasse;
  private:
    int geheim;
}

class ZweiteKlasse
{
```

```
  public:
    loesung()
  ...
}
```

Die Elementfunktion *loesung()* hat so auch uneingeschränkte Zugriffsrechte auf *geheim*.

Wie schon gezeigt, können Sie den Zugriff auf Daten neben **private** und **friend** auch noch über **protected** regeln. Da **private** und **protected** sich aber nur bei der Vererbung unterscheiden, erfolgt die Beschreibung dort.

8.3 Vererbung und Polymorphismus

8.3.1 Klassen ableiten

Wie von einer bereits bestehenden Klasse weitere Klassen abgeleitet werden können, diese dabei alle Eigenschaften der Basisklasse erben und gegebenenfalls neue Eigenschaften erhalten, soll im folgenden Beispiel gezeigt werden. Ausgehend von unserer Basisklasse *Adressbuch* in KLA_ADR1. CPP sollen die zwei neuen Klassen *Arbeit* und *Privat* erzeugt werden.

```
// KLA_ADR3.CPP

#include <iostream>
using namespace std;

class Adressbuch
{
  public:
    char vorname[20], name[20], strasse[30], nr[4],
         plz[6], ort[30];
    void adreingabe();
    void adrausgabe();
};

class Arbeit : public Adressbuch
{
  public:
    void arb_adreingabe();
    void arb_adrausgabe();
  private:
    char telnummer[10];

};

class Privat : public Adressbuch
{
  public:
    void pri_adreingabe();
    void pri_adrausgabe();
  private:
    char gebdatum[11];
};
```

```
void Adressbuch::adreingabe(void)
{
  cout << "\n Bitte die neue Adresse eingeben:";
  cout << "\n\t Vorname: \t"; cin >> vorname;
  cout << "\t Namen: \t"; cin >> name;
  cout << "\t Strasse: \t"; cin >> strasse;
  cout << "\t Hausnummer: \t"; cin >> nr;
  cout << "\t Postleitzahl: \t"; cin >> plz;
  cout << "\t Ort: \t\t"; cin >> ort;
}

void Arbeit :: arb_adreingabe(void)
{
  cout << "\n Und die Telefonnum. von " << name << " ? ";
  cin >> telnummer;
}

void Privat :: pri_adreingabe(void)
{
  cout << "\n Und das Gebd. von " << vorname << " ? ";
  cin >> gebdatum;
}

void Arbeit :: arb_adrausgabe(void)
{
  cout << "   " << telnummer;
}

void Privat :: pri_adrausgabe(void)

{
  cout << "   " << gebdatum;
}

void Adressbuch::adrausgabe(void)
{
  cout << "\n\n Die Adresse lautet: \n\t ";
  cout << vorname << " " << name << "   "
       << strasse << " " << nr << "   "
       << plz << " " << ort;
}


int main()
{
  char wahl;

  cout << "Bitte waehlen Sie:";
  cout << "\n\t Adresse von Kollegen aufnehmen <a>";
  cout << "\n\t Privatadresse aufnehmen <p>";
  cout << "\n\t oder Programmende mit bel. Taste. ";
  cin >> wahl;

  if (wahl=='a')
  {
```

```
    Arbeit erstearb;
    erstearb.adreingabe();
    erstearb.arb_adreingabe();
    cout << "\n\n Sie haben folgende Eingabe getaetigt:";
    erstearb.adrausgabe();
    erstearb.arb_adrausgabe();
  }
  if (wahl=='p')
  {
    Privat erstepri;
    erstepri.adreingabe();
    erstepri.pri_adreingabe();
    cout << "\n\n Sie haben folgende Eingabe getaetigt:";
    erstepri.adrausgabe();
    erstepri.pri_adrausgabe();
  }
  return 0;
}
```

Die wesentliche Veränderung an diesem Programm besteht darin, dass von der schon bekannten Basisklasse *Adressbuch* die beiden Klassen *Arbeit* und *Privat* abgeleitet werden. Die allgemeine Syntax hierfür lautet:

class *Klassenname* **: Zugriffsattribut** *Basisklassenname*

Hier wird ein wesentlicher Vorteil der objektorientierten Programmierung sichtbar. Zusätzlich zu ihren eigenen Methoden und Daten haben die abgeleiteten Klassen alle Eigenschaften der Basisklasse geerbt. Konkret bedeutet dies z.B. Folgendes: Wollen Sie in Ihrer Adressdatenbank ein neues Merkmal für die Anrede aufnehmen, brauchen Sie jetzt lediglich die Basisklasse anzupassen – mehr nicht!

In unserem Beispiel steht bei der Ableitung vor dem Basisklassennamen das Schlüsselwort **public**. Hierfür könnten Sie auch **private** oder **protected** einsetzen. Die daraus resultierenden Zugriffsmöglichkeiten in der abgeleiteten Klasse zeigt die folgende Tabelle. Hier sehen Sie auch den Unterschied zwischen als **private** und **protected** gekennzeichneten Elementen und Methoden bei der Vererbung.

Vererbung

Art der Ableitung	**Attribut in der Basisklasse**		
	public	private	protected
public	public	kein Zugriff	protected
private	private	kein Zugriff	private
protected	protected	kein Zugriff	protected

Tab. 8.1: Zugriffsrechte bei der Vererbung

Eine abgeleitete Klasse kann selbstverständlich selbst wieder zur Basisklasse einer anderen abgeleiteten Klasse werden. Dies führt zu der so genannten hierarchischen Ableitung. Hierbei steht ganz oben die Basisklasse mit den allgemeingültigen Elementen und Methoden. Je weiter man sich in dieser Hierarchie nach unten bewegt, um so mehr spezielle, dem Problem angepasste, Elemente und Methoden besitzen die Klassen.

Würden wir in unserem Beispiel von der Klasse *Arbeit* die Klasse *LiebeKollegen* ableiten,

```
class LiebeKollegen : public Arbeit
{
   ...
};
```

ergäbe sich folgende Klassenhierarchie:

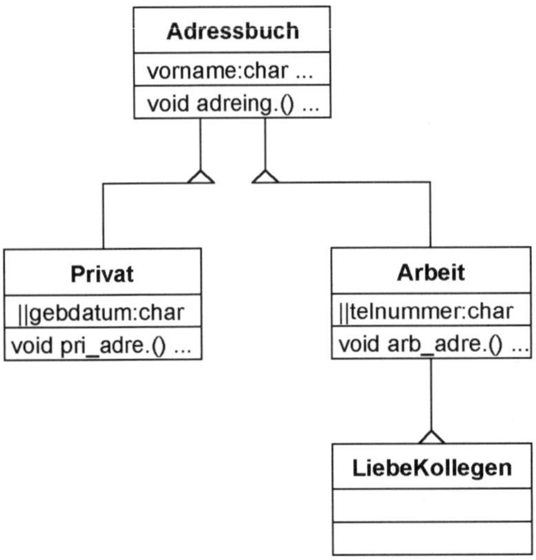

Abb. 8.1: Hierarchische Ableitung

Abschließend soll noch auf eine Besonderheit der Vererbung eingegangen werden – die Mehrfachvererbung.

8.3.2 Mehrfachvererbung

Im vorhergehenden Kapitel haben Sie die hierarchische Ableitung kennen gelernt. Bei der Mehrfachvererbung erbt die neue Klasse Datenelemente und Elementfunktionen von mehreren Basisklassen:

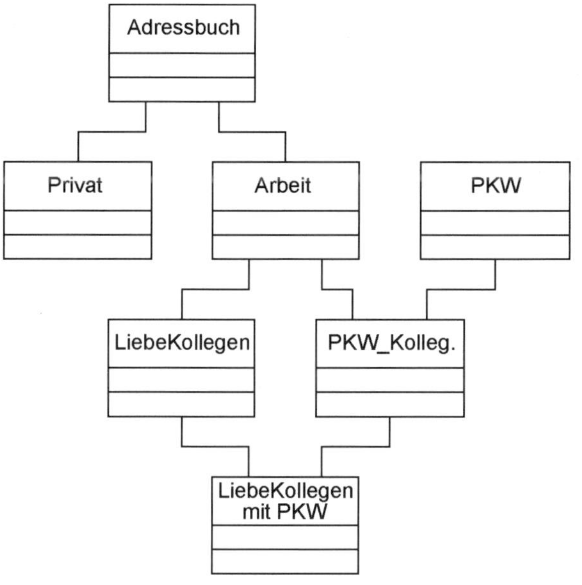

Abb. 8.2: Beispiel für eine Mehrfachvererbung

Hierzu sind bei der Deklaration der Ableitung alle Basisklassen aufzuzählen, wobei die Art der Ableitung unterschiedlich sein kann – hier beide Male **public**.

```
class PKW_Kollegen : public Arbeit, public PKW
```

Benötigen Sie am Wochenende also ein Auto mit einer bestimmten Anzahl von Sitzplätzen und möglichst geringem Benzinverbrauch, können Sie so aus Ihrer Datenbank die Adresse eines netten Kollegen mit dem entsprechenden PKW herausholen – wenn Sie für diesen Vorgang unbedingt Ihren Rechner einschalten wollen.

Die neu abgeleitete Klasse *LiebeKollegen_mitPKW* verfügt nun zweimal über Datenelemente zur Person, die u.U. gleichnamig sind und/oder deren Daten nicht notwendigerweise gleich sein müssen. Wenn es aus der Aufgabenstellung heraus sinnvoll ist, können Sie hier eine Eindeutigkeit herstellen, indem Sie Ihre Ableitungen auf allen Ableitungspfaden mit dem Attribut **virtual** versehen:

```
class LiebeKollegen : virtual public Arbeit
class PKW_Kollegen : virtual public Arbeit, public PKW
```

Jetzt werden die Instanzenvariablen nur einmal gespeichert, und der korrekte Zugriff erfolgt über die entsprechenden Verweise. Zu den virtuellen Funktionen siehe auch das folgende Kapitel.

8.3.3 Polymorphismus

Ein wesentlicher Aspekt bei abgeleiteten Klassen ist der **Polymorphismus**, was so viel wie Vielgestaltigkeit bedeutet. Was sich dahinter verbirgt, können Sie am einfachsten über das folgende kleine Testprogramm ersehen:

```
// KLA_POL.CPP
//
// Testprogramm fuer nicht virtuelle und virtuelle Fkt.

#include <iostream>
using namespace std;

                // Basisklasse

class Flaechenber
{
  public:
    float flaeche() {return 4712;}                  // !!!!
    Flaechenber(float x, float y){}
};

               // abgeleitete Klasse fuer Rechteckber.

class Rechteck : public Flaechenber
{
  public:
    Rechteck(float b, float h);
    float flaeche() {return float(breite * hoehe);} // !!
  private:
    float breite, hoehe;
};

Rechteck::Rechteck(float b, float h):
  Flaechenber(b, h), hoehe(h), breite(b) {}

                // abgeleitete Klasse fuer Kreisberechnung

class Kreis : public Flaechenber
{
  public:
    Kreis(float rad);
    float flaeche() {return float(3.14*rad*rad);}   // !!
  private:
    float rad;
};

Kreis::Kreis(float r):
  Flaechenber(0, r), rad(r) {}

                // Hauptprogramm zum Testen

int main()
{
                // Testobjekte erzeugen
  class Flaechenber   Flaeche(5, 5);
  class Rechteck      Rechteck(10, 10);
  class Kreis         Kreis(3);
  class Flaechenber   *ZeigaufFlaeche = &Flaeche;
                // berechnen und Ausgeben
```

```
  cout << ZeigaufFlaeche->flaeche() << "\n";
  ZeigaufFlaeche = &Rechteck;
  cout << ZeigaufFlaeche->flaeche() << "\n";
  ZeigaufFlaeche = &Kreis;
  cout << ZeigaufFlaeche->flaeche() << "\n";
  cout << Rechteck.flaeche() << "\n";
  cout << Kreis.flaeche();
  return 0;
}
```

Beachten Sie bitte, dass sowohl in der Basisklasse als auch in den abgeleiteten Klassen eine gleichnamige Funktion *flaeche()* zur Flächenberechnung existiert (//!!).

Wenn Sie dieses Programm laufen lassen, erhalten Sie folgende Ausgabe:

```
4712
4712        ?!
4712        ?!
100
28.26
```

Erste Ausgabe:

```
cout << ZeigaufFlaeche->flaeche();
```

Hier wird die Funktion *Flaechenber::flaeche()* aufgerufen, die richtigerweise den festen Wert *4712* zurückgibt.

Zweite und dritte Ausgabe:

```
ZeigaufFlaeche = &Rechteck;
cout << ZeigaufFlaeche->flaeche();
ZeigaufFlaeche = &Kreis;
cout << ZeigaufFlaeche->flaeche() << "\n";
```

Der Zeiger *ZeigaufFlaeche* zeigt beide Male auf die richtige Fläche – nämlich auf die des Rechtecks bzw. des Kreises. Da der Zeiger aber keine Informationen über das Objekt besitzt, auf das er zeigt, wird wieder die Funktion *flaeche()* in der Klasse *Flaechenber* aufgerufen. Das ist zwar falsch und bedauerlich, aber, wie Sie noch sehen werden, auch verständlich.

Vierte und fünfte Ausgabe:

```
cout << Rechteck.flaeche();
cout << Kreis.flaeche();
```

Die beiden Kontrollausgaben rufen wie erwartet die zuständigen Funktionen *Rechteck::flaeche()* bzw. *Kreis::flaeche()* auf und geben so das richtige Ergebnis aus.

Wenn Sie jetzt den entscheidenden Schritt nachvollziehen und in der Basisklasse in der mit //!!!! gekennzeichneten Zeile die Funktion *flaeche()* als **virtual** kennzeichnen,

```
virtual float flaeche() {return 4712;}          //  !!!!
```

erhalten Sie folgende Ausgabe:

```
4712
100
28.26
100
28.26
```

Bei der zweiten Ausgabe wird jetzt richtigerweise die Funktion *Rechteck::flaeche()* und bei der dritten Ausgabe die Funktion *Kreis::flaeche()* aufgerufen. Wie vorher schon angedeutet, enthält der Zeiger *ZeigaufFlaeche* jetzt jedes Mal Informationen über das Objekt, auf das er zeigt.

Der Aufruf der virtuellen Funktion über den Basisklassenzeiger (*ZeigaufFlaeche*), der auf ein Objekt der abgeleiteten Klasse (z.B. *Rechteck*) zeigt, ruft die zum Objekt gehörende Funktion auf – und das ist **Polymorphismus.**

> Erst bei der Erzeugung einer Instanz wird festgelegt, welche virtuelle Funktion für das konkrete Datenobjekt zuständig ist. Zur Laufzeit eines Programms können Programmelemente so auf verschiedene Objekte verweisen.

8.4 new und delete

In vielen Fällen liegen Objekte vor, deren Speicherplatzbedarf sich erst während der Laufzeit des Programms ergibt – z.B. beim Anlegen von einem dynamischen Stack oder für temporäre Stringpuffer. Die unter C zur Verfügung stehende Funktion **malloc** reserviert Speicher und liefert als Funktionsergebnis dessen Adresse in Form eines Zeigers zurück. Wesentlich einfacher zu handhaben und mit umfangreicheren Möglichkeiten ausgestattet ist dagegen unter C++ der **new**-Operator. **new** ist auf alle Datentypen anwendbar und wird an dieser Stelle erörtert, weil er im Gegensatz zu **malloc** die Verwendung von Objekten wesentlich erweitert. Der **new**-Operator bestimmt die Größe des zu belegenden Speichers selbst. Da er typ- und objektgebunden ist, ist eine Typenumwandlung – wie bei **malloc** – hier nicht erforderlich.

Sehen wir uns hierzu erst ein Beispiel an. Die allgemeine Syntax lautet:

> Zeiger auf Typ = **new** Typ

```
//  KLA_NEW1.CPP

#include <cstring>
#include <iostream>
using namespace std;

int main()
{
  char  *puffer, text[80];
```

```
  int   laenge;

  cout << "Wie viele Zeichen wollen Sie eingeben? ";
  cin >> laenge;
  cout << "\nGeben Sie bitte die Zeichen ein: ";
  cin >> text;
  puffer = new char[laenge+1];   // puffer erzeugen
  strcpy (puffer, text);         // text nach puffer kop.
  cout << puffer;                // u. ausgeben
  delete puffer;                 // Speicher freig. !!!
  return 0;
}
```

Und wenn nicht genügend Speicherplatz vorhanden ist? Falls die Speicherplatzbeschaffung fehlgeschlagen ist, gibt **new** als Zeiger NULL zurück, was Sie z.B. wie folgt abfangen können:

```
...
if (puffer==NULL)
{
  cout << "Speicherplatzmangel !";
  exit(1);        // in <cstdlib>
}
...
```

Das oben stehende Programm weist aber auch noch eine Neuerung auf, den **delete**-Operator. **delete**, gefolgt von dem Zeiger auf das zu löschende Objekt, gibt den reservierten Speicherplatz wieder frei, entsprechend **free** unter C. Wichtig ist dabei, dass Sie **delete** nur auf mit **new** erzeugte Objekte und auch nur einmal auf das Objekt anwenden.

> Mit **new** erzeugte Objekte müssen
> mit **delete** wieder gelöscht werden!

Die Anwendung auf einen NULL-Zeiger ist dabei nicht gefährlich – manchmal sogar erforderlich. Bei Schleifenkonstruktionen können Sie jedoch leicht ein Speicherleck durch »verwaiste Objekte« erzeugen, wenn Sie nicht den Gültigkeitsbereich der von **new** erzeugten Objekte (bis zum entsprechenden **delete**) und den Gültigkeitsbereich der statischen Zeiger auf diese Objekte (allgemeine Gültigkeitsregeln) berücksichtigen. Bei der Deklaration des Zeigers und der Anwendung von **new** und **delete** also die Blockgrenzen beachten!

new und **delete** lassen sich wie gesagt auch auf die Standarddatentypen anwenden, und die dynamische Erzeugung eines mehrdimensionalen Array könnte wie folgt aussehen:

```
...
int(*tafel)[10];                 // Zeiger auf zweidim. array
int groesse;
groesse=...;                     // erg. sich waehr. der Laufzeit
tafel=new int[groesse][10];      // array anlegen
...
delete [] tafel;                 // und Speicher wieder freigeben
```

...

Bei zwei- oder mehrdimensionalen Arrays müssen allerdings alle Dimensionen, außer der ersten, feste Größen haben.

Das abschließende Programmbeispiel zeigt die Anwendung von **new** bei der Verarbeitung von Zeichenketten. Jedes Objekt der Klasse *String* bekommt erst während der Laufzeit den tatsächlich erforderlichen und dynamisch belegten Speicherplatz zugewiesen. Dies ist natürlich wesentlich effizienter, als feste Größen innerhalb der Klassen festzulegen.

```
//  KLA_NEW2.CPP
//
//  Test fuer new und delete in Klassen

#include <iostream>
#include <string>
using namespace std;

              // Deklaration der Klasse String

class String
{
  public:
    String();
    String(char *str);
    void ausgabe(void);
    ~String();
  private:
    char *textpuffer;
};

              // Standard-Konstrukor der Klasse String

String::String()
{
  textpuffer=0;               // gegebnenfalls textp. mit
}                             // 0-Zeiger laden


              // Konstruktor fuer String (kopieren)

String::String(char *str)
{                             // Stringlaenge ermitteln
  textpuffer = new char[strlen(str)+1];  // Spei. alloz.
  strcpy (textpuffer, str);   // und string hineinkop.
}

              // Funktion fuer Bildschirmausgabe

void String::ausgabe()
{
  cout << textpuffer;         // den kop. string ausgeben
```

```
}

              // Destruktor der Klasse

String::~String()
{
  delete textpuffer;            // Speicher wieder freig. !
}                               // geht auch wenn textp==0


              // Hauptprog. (zum Testen v. new u. delete)

int main()
{
  char puf[81];

  cout << "Bitte einen Text eingeben: ";
  cin.get (puf, 80);
  String test1(puf);            // zwei Objekte erzeugen
  String test2="Hallo Sonne ... ";

  test2.ausgabe();              // und ausgeben
  test1.ausgabe();

  return 0;
}
```

8.5 Der this-Zeiger

Innerhalb der Elementfunktionen stellt **this** einen Zeiger auf das Objekt dar und entsprechend ***this** das Objekt selbst. Außer bei statischen Methoden wird dieser spezielle Zeiger automatisch vom Compiler als versteckter Parameter mit in die Argumentenliste aufgenommen. Der Zugriff auf die Datenelemente der Klasse erfolgt also implizit über den **this**-Zeiger, Sie können ihn aber explizit verwenden.

Wenn Sie die Ausgabefunktion im Programm KAP_NEW2.CPP um die folgenden drei Zeilen ergänzen, sehen Sie, dass alle drei Ausgabefunktionen denselben Effekt haben.

```
void String::ausgabe()
{
  cout << textpuffer << "\n";            // dreimal ausgeben
  cout << this->textpuffer << "\n";
  cout << (*this).textpuffer << "\n";
  cout << this;                          // Adresse ausgeben
}
```

Gleichzeitig wird jetzt noch zweimal die Adresse ausgegeben, woran Sie recht schön die dynamische Speicherbelegung bei unterschiedlichen Texteingaben sehen können.

8.6 Abschließendes Anwendungsbeispiel

Dieses abschließende Beispiel zeigt noch einmal zusammenfassend den Gebrauch von Klassen sowie die dynamische Speicherverwaltung. Neu mit aufgenommen ist hierbei der Gebrauch der **iostream**-Klassen. Weitere Informationen hierzu finden Sie im Kapitel *Dateien und Ströme* sowie im Teil 2 dieses Buches. Eine Übersicht über die **iostream**-Klassen befindet sich im Anhang.

```
// KLA_ADRB.CPP
//
// - Adressverwaltung mit den Optionen Eingabe, Ausgabe,
//   Drucken, Suchen und Speichern
// - Daten koennen z.B. in EXCEL eingelesen werden
// - Ableitung von Klassen, Anwendung der iostream-
//   Klassen sowie new und delete
// - Problem besser ueber Listen usw. loesen!

#include <iostream>
#include <fstream>
#include <cstring>
#include <cstdio>
using namespace std;

                // Klasse Adressbuch //

class Adressbuch
{
 public:
  char vorname[20], name[20], strasse[30], nr[4],
       plz[6], ort[30], wahlausg;
  fstream stream;      // Obj. stream der Klasse fstream
  void adreingabe();  //   (fuer Dateiop.) erzeugen,
  void adrausgabe();  //   fstream ist von iostr. abgel.
  void adrsuche();
  Adressbuch(void);
  ~Adressbuch(void);
};

               // Konstruktor fuer Adressbuch //

Adressbuch::Adressbuch(void)
{
 stream.open("c:\\adrbuch.dat", ios :: app |ios::in |
            ios:: out |ios::binary);
                     // eine binaere Datei f. Ein- und
                     //   Ausgabe oeffnen bzw. anlegen
                     //   und an stream ankoppeln
 if (stream.good())
  cout << "\n Adressdatei angelegt bzw. geoeffnet.";
 else
  cout << "\n Fehler beim Anlegen bzw."
```

```
          "oeffnen der Adressdatei!";
                      // ios::good kombiniert saemtliche
                      //   Fehlerflags von stream
}


                // Destruktor fuer Adressbuch //

Adressbuch::~Adressbuch(void)
{
 stream.close();      // Schliessen der angekop. Datei
 if (stream.good())   // Fehlerflags abfragen
  cout << "\n Adressdatei geschlossen.";
 else
  cout << "\n Adressdatei nicht geschlossen"
          " - Datenverlust!";
}

                // Adresse eingeben //

void Adressbuch::adreingabe(void)
{
 char puffer[120];

 cout << "\n Bitte die neue Adresse eingeben:";
 cout << "\n\t Name: \t\t" << fflush(stdin); gets(name);
 cout << "\t Vorname: \t" << flush; gets(vorname) ;
 cout << "\t Strasse: \t" << flush; gets(strasse);
 cout << "\t Hausnummer: \t" << flush; gets(nr);
 cout << "\t Postleitzahl: \t" << flush; gets(plz);
 cout << "\t Ort: \t\t" << flush; gets(ort);
                      // flush->Puffer leeren, um
                      //   Ausgabe zu erzwingen
                      // gets wg. Leerzeichen
 strcpy (puffer, name); strcat (puffer, ",");
 strcat (puffer, vorname); strcat (puffer, ",");
 strcat (puffer, strasse); strcat (puffer, ",");
 strcat (puffer, nr); strcat (puffer, ",");
 strcat (puffer, plz); strcat (puffer, ",");
 strcat (puffer, ort); strcat (puffer, "\n");
 stream.write (puffer, strlen(puffer));
                      // die Eingaben mit Trennzeich. ','
                      //   (z.B. wg. EXEL) in puffer hin-
                      //   tereinander schreiben und an-
                      //   schl. in stream schreiben
}

                // Adresse ausgeben oder drucken //

void Adressbuch::adrausgabe(void)
{
 char  zeichen;
```

```
ofstream ausgabe("LPT1", ios::out | ios::app);
                        // fuer Druckerausgabe Objekt
                        //   "ausgabe"-stream erzeugen
                        //   mit LPT1 als "Dateinamen"
if(wahlausg=='d')       // Druckerausgabe ?
 ausgabe << "\nAdressenliste: \n";
else
 cout << "\nAdressenliste: \n";
                        // Lesezeiger an den Anfang des
stream.seekg(ios::beg); //   stream setzen
do
{
 zeichen = stream.get();// immer ein Zeichen holen,
 if (zeichen==',')      //   pruefen und ausgeben
  zeichen=' ';
 if ( zeichen==EOF)     //   bis END OF FILE
  break;
 if (wahlausg=='d')
  ausgabe << zeichen;
 else
  cout << zeichen;
}while (stream.good());

stream.clear();         // Fehlerflag (wg. Ende) zurueck
}

          // Adresse suchen //

void Adressbuch::adrsuche(void)
{
 char such [20], zeichen;
 int  result;
 char *pdest, *puffer;

 cout << "\nBitte die ersten Zeichen "
         "des Namens eingeben: ";
 cin >> such;
 stream.seekg(0L,ios::end);      // Streamlaenge ermit.
 long laenge=stream.tellg();     // Vergleichspuffer mit
 puffer= new char[laenge+1];     //   akt. notw. Groesse
 stream.seekg(ios::beg);         //   erzeugen und den
 stream.read(puffer, (int)laenge); //   stream hineinkop.
 pdest=strstr(puffer,such);      // Zeichenfolge durch
 if (pdest !=NULL)               //   Vergleich suchen,
 {                               // wenn gefunden,
  result=pdest-puffer;           //   Lesezeiger an
  stream.seekg(ios::beg+result); //   Fundort setzen
  stream.clear();
  cout << "\nU.a. wurde gefunden: \n";
  int n=0;
  do
```

```
   {
    zeichen = stream.get();        // Zeichenweise ausg.
    if (zeichen==',')
    {
     zeichen=' ';
     n++;
    }
    cout << zeichen;
   }while (stream.good() && n<6 && zeichen!=0xA);
  }
  else
   cout << "\n Leider keinen passenden Namen gefunden -"
           "\n Ostern haben Sie sicher mehr Erfolg. \n";

  delete puffer;                    // dyn. beleg. Speicher
  stream.clear();                   //   wieder freigeben !
 }

               // Hauptprogramm //

int main()
{
 char  wahl;
 class Adressbuch bearb;

 do
 {
  cout << "\n\n Bitte waehlen Sie:";
  cout << "\n\t Adresse eingeben \t <e>";
  cout << "\n\t Adressliste ausgeben \t <a>";
  cout << "\n\t Adressliste drucken \t <d>";
  cout << "\n\t Adresse suchen \t <s>";
  cout << "\n\t oder Programmende "
          "mit beliebiger Taste. ";
  cin >> wahl;

  switch(wahl)
  {
   case 'e': bearb.adreingabe(); break;
   case 'a': bearb.wahlausg='a'; bearb.adrausgabe();
             break;
   case 'd': bearb.wahlausg='d'; bearb.adrausgabe();
             break;
   case 's': bearb.adrsuche(); break;
  }
 }while(wahl == 'e'|| wahl == 'a'||
        wahl == 'd'|| wahl == 's');

 return 0;
}
```

8.7 Übungen zu Klassen und Objekten

8.7.1 Aufgaben

(A.8.1) Bei den folgenden sechs Aufgaben geht es um elektrische Widerstände, beschrieben durch einen ohmschen Widerstand R in Ω (Ohm) und die max. Verlustleistung P in W (Watt).

Deklarieren Sie für einen elektrischen Widerstand eine Klasse *widerstand*. Diese Klasse soll die *private* Datenelemente *wert* und *leistung* – jeweils vom Typ **float** – sowie die zwei *public* Methoden *setzen* und *anzeigen* zur Erfassung und zur Ausgabe des Widerstandswertes und der Leistung umfassen.

(A.8.2) Wie stellt sich in der vorstehenden Aufgabe die Definition der beiden Methoden *setzen* und *anzeigen* dar, wenn Sie (a) innerhalb der Klasse oder (b) außerhalb der Klasse erfolgt?

(A.8.3) Ausgehend von der vorhergehenden Aufgabe erzeugen Sie jetzt bitte im Hauptprogramm exemplarisch zwei Objekte – die Widerstände *R1* und *R2* – und experimentieren Sie mit diesen.

(A.8.4) Erweitern Sie die vorhergehende Aufgabe um die zwei Methoden *R_Reihe* und *R_Parallel*, zur Berechnung des Reihen- und Parallelwiderstandes zweier Widerstände.

Die Formeln lauten:

$$R_{Reihe} = R_1 + R_2 \qquad \frac{1}{R_{\text{Parallel}}} = \frac{1}{R_1} + \frac{1}{R_2}$$

(A.8.5) Um die »wirren« Ausgaben für die Leistung bei der vorhergehenden Aufgabe zu unterdrücken, fügen Sie zum Initialisieren der Objekte einen Konstruktor ein.

(A.8.6) Erweitern Sie das Programm aus den vorherigen Aufgaben um die neue Klasse *t_abhaengigkeit* inkl. der entsprechenden Methoden zur Berechnung der Temperaturabhängigkeit eines ohmschen Widerstandes. Die Formel hierfür lautet:

$$R_\upsilon = R_{20} * (1 + \alpha * \Delta\upsilon)$$

(A.8.7) Erstellen Sie eine Klasse für Brüche und überladen Sie den Präfix-Inkrementoperator ++. Zu Testzwecken soll einem eingelesenen Bruch der Wert *1* hinzuaddiert werden und anschließend das Ergebnis wieder ausgegeben werden:

* Bruchrechnung *

Bitte einen Bruch eingeben (in der Form 3/4): *4/5*

4/5 + 1 = 9/5

Tipp: Addieren Sie den Wert des Nenners zum Wert des Zählers hinzu und geben Sie über **this* das Objekt selbst zurück. Die Deklaration für die Klasse *bruch* erfolgt einfach mittels *bruch operator++( )*.

(A.8.8) Erweitern Sie die vorstehende Aufgabe so, dass zwei beliebige Brüche eingelesen und auf diese beiden Objekte die vier Grundrechenarten angewendet werden. Sollte sich bei den Rechenoperationen die Möglichkeit zum Kürzen ergeben, dann führen Sie diese Operation vor der Ausgabe aus. Implementieren Sie auch eine Fehlermeldung, wenn der Nenner den Wert *Null* annimmt. Zusätzlich soll der erste Bruch als Dezimalzahl ausgegeben werden:

* Bruchrechnung *

Bitte den ersten Bruch eingeben (in der Form 3/4): *154/12*

Bitte den zweiten Bruch eingeben: *3/36*

154/12 + 3/36 = 155/12

154/12 – 3/36 = 51/4

154/12 * 3/36 = 77/72

154/12 / 3/36 = 154/1

154/12 = 12.8333

8.7.2 Lösungsvorschläge

(L.8.1)

```
// KLA1.CPP

#include <iostream>
using namespace std;

class widerstand                    // Klassendeklaration
{
  float wert;                       // Datenelement
  float leistung;                   // noch ein Datenelement

  void setzen(float w, float l)
  {
                                    // eine Methode
  }
```

```
  void anzeigen()
  {
                                  // noch eine (unvollst.)
  }                               // Methode
};

int main()
{
  return 0;
}
```

(L.8.2) (a) Definition innerhalb der Klasse:

```
class widerstand              // Klassendeklaration
{
  private:                    // private Datenelemente
    float wert;
    float leistung;

  public:                     // oeffentliche Methoden
    void setzen(float w, float l)
    {                         // Daten setzen
      wert = w;
      leistung = l;
    }

    void anzeigen()
    {                         // Anzeige der Werte
      cout<<"Widerstand: "<<wert<<" Ohm  mit  "
          <<leistung<<" Watt."<<endl;
    }
};
```

(b) Deklaration innerhalb und Definition außerhalb der Klasse siehe Lösung zur folgenden Aufgabe.

(L.8.3)

```
// KLA3.CPP

#include <iostream>
using namespace std;

class widerstand              // Klassendeklaration
{
  private:                    // private Datenelemente
    float wert;
    float leistung;
```

```
  public:                  // Deklaration der Methoden
    void setzen(float w, float l);
    void anzeigen();
};

void widerstand::setzen(float w, float l)
{                          // Def. der Methode setzen
  wert = w;
  leistung = l;
}

void widerstand::anzeigen()
{                          // Def. der Methode anzeigen
  cout<<"Widerstand: "<<wert<<" Ohm  mit  "
      <<leistung<<" Watt."<<endl;
}

int main()                 // Hauptprogramm
{
  widerstand R1, R2;       // Objekte erzeugen
  R1.setzen(47, 0.5);      // Werte zuweisen
  R2.setzen(1000, 0.25);
  R1.anzeigen();           // Werte anzeigen
  R2.anzeigen();
  return 0;
}
```

Kontrollwerte:
Widerstand: 47 Ohm mit 0.5 Watt.
Widerstand: 1000 Ohm mit 0.25 Watt.

(L.8.4)

```
// KLA4.CPP
.....
class widerstand           // Klassendeklaration
{
  .....
  public:                  // Deklaration der Methoden
    .....
    widerstand R_Reihe(widerstand);
    widerstand R_Parallel(widerstand);
};
.....
widerstand widerstand::R_Reihe(widerstand R)
{
  widerstand R_ges;
  R_ges.wert = wert+R.wert;
  return R_ges;
}
```

```
widerstand widerstand::R_Parallel(widerstand R)
{
  widerstand R_ges;
  R_ges.wert = 1/(1/wert+1/R.wert);
  return R_ges;
}


int main()                    // Hauptprogramm
{
  widerstand R1, R2, Rges;    // Objekte erzeugen
  R1.setzen(47, 0.5);         // Werte zuweisen
  R2.setzen(1000, 0.25);
  R1.anzeigen();              // Werte anzeigen
  R2.anzeigen();
  Rges = R1.R_Reihe(R2);      // Werte berechnen
  cout<<"Bei Reihenschaltung ";
  Rges.anzeigen();            // und anzeigen
  Rges = R1.R_Parallel(R2);
  cout<<"Bei Parallelschaltung ";
  Rges.anzeigen();
  return 0;
}
```

Kontrollwerte:

Widerstand: 47 Ohm mit 0.5 Watt.
Widerstand: 1000 Ohm mit 0.25 Watt.
Bei Reihenschaltung Widerstand: 1047 Ohm mit -1.07374e+008 Watt.
Bei Parallelschaltung Widerstand: 44.8902 Ohm mit -1.07374e+008 Watt.

Stören Sie sich bitte nicht an der falschen Ausgabe für die max. Verlustleistung – andernfalls müssen Sie die Methode *anzeigen* anpassen bzw. auch noch die folgende Aufgabe bearbeiten.

(L.8.5)

```
.....
class widerstand              // Klassendeklaration
{
  .....
};

widerstand::widerstand()
{
  wert = 0;
  leistung = 0;
}
```

```
widerstand::widerstand(float w, float l)
{                              // Definition d. Methode set.
  wert = w;
  leistung = l;
}
.....
```

Kontrollwerte:

Widerstand: 47 Ohm mit 0.5 Watt.
Widerstand: 1000 Ohm mit 0.25 Watt.
Bei Reihenschaltung Widerstand: 1047 Ohm mit 0 Watt.
Bei Parallelschaltung Widerstand: 44.8902 Ohm mit 0 Watt.
Widerstand: 0 Ohm mit 0 Watt.

Das sieht jetzt zwar optisch »schöner« aus, ist fachlich aber noch nicht ganz korrekt. Siehe Lösungshinweis zur vorhergehenden Aufgabe.

(L.8.6)

```
// KLA6.CPP

#include <iostream>
using namespace std;

class widerstand                // Klassendeklaration
{
  protected:                    // private Datenelemente
    float wert;
    float leistung;

  public:                       // Deklaration der Methoden
    widerstand();
    widerstand(float, float);
    void anzeigen();
    widerstand R_Reihe(widerstand);
    widerstand R_Parallel(widerstand);
};

class t_abhaengigkeit : public widerstand   // Klassendeklaration
{
  protected:                    // private Datenelemente
    float temp, wert20;
    float tk;

  public:                       // Deklaration der Methoden
    t_abhaengigkeit();
    t_abhaengigkeit(float, float, float);
    void t_aenderung(float);
};
```

```
widerstand::widerstand()
{
  wert = 0;
  leistung = 0;
}

widerstand::widerstand(float w, float l)
{                               // Definition d. Methode set.
  wert = w;
  leistung = l;
}

void widerstand::anzeigen()
{                               // Definition d. Methode anz.
   cout<<"Widerstand: "<<wert<<" Ohm  mit  "
       <<leistung<<" Watt."<<endl;
}

widerstand widerstand::R_Reihe(widerstand R)
{
  widerstand R_ges;
  R_ges.wert = wert+R.wert;
  return R_ges;
}

widerstand widerstand::R_Parallel(widerstand R)
{
  widerstand R_ges;
  R_ges.wert = 1/(1/wert+1/R.wert);
  return R_ges;
}

t_abhaengigkeit::t_abhaengigkeit()
{
  wert=leistung=wert20=tk = 0;
  temp = 20.0;
}

t_abhaengigkeit::t_abhaengigkeit(float w, float l, float alpha)
{
  wert = w;
  leistung = l;
  wert20 = w;
  temp = 20;
  tk = alpha;
}
```

```
void t_abhaengigkeit::t_aenderung(float t)
{
  temp = temp+t;
  wert = wert20*(1+tk*t);
}

int main()                    // Hauptprogramm
{
  t_abhaengigkeit R(220, 0.25, 0.00025);
  R.anzeigen();
  cout<<"Bei 50 oC: ";
  R.t_aenderung(30);
  R.anzeigen();
  cout<<"Bei 5 oC: ";
  R.t_aenderung(-15);
  R.anzeigen();
  return 0;
}
```

Kontrollwerte:

Widerstand: 220 Ohm mit 0.25 Watt.
Bei 50 oC: Widerstand: 221.65 Ohm mit 0.25 Watt.
Bei 5 oC: Widerstand: 219.175 Ohm mit 0.25 Watt.

(L.8.7)

```
// BRUCH1.CPP
// Beispiel fuer Klassen und ueberladen von Operatoren

#include <iostream>
using namespace std;

                /* Klasse Brueche */

class bruch
{
  public:
    int zaehler, nenner;
    bruch() {zaehler = 1; nenner = 1;}
    bruch operator++();
};

                /* Operatoren ueberladen */

bruch bruch::operator++()
{
  zaehler += nenner;
  return *this;
}
```

```
istream& operator>>(istream& in, bruch &br)
{
  char s;
  in >> br.zaehler >> s >> br.nenner;
  return in;
}

ostream& operator<<(ostream& out, const bruch &br)
{
  out << br.zaehler << '/' << br.nenner;
  return out;
}


                /*** Das Hauptprogramm ***/

int main ()
{
  bruch bruch_1, bruch_org, ergeb;
  cout << endl<< "* Bruchrechnung *" << endl << endl;
  cout << "Bitte einen Bruch eingeben "
       << "(in der Form 3/4):\t";
  cin >> bruch_1;

  bruch_org = bruch_1;
  ergeb = ++bruch_1;

  cout << bruch_org << "  +  1  =  " << ergeb << endl;

  return 0;
}
```

(L.8.8)

```
// BRUCH2.CPP
// Beispiel fuer Klassen und ueberladen von Operatoren

#include <iostream>
using namespace std;

                /* Klasse Brueche */

class bruch
{
  public:
    long zaehler, nenner;
    bruch() {zaehler = 1; nenner = 1;}
    bruch operator+(const bruch &br);
    bruch operator-(const bruch &br);
    bruch operator*(const bruch &br);
    bruch operator/(const bruch &br);
    operator float();
    void kuerzen(bruch &br);
};
```

```
                /* Operatoren ueberladen */

bruch bruch::operator+(const bruch &br)
{
  bruch merke;
  merke.zaehler = zaehler * br.nenner + nenner * br.zaehler;
  merke.nenner = nenner * br.nenner;
  kuerzen (merke);
  return merke;
}

bruch bruch::operator-(const bruch &br)
{
  bruch merke;
  merke.zaehler = zaehler * br.nenner - nenner * br.zaehler;
  merke.nenner = nenner * br.nenner;
  kuerzen (merke);
  return merke;
}

bruch bruch::operator*(const bruch &br)
{
  bruch merke;
  merke.zaehler = zaehler * br.zaehler;
  merke.nenner = nenner * br.nenner;
  if(merke.nenner == 0)
    cout << "Ich mag nicht durch Null teilen!" << endl;
  else
    kuerzen(merke);
  return merke;
}

bruch bruch::operator/(const bruch &br)
{
  bruch merke;
  merke.zaehler = zaehler * br.nenner;
  merke.nenner = nenner * br.zaehler;
  if(merke.nenner == 0)
    cout << "Ich mag nicht durch Null teilen!" << endl;
  else
    kuerzen(merke);
  return merke;
}

istream& operator>>(istream& in, bruch &br)
{
  char s;
  in >> br.zaehler >> s >> br.nenner;
  return in;
}
```

```
ostream& operator<<(ostream& out, const bruch &br)
{
  out << br.zaehler << '/' << br.nenner;
  return out;
}

bruch::operator float()
{
  return (float)zaehler / (float)nenner;
}
                /* gibt's was zu kuerzen? */

void bruch::kuerzen(bruch &br)
{
  while((br.nenner % 2 == 0) && (br.zaehler % 2 == 0))
  {
    br.zaehler = br.zaehler / 2;
    br.nenner = br.nenner / 2;
  }
  while((br.nenner % 3 == 0) && (br.zaehler % 3 == 0))
  {
    br.zaehler = br.zaehler / 3;
    br.nenner = br.nenner / 3;
  }
  while((br.nenner % 5 == 0) && (br.zaehler % 5 == 0))
  {
    br.zaehler = br.zaehler / 5;
    br.nenner = br.nenner / 5;
  }
}

                /*** Das Hauptprogramm ***/

int main ()
{
  float dezimal;
  bruch bruch_1, bruch_2, plus, minus, mal, geteilt;

  cout << endl<< "* Bruchrechnung *" << endl << endl;
  cout << "Bitte den ersten Bruch eingeben "
       << "(in der Form 3/4):\t";
  cin >> bruch_1;
  cout << "Bitte den zweiten Bruch eingeben:\t\t\t";
  cin >> bruch_2;
```

```
    plus= bruch_1 + bruch_2;
    minus = bruch_1 - bruch_2;
    mal = bruch_1 * bruch_2;
    geteilt = bruch_1 / bruch_2;
    dezimal = (float)bruch_1;

    cout << bruch_1 << "  +  " << bruch_2 << "  =  "
         << plus << endl;
    cout << bruch_1 << "  -  " << bruch_2 << "  =  "
         << minus << endl;
    cout << bruch_1 << "  *  " << bruch_2 << "  =  "
         << mal << endl;
    cout << bruch_1 << "  /  " << bruch_2 << "  =  "
         << geteilt << endl;
    cout << bruch_1 << "  =  " << dezimal << endl;

    return 0;
}
```

9 Run-Time-Type-Information

Jeder Zugriff auf ein Objekt setzt einen Zeiger oder eine Referenz mit dem entsprechenden Typ für das Objekt voraus. Aber was tun, wenn Sie den Typ des Objekts nicht kennen?

Ganz einfach, Sie versuchen eine Typkonvertierung. Ist das Objekt vom erwarteten Typ, erhalten Sie einen gültigen Zeiger, andernfalls einen NULL-Zeiger – und schon hat das Objekt Ihnen durch diesen »kleinen Versuch« seinen Typ mitgeteilt.

C++ stellt Ihnen hierzu einen Mechanismus bereit, der die Typinformation zur Laufzeit bereitstellt – oft als RTTI (run-time type information) abgekürzt – den **dynamic_cast**-Operator:

dynamic_cast < Typbezeichnung > (Ausdruck)

Dieser Operator wandelt *Ausdruck* in ein Objekt vom Typ *Typbezeichnung*. Dabei muss *Typbezeichnung* ein Zeiger, eine Referenz oder void* sein. Der Typ des Ausdrucks muss ein Zeiger sein, wenn *Typbezeichnung* ein Zeiger ist, oder ein lvalue (ein Ausdruck der ein Objekt referenziert) sein, wenn *Typbezeichnung* eine Referenz ist.

Handelt es sich bei *Ausdruck* um einen Zeiger und ist dieser vom Typ *Typbezeichnung* einer zugreifbaren Basisklasse, dann ist das Ergebnis ein Zeiger vom Typ *Typbezeichnung*. Ist das Objekt, auf das der Zeiger (*Ausdruck*) zeigt, von der Klasse *Typbezeichnung* (oder eine eindeutige Basisklasse vom Typ *Typbezeichnung*), wird ein Zeiger vom Typ *Typbezeichnung* zurückgegeben.

Ein **dynamic_cast** auf **void***, wobei es sich beim *Ausdruck* um einen Zeiger handeln muss, liefert einen Zeiger auf das gesamte Objekt zurück.

Das Ergebnis eines fehlgeschlagenen **dynamic-cast** zu einem Zeiger ist ein NULL-Zeiger. Wenn die Umwandlung in einen Referenztyp erfolgen sollte, wird eine **bad_cast**-Ausnahme ausgegeben.

Um ein **downcast** – die Typenumwandlung von einer Basisklasse in eine abgeleitete Klasse – durchzuführen, benötigt **dynamic-cast** einen Zeiger oder eine Referenz auf ein polymorphes Objekt, d.h. es muss mindestens eine virtuelle Funktion in der Klasse vorhanden sein.

Selbstverständlich kann **dynamic-cast** auch für ein **upcast** oder ein **crosscast** (innerhalb der gleichen Klassenhierarchie) eingesetzt werden.

Zur Verdeutlichung und zum Experimentieren drei Beispiele.

Hier erfolgt zweimal ein erfolgreicher **upcast**:

```
class A { };
class B : public A { };
class C : public B { };
```

```
void test(C* zeig_c)
{
  A* zeig_a = dynamic_cast<A*>(zeig_c);
  B* zeig_b = dynamic_cast<B*>(zeig_c);
}
```

Hier wird Ihnen ein Laufzeitcheck den cast auf **void*** bestätigen:

```
class A { virtual float a(){return 0;} };
class B : public A { };

void test( )
{
  A* zeig_a = new A;
  B* zeig_b = new B;

  void* zeiger = dynamic_cast<void*>(zeig_a);
  zeiger = dynamic_cast<void*>(zeig_b);
}
```

Ob die folgenden beiden Typumwandlungen (**downcast**) wohl erfolgreich durchgeführt werden? Probieren Sie es einfach aus – nur so können Sie es lernen (verstehen).

```
class A { }; // mit mindestens einer virtuellen Fkt. !
class B : public A { };

void test( )
{
  A* zeig_a1 = new B;
  A* zeig_a2 = new A;

  zeig_a1 = dynamic_cast<B*>(zeig_a1);    // ???
  if (zeig_a1 == NULL)
    cout << "Cast1 fehlgeschlagen!";
  else
    cout << "Cast1 ok!";

  zeig_a2 = dynamic_cast<B*>(zeig_a2);    // ???
  if (zeig_a2 == NULL)
    cout << "\nCast2 fehlgeschlagen!";
  else
    cout << "\nCast2 ok!";
}
```

Da die statische Prüfung bei der Kompilierung der sicherere Weg ist, sollten Sie die RTTI nur anwenden, wenn es unbedingt notwendig ist. Zugegeben, dies ist unter ProgrammiererInnen eine »Glaubensfrage«.

Sie hängt auch davon ab, mit welcher Programmiersprache man einmal angefangen hat zu arbeiten. Darüber hinaus führt die RTTI zu einem Overhead – auch wenn es nicht genutzt wird. Beachten Sie daher, dass Sie bei vielen Compilern die RTTI ausdrücklich aktivieren müssen.

10 Namensbereiche

An dieser Stelle zunächst einmal eine Zusammenfassung aus den vorhergehenden Kapiteln zum Thema Sichtbarkeit eines Namens (z.B. einer Variablen). Hier lassen sich grob sechs Bereiche unterscheiden. **Eventuelle Ausnahmen, eine ausführliche Beschreibung sowie Unterschiede zwischen C und C++ finden Sie in den entsprechenden Kapiteln.**

Bezeichnung	*Deklaration /Zuweisung*	*Sichtbarkeit /Lebensdauer*
lokaler Gültigkeitsbereich	innerhalb eines Blocks ({})	vom Deklarationspunkt bis zum Ende des Blocks
Dateigültigkeitsbereich (globaler Gültigkeitsbereich)	außerhalb aller Blöcke und Klassen	überall verfügbar
Funktionsgültigkeitsbereich	innerhalb der Funktion	nur in der Funktion verfügbar
Funktionsprototyp-Gültigkeitsbereich (Prototyp-Gültigkeitsbereich)	im Funktionsprototyp	nur in der Funktionsdeklaration verfügbar
Klassengültigkeitsbereich	innerhalb einer Klassendeklaration	von außerhalb über den Gültigkeitsbereichsoperator (::)
Namensbereich	innerhalb *namespace*	über das Schlüsselwort *using* oder ::

Tab. 10.1: Gültigkeitsbereiche

Neu für Sie ist in dieser Tabelle der Namensbereich. Ein Programm (jedenfalls ab einer bestimmten Größe) besteht im Regelfall aus einer Reihe von Modulen. C++ bietet darüber hinaus noch die Möglichkeit, Namensbereiche (**namespace**) für logische Gruppen zu bilden.

Die allgemeine Syntax lautet:

namespace [Bereichsname] { Deklarationskörper }

using namespace [Bereichsname]

Schauen Sie sich dazu das folgende kleine Programmbeispiel an.

```
// NAME_FUNKTION.CPP
#include <iostream>
using namespace std;
```

```
namespace rechne_funktion           // Namensbereich festlegen
{
  int z1=1,z2=2;

  void plus_ausgabe()
  {
    cout << "Addition: \n" << z1 << " + " << z2
         << " = " << z1+z2 << endl;
  }

  void minus_ausgabe()
  {
    cout << "Subtraktion: \n" << z1 << " - " << z2
         << " = " << z1-z2 << endl;
  }
}

int main()
{
  cout << "Zugriff auf die Variablen"
       << "ueber den Bereichsoperator: \n"
       << rechne_funktion::z1 << " * "
       << rechne_funktion::z2 << " = "
       << rechne_funktion::z1 * rechne_funktion::z2
       << endl;

  cout << "namespace rechne_funktion:\n";
  using namespace rechne_funktion; // bekannt machen
  plus_ausgabe();
  minus_ausgabe();
  cout << z1 << " * " << z2 << " = " << z1*z2 << endl;
  return 0;
}
```

Zugriff auf die Variablen ueber den Bereichsoperator:
1 * 2 = 2
namespace rechne_funktion:
Addition:
1 + 2 = 3
Subtraktion:
1 – 2 = -1
1 * 2 = 2

Schauen wir uns das Beispiel etwas genauer an: Zuerst wird mit Hilfe des Schlüsselworts **namespace** eine logische Gruppe von Funktionen mit dem Namen *rechne_funktion* angelegt.

```
namespace rechne_funktion
{
  int z1=1, z2=2;
  void plus_ausgabe()
  { ... }
  void minus_ausgabe()
  { ... }
}
```

Danach wird in **main** über den Bereichsoperator :: auf die Variablen aus dem Namensbereich zugegriffen:

```
cout  << ....   << rechne_funktion::z1 << " * "
      << rechne_funktion::z2 << " = "
      << rechne_funktion::z1*rechne_funktion::z2
      << endl;
```

Anschließend macht das Schlüsselwort **using** diesen Bereich in **main** bekannt. Dadurch ist es möglich, nun die Funktionen aus dem Namensbereich wie bekannt aufzurufen und auf die Variablen zuzugreifen.

```
using namespace rechne_funktion;
plus_ausgabe();
minus_ausgabe();
cout << z1 << " * " << z2 << " = " << z1*z2 << endl;
```

Selbstverständlich lassen sich auch im Zusammenhang mit Klassen Namensbereiche vergeben. Dies soll folgendes Beispiel veranschaulichen:

```
// NAME_KLASSEN.CPP
#include <iostream>
using namespace std;

namespace rechne_klasse
{
  class plus
  {
    public:
      int z1,z2,erg;
      void ausgabe();
  };

  void plus::ausgabe()
  {
    z1=1; z2=2;
    cout << "Addition: \n" << z1 << " + " << z2
         << " = " << z1 + z2 << endl;
  }


  class minus : public plus  // abgeleitete Klasse
  {
    public:
      void ausgabe();
  };
```

```
  void minus::ausgabe()
  {
    z1=1; z2=2;
    cout <<"Subtraktion: \n" << z1 << " - " << z2
         << " = " << z1 - z2 << endl;
  }
}
int main()
{
  rechne_klasse::plus testplus;
  rechne_klasse::minus testminus;
  cout << "\n\nAnwendung von namespace rechne_klasse:\n";
  testplus.ausgabe();
  testminus.ausgabe();
  using namespace rechne_klasse;
  plus p;
  minus m;
  p.ausgabe();
  m.ausgabe();
  return 0;
}
```

Wie schon im Beispiel vorher, werden hier über den Bereichsoperator und danach über das Schlüsselwort **using** die notwendigen Objekte erzeugt.

Ein Namensbereich ist also ein Gültigkeitsbereich mit Namen. Je größer ein Programm ist, desto sinnvoller sind Namensbereiche, um seine logischen Teile zusammenzufassen.

11 Templates

11.1 Funktionsschablonen

Eine gute Einführung in dieses Thema zeigt das folgende kurze Programmbeispiel:

```
//  TEMP_F_1.CPP
//
//  Drei max(imum)-Funktionen (fuer unter-
//  schiedliche Datentypen), die durch
//  ein Template ersetzt werden sollen.


#include <iostream>
using namespace std;

int maxi(int x, int y)
{
  return x>y ? x : y;
}
double maxd(double x, double y)
{
  return x>y ? x : y;
}
char maxc(char x, char y)
{
  return x>y ? x : y;
}

int main()
{
  int     a=47, b=12;
  cout << maxi(a, b) << '\n';
  double  c=1.23, d=3.45;
  cout << maxd(c, d) << '\n';
  char    e='a', f='b';
  cout << maxc(e, f) << '\n';
  return 0;
}
```

Wenn Sie dieses Programm starten, gibt der Rechner wie erwartet folgende drei Werte aus: 47 3.45 b

Wie Sie sicher schon erkannt haben, sind die drei im Programm verwendeten Funktionen *max()* sehr ähnlich und unterscheiden sich lediglich durch die Datentypen:

```
int maxi(int x, int y)
{
  return x>y ? x : y;
}
double maxd(double x, double y)
{
  return x>y ? x : y;
}
char maxc(char x, char y)
{
  return x>y ? x : y;
}
```

Fasst man das Gemeinsame zusammen, könnte man hierfür folgende theoretische Funktion schreiben:

```
xxx max(xxx x, xxx y)
{
  return x>y ? x : y;
}
```

Diese neue Funktion würde wie eine Schablone über die drei konkreten Funktionen passen. Und damit sind wir auch schon mitten im Thema Schablonen (engl. **templates**). Ziel ist es, die drei Funktionen durch eine gemeinsame, für alle Datentypen passende Funktion zu ersetzen.

Hierzu wird eine Funktion mit parametrisierten Datentypen geschrieben, d.h. für den noch unbestimmten Datentyp wird ein »Joker« oder Platzhalter eingesetzt, der später vom Compiler durch den tatsächlich erforderlichen Datentyp ersetzt wird.

> Ein **Funktionstemplate** ist eine Funktion, die für abstrakte Datentypen als Generierungsparameter definiert ist. Bei jedem Funktionsaufruf wird anhand der aktuellen Argumente die zum Datentyp passende Funktion generiert.

Die allgemeine Syntax zur Erzeugung einer Funktionsschablone lautet:

template <class Typbezeichner>
Funktionsdefiniton
{
    ...
};

Konkret z.B.:

```
template <class T>
T Max(T x,T y)
{
   ...
};
```

Das Einführungsbeispiel TEMP_F_1.CPP kann also jetzt wesentlich vereinfacht und verallgemeinert wie folgt geschrieben werden:

```
//  TEMP_F_2.CPP
//
//  Template Max(imum) fuer zwei Daten
//  beliebigen Typs

#include <iostream>
using namespace std;

template <class T> T Max(T x,T y)
{
  return x>y ? x : y;
};

int main()
{
  int     a=47, b=12;
  cout << Max(a, b) << '\n';
  double  c=1.23, d=3.45;
  cout << Max(c, d) << '\n';
  char    e='a', f='b';
  cout << Max(e, f) << '\n';
  return 0;
}
```

Und das funktioniert immer? Hierzu ein kleiner Exkurs zum Thema **Homonymauflösung** – der eine oder andere erinnert sich sicherlich an das Kinderspiel *Teekesselchen*. Unter homonymen Funktionen versteht man allgemein Funktionen mit gleichen Namen (siehe hierzu auch überladene Funktionen). Die Homonymauflösung beinhaltet dabei das schrittweise Suchen der »am besten passenden« Funktion. Dieser Vorgang erfolgt nach folgenden Regeln:

(1) Gibt es eine passende Funktion mit exakter Übereinstimmung?

(2) Gibt es eine Funktion, bei der die Datentypen der Argumente mit denen der formalen Parameter übereinstimmen?

(3) Wenn nein, mit einer der folgenden Konvertierungen versuchen:

- Übereinstimmung durch integrale Promotion erzielen (z.B. **char** zu **int** oder auch **float** zu **double**).

- Standardkonvertierungen zulassen, d.h. in den jeweils »mächtigeren« Datentyp konvertieren (z.B. **unsigned int** zu **int**).
- Benutzerdefinierte Umwandlungen zulassen (z.B. durch Umwandlung mittels Konstruktoren).
- Variable Parameterlisten zulassen.

Abschließend noch eine Anmerkung: Kritische LeserInnen werden sich fragen: »Und was ist der Vorteil von **templates** gegenüber dem Hilfsmittel der **Makroexpansion**?«. Die Fehleranfälligkeit ist geringer! Makrofunktionen unter C existieren z.B. mehrmals im Programm, was u.U. im Einzelfall eine fehlerträchtige Anpassung erfordert. Das Sprachelement **template** unter C++ umgeht den Makroprozessor und enthält gleichzeitig die für C++ charakteristische Typprüfung.

11.2 Klassenschablonen

Templates lassen sich nicht nur für globale Funktionen definieren. Analog sind auch für parametrisierte Datentypen Schablonen möglich.

> In einem **Klassentemplate** werden die Datentypen als Generierungsparameter definiert. Bei der Definition von Instanzen werden konkrete Datentypen angegeben, so dass der Compiler Objekte entsprechenden Typs nach den Vorgaben der Schablone erzeugt.

Die allgemeine Syntax hierzu:

```
template <class Typbezeichner >
class Klassenname
{
      ...
};
```

Konkret z.B.:

```
template <class T>
class ArraySort
{
     ...
  public:
     ...
};
```

Auch hierzu wieder ein Beispiel. Das folgende Programm erzeugt zu Testzwecken ein integer-Array mit den Elementen *4 2 6 1*, sortiert es nach einem **quicksort**-Algorithmus und gibt das sortierte Array *1 2 4 6* auf den Monitor aus.

```
// TEMP_K_1.CPP
//
// Klasse zum Erzeugen, Sortieren und Ausgeben
// eines dynamischen Arrays fuer Daten vom Typ Integer

#include <iostream>
#include <cstdlib>      // nur fuer exit()
using namespace std;

                        // Klassendeklaration

class ArraySort
{
  private:
    int *array;
    int size;
  public:
    int &operator[] (int index);
    ArraySort(int elemente);
    void quicksort(int links, int rechts);
    void ausgabe();
    ~ArraySort() {delete [] array;} // Destruktor !
};
            // Konstruktor

ArraySort::ArraySort(int elemente)
{
  if(elemente>0)
  {
    array=new int[elemente];        // Array anlegen
    size=elemente;
  }
  else
  {
    array=0;
    size=0;
  }
}
            // []-Operator ueberladen

int &ArraySort::operator[] (int index)
{
  if (index <size)
    return array[index];
  else                              // sicher ist sicher
  {
    cout << "Arraygrenze ueberschritten!\n";
    exit(0);                        // Programmende
    return array[index];            // nur wg. Compiler!
  }
}
```

```
            // Elementfunktion quicksort() definieren

void ArraySort::quicksort(int links, int rechts)
{
  int  ali, are;                // Hilfsvariablen fuer
  int  akt, tmp;                //   Zeiger und Merker

  if (rechts>links)
  {
    akt=array[rechts]; ali=links-1; are=rechts;
    for(;;)                     // "Endlosschleife"
    {
      while (array[++ali]<akt);
      while (array[--are]>akt);
      if(ali>are) break;        // Ende weil Zeiger
      tmp=array[ali];           //   sich getroffen
      array[ali]=array[are]; array[are]=tmp;
    }
    tmp=array[ali];
    array[ali]=array[rechts]; array[rechts]=tmp;
    quicksort(links, ali-1 );   // rekursiver Aufruf
    quicksort(ali+1, rechts);   //   von quicksort()
  }
}                               // end of quicksort()
            // Elementfunktion ausgabe() definieren

void ArraySort::ausgabe()
{
  for(int n=0;n<=sizeof(array)-1;n++)
    cout << array[n] << " ";
  cout << "\n";
}

            // Hauptprogramm zum Testen der Klasse

int main()
{
  int n=4;                      // hier vier Elemente
  ArraySort testi(n);           // int-array testi erzeugen
  testi[0]=4; testi[1]=2; testi[2]=6; testi[3]=1;
  testi.quicksort(0,n-1);       // Array sortieren
  testi.ausgabe();              // Array ausgeben
  return 0;
}
```

Wenn Sie dieses Programm jetzt für andere Datentypen anwenden wollen, brauchen Sie nicht neue Klassen und Elementfunktionen zu deklarieren und definieren. Schreiben Sie einfach die Klasse *ArraySort* als **template.** Die notwendigen Veränderungen hierzu sind mit *//!!* gekennzeichnet:

```
//  TEMP_K_2.CPP
//
//  Klassenschablone zum Erzeugen, Sortieren
//  und Ausgeben eines dynamischen Array
//  fuer Daten beliebigen Typs

            // Klassendeklaration
template <class T>                                    // !!
class ArraySort
{
  private:
    T *array;                                         // !!
    int size;
  public:
    T &operator[] (int index);                        // !!
    ...
};
            // Konstruktor
template <class T>                                    // !!
ArraySort<T>::ArraySort(int elemente)                 // !!
{
  ...
    array=new T[elemente];                            // !!
  ...
}
            // []-Operator ueberladen
template <class T>                                    // !!
T &ArraySort<T>::operator[] (int index)               // !!
{
  ...
}
            // Elementfunktion quicksort() definieren
template <class T>                                    // !!
void ArraySort<T>::quicksort(int links, int rechts)   // !!
{
  int  ali, are;
  T akt, tmp;                                         // !!
  ...
}

            // Elementfunktion ausgabe() definieren
template <class T>                                    // !!
void ArraySort<T>::ausgabe()                          // !!
{
   ...
}
```

Testen können Sie die Klassenschablone mit folgendem neuen Hauptprogramm:

```
            // Hauptprogramm zum Testen
            // der Klassenschablone
int main()
{
  int n=4;                        // alle drei Objekte
```

```
                                  //   mit vier Elementen
  ArraySort<int> testi(n);        // int-array erzeugen
  testi[0]=4; testi[1]=2; testi[2]=6; testi[3]=1;
  ArraySort<double> testd(n);     // double-array erzeugen
  testd[0]=2.4;testd[1]=2.3;testd[2]=1.3;testd[3]=4.5;
  ArraySort<char> testc(n);       // char-array erzeugen
  testc[0]='c';testc[1]='a';testc[2]='b';testc[3]='d';

  testi.quicksort(0,n-1);         // Arrays sortieren
  testd.quicksort(0,n-1);
  testc.quicksort(0,n-1);
  testi.ausgabe();                // Arrays ausgeben
  testd.ausgabe();
  testc.ausgabe();

  return 0;
}
```

Nur durch die erfolgte Verallgemeinerung als Klassentemplate und ohne jede zusätzliche Erweiterung können Sie die Klasse *ArraySort* jetzt für jeden Datentyp einsetzen. Den Beweis liefert die sortierte Ausgabe der drei Testobjekte:

```
1 2 4 6
1.3 2.3 2.4 4.5
a b c d
```

Die hier verwendete Elementfunktion *quicksort()* unterscheidet sich von *qsort()* in <cstdlib> dadurch, dass auch hier wieder die Allgemeingültigkeit für verschiedene Datentypen nicht über Zeiger, sondern über eine Schablone erzeugt wird. Aber es geht noch einfacher, wie das folgende Kapitel zeigt.

11.3 Die Standard Template Library

Zu einem der wesentlichen positiven Merkmale und Entwicklungen von C++ zählt die Standardisierung nach ANSI und ISO. Dazu gehört auch die Festlegung der Standard Template Library (STL). Ausführliche Informationen hierzu finden sich im Teil 2 dieses Buches. An dieser Stelle nur die wichtigsten Elemente der STL:

Container:
Dies sind Objekte, die andere Objekte (Elemente) verwalten können. Sie repräsentieren verschiedene abstrakte Datenstrukturen und können mit Iteratoren die jeweiligen Elemente einfach bearbeiten.

Iterator:
Dies ist eine Abstraktion (Verallgemeinerung) von Zeigern und dient dem Zugriff auf Container-Elemente und/oder Arrays und wird von Algorithmen benutzt.

Algorithmen:
Sie sind containerunabhängig und können nur über Iteratoren auf die Datenstruktur des jeweiligen Containers zugreifen. Da Algorithmen mit jeder Art von Iteratoren zusammenarbeiten können, muss jeder Algorithmus in nur einer Form vorhanden sein – dadurch werden Inkonsistenzen ausgeschlossen und Verwaltungsprobleme minimiert.

Im Gegensatz zu Klassen, in denen oft die Vererbung und der Polymorphismus der entscheidende Ansatz ist, wird bei der STL der Schwerpunkt auf Container und Algorithmen gelegt. Da Templates zur Kompilierzeit aufgelöst werden, wird zusätzlich eine sehr starke Typensicherheit gewährleistet. Durch die Algorithmen und Container werden die Programme kürzer und zuverlässiger.

Unter der Annahme, dass ein Programm zur Eingabe eines beliebigen Wortes auffordert, die einzelnen Zeichen in einen Container einfügt, die Anzahl der Container-Elemente ermittelt, das eingegebene Wort rückwärts und 'chinesisch' wieder ausgibt und zum Schluss alle Elemente des Containers löscht, könnte das entsprechende Listing wie folgt aussehen:

```
   /* cont_test.cpp - Beispiel für einen List-Container,
                      für List-Container-Methoden,
                      Algorithmen und Iteratoren */

#include <list>                          // fuer einen List-Container
#include <iostream>                      // fuer cin und cout
#include <algorithm>                     // fuer replace
using namespace std;

// Ausgabefunktion

void show(list<char> &L)
{
  list <char>:: iterator I =L.begin();  // Iterator aufs
                                        // erste Element
  while (I !=L.end())                   // bis Ende erreicht ist
    cout << *I++;
  cout << endl;
}


int main()
{
 list <char> cont1;                     // list-Container
 int i;
 char test[20];

 cout << "Bitte ein beliebiges Wort eingeben: ";
 cin >> test;

 for (i=0; test[i]!=NULL; i++)
  cont1.push_back(test[i]);             // fuegt i-tes Element von
                                        // test in den Container
```

```
24 cout<<"\n\n\t-> es sind jetzt <"
       <<cont1.size() << "> Elemente in cont1"<< endl;
25 cout<<"\n\t-> maximal koennte cont1 <"
       <<cont1.max_size() <<"> Elemente fassen"<< endl;
26 cout<<"\n\t-> das Wort im Munde umgedreht: n\n\t\t";

27 cont1.reverse();     // Reihenfolge der Elemente umdrehen
28 show(cont1);
29 replace(&test[0],&test[20],'r','l');      // r durch l
                                             // ersetzen

30 cout<<"\n\t-> jetzt in 'chinesisch':  \n\n\t\t"
       <<test << endl;
31 cout<<"\n\t-> und nun alle <"
       <<cont1.size() << "> Elemente in cont1 loeschen"
       << endl;

32 cont1.erase(cont1.begin(),cont1.end());  // loeschen
33 cout << "\n\t-> jetzt sind <"<< cont1.size()
        << "> Elemente in cont1\n\n"<< endl;
34 show(cont1);
35 return 0;
36 }
```

Zuerst erfolgt, wie in jedem Programm, das Einbinden der notwendigen Header-Dateien. In den Zeilen 7 bis 14 wird eine Ausgabefunktion definiert, die im Programm zweimal zur Anwendung kommt. In den Zeilen 17 bis 19 finden die notwendigen Variablendeklarationen statt. Mit

```
list <char> cont1;
```

wird ein **list**-Container namens *cont1* für den Datentyp *char* deklariert. Die STL sieht drei verschiedene Arten von Containern vor.

Sequentielle Container: Alle Elemente sind linear geordnet. Dazu gehören **vector, list** und **deque.**

Assoziative Container: Erlauben einen schnellen Zugriff auf die Elemente mittels eines Schlüssels. Dazu gehören **set, multi_set, map** und **multi_map.**

Container-Adapter als abstrakte Datentypen. Dazu gehören **stack, queue** und **priority_queue.**

Mit der Schleifenanweisung in Zeile 22 und 23

```
for (i=0; test[i]!=NULL; i++)
  cont1.push_back(test[i]);
```

wird das eingelesene Wort in den Container gepackt. Dies geschieht über eine Methode des **list**-Containers. Die Methode *push_back()* bewirkt ein Einfügen von Elementen am Container-Ende. Der Container wächst übrigens dynamisch, d.h. Sie brauchen sich vorher keine allzu vielen Gedanken bezüglich der Größe zu machen – ebenso wenig müssen Sie sich um die Allokierung des notwendigen Speichers kümmern.

In den Zeilen 24 und 25

```
cont1.size()
cont1.max_size()
```

wird, ebenfalls über Methoden des **list**-Containers, die Anzahl der Elemente, die sich im Container befinden, bzw. die maximale Größe des Containers ermittelt.

Der Aufruf der Methode

```
cont1.reverse();
```

bewirkt, dass die Reihenfolge der Elemente getauscht wird. Das erste Element wird mit dem letzten Element getauscht, das zweite mit dem vorletzten usw., bis alle Elemente in umgekehrter Reihenfolge im Container sind.

In Zeile 28 wird nun die Ausgabefunktion aufgerufen – der **list**-Container *cont1* wird in der Funktion mit *L* angesprochen. Zunächst muss aber für die Ausgabe ein Iterator vereinbart werden. Dies geschieht in Zeile 10.

```
list <char>:: iterator I =L.begin();
```

hat zur Folge, dass jetzt für den **list**-Container der Iterator *I* vorhanden ist. Gleichzeitig wird der Iterator auf den Anfang (*L.begin()*) des **list**-Containers gesetzt.

Die eigentliche Ausgabe erfolgt innerhalb der **while**-Schleife (Zeile 11 und 12).

```
while (I !=L.end())
 cout << *I++;
```

Bei jedem Schleifendurchlauf wird geprüft, ob noch nicht das Ende des Containers (*L.ende ()*) erreicht wurde. Der Iterator liefert den Inhalt des Elements, auf das er gerade zeigt, und wird dann um eine Position nach vorne gerückt. Ist das Container-Ende erreicht, wird nach einem Zeilenvorschub das Programm mit Zeile 29 fortgesetzt.

Eine einfache Möglichkeit, einen Container bzw. in diesem Fall ein Array auf ein bestimmtes Zeichen hin zu durchsuchen und dieses Zeichen durch ein anderes zu ersetzen, bietet

```
replace(&test[0],&test[20],'r','l');
```

Dieser Algorithmus ist containerunabhängig und steht durch das Einbinden der Header-Datei **algorithm** zur Verfügung. Er benötigt einen Bereich, in dem er suchen und ersetzen soll. Dieser Bereich ist mit *&test[0]* = Anfang und *&test[20]* = Ende festgelegt. Die nächsten beiden Parameter bedeuten nichts anderes als »ersetze das eine (*'r'*) durch das andere (*'l'*)«.

Zum Schluss werden in Zeile 32 mit

```
cont1.erase(cont1.begin(),cont1.end());
```

alle Elemente gelöscht.

Der letzte Aufruf der Ausgabefunktion hat keinerlei Wirkung, da der Container ja (hoffentlich) leer ist.

Sollten Sie dieses Programm testen wollen, müssten Sie folgende Bildschirmausgabe erhalten:

```
Bitte ein beliebiges Wort eingeben: raritaet
        ---> es sind jetzt <8> Elemente in cont1
        ---> maximal koennte cont1 <357913941> Elemente fassen
        ---> das Wort im Munde umgedreht:
                    teatirar
        ---> jetzt in 'chinesisch':
                    lalitaet
        ---> und jetzt alle <8> Elemente in cont1 loeschen
        ---> jetzt sind <0> Elemente in cont1
```

Dieses Beispiel hat Ihnen hoffentlich die Vorteile der STL deutlich gemacht und Ihr Interesse an der Programmierung mit der STL geweckt.

12 Dateien und Ströme

12.1 Philosophie der Streamverarbeitung

Im Gegensatz zu vielen anderen Programmiersprachen stellt C/C++ keine Sprachelemente zur Ein- und Ausgabe zur Verfügung. Unter C (und natürlich auch C++) erfolgt die Ein- und Ausgabe gemäß dem ANSI-Standard über entsprechende Funktionen (z.B. **printf** oder **scanf**) der Standard-Bibliotheken. Hierauf wurde bereits im Kapitel *Ein- und Ausgabefunktionen* ausführlich eingegangen.

Da C++ u.a. auch entwickelt wurde, um die Möglichkeit zu eröffnen, neue Typen zu definieren, steht hier eine zusätzliche Methode zur typensicheren, einfachen und effizienten Ein-/Ausgabe zur Verfügung – das Arbeiten mit Streams. Unter einem **stream** ist dabei der Datenfluss zwischen einem Ein- oder Ausgabegerät und dem Programm zu verstehen. Entsprechend der UNIX-Philosophie wird auch hier *nicht* zwischen sequentiellen Geräten (Tastatur, Monitor usw.) und filestrukturierten Datenträgern (Disketten usw.) unterschieden.

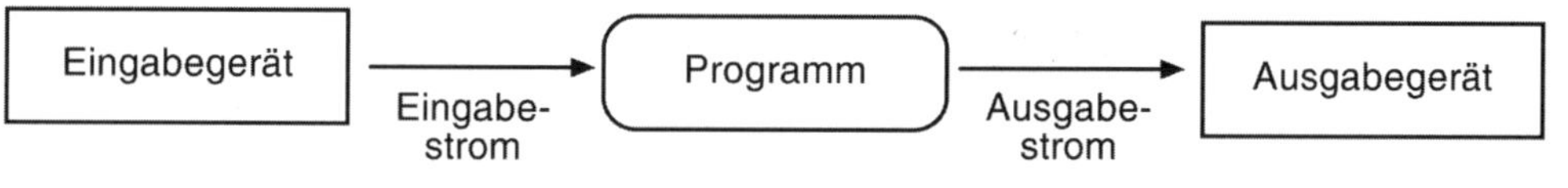

Grundlage für die Streamverarbeitung bildet die *Standard Input/Output Library* mit den Basisklassen **ios** und **streambuf**. Im Teil 2 dieses Buchs findet sich eine ausführliche Beschreibung aller hierbei zur Verfügung stehenden Möglichkeiten. An dieser Stelle erfolgt exemplarisch die Anwendung dieser Klassen für die Bereiche

- Ein- und Ausgabe eingebauter und benutzerdefinierter Datentypen,
- Verknüpfung von Strings und Streams,
- Formatsteuerung und Manipulatoren,
- Dateibearbeitung sowie
- Statusabfrage und Fehlerbehandlung.
- Abgerundet wird dieses Kapitel durch ein Anwendungsbeispiel zum Kopieren von Dateien.

12.2 Ein- und Ausgabe mit Streams

12.2.1 Eingebaute Datentypen

In der Klasse **istream** ist für die **formatierte Eingabe** der Input-Operator >>, den man mit *lies von* übersetzen könnte, für folgende eingebaute Datentypen überladen:

> **unsigned** und **signed char***, **unsigned** und **signed char**,
> **short** und **unsigned short**, **int** und **unsigned int**,
> **long** und **unsigned long**, **float**, **double** und **long double**

Zur **unformatierten Eingabe** sind folgende Funktionen in **istream** definiert:

Funktion	*Beschreibung*
get	liest Daten vom Stream bis zum Begrenzungszeichen
getline	... und entfernt Begrenzungszeichen
gcount	ermittelt, wie viele Zeichen bisher gelesen wurden
read	liest Daten und speichert sie in ein char-array
peek	liest ein Zeichen
readsome	liest n Zeichen
ignore	überspringt n Zeichen
tellg	liefert aktuellen Wert des Lesezeigers
seekg	setzt den Lesezeiger
unget	Lesezeiger dekrementieren
putback	setzt gelesenes Zeichen wieder in den Stream ein
sync	synchronisiert Puffer und Zeichenquelle

Tab. 12.1: Unformatierte Eingabe mit istream

Ein Beispiel dazu:

```
// STREAM1.CPP

#include <iostream>
using namespace std;

int main()
{
  int n_vok=0, n_kon=0;
  char z;

  cout<<"Bitte Text eingeben (<!> fuer Ende):\n\n";
  while ((z=cin.get())&&(z!='!'))    // mit get Zeichen
  {                                  // aus stream lesen
    if((z=='a')||(z=='e')||(z=='i')||(z=='o')||(z=='u'))
    {
      cin.peek();                    // wenn Vokal, ueber
      n_vok++;                       // peak aus stream
    }                                // entnehmen
```

```
    else
    {
      cout.put(z);                    // Konsonanten
      n_kon++;                        // werden ausgegeben
    }
  }
  cout<<endl<<"Das war(en) "<<n_vok<<" Vokal(e)"
        " in insg. "<<n_vok+n_kon<<" Zeichen.";
  return 0;
}
```

Dieses Programm liefert beispielsweise folgenden Dialog:

> Bitte Text eingeben (<!> fuer Ende):
>
> *mus mus macht die biene, wenn sie rueckwaerts fliegt!*
> ms ms mcht d bn wnn s rckwrts flgt
> Das war(en) 17 Vokal(e) in insg. 51 Zeichen.

Hintergrund für dieses Programm ist natürlich eine etwas sinnvollere Anwendung, wie z.B. die Kontrolle auf gültige Eingabeoperationen.

Für die **formatierte Ausgabe** ist der Output-Operator <<, den man mit *schreib in* übersetzen könnte, in der Klasse **ostream** für die folgenden eingebauten Datentypen überladen:

unsigned und **signed char***, **unsigned** und **signed char**,

short und **unsigned short**, **int** und **unsigned int**,

long und **unsigned long**, **float**, **double** und **long double**

sowie **void***

Zur **unformatierten Ausgabe** sind folgende Funktionen in **ostream** definiert:

Funktion	*Beschreibung*
write	schreibt Zeichen in den Stream
put	schreibt ein Zeichen in den Stream
tellp	liefert aktuellen Wert des Schreibzeigers
seekp	setzt den Schreibzeiger
flush	entleert den dem Stream zugwiesenen Puffer

Tab. 12.2: Unformatierte Ausgabe mit ostream

Ein Beispiel zur Verdeutlichung der Ein- und Ausgabe. STREAM2.CPP zeigt dabei, wie mittels **get** auch Leerzeichen eingelesen werden können und wie der Datenaustausch zwischen Strings und Streams gestaltet werden kann.

```
// STREAM2.CPP

#include <iostream>
#include <strstream>
#include <cstring>
using namespace std;

int main()
{
  char  string1[81];              // string anlegen
  char  puffer[121];
  ostrstream   stream1(puffer,120); // stream anlegen

  cout << "Dein Name?  ";           // string einlesen
  cin.get(string1,80);
                                  // Text1 -> stream
  stream1.write("Hallo ",6);
                                  // string -> stream
  stream1.write(string1,strlen(string1));
                                  // Text2 -> stream
  stream1.write(", wie geht's Dir?\n",20);

  cout << stream1.str();          // stream ausgeben

  return 0;
}
```

Ein Testlauf ergab:

> Dein Name? *Paul (alias 008)*
> Hallo Paul (alias 008), wie geht's Dir?

12.2.2 Benutzerdefinierte Datentypen

Die Ein- und Ausgabe benutzerdefinierter Datentypen gestaltet sich unter C++ denkbar einfach. Hierzu werden über entsprechende Definitionen die Operatoren << und >> überladen. Das unten stehende Beispiel verdeutlicht dies anschaulich anhand der Addition zweier komplexer Zahlen. So können über ein einfaches *cin* >> »ratz fatz« der Realteil und der Imaginärteil einer komplexen Zahl eingelesen werden. Gleichzeitig zeigt das Beispiel das Überladen des +-Operators (siehe hierzu Seite 156 ff).

Denjenigen LeserInnen, die mit komplexen Zahlen derzeit nicht so viel »anfangen« können, sei folgender Hinweis erlaubt. Stellen Sie sich dabei z.B. einfach die Addition zweier Kräfte vor: Sie ziehen mit einer bestimmten Kraft in eine Richtung (dies nennt man einen Vektor) und entsprechend zieht Ihr Partner in eine andere Richtung. Wo es denn letztlich »langgeht«, bestimmt die Addition dieser beiden Vektoren bzw. liefert das Programm als Ergebnis.

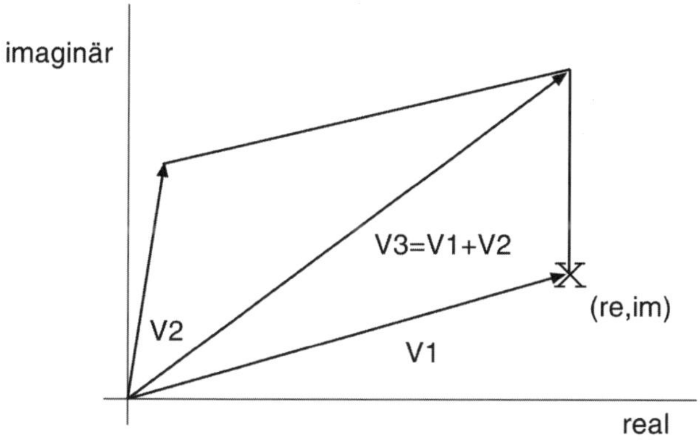


```
// STR_BEN.CPP
// Beispiel fuer das Ueberladen von <<, >> und +
// bei benutzerdefinierten Datentypen am Beispiel
// der Addition zweier komplexer Zahlen.

#include <iostream>
using namespace std;


          /*** Klasse fuer komplexe Zahlen ***/

class compl
{
  public:
    float re, im;
    compl(float r=0, float i=0)  { re=r; im=i; }
    friend float real(compl& a)  { return a.re; }
    friend float imag(compl& a)  { return a.im; }
};


          /* Ueberladen des >> Operators */

istream& operator>>(istream& in_s, compl& in_z)
{
  float   re=0, im=0;
  char    zeich=0;
  in_s >> zeich;
  if (zeich == '(')
  {
    in_s>>re>>zeich;
    if (zeich == ',')  in_s>>im>>zeich;
    if (zeich != ')')  in_s.clear();
  }
```

```
  else
  {
    in_s.putback(zeich);
    in_s >> re;
  }
  if (in_s)  in_z = compl(re, im);
  return in_s;
}

          /* Ueberladen des << Operators */

ostream& operator<<(ostream& out_s, compl& out_z)
{
  return out_s<<'('<<real(out_z)<<','<<imag(out_z)<<')';
}

          /* Ueberladen des + Operators */

inline compl operator+(compl z1, compl z2)
{
  return compl(z1.re+z2.re, z1.im+z2.im);
}

          /*** Hauptprogramm ***/


int main()
{
  compl  com_zahl1(0,0);
  compl  com_zahl2(0,0);
  compl  com_sum(0,0);

  cout<<"Addiere zwei komplexe Zahlen:"<<endl;
  cin >> com_zahl1 >> com_zahl2;
  com_sum = com_zahl1 + com_zahl2;
  cout<<endl<<com_zahl1<<"+"<<com_zahl2<<" = "<<com_sum;
  return 0;
}
```

Das Ergebnis des Programms könnte sich wie folgt darstellen:

Addiere zwei komplexe Zahlen:
(1,2)
(3.4,5.6)

(1,2) + (3.4,5.6) = (4.4,7.6)

12.3 Manipulatoren

Zur formatierten Ausgabe sind folgende Manipulatoren und Steueroperatoren definiert:

Manipulator	*in*	*Beschreibung*
oct	ios	auf oktale Ausgabe setzen
dec	ios	auf dezimale Ausgabe setzen
hex	ios	auf hexadezimale Ausgabe setzen
flush	ostream	Puffer entleeren
endl	ostream	neue Zeile (\n) und flush
ends	ostream	Null-Byte anhängen (\0) und flush
ws	istream	führende Whitespaces entfernen
setbase (int *n*)	iomanip	setzt Zahlenbasis
setprecision (int *n*)	iomanip	Anzahl der Dezimalstellen nach Komma
setw (int *n*)	iomanip	Setzen der Feldbreite
setfill (int *n*)	iomanip	Setzen eines Füllmusters
setiosflags (long *flag*)	iomanip	Setzen bestimmter ios-flags
resetiosflags (long *flag*)	iomanip	Rücksetzen von ios-flags

Tab. 12.3: Manipulatoren und Steueroperatoren

Für den Parameter **flag** sind folgende symbolische Flagnamen in **ios** definiert:

Flag	*Beschreibung*
ios::*left*	linksbündige Ausgabe
ios::*right*	rechtsbündige Ausgabe
ios::*internal*	zwischen Vorzeichen und Wert auffüllen
ios::*showbase*	Basis des Integers mit ausgeben
ios::*showpoint*	mit führenden Nullen
ios::*uppercase*	'A...F' für hexadezimale Zahlen und 'E' für Exponent
ios::*showpos*	'+' bei pos. Werten ausgeben
ios::*scientific*	wissenschafliches Format (.nnnnnn E nnn)
ios::*fixed*	Gleitkommazahl mit Punkt (nn.nnnn)
ios::*skipws*	führende Whitespaces überspringen
ios::boolalpha	Umwandlung von bool in arithmetischen Wert
ios::*oct*	oktal
ios::*dec*	dezimal
ios::*hex*	hexadezimal
ios::*unitbuf*	flush nach jeder Ausgabeoperation
ios::*stdio*	flush nach jedem Zeichen

Tab. 12.4: Symbolische Flagnamen für Manipulatoren

Beispiel für die Anwendung der Manipulatoren:

```
#include <iostream>
#include <iomanip>
using namespace std;

int main()
{
  int a=444;
  cout << a << endl;
      cout << setw(6) << setfill('.')
           << setiosflags(ios::showpos) << flush;
  cout << a << endl;
      cout << hex ;
  cout << a << endl;
      cout.setf(ios::uppercase);
  cout << a;
  return 0;
}
```

mit der Ausgabe:

444
..+444
1bc
1BC

12.4 Dateibearbeitung und Streams

Zum Öffnen einer Datei stehen diese Modi zur Verfügung:

Modus	*Beschreibung*
ios::*in*	Datei für Lesezugriff öffnen
ios::*out*	Datei für Schreibzugriff öffnen
ios::*ate*	Datei öffnen und an Dateiende gehen
ios::*app*	Datei öffnen und hinten anhängen
ios::*trunc*	vorhandene Datei öffnen und auf 0 Byte kürzen

Tab. 12.5: Modi für das Öffnen von Dateien

Im folgenden Programm wird die Datei *TEST.DOC* zum Lesen und Schreiben im Binärmodus geöffnet und dem Objekt *quelle* der Klasse **fstream** zugeordnet:

```
#include <iostream>
#include <fstream>
using namespace std;
```

```
int main()
{
  int warte;
  fstream quelle;
  quelle.open("c:\\test.doc", ios::in | ios::out| ios::binary);
  cin>>warte;
  return 0;
}
```

Neben dem Namen der Datei und dem Modus (durch Komma getrennt) können Sie noch einen Zugriffsmodus angeben:

```
quelle.open("c:\\test.doc", ios::in | ios::out| ios::binary, filebuf::sh_none);
```

Die Hilfsvariable *warte* in dem Programmbeispiel »hält den file geöffnet«. Der Versuch, bei offen gehaltener Datei jetzt die gleiche Datei noch einmal (z.B. mit einer Textverarbeitung) zu öffnen, wird nun energisch abgewiesen. Sollen mehrere Benutzer gleichzeitig die Datei öffnen können und dabei auch Schreib- und Lesezugriff haben, müsste der Zugriffsmodus so lauten:

```
... , filebuf::sh_read| filebuf::sh_write);
```

12.5 Statusabfrage und Fehlerbehandlung

Zur Kontrolle und zur Steuerung aller bisher vorgestellten Funktionen bezüglich der Streamverarbeitung stellt die Klasse **ios** spezielle Funktionen bereit:

Funktion	*Beschreibung*	*Bitwert*
good( )	liefert TRUE (!=0), falls alles in Ordnung ist, d.h. keines der Fehlerflags gesetzt ist	*goodbit*=0
eof( )	TRUE bei Dateiende (EOF)	*eofbit*=1
fail( )	TRUE, wenn letzte Operation fehlerhaft ist, = badbit | failbit	*failbit*=2
bad( )	TRUE, wenn schwerwiegender Fehler aufgetreten ist	*badbit*=4
rdstate( )	liefert Status des Streams als Integer zurück, = eofbit & failbit & badbit	
setstate( )	aktuellen Status hinzuaddieren	
clear( )	setzt gezielte / oder alle vier Bits gleichzeitig zurück	
exception( )	Ermitteln bzw. Setzen der exception-Maske	

Tab. 12.6: Funktionen zum Abfragen und Setzen der Statusbits

Die folgende Testroutine zeigt die Funktion des Statusflags **good**(). Nur wenn beim Öffnen der Datei alles »gut gegangen« ist, liefert **good**() den Wert TRUE zurück, und der Inhalt der Datei wird auf den Monitor ausgegeben.

```
#include <iostream>
#include <fstream>
using namespace std;

int main()
{
  char zeichen;
  ifstream quelle;

  quelle.open("c:\\test.doc", ios::in | ios::binary);
  if(quelle.good())
  {
    while (quelle.get(zeichen))
      cout<<zeichen;
  }
  return 0;
}
```

12.6 Anwendungsbeispiel

Das Programm FILECOPY.CPP zeigt exemplarisch das Arbeiten mit streams unter C++, ohne die C-Bibliotheksfunktionen zu verwenden. Zunächst das Struktogramm hierzu:

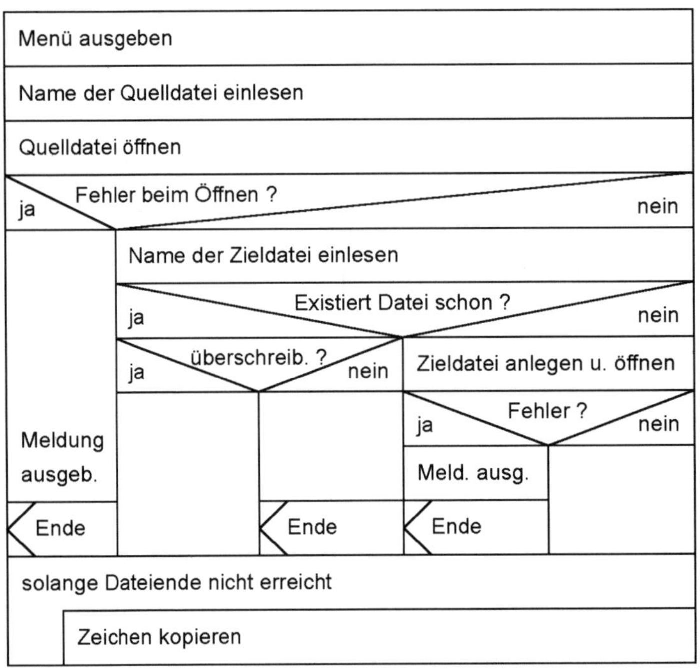

Abb. 12.1: Struktogramm zu FILECOPY.CPP

```
// FILECOPY.CPP

// Kopiert Dateien (Demo fuer streams).

#include <iostream>
#include <fstream>
using namespace std;

int main()
{
  char wahl, zeichen, schreib='j';
  char quell_name[128], ziel_name[128];
  ifstream quelle;
  ofstream ziel;

                 /* Menue ausgeben */
  cout << "*** Dateikopierprogramm *** \n\n"
       << "<M>it oder <o>hne Kontrollausgabe?  ";
  cin >> wahl;
                 /* Name der Quelldatei einlesen */
  cout << "\nPfad und Name der Quelldatei?  ";
  cin >> quell_name;
                 /*Quelldatei oeffnen */
  quelle.open(quell_name, ios::binary);
  if (!quelle)
  {
    cout << "\n" << quell_name
         << " konnte nicht geoeffnet werden!";
    exit(-1);
  }
                 /* Name der Zieldatei einlesen */
  cout << "\nPfad und Name der Zieldatei?  ";
  cin >> ziel_name;
                 /* Existiert Datei schon ? */
  ziel.open(ziel_name,
          ios::in | ios::binary);
  if (ziel)
  {
    cout << ziel_name << " existiert bereits."
         << "\nSoll sie ueberschrieben werden "
         << "(<j>a oder <A>bbruch)?  ";
    cin >> schreib;
    if (schreib != 'j' && schreib != 'J')
      exit(-1);
  }
  else           /*wenn nicht, Zieldatei anlegen */
  {
    ziel.clear();
    ziel.open(ziel_name, ios::binary);
```

```
    if (!ziel)
    {
      cout << "\n" << ziel_name
           << " kann nicht gespeichert werden!";
      exit(-1);
    }
  }
                    /* Datei zeichenweise kopieren */
  cout << endl;
  while (quelle.get(zeichen))
  {
    ziel.put(zeichen);
    if (wahl=='m' || wahl=='M')
      cout<<zeichen;
  }
  return 0;
}
```

Auch wenn das Struktogramm und das vorstehende Listing für sich sprechen, doch einige Anmerkungen zu dem Dateikopierprogramm. Hierbei handelt es sich um ein Minimalprogramm, das nach Belieben erweitert werden kann. Ohne Überschreibschutz und Kontrollausgabe würde sich das Kopierern von Dateien dank der Streamfunktionen sogar in nur zehn Zeilen realisieren lassen.

Treten beim Öffnen der Quell- oder Zieldatei Fehler auf, wird das flag **ios::failbit** gesetzt. Die bedingten Anweisungen hinter *if(!quelle)* werden also ausgeführt, wenn ein Fehler aufgetreten ist; analog *if(ziel)*, wenn alles gut gegangen ist. Das Öffnen einer Datei mit **ios::in** verhindert, dass bei der Wahl »*Datei nicht überschreiben*«, diese geöffnete Datei auf 0 Byte gekürzt wird.

Der eigentliche Kopiervorgang erfolgt zeichenweise in einer **while**-Schleife so lange, bis über *quelle.get(zeichen)* das Begrenzungszeichen eingelesen wird. Ein explizites Schließen der geöffneten Streams über **close**() ist in diesem Programm nicht erforderlich, da dies automatisch beim Aufruf des Stream-Destruktors erfolgt.

13 Ausnahmebehandlung

13.1 try, throw und catch

Seit 1990 gehört die Ausnahmebehandlung (exception handling) mit zum ANSI-C++-Sprachentwurf. Eine fehlgeschlagene Speicheranforderung oder die Division durch null sind nur zwei Beispiele für Fehler, die eine Exception auslösen und u.U. zu folgender Fehlermeldung führen:

integer divide by 0

oder:

Diese Anwendung wird aufgrund eines ungültigen Vorgangs geschlossen.
Wenden Sie sich an den Hersteller, falls das Problem weiterhin besteht.

(Ihr B. G.)

Um die Möglichkeiten der Fehlerbehandlung unter C++ zu testen, können Sie mit dem folgenden einfachen Programm gezielt Fehler erzeugen. Anschließend werden exemplarisch die drei möglichen Fehler *Bereichsüberschreitung, Division durch null* und *Eingabefehler* abgefangen.

```
// EXCEP_1.CPP
//
// Dieses Grundprogramm dient in der Ausbauphase
// als Testprogramm zum Abfangen von Fehleingaben,
// Bereichsueberschreitungen und einer Division
// durch null.

#include <iostream>
using namespace std;

class Mathe
{
  private:
    short int zahl1, zahl2, mul, div;
  public:
    void eingabe();
    void rechne();
};

void Mathe::eingabe()
{
  cout << "\nErste Zahl: ";
  cin >> zahl1;
  cout << "Zweite Zahl: ";
```

```
  cin >> zahl2;
}

void Mathe::rechne()
{
  mul=zahl1*zahl2;
  div=zahl1/zahl2;
  cout<<"\n"<<zahl1<<" * "<<zahl2<<"  =  "<<mul<<"\n";
  cout<<zahl1<<" / "<<zahl2<<"  =  "<<div<<"\n\n";
}
                    // Hauptprogramm //

int main()
{
  int n=0;
  Mathe test;               // Testobjekt erzeugen
  do
  {
    test.eingabe();         // zwei Zahlen einlesen
    test.rechne();          // mul und div berechen
    n++;                    //   und Ergebnis ausgeben
  }while(n!=4);             // vier Testdurchlaeufe
  return 0;
}
```

Wenn Sie z.B. folgende drei Eingaben tätigen, erzeugen Sie je einen der drei noch zu eliminierenden Fehler:

Erste Zahl:	*a0815*	→	Eingabefehler
Erste Zahl:	*10*		
Zweite Zahl:	*32000*	→	Bereichsüberschreitung
Zweite Zahl:	*0*	→	Division durch null

Die Sprachelemente, die C++ zur Behandlung solcher Fehler bereitstellt, sind durch die Schlüsselwörter **try** (versuchen), **throw** (werfen) und **catch** (fangen) gekennzeichnet. Der Ablauf und die Kommunikation zwischen diesen drei Komponenten lässt sich folgendermaßen beschreiben:

Eine Funktion versucht die Erledigung einer Aufgabe. Tritt hierbei ein Fehler auf, den die Funktion nicht selbst beheben kann, wirft sie eine Ausnahme aus. Diese Ausnahme wird dann von der zuständigen Fehlerbehandlungsroutine aufgefangen und der Fehler bereinigt.

Die hierbei zugrunde liegende Philosophie ist es, den eigentlichen Programmcode von vielen Fehlerprüfungen zu entlasten und durch eine Trennung der Bereiche Fehlerauslöser und Fehlerbehandlung übersichtlichere Programme zu erstellen. Die Ausnahmebehandlung mittels **try**, **throw** und **catch** ist dabei nicht auf die objektorientierte Programmierung beschränkt, sondern kann in jedem C++-Programm eingesetzt werden.

Der try-Ausnahmebehandlungsblock:

```
try
{
        Funktion();
        ...
}
```

Innerhalb dieses **try**-Blocks kann eine Ausnahme ausgeworfen werfen.

Die throw-Anweisung:

```
throw [Ausdruck]
```

Mittels der **throw**-Anweisung wird die Ausnahme ausgeworfen. Der Typ des Ausdrucks bestimmt dabei den zu aktivierenden Handler. Oft findet sich in der Literatur der Hinweis, nach dem Auslösen einer Exception wird der »nächste« Ausnahme-Handler gesucht. Gemeint ist damit, der dem **try**-Block als erster folgende Ausnahme-Handler passenden Typs wird aktiviert. Wird dieser nicht gefunden, wird die Funktion **unexpected**() aufgerufen. Siehe hierzu weiter hinten.

Der catch-Ausnahme-Handler:

```
catch (exception-Deklaration)
{
        ...
}
```

Einem **try**-Block folgen ein oder mehrere Ausnahme-Handler, die mit dem Schlüsselwort **catch** eingeleitet werden. Die Handler werden der Reihe nach überprüft, bis ein Handler mit dem der Exception entsprechenden Typ gefunden wird. Ist dieser abgearbeitet, »lebt« das **throw**-Objekt nicht mehr. Es wird auch nicht in die Funktion zurückgesprungen, sondern das Programm wird mit der Anweisung fortgesetzt, die dem **catch**-Block folgt.

Soll gegebenenfalls ein weiterer Handler angesprochen werden, kann innerhalb des **catch**-Blocks eine weitere **throw**-Anweisung stehen. Ebenso können Ausnahme-Handler auch geschachtelt werden.

Der »Joker« **catch(...)** fängt alle Exceptions ab. Wenn er eingesetzt wird, sollte er selbstverständlich am Ende einer Reihe von **catch**-Blöcken stehen.

Genug der Theorie! Um zu zeigen, wie einfach dies in der Praxis aussieht, abschließend zurück zum Programmbeispiel EXCEP_1.CPP. Als Erstes soll ein möglicher *Eingabefehler* abgefangen werden. Die Elementfunktion *eingabe()* wird hierzu wie folgt verändert:

```
void Mathe::eingabe()
{
  try                           // Eingabe versuchen
  {
    cout << "\nErste Zahl: ";
    cin >> zahl1;
    if(cin.fail())              // bei Fehleingaben
      throw "Fehleingabe";      //   Exception erzeugen
    cout << "Zweite Zahl: ";
    cin >> zahl2;
    if(cin.fail())              // Exception fuer
      throw "Fehleingabe";      //   den gleichen Handler
  }
  catch(const char*)            // Handler fuer "Fehle."
  {
    cin.clear();                // Fehlerflags zurueck
    cout << "\n!!! Fehleingabe !!!\n";
    cin.ignore(20,'\n');        // Resteingabe ignorieren
    eingabe();                  // neuer Versuch
  }
}
```

Zweimal wird hier u.U. die Exception *Fehleingabe* vom Typ *const char** ausgeworfen, die dementsprechend auch vom Ausnahme-Handler *catch (const char*)* aufgefangen wird. Hierdurch werden Fehleingaben wie *a0815* oder *33000* abgefangen. Anschließend wird automatisch wieder die Funktion *eingabe()* aufgerufen.

Die zwei noch möglichen Fehler *Bereichsüberschreitung* und *Division durch null* werden in der neuen Elementfunktion *rechne()* bearbeitet:

```
void Mathe::rechne()
{
  try                             // Berechnung versuchen
  {
    if ((zahl1*zahl2>SHRT_MAX)||(zahl1*zahl2<SHRT_MIN))
      throw "Bereichsfehler";     // Exception auswerfen
    else                          // SHRT_MAX und _MIN
    {                             //   in <climits>
      mul=zahl1*zahl2;
      cout<<"\n"<<zahl1<<" * "<<zahl2
          <<" = "<<mul<<"\n";
    }                             // wenn zahl2==0
    div=zahl1/zahl2;              //   autom. Exception
    cout<<zahl1<<" / "<<zahl2<<" = "<<div<<"\n\n";
  }

  catch(const char*)              // erster Handler
  {                               //   fuer Exception
    cout<<"\n!!! Bereichsueberschreitung !!!\n";
  }
```

```
  catch(...)                    // zweiter Handler
  {
    cout<<"Schwerer Fehler (z.B.: 'teilen durch 0') !\n";
  }
}
```

Den Erfolg der Maßnahmen können Sie leicht durch die Eingabe von *10 und 32000* oder *3 und 0* testen. Gleichzeitig können Sie durch Tauschen der beiden **catch**-Blöcke oder Änderung der Exception-Typen sehen, wie die **catch**-Blöcke der Reihe nach auf einen passenden Typ hin untersucht werden. Beide Fehlermeldungen erreichen Sie, wenn Sie z.B. im ersten **catch**-Block eine **throw**-Anweisung einfügen und eine *Bereichüberschreitung* auftritt.

13.2 Ausnahmebehandlungsmechanismus

Es kann vorkommen, dass für eine ausgeworfene Ausnahme z.B. kein Handler vorhanden ist oder dieser bei der Ausnahmebehandlung versagt. In einem solchen Fall setzt folgender Ausnahmebehandlungsmechanismus ein:

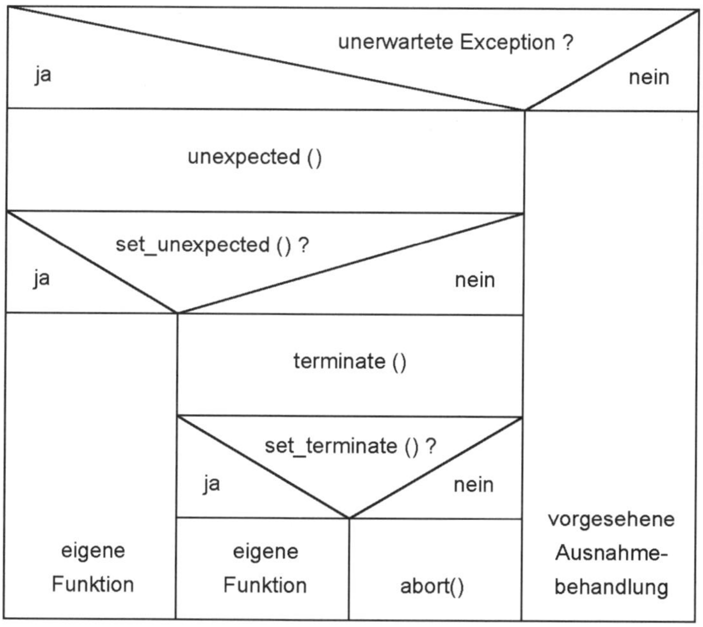

Abb. 13.1: Ausnahmebehandlungsmechanismus

Tritt eine unerwartete Exception auf, wird die Funktion **unexpected**() aufgerufen. Sie wiederum ruft die letzte Funktion auf, die **set_unexpected**() als Argument übergeben wurde. So können Funktionsaufrufe aus **unexpected**() auf eigene Funktionen umgelenkt werden – ansonsten wird standardmäßig **terminate**() aufgerufen.

Der Funktionsaufruf **terminate**() erfolgt auch direkt, wenn für eine ausgeworfene Exception kein Handler vorhanden ist oder ein korrupter Stack vorliegt. **terminate**() ruft daraufhin **set_terminate**() auf. Dadurch wird entweder automatisch mit **abort**() das Programm beendet, oder es erfolgt wieder die Umlenkung auf eine eigene Funktion, wobei diese immer auch das Programm beenden sollte!

14 C/C++ und Assembler

Im Wesentlichen sprechen zwei Gründe für den Einsatz von Assembler-Routinen: Es kommt auf Geschwindigkeit an, oder die Funktion zur Lösung eines Problems ist nicht im Sprachumfang von C/C++ enthalten. Die Assembler-Routinen können dabei entweder über den Inline-Assembler realisiert oder als externe Objekte hinzugelinkt werden. Da beide Lösungswege implementationsabhängig sind, können sie hier nur exemplarisch unter VISUAL C++ und MASM vorgestellt werden. Zur einfachen Kontrolle der richtigen Parameterübergabe usw. dient dabei die Multiplikation zweier Zahlen.

14.1 Der Inline-Assembler

Der Inline-Assembler eignet sich insbesondere dann, wenn Detailoptimierungen mit wenigen Assembler-Anweisungen erfolgen sollen. Gleichzeitig gestaltet sich die Parameterübergabe denkbar einfach:

```
// C_ASM_1.CPP
// verwendet Inline-Assembler
#include <iostream>
using namespace std;

int main()
{
  short  multiplikator, multiplikand, produkt;

      /*** einlesen der Werte unter C ***/

  cout<<"Multiplikation in Assembler"<<endl
      <<"Bitte die erste (ganze) Zahl eingeben: ";
  cin>>multiplikator;
  cout<<"und jetzt bitte die zweite Zahl: ";
  cin>>multiplikand;

      /*** in Assembler multiplizieren ***/

  _asm
  {
    mov ax,multiplikator
    mov bx,multiplikand
    mul bx
    mov produkt,ax
  }
```

```
      /*** zurueck nach C und Ergebnis ausgeben ***/

  cout<<multiplikator<<" * "<<multiplikand
      <<" = "<<produkt;
  return 0;
}
```

Selbstverständlich kann der Assembler-Block auch über **#define** als Makro definiert werden.

14.2 Externe Assembler-Routinen

Für den Einsatz externer Assembler-Routinen sprechen im Wesentlichen drei Punkte:

- Es lassen sich leistungsfähigere Makros als mit dem Inline-Assembler erstellen.
- Die Übersetzung und die Ausführung erfolgen schneller.
- Die Fehlermeldungen sind aussagekräftiger.

```
// C_ASM_2.CPP
// ruft externe Assembler-Routine auf
// und bindet MULTI.ASM ueber MULTI.OBJ ein

#include <iostream>
using namespace std;

extern  "C"  short ASMMUL(short, short);                    //  !!!

int main()
{
  short  multiplikator, multiplikand, produkt;
        /*** Einlesen der Werte unter C ***/

  cout<<"Multiplikation in Assembler"<<endl
      <<"Bitte die erste (ganze) Zahl eingeben: ";
  cin>>multiplikator;
  cout<<"und jetzt bitte die zweite Zahl: ";
  cin>>multiplikand;

      /*** in Assembler multiplizieren ***/

   produkt = ASMMUL(multiplikator, multiplikand);

      /*** zurueck nach C und Ergebnis ausgeben ***/

  cout<<multiplikator<<" * "<<multiplikand
      <<" = "<<produkt;
  return 0;
}
```

Die Funktion *ASMMUL* ist mit einem separaten Assembler erstellt und wird als MULTI.OBJ mit C_ASM_2.OBJ zusammengebunden:

```
; MULTI.ASM
; Assembler Funktion zur Multiplikation

        PUBLIC  _ASMMUL
_TEXT   SEGMENT Word PUBLIC 'CODE'

_ASMMUL PROC
        push  bp          ; Ruecksprungadresse retten
        mov   bp,sp       ; Adressierung ueber bp
        mov   ax,[bp+6]   ; Multiplikand nach ax
        mov   bx,[bp+8]   ; Multiplikator nach bx
        mul   bx          ; ax und bx multipl., Erg. in ax
        pop   bp          ; Ruecksprungadrese holen
        ret               ; zurueck zum Aufrufer
                          ; Rueckgabewert steht in ax
_ASMMUL ENDP
_TEXT   ENDS
        END
```

Beachten Sie bitte, dass beim Funktionsaufruf der Compiler die Parameter von »links nach rechts« auf den Stack ablegt, also folgende Push-Befehle erzeugt:

```
push    Parameter n
push    Parameter 2
push    Parameter 1
```

15 Programmierhinweise

Die folgenden Gedanken zum Programmierstil sind selbstverständlich nur Empfehlungen und, wie der Name schon sagt, zum Teil auch »Geschmackssache«. Das Mindeste, das wir mit diesem kurzen Kapitel erreichen wollen, ist, dass Sie für sich einen eigenen passenden Programmierstil finden und konsequent anwenden. Nur wenn Sie sich in Ihren eigenen Programmen zurechtfinden, ist eine sinnvolle Fehlersuche und Programmpflege möglich, und nur dann können Sie gute und bereits bestehende Teillösungen in neue Projekte einfließen lassen. Erst dies macht ein effektives, ökonomisches und erfolgreiches Arbeiten möglich.

Der erste Punkt ist vielleicht auch gleichzeitig der wichtigste Punkt, und dementsprechend sollten Sie hierfür die meiste Zeit investieren. Nachdem die Problemstellung vorliegt, erfolgt die Problemanalyse, wo Sie, wie man so schön sagt, das »Problem gedanklich durchdringen«. Anschließend erfolgt das Entwerfen alternativer Lösungskonzepte. Hier findet Ihre eigentliche kreative Arbeit statt. Wie jeder Künstler, sollten Sie sich bei dieser Arbeit Zeit nehmen und entspannt arbeiten. Schränken Sie Ihre Kreativität nicht durch irgendwelche »Scheren im Kopf« ein, sondern denken Sie auch einmal »quer«. Halten Sie Ihre Ideen, Entwürfe, Schnittstellendefinitionen usw. in einer Dokumentation fest. Vergessen Sie nicht, die Zeit, die Sie hier investieren, sparen Sie um ein Vielfaches bei der Fehlersuche und späteren Programmerweiterungen wieder ein.

Entwickeln Sie objektorientierte Lösungsstrategien, d.h., Sie haben ein System von Objekten vor Augen, die untereinander kommunizieren, sich gegenseitig zu Aktivitäten auffordern und Daten untereinander austauschen. Überlegen Sie, welche konkreten Teilaufgaben können durch Klassen repräsentiert werden, und welche Eigenschaften dürfen oder müssen diese Klassen haben. Haben diese Klassen wesentliche Gemeinsamkeiten, entwerfen Sie hierfür Basisklassen und entwickeln hieraus (ausnahmsweise einmal) hierarchische Strukturen.

Achten Sie auf die Datenkapselung. Verzichten Sie nach Möglichkeit auf globale Daten, Funktionen, **publics** und **friends**. Verwenden Sie Referenzen anstatt Zeiger, und trennen Sie Definitionen und Deklarationen. Definieren Sie bei Klassen gemeinsame Schnittstellen. Nur wirklich kurze Funktionen, die einen Laufzeitgewinn garantieren, sollten als **inline** deklariert werden. Erfinden Sie nicht jedes Mal das Rad neu, sondern verschaffen Sie sich einen Überblick darüber, was Ihnen in den Standardbibliotheken zur Verfügung steht.

Namen für Variablen usw. sollten so kurz wie möglich, aber aussagekräftig sein. Verwenden Sie Groß- und Kleinbuchstaben, wie z.B. *AnzahlTeile*. Es sollte aus dem Namen schon hervorgehen, ob es sich um eine Variable, Konstante usw. handelt. Hierzu gibt es z.B. die »ungarische Notation«, oder Sie verwenden eigene kurze Präfixe oder setzen gezielt Groß- und Kleinschrift ein. Eine andere Möglichkeit ist z.B. die Verwendung von Substantiven für Variablen, Verben für Klassen usw. Denken Sie bei Abkürzungen daran, dass der Wortanfang wichtiger ist als das Wortende und Konsonanten wichtiger als Vokale.

Schreiben Sie lesbare Programme. Auch wenn viele C-Kritiker es nicht wahrhaben wollen, ein »stilistisch« gut geschriebenes C-Programm kann leserlicher sein als z.B. ein schlecht geschriebenes PASCAL-Programm. Beachten Sie bitte daher beim »Layouten« des Quellcodes folgende Anregungen:

- Schreiben Sie in jede Zeile nur eine Anweisung.
- Gestalten Sie durch redundante Leerzeichen und Klammern die Ausdrücke leserlich.
- Nehmen Sie bei Kontrollstrukturen Einrückungen vor.
- Setzen Sie möglichst viele ergänzende Kommentare ein, ohne die Ersichtlichkeit der Programmstruktur zu zerstören.
- Gliedern Sie den Quelltext durch Leerzeilen und Bereiche für Deklarationen, Definitionen und Anweisungen.

Um die Zuordnung zwischen Programm, Dokumentation und Quelltext zu erleichtern, verwenden Sie einen für sich standardisierten Programmkopf mit z.B. dem Namen des Programms, einer kurzen Funktionsbeschreibung, Version, Datum und Autor.

Der/Die kritische LeserIn wird an dieser Stelle sicherlich anmerken, dass wir diesen Programmierhinweisen im vorliegenden Buch selbst nicht immer treu geblieben sind – Sie haben Recht! Mal waren formale Vorgaben wie Layout oder Umfang des Buchs Ursache hierfür, mal sind wir aus didaktischen Gründen davon abgewichen, um z.B. den Blick auf das Neue, das Wesentliche zu lenken. Wenn wir professionelle Programme entwickeln, halten wir uns an diese minimalen Vorgaben – ehrlich (jedenfalls versuchen wir es).

Anhang

A.1 Schlüsselwörter in C/C++

Die Schlüsselwörter in alphabetischer Folge:

asm, auto, **bad_cast**, **bad_typeid**, **bool**, break, case, **catch**, char, **class**, const, **const_cast**, continue, default, **delete**, do, double, **dynamic_cast**, else, enum, **explicit**, **export**, extern, **false**, float, for, **friend**, goto, if, **inline**, int, long, **mutable**, **namespace**, **new**, **operator**, **private**, **protected**, **public**, register, **reinterpret_cast**, return, short, signed, sizeof, static, **static_cast**, struct, switch, **template**, **this**, **throw**, **true**, **try**, typedef, **typeid**, **typename**, **type_info**, union, unsigned, **using**, **virtual**, void, volatile, **wchar_t**, while

Die Schlüsselwörter nach Funktionsgruppen:

Deklaration von Datenobjekten mit einem bestimmten Typ

bool	Boolescher Wert
char	Typenbezeichner für ein Byteformat-Datenobjekt
wchar_t	16-Bit-Datentyp für Zeichen eines größeren Zeichensatzes
double	Gleitkomma-Datenobjekt
float	Gleitkomma-Datenobjekt
int	Integer-Datenobjekt
long	32-Bit-Datenobjekt
short	16-Bit-Datenobjekt
signed	Integer-Datebobjekt mit Vorzeichen
unsigned	integrale Typen
enum	Deklaration von einem Aufzählungstyp
struct	Strukturtyp
union	Uniontyp
void	Funktion ohne Funktionswert

Steueranweisungen

do	Schleifenanweisung
while	Schleifenanweisung
for	Schleifenanweisung
if	bedingte Anweisung
else	bedingte Anweisung
switch	Auswahlanweisung
case	Einsprungmarke zur Auswahlanweisung
break	Unterbrechungsanweisung

default	Standardeinsprunganweisung
continue	Sprung an das Ende einer Schleifenanweisung
goto	Sprunganweisung
return	Rücksprung zur Aufrufstelle der Funktion

Speicherklassenbezeichner

auto	dynamische Speicherung auf dem Stack
static	Reservierung und Initialisierung beim Übersetzen bzw. Programmstart
extern	Reservierung durch externes Modul
register	Speicherung in einem Register des Prozessors

Attribut des Datenobjekts

const	unveränderlicher Wert, Initialisierung bei der Deklaration
volatile	außerhalb des Programms veränderbar, vor Zugriff neu laden

Klassen, Methoden und Zugriff

class	Deklaration einer Klasse
explicit	erlaubt explizite Typumwandlung durchzuführen – unter Ausschluss der impliziten Typumwandlung
friend	Deklaration einer friend-Funktion oder -Klasse, Zugriff auf private- und protected-Elemente
private	Dekl. von privaten Elementfunktionen und Elementen oder Ableitungen
protected	Dekl. von geschützten Elementfunktionen und Elementen oder Ableitungen
public	Dekl. von öffentlichen Elementfunktionen und Elementen oder Ableitungen
template	Funktions- oder Klassenschablone
this	Übergabe der Adresse des Objekts an aufrufende Methoden

Verwaltung von Methoden

inline	Einsatz des Funktionscodes durch Compiler
operator	Deklaration von Methoden zum Überladen von Operatoren
virtual	dynamisches Binden einer Methode oder Klasse

Speicherverwaltung

new	dynamische Belegung von Freispeicher für ein Objekt
delete	gibt den mit new belegten Freispeicher wieder frei

Exception-Behandlung

throw	Auswerfen der Ausnahme
catch	Dekl. einer Handler-Funktion, in der die Ausnahme aufgefangen wird
try	Dekl. eines Blocks, in dem die Ausnahmebehandlung versucht wird

Typenabfrage und Typumwandlung

const_cast	für die Qualifizierer const und volatile
dynamic_cast	Zeiger oder Referenz auf Objekt einer Basisklasse

bad_cast	Klassentyp für Exception bei gescheiterter Typenumwandlung mittels dynamic_cast
reinterpret_cast	konvertiert Zeiger- und Referenztypen sowie Integer-Typen in Zeiger
static_cast	für Standardkonvertierung sowie Zeigerkonvertierung von Basisklasse auf abgeleitete Klasse
typeid	liefert type_info für Objekt zurück
type_info	liefert Typeninformation
bad_typeid	Klasse für Exception durch typeid

Sonstige Schlüsselwörter

sizeof	Größe des Objekts in Byte
typedef	Vereinbarung eines neuen Datentyps
asm	Information an den Assembler übermitteln, implementatiossabhängig
false	logischer Wert (falsch)
true	logischer Wert (wahr)
using	überträgt Objekt oder Namensraum von einem Gültigkeitsbereich in einen anderen (Aliase)
namespace	Namensraum deklarieren
export	exportierte Template-Definition
typename	kennzeichnet vor einem qualifizierten Namen, dass der gesamte Name ein Typ ist

Anmerkung:
Bei den durch **Fettschrift** hervorgehobenen Schlüsselwörtern handelt es sich um zusätzlich in C++ reservierte Wörter.

A.2 Operatoren und Ausdrücke

Symbol	Bedeutung	Assoziativität	Rang	Beispiel
Arithmetische Operatoren				
+	Addition	>	5	a+b
-	Subtraktion	>	5	a-b
*	Multiplikation	>	4	a*b
/	Division	>	4	a/b
%	Modulo	>	4	a%b
Relationale Operatoren				
<	kleiner als	>	7	a<b
<=	kleiner oder gleich	>	7	a<=b
>	größer als	>	7	a>b
>=	größer oder gleich	>	7	a>=b
==	gleich	>	8	a==b
!=	ungleich	>	8	a!=b

Zuweisung

=	Zuweisung	<	15	a=b
+=	Zuweisung nach Addition	<	15	a+=b
-=	... Subtraktion	<	15	a-=b
*=	... Multiplikation	<	15	a*=b
/=	... Division	<	15	a/=b
%=	... Modulo	<	15	a%=b
<<=	... bitweisem Linksschieben	<	15	a<<=n
>>=	... bitweisem Rechtsschieben	<	15	a>>=n
&=	... bitweisem AND	<	15	a&=b
^=	... bitweisem XOR	<	15	a^=b
|=	... bitweisem OR	<	15	a|=b

Erhöhen und Erniedrigen

++	Inkrement	> <	1 2	a++ ++a
--	Dekrement	> <	1 2	a-- --a

Bitmanipulation

&	bitweises AND	>	9	a&b
^	bitweises XOR	>	10	a^b
|	bitweises OR	>	11	a|b
<<	bitweises Linksschieben	>	6	a<<n
>>	bitweises Rechtsschieben	>	6	a>>n
~	Einerkomplement	<	2	~a

Logische Operatoren

&&	logisches AND	>	12	a&&b
||	logisches OR	>	13	a||b
!	logische Negation	<	2	!a

Zeigeroperatoren

&	Adresse von	<	2	&a
*	Indirektion	<	2	*a

Bedingungsoperator

?:	Bedingung	<	14	a?b:c

Diverse Kategorien

( )	Funktionsaufruf	>	1	sqrt(a)
,	Komma- /Aufzählungsoperator	>	16	a, b, ...
-	unäres Minus	<	2	-n
+	unäres Plus	<	2	+n
[ ]	Array-Element	>	1	feld[n]
.	Feld einer structur oder union	>	1	tag.dat
->	Zeiger auf ein Strukturfeld	>	1	zeig->ele

(type)	Typumwandlung	<	2	double(a)
sizeof	Größe des Typs in Byte	<	2	sizeof(str)

Zusätzliche Operatoren von C++

::	Zugriffs-/Bereichsoperator	<	1	adr::nam
.*	Dereferenzzeiger	>	3	tag.*dat
->*	Dereferenzzeiger	>	3	tag->*dat
new	Erzeugt dynamisches Objekt	<	2	p=new float[a]
delete	Löschen eines dyn. Objekts	<	2	delete p

Anmerkung:

Assoziativität: > Abarbeitung von links nach rechts (< umgekehrt)

Rangstufe: 1 für die größte, bis 16 für die kleinste Priorität

A.3 Wertevorrat der elementaren Datentypen

Name	Byte	alternativ	Wertebereich
bool	1		false oder true
char	1	signed char	-128 ... 127
unsigned char	1		0 ... 255
wchar_t	2		0 ... 65535
short	2	short int, signed short int	-32768 ... 32767
unsigned short	2	unsigned short int	0 ... 65535
int	4	signed, signed int	-2147483648 ... 2147483647
unsigned int	4	unsigned	0 ... 4294967295
long	4	long int, signed long int	-2147483648 ... 2147483647
unsigned long	4	unsigned long int	0 ... 4294967295
float	4		ca. ±3.4E±38
double	8		ca. ±1.7E±308
long double	10		ca. ±1.2E±4932

Anmerkung:

Abhängig vom Compiler können leichte Abweichungen erfolgen.

Siehe hierzu auch die ANSI-C-Headerdateien climits und cfloat .

A.4 basic_ios und basic_streambuf im Überblick (Auszug)

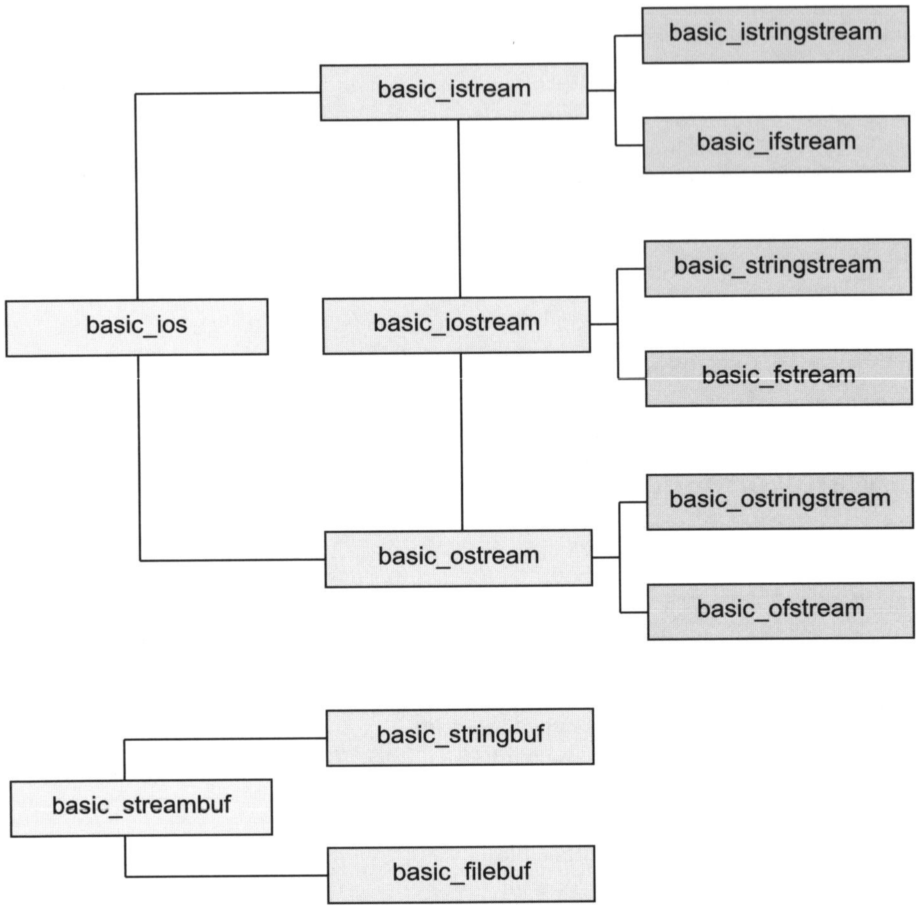

A.5 Die »ungarische Notation«

Präfix	Datentyp
a	array
b	BOOL
by	BYTE
c	char
cb	Byteanzahl
ch	Zeichen
dw	DWord
fn	Funktion
h	handle
hdc	handle device context
hwnd	handle window

i	int
l	LONG
lp	long pointer (far *)
m_	member
n	short int
np	near pointer
p	pointer (*)
pt	point
r	Rechteckstruktur
s	string
sz	string zero terminated
w	Word

...

Anmerkung:
Die »ungarische Notation« ist nicht ANSI- oder ISO-standardisiert!

Schema:	Typ	Präfix NameDerVariable
z.B.:	char	achHeinrichMaria für ein Zeichen-Array

A.6 Sinnbilder in Struktogrammen

Verarbeitung

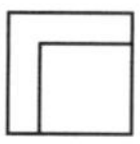
Wiederholung mit vorausgehender Bedingungsprüfung

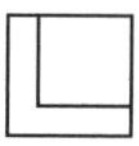
Wiederholung mit nachfolgender Bedingungsprüfung

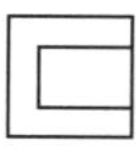
Wiederholung mit fester Durchlaufzahl

einfache Alternative

mehrfache Alternative

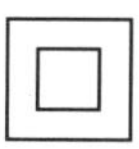
Block

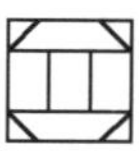
Parallelverarbeitung

Abbruchanweisung

A.7 ASCII-Tabelle

<table>
<tr><th>654
Bit
3210</th><th>000</th><th>001</th><th>010</th><th>011</th><th>100</th><th>101</th><th>110</th><th>111</th></tr>
<tr><td>0000</td><td>NUL
$0 0</td><td>DLE
$10 16</td><td>SP
$20 32</td><td>0
$30 48</td><td>@
$40 64</td><td>P
$50 80</td><td>‘
$60 96</td><td>p
$70 112</td></tr>
<tr><td>0001</td><td>SOH
$1 1</td><td>DC1
$11 17</td><td>!
$21 33</td><td>1
$31 49</td><td>A
$41 65</td><td>Q
$51 81</td><td>a
$61 97</td><td>q
$71 113</td></tr>
<tr><td>0010</td><td>STX
$2 2</td><td>DC2
$12 18</td><td>“
$22 34</td><td>2
$32 50</td><td>B
$42 66</td><td>R
$52 82</td><td>b
$62 98</td><td>r
$72 114</td></tr>
<tr><td>0011</td><td>ETX
$3 3</td><td>DC3
$13 19</td><td>#
$23 35</td><td>3
$33 51</td><td>C
$43 67</td><td>S
$53 83</td><td>c
$63 99</td><td>s
$73 115</td></tr>
<tr><td>0100</td><td>EOT
$4 4</td><td>DC4
$14 20</td><td>$
$24 36</td><td>4
$34 52</td><td>D
$44 68</td><td>T
$54 84</td><td>d
$64 100</td><td>t
$74 116</td></tr>
<tr><td>0101</td><td>ENQ
$5 5</td><td>NAK
$15 21</td><td>%
$25 37</td><td>5
$35 53</td><td>E
$45 69</td><td>U
$55 85</td><td>e
$65 101</td><td>u
$75 117</td></tr>
<tr><td>0110</td><td>ACK
$6 6</td><td>SYN
$16 22</td><td>&
$26 38</td><td>6
$36 54</td><td>F
$46 70</td><td>V
$56 86</td><td>f
$66 102</td><td>v
$76 118</td></tr>
<tr><td>0111</td><td>BEL
$7 7</td><td>ETB
$17 23</td><td>‘
$27 39</td><td>7
$37 55</td><td>G
$47 71</td><td>W
$57 87</td><td>g
$67 103</td><td>w
$77 119</td></tr>
<tr><td>1000</td><td>BS
$8 8</td><td>CAN
$18 24</td><td>(
$28 40</td><td>8
$38 56</td><td>H
$48 72</td><td>X
$58 88</td><td>h
$68 104</td><td>x
$78 120</td></tr>
<tr><td>1001</td><td>HT
$9 9</td><td>EM
$19 25</td><td>)
$29 41</td><td>9
$39 57</td><td>I
$49 73</td><td>Y
$59 89</td><td>i
$69 105</td><td>y
$79 121</td></tr>
<tr><td>1010</td><td>LF
$A 10</td><td>SUB
$1A 26</td><td>*
$2A 42</td><td>:
$3A 58</td><td>J
$4A 74</td><td>Z
$5A 90</td><td>j
$6A 106</td><td>z
$7A 122</td></tr>
<tr><td>1011</td><td>VT
$B 11</td><td>ESC
$1B 27</td><td>+
$2B 43</td><td>;
$3B 59</td><td>K
$4B 75</td><td>[Ä
$5B 91</td><td>k
$6B 107</td><td>{ ä
$7B 123</td></tr>
<tr><td>1100</td><td>FF
$C 12</td><td>FS
$1C 28</td><td>,
$2C 44</td><td><
$3C 60</td><td>L
$4C 76</td><td>\ Ö
$5C 92</td><td>l
$6C 108</td><td>| ö
$7C 124</td></tr>
<tr><td>1101</td><td>CR
$D 13</td><td>GS
$1D 29</td><td>-
$2D 45</td><td>=
$3D 61</td><td>M
$4D 77</td><td>] Ü
$5D 93</td><td>m
$6D 109</td><td>} ü
$7D 125</td></tr>
<tr><td>1110</td><td>SO
$E 14</td><td>RS
$1E 30</td><td>.
$2E 46</td><td>>
$3E 62</td><td>N
$4E 78</td><td>^
$5E 94</td><td>n
$6E 110</td><td>~ ß
$7E 126</td></tr>
<tr><td>1111</td><td>SI
$F 15</td><td>US
$1F 31</td><td>/
$2F 47</td><td>?
$3F 63</td><td>O
$4F 79</td><td>_
$5F 95</td><td>o
$6F 111</td><td>DEL
$7F 127</td></tr>
</table>

ASCII (American Standard Code for Information Interchange)

Beispiel zum Lesen der vorstehenden Tabelle:

SP
$20 32

32 = $20 = %0100000 für SP wie space bzw. Leerstelle

Unterteilung der Steuerzeichen:

TC	transmission control	Übertragungssteuerzeichen
FE	format effectors	Formatsteuerzeichen
IS	information separators	Informationstrennzeichen
DC	device control	Gerätesteuerzeichen

Bedeutung der Steuerzeichen:

NUL		null	kein Zeichen
SOH	TC	start of heading	Anfang des Kopfes
STX	TC	start of text	Anfang des Textes
ETX	TC	end of text	Ende des Textes
EOT	TC	end of transmission	Ende der Übertragung
ENQ	TC	enquiry	Stationsaufforderung
ACK	TC	acknowledge	positive Rückmeldung
BEL		bell	Alarm / Piepton
BS	FE	backspace	Rückwärtsschritt
HT	FE	horizontal tabulation	horizontaler Tabulator
LF	FE	line feed	Zeilenvorschub
VT	FE	vertical tabulation	vertikaler Tabulator
FF	FE	form feed	Seitenvorschub
CR	FE	carriage return	Wagenrücklauf
SO		shift out	Dauerumschaltung
SI		shift in	Rückschaltung
DLE	TC	data link escape	Datenübertragungsumschaltung
DCn	DC	device control	Gerätesteuerzeichen
NAK	TC	negative acknowl.	negative Rückmeldung
SYN	TC	synchronous idle	Synchronisierung
ETB	TC	end of transm. block	Ende des Übertragungsblocks
CAN		cancel	ungültig
EM		end of medium	Ende der Aufzeichnung
SUB		substitute character	Substitution
ESC		escape	Umschaltung
FS	IS	file separator	Hauptgruppentrennung
GS	IS	group separator	Gruppentrennung
RS	IS	record separator	Untergruppentrennung
US	IS	unit separator	Teilgruppentrennung
SP		space	Leerzeichen
DEL		delete	löschen

A.8 Escape-Sequenzen

\a	BEL	bell	Alarm/Piepton
\b	BS	backspace	Rücksetzen um ein Zeichen
\f	FF	formfeed	Seitenvorschub
\n	NL	new line	Zeilenvorschub
\r	CR	carriage return	Wagenrücklauf
\t	HT	horizontal tabulation	horizontaler Tabulator
\v	VT	vertical tabulation	vertikaler Tabulator
\0	NUL	null	kein Zeichen
\?	?	Fragezeichen (kein Dreierzeichen)	
\'	'	Hochkomma	
\"	"	Anführungszeichen	
****	\	umgekehrter Schrägstrich	
\ooo	ooo	Zeichencode in oktaler Notation	
\xhhh	hhh	Zeichencode in hexadezimaler Notation	

Ausgewählte Literatur

[1] BOOCH, G.: Objektorientierte Analyse und Design,
Bonn [u.a.]: Addison-Wesley, 1997 ISBN 3-89319-673-0

[2] BREYMANN, U.: C++ – Eine Einführung,
München: Hanser, 1999 ISBN 3-446-21272-8

[3] BREYMANN, U.: Komponenten entwerfen mit der C++ STL,
Bonn [u.a.]: Addison-Wesley, 1999 ISBN 3-8273-1474-7

[4] HUBBARD, JOHN R.: Programmieren in C++,
New York[u.a.]: McGraw-Hill, 2000 ISBN 3-89028-941-X

[5] LADD, Robert S.: C++ I/O streams, containers and standard classes,
New York: M&T Books, 1996 ISBN 1-55851-463-5

[6] PLAUGER, P.: The C++ Standard Template Library,
Prentice Hall, 2000 ISBN 0-13-437633-1

[7] SCHMITT, G.: C++ Kurs – technisch orientiert,
München: Oldenbourg, 1999 ISBN 3-486-25046-9

[8] SEDGEWICK, R.: Algorithmen in C++,
Bonn [u.a.]: Addison-Wesley, 1998 ISBN 3-89319-462-2

[9] STROUSTRUP, B.: Die C++ Programmiersprache,
Bonn [u.a.]: Addison-Wesley, 2000 ISBN 3-8273-1660-X

Ferner finden Sie weitere und aktuelle Informationen zu C/C++ sowie die STL u.a. bei:

[10] http://anubis.dkuug.dk/JTC1/SC22/WG21/

[12] http://www.iso.ch

[13] http://www.ansi.org

[15] http://gcc.gnu.org/libstdc++/

Teil II – Referenz

1 ANSI-C-Standard

1.1 Funktionen nach Funktionsgruppen

1.1.1 Dateibearbeitung

int remove (**const char** ***pfad_name**);

Funktion	Die angegebene Datei wird gelöscht.	
Header-Datei	cstdio	
Parameter	pfad_name	Pfad und Name der zu löschenden Datei
Rückgabewert	Wurde die Datei gelöscht, ist der Wert 0, sonst -1 und **errno** EACCES oder ENOENT.	

int rename (**const char** ***alt_name, const char** ***neu_name**);

Funktion	Eine vorhandene Datei oder ein vorhandenes Verzeichnis wird umbenannt.	
Header-Datei	cstdio	
Parameter	alt_name	alter Name
	neu_name	neuer Name
Rückgabewert	Wurde die Datei umbenannt, ist der Wert 0, sonst ungleich 0 und **errno** EACCES, ENOENT oder EXDEV.	

1.1.2 Datum und Uhrzeit

char ***asctime** (**const struct tm** ***zeit_struc**);

Funktion	Die Zeit (in der Struktur *zeit_struc*) wird in einen String umgewandelt.	
Header-Datei	ctime	
Parameter	zeit_struc	time/date structur
Rückgabewert	Zeiger auf einen statischen Stringpuffer	

clock_t clock (**void**);

Funktion	Die seit dem Start des Programms verbrauchte Zeit wird ermittelt.
Header-Datei	ctime
Parameter	keine
Rückgabewert	Die CPU-Zeit in * CLOCKS_PER_SEC (Ticks pro Sekunde), bei einem Fehler wird der Wert -1 zurückgeliefert.

char *ctime (const time_t *zeit);

Funktion	Datum und Uhrzeit werden in einen String umgewandelt.	
Header-Datei	ctime	
Parameter	zeit	Zeiger auf den zu wandelnden Zeitwert
Rückgabewert	Zeiger auf einen statischen String, bei einem Datum vor dem 1.1.1970 ein NULL-Zeiger	

double difftime (time_t timer2, time_t timer1);

Funktion	Der Zeitverbrauch zwischen *timer1* und *timer2* wird ermittelt.	
Header-Datei	ctime	
Parameter	timer1	Start (erster Zeitwert)
	timer2	Ende (zweiter Zeitwert)
Rückgabewert	Zeitdifferenz in Sekunden	

struct tm *gmtime (const time_t *zeit);

Funktion	Umwandlung von Datum/Uhrzeit in GMT-Format (Greenwich Mean Time).	
Header-Datei	ctime	
Parameter	zeit	zu wandelnder Zeitwert
Rückgabewert	Zeiger auf die mit den neuen Werten besetzte Struktur. Bei einem Datum vor dem 1.1.70 wird der Wert NULL zurückgeliefert.	

struct tm *localtime (const time_t *zeit);

Funktion	Datum und Uhrzeit werden unter Berücksichtigung der lokalen Zeit gewandelt.	
Header-Datei	ctime	
Parameter	zeit	Zeiger auf einen Zeitwert
Rückgabewert	Ein Zeiger auf eine statische Struktur, bei einem Datum vor dem 1.1.1970 ein NULL-Zeiger	

time_t mktime (struct tm *zeit_struc);

Funktion	Umwandlung von Datum/Zeit von der Struktur **tm** in den Datentyp **time_t**.	
Header-Datei	ctime	
Parameter	zeit_struc	Zeiger auf eine Struktur mit Datum und Uhrzeit
Rückgabewert	Umgewandelte Zeit, sonst der Wert -1	

time_t time (time_t *zeit);

Funktion	Datum und Uhrzeit des Systems werden ermittelt.	
Header-Datei	ctime	
Parameter	zeit	Puffer für Datum und Uhrzeit
Rückgabewert	Die Anzahl der Sekunden seit dem 1.1.1970	

1.1.3 Dynamische Speicherverwaltung

void *calloc (size_t wieviel, size_t size);

Funktion	Anforderung von Speicher (*wieviel * size*) unter 64 KByte und dessen Initialisierung mit Nullen.	
Header-Datei	cstdlib	
Parameter	wieviel	Anzahl der Elemente
	size	Größe eines Elements in Byte
Rückgabewert	Ein Zeiger auf void, kann die Speicheranforderung nicht erfüllt werden, ein NULL-Zeiger.	

void free (void *block);

Funktion	Freigabe von Speicherbereich, der zuvor über **malloc()**, **calloc()** oder **realloc()** angefordert wurde.	
Header-Datei	cstdlib	
Parameter	block	Zeiger auf den freizugebenden Speicherbereich
Rückgabewert	Keiner	

void *malloc (size_t size);

Funktion	Anfordern von Speicherplatz in der gewünschten Größe.	
Header-Datei	cstdlib	
Parameter	size	Größe in Byte
Rückgabewert	Ein Zeiger auf void, kann die gewünschte Speicheranforderung nicht erfüllt werden, ein NULL-Zeiger.	

void *realloc (void *block, size_t size);

Funktion	Die Größe eines zuvor mit **malloc()** oder **calloc()** angeforderten Speicherbereichs kann vergrößert (Daten des ursprünglichen Bereichs werden übertragen) oder verkleinert werden (Daten, die nicht in diesen Bereich passen, gehen verloren).	
Header-Datei	cstdlib	
Parameter	block	Zeiger auf den belegten Speicherblock, der geändert werden soll
	size	neue Größe in Byte
Rückgabewert	Ein Zeiger auf void, wenn die Speicheranforderung nicht erfüllt werden kann, ein NULL-Zeiger.	

1.1.4 Streamfunktionen

Da Stream-Funktionen **immer** mit einem Zeiger auf eine Struktur vom Typ **FILE** arbeiten, wird dies in der Beschreibung der Funktionen bzw. bei den Parametern nicht extra erwähnt. Die möglichen Zugriffsarten sind im Abschnitt 1.2 erläutert.

void clearer (FILE *stream);

Funktion	Fehler- und Dateiende-Flag der angegebenen Datei werden zurückgesetzt.	
Header-Datei	cstdio	
Parameter	stream	Zeiger auf den Stream
Rückgabewert	Keiner	

int fclose (FILE *stream);

Funktion	Schließt einen offenen Stream, noch nicht abgelegte Daten werden gespeichert und alle mit dem Stream verbundenen Puffer wieder freigegeben.	
Header-Datei	cstdio	
Parameter	stream	Zeiger auf einen Stream
Rückgabewert	Bei fehlerfreier Ausführung wird der Wert 0, sonst der Wert EOF zurückgeliefert.	

int feof (FILE *stream);

Funktion	Prüft, ob das Ende eines Streams erreicht ist.	
Header-Datei	cstdio	
Parameter	stream	Zeiger auf einen Stream
Rückgabewert	Ist das Dateiende überschritten, wird ein Wert ungleich 0, sonst der Wert 0 zurückgeliefert.	

int ferror (FILE *stream);

Funktion	Der Status eines Streams wird geprüft.	
Header-Datei	cstdio	
Parameter	stream	Zeiger auf einen Stream
Rückgabewert	Im Fehlerfall wird ein Wert ungleich 0, sonst der Wert 0 zurückgegeben.	

int fflush (FILE *stream);

Funktion	Leeren eines Streampuffers. Beim Ausgabestream werden die Daten in die dazugehörende Datei geschrieben, beim Eingabestream ist das Verhalten undefiniert. Wird der Funktion der Wert NULL übergeben, werden die Puffer sämtlicher Streams, die für Ausgaben geöffnet sind, geleert.	
Header-Datei	cstdio	
Parameter	stream	Zeiger auf einen Stream
Rückgabewert	Der Wert 0, bei einem Fehler EOF	

int fgetc (FILE *stream);

wint_t fgetwc(FILE *stream);

Funktion	Liest ein einzelnes Zeichen aus einem Stream.	
Header-Datei	cstdio	bzw. cwchar
Parameter	stream	Zeiger auf einen Stream
Rückgabewert	Das gelesene Zeichen wird als **int**-Wert zurückgeliefert. EOF signalisiert das Überschreiten des Dateiendes oder einen Fehler beim Lesen.	

int fgetpos (FILE *stream, fpos_t *pos);

Funktion	Die momentane Position in einem Stream wird ermittelt und einer Variablen **pos* übergeben.	
Header-Datei	cstdio	
Parameter	stream	Zeiger auf einen Stream
	pos	Puffer für die momentane Position
Rückgabewert	Bei fehlerfreier Ausführung wird der Wert 0, sonst ungleich 0 übergeben, und **errno** bekommt EBADF oder EINVAL zugewiesen.	

char *fgets (char *string, int anzahl, FILE *stream);

wchar_t *fgetws (wchar_t *string, int anzahl, FILE *stream);

Funktion	Liest einen String ab der momentanen Position, von einem Stream bis *anzahl* – 1 Zeichen oder dem ersten Zeilenvorschub (\n). Es wird automatisch ein abschließendes NULL-Zeichen angehängt.	
Header-Datei	cstdio	bzw. cwchar
Parameter	string	Puffer für die gelesenen Zeichen
	anzahl	Zahl der zu lesenden Zeichen
	stream	Zeiger auf einen Stream
Rückgabewert	Ein Zeiger auf den String. Wird während des Lesens das Dateiende erreicht oder tritt ein Lesefehler auf, wird ein NULL-Zeiger zurückgeliefert.	

FILE *fopen (const char *dat_name, const char *modus);

Funktion	Öffnet eine Datei für Lese- und/oder Schreibaktionen in dem gewünschten Modus.	
Header-Datei	cstdio	
Parameter	dat_name	Suchweg/Name der zu öffnenden Datei
	modus	Art des Zugriffs
Rückgabewert	Ein Zeiger auf eine Struktur des Typs FILE, im Falle eines Fehlers wird ein NULL-Zeiger zurückgeliefert.	

int fprintf (FILE *stream, const char *format [, parameter]..);

int fwprintf (FILE *stream, const wchar_t *format [, parameter]..);

int wprintf(const wchar_t *format [, arglist]);

Funktion	Es wird eine Zeichenkette entsprechend den übergebenen Parametern (s. printf-Formatierungsanweisung) für die Ausgabe zu einem Stream erzeugt.	
Header-Datei	cstdio	bzw. cwchar
Parameter	stream	Zeiger auf einen Stream
	format	Formatierungsanweisungen
	parameter	optionale Parameter
Rückgabewert	Die Anzahl der ausgegebenen Zeichen. Ein negativer Wert steht für Schreibfehler.	

int fputc (int zeichen, FILE *stream);

win_t fputwc (wint_t zeichen, FILE *stream);

Funktion	Ein einzelnes Zeichen wird zu einem Stream ausgegeben und die momentane Position um 1 erhöht.	
Header-Datei	cstdio	bzw. cwchar
Parameter	zeichen	das zu schreibende Zeichen
	stream	Zeiger auf einen Stream
Rückgabewert	Das geschriebene Zeichen, sonst EOF	

int fputs (const char *string, FILE *stream);

wint_t fputws (wchar_t *string, FILE *stream);

Funktion	Schreibt einen String (ohne das abschließende NULL-Zeichen) zu dem Stream.	
Header-Datei	cstdio	oder cwchar
Parameter	string	der auszugebende String
	stream	Zeiger auf einen Stream
Rückgabewert	Ein positiver Wert, sonst EOF	

size_t fread (void *buffer, size_t size, size_t anzahl, FILE *stream);

Funktion	Eine bestimmte Anzahl von Datensätzen mit festgelegtem Umfang wird von einem Stream gelesen – maximal 64 KByte.	
Header-Datei	cstdio	
Parameter	buffer	Zielbereich für die zu lesenden Daten
	size	Größe eines Datensatzes in Byte
	anzahl	Zahl der zu lesenden Datensätze
	stream	Zeiger auf einen Stream
Rückgabewert	Die Anzahl der gelesenen Datensätze	

FILE *freopen (const char *dat_name, const char *modus, FILE *stream);

Funktion	Ordnet einen Stream einer anderen Datei zu. Die momentan mit *stream* verbundene Datei wird geschlossen, und der Stream wird der über *dat_name* angegebenen Datei zugeordnet, welche in dem über *modus* festgelegten Modus geöffnet wird.	
Header-Datei	cstdio	
Parameter	dat_name	Suchweg/Name der neuen Datei
	modus	Art des Zugriffs
	stream	Zeiger auf einen Stream
Rückgabewert	Ein Zeiger auf eine Struktur des Typs FILE, sonst ein NULL-Zeiger	

int fscanf (FILE *stream, const char *format [, parameter]...);

wint_t fwscanf (FILE *stream, const wchar_t *format [, parameter]...);

int wscanf(const wchar_t *format [, arglist]);

Funktion	Es werden Daten entsprechend des Parameters *format* aus einem Stream gelesen. Dabei muss jeder der optionalen Parameter einen Zeiger auf einen Speicherbereich darstellen, der der jeweiligen Typangabe in den Formatierungsanweisungen entspricht.	
Header-Datei	cstdio	bzw. cwchar
Parameter	stream	Zeiger auf einen Stream
	format	Formatierungsanweisungen
	parameter	optionale Parameter
Rückgabewert	Die Anzahl der gelesenen Felder und besetzten Puffer, sonst EOF oder der Wert 0	

int fseek (FILE *stream, long offset, int bezug);

Funktion	Positioniert den Dateizeiger innerhalb einer Datei für nachfolgende Lese- und/oder Schreibaktionen. Folgende Positionen sind möglich:	
	SEEK_CUR	- aktuelle Position
	SEEK_END	- Ende der Datei
	SEEK_SET	- Dateianfang
	Zusätzlich kann ein *offset*-Wert eingegeben werden.	
Header-Datei	cstdio	
Parameter	stream	Zeiger auf einen Stream
	offset	gewünschte Position relativ zum Bezugspunkt in Byte
	bezug	Kennziffer für den Bezugspunkt
Rückgabewert	Der Wert 0 für fehlerfreie Ausführung, sonst ein Wert ungleich 0	

int fsetpos (FILE *stream, const fpos_t *pos);

Funktion	Ein Dateizeiger kann auf eine bestimmte Position gesetzt werden (z.B. auf die Position, die vorher mittels **fgetpos**() ermittelt wurde).	
Header-Datei	cstdio	
Parameter	stream	Zeiger auf einen Stream
	pos	zu setzende Position innerhalb dieses Streams
Rückgabewert	Der Wert 0, bei einem Fehler ein Wert ungleich 0, und **errno** bekommt EBADF oder EINVAL	

long ftell (FILE *stream);

Funktion	Der aktuelle Wert des Dateizeigers für den Stream wird ermittelt.	
Header-Datei	cstdio	
Parameter	stream	Zeiger auf einen Stream
Rückgabewert	Die aktuelle Position, sonst der Wert -1L, und **errno** bekommt EBADF oder EINVAL	

int fwide (FILE *stream, int modus);

Funktion	Die Orientierung einer Datei wird festgelegt.	
Header-Datei	cwchar	
Parameter	stream	Zeiger auf einen Stream
	modus	Modus der Datei (Byte- oder Langzeichenorientiert)
Rückgabewert	Der Wert 0, wenn die Orientierung der Datei nicht verändert wurde, ein Wert < 0, wenn die Datei byteorientiert wurde, bzw. ein Wert > 0, wenn die Datei langzeichenorientiert wurde.	

size_t fwrite (const void *buffer, size_t size, size_t anzahl, FILE * stream);

Funktion	Eine festgelegte Anzahl von Datensätzen mit einem vorgegebenen Umfang wird aus dem angegebenen Speicherbereich in den Stream geschrieben. Wurde der Stream im Textmodus geöffnet, wird LF in CR/LF umgewandelt.	
Header-Datei	cstdio	
Parameter	buffer	Zeiger auf die zu schreibenden Daten
	size	Größe eines Datensatzes in Byte
	anzahl	Anzahl der zu schreibenden Datensätze
	stream	Zeiger auf einen Stream
Rückgabewert	Anzahl der komplett geschriebenen Datensätze	

int getc (FILE *stream);

int getchar (void);

wint_t getwc (FILE *stream);

wint_t getwchar (void);

Funktion	Ein Zeichen von einem Stream lesen – **getchar**() liest ein Zeichen aus dem Stream **stdin.**	
Header-Datei	cstdio	bzw. cwchar
Parameter	stream	Zeiger auf einen Stream
Rückgabewert	Das gelesene Zeichen bzw. EOF für einen Fehler	

char *gets (char *buffer);

Funktion	Liest eine Zeichenfolge von **stdin**. Bei einem Zeilenvorschub (\n) wird das Einlesen beendet und das Zeichen für den Zeilenvorschub durch das NULL-Zeichen ersetzt.	
Header-Datei	cstdio	
Parameter	buffer	Puffer zur Aufnahme des gelesenen Strings
Rückgabewert	Zeiger auf den String, sonst NULL	

int printf (const char *format [, parameter]...);

wint_t wprintf (const wchar_t *format [, parameter]...);

Funktion	Gibt Daten formatiert über **stdout** aus. Der Parameter *format* kann Formatierungsanweisungen enthalten – sie müssen grundsätzlich mit einem Prozentzeichen (»%«) beginnen und werden von links nach rechts ausgewertet (eine entsprechende Anzahl zusätzlich übergebener Parameter ist notwendig).	
Header-Datei	cstdio	bzw. cwchar
Parameter	format	Formatierungsanweisungen
	parameter	optionale Parameter
Rückgabewert	Anzahl der ausgegebenen Zeichen, bei einem Fehler ein negativer Wert	

int putc (int zeichen, FILE *stream);

int putchar (int zeichen);

wint_t putwc (wint_t zeichen, FILE *stream);

wint_t putwchar (wint_t zeichen);

Funktion	Ein einzelnes Zeichen wird zu einem Stream geschrieben, **putchar**() schreibt in den Stream **stdout**.	
Header-Datei	cstdio	bzw. cwchar
Parameter	zeichen	auszugebendes Zeichen
	stream	Zeiger auf einen Stream
Rückgabewert	Das ausgegebene Zeichen, sonst EOF	

int puts (const char *string);

Funktion	Ein String wird über **stdout** ausgegeben – es wird automatisch ein Zeilenvorschub (»\n«) angehängt, das abschließende NULL-Zeichen aber nicht ausgegeben.	
Header-Datei	cstdio	
Parameter	string	der auszugebende Text als String
Rückgabewert	Ein positiver Wert, sonst EOF	

void rewind (FILE *stream);

Funktion	Setzt die Position innerhalb eines Streams auf seinen Anfang zurück und löscht eventuell gesetzte Fehlerflags.	
Header-Datei	cstdio	
Parameter	stream	Zeiger auf einen Stream
Rückgabewert	Keiner	

int scanf (const char *format [, parameter]...);

wint_t wscanf (const wchar_t *format [, parameter]...);

Funktion	Liest Eingaben in formatierter Form von **stdin** und erwartet einen String mit Formatierungsanweisungen, über den die Anzahl der Eingaben und ihre Formate festgelegt werden. Die korrespondierenden Parameter zur Speicherung müssen auf Variablen entsprechenden Typs zeigen.

Header-Datei	cstdio	bzw. cwchar
Parameter	format	Formatierungsanweisungen
	parameter	optionale Parameter
Rückgabewert	Die Anzahl der fehlerfrei gewandelten und zugeordneten Eingabefelder, sonst EOF	

void setbuf (FILE *stream, char *buffer);

Funktion	Für einen offenen Stream können nachträglich Puffer zugeordnet bzw. die automatisch zugeordneten Puffer abgeschaltet werden.	
Header-Datei	cstdio	
Parameter	stream	Zeiger auf einen Stream
	buffer	Puffervariable für den Stream
Rückgabewert	Keiner	

int setvbuf (FILE *stream, char *buffer, int modus, size_t size);

Funktion	Puffert die Ein-/Ausgabe von Streams. Dabei können folgende Einstellungen vorgenommen werden:	
	_IOFBF	- volle Pufferung bis Zwischenspeicher voll
	_IOLBF	- zeilenweise Pufferung
	_IONBF	- keine Pufferung
Header-Datei	cstdio	
Parameter	stream	Zeiger auf einen Stream
	buffer	vom Programm bereitgestellter Puffer
	modus	Flag für die Art der Pufferung
	size	Größe des Puffers in Byte
Rückgabewert	Der Wert 0, im Fehlerfall ein Wert ungleich 0	

int sprintf (char *buffer, const char *format [, parameter] ...);

wint_t swprintf (wchar_t *buffer, const wchar_t *format [, parameter] ...);

Funktion	Formatierte Ausgabe eines Strings in einen Puffer – ein abschließendes NULL-Zeichen wird angehängt.	
Header-Datei	cstdio	bzw. cwchar
Parameter	buffer	Puffer für die formatierte Ausgabe
	format	Formatierungsanweisungen
	parameter	optionale Parameter
	anzahl	Zahl der zu speichernden Bytes
Rückgabewert	Anzahl der erzeugten und gespeicherten Zeichen, sonst der Wert -1	

int sscanf (const char *buffer, const char *format [, parameter]...);

wint_t swscanf (const wchar_t *buffer, const wchar_t *format [, parameter]...);

Funktion	Liest formatierte Daten aus einem String. Der Parameter *format* dient als Formatierungsanweisung für die Art und Anzahl der Daten – jeder der optionalen Parameter muss einen Zeiger auf einen Speicherbereich darstellen, dessen Größe der jeweiligen Typangabe in den Formatierungsanweisungen entspricht.

Header-Datei	cstdio	bzw. cwchar
Parameter	buffer	zu analysierender String
	format	Formatierungsanweisungen
	parameter	optionale Parameter
Rückgabewert	Die Anzahl gelesener Felder, sonst EOF bzw. der Wert 0	

FILE *tmpfile (void);

Funktion	Anlegen einer temporären Datei – sie wird in dem Modus w+b als Stream geöffnet und am Ende des Programms automatisch wieder gelöscht.
Header-Datei	cstdio
Parameter	Keine
Rückgabewert	Ein Zeiger auf eine entsprechende Struktur des Typs FILE, sonst ein NULL-Zeiger

char *tmpnam (char *string);

Funktion	Eindeutige Namengebung für temporäre Dateien. Wird der Wert NULL übergeben, wird ein interner statischer Puffer für den Namen benutzt, der durch jeden Aufruf dieser Funktion neu gesetzt wird.	
Header-Datei	cstdio	
Parameter	string	Puffer für den erzeugten Namen
Rückgabewert	Zeiger auf den temporären Dateinamen, sonst ein NULL-Zeiger	

int ungetc (int zeichen, FILE *stream);

wint_t ungetwc (wint_t zeichen, FILE *stream);

Funktion	Ein Zeichen wird in den Stream zurückgeschrieben. Die Funktion kann ohne ein zwischenzeitliches Lesen dieses Streams nur einmal durchgeführt werden. Bei gepufferten Ein-/Ausgaben geht das Zeichen durch Operationen, die den Puffer löschen, verloren.	
Header-Datei	cstdio	bzw. cwchar
Parameter	zeichen	zurückzustellendes Zeichen
	stream	Zeiger auf einen Stream
Rückgabewert	Der Code des zurückgesetzten Zeichens, sonst EOF	

int vfprintf (FILE *stream, const char *format, va_list p_liste);

int vfwprintf (FILE *stream, const wchar_t *format, va_list p_liste);

int vprintf (const char *format, va_list p_liste);

int vsprintf (char *puffer, const char *format, va_list p_liste);

int vswprintf (wchar_t *puffer, const wchar_t *format, va_list p_liste);

int vwprintf (const wchar_t *format, va_list p_liste);

Funktion	**vfprintf/vfwprint**	– formatierte Ausgaben in einen Stream
	vprintf/vwprintf	– formatierte Ausgaben an stdout
	vsprintf/vswprintf	– formatierte Ausgabe, deren erzeugte Zeichenfolge in einer übergebenen Stringvariablen gespeichert wird.

Header-Datei	cstdio	bzw. cwchar
Parameter	stream	Zeiger auf einen Stream
	format	Formatierungsanweisungen
	p_liste	Zeiger auf eine Parameterliste variabler Länge
	puffer	Puffer zur Speicherung der erzeugten Zeichenfolge
Rückgabewert	Anzahl der geschriebenen Zeichen, sonst ein negativer Wert	

1.1.5 Internationales

wint_t btowc (int zeichen);

Funktion	Das Multibyte-Zeichen wird in ein Langzeichen umgewandelt.	
Header-Datei	cwchar	
Parameter	zeichen	Multibyte-Zeichen
Rückgabewert	Das Langzeichen, im Fehlerfall der Wert WEOF.	

struct lconv *localeconv (void);

Funktion	Landesspezifische Einstellungen für die Formatierung numerischer Werte, z.B. Währungsangaben.	
Header-Datei		
Parameter	keine	
Rückgabewert	Ein Zeiger auf eine statische Struktur	

int mblen (const char *mb_str, size_t anzahl);

Funktion	Es wird die Länge eines Multibyte-Zeichens ermittelt.	
Header-Datei	cstdlib	
Parameter	mb_str	Startadresse eines Multibyte-Zeichens
	anzahl	Anzahl der zu prüfenden Bytes
Rückgabewert	Die Anzahl der Bytes des Multibyte-Zeichens. Ist es ungültig, der Wert -1, ist es ein NULL-Zeiger oder besteht es nur aus NULL-Zeichen, der Wert 0.	

size_t mbrlen (const char *position, size_t n, mbstate_t *ps);

Funktion	Ermittelt die Restlänge eines Multibyte-Zeichens ab der übergebenen Position.	
Header-Datei	cwchar	
Parameter	position	Startposition
	n	Anzahl der maximal zu prüfenden Bytes
	ps	Konvertierungszustand
Rückgabewert	Anzahl der benötigten Bytes.	

size_t mbrtowc (wchar_t *lz, const char *position, size_t n, mbstate_t *ps);

Funktion	Vervollständigt ein Multibyte-Zeichen ab der übergebenen Position um die vorgegebene Anzahl von Bytes. Anschließend wird es in ein Langzeichen umgewandelt.
Header-Datei	cwchar

Parameter	lz	Langzeichen
	position	Startposition
	n	Anzahl der maximalen Bytes
	ps	Konvertierungszustand

Rückgabewert Wert 0, wenn die nächsten n Bytes ein gültiges Multibyte-Zeichen entsprechend dem Langzeichen Null ergeben.
Wert size_t-1, wenn ein Kodierungsfehler aufgetreten ist.
Wert size_t-2, wenn die nächsten Bytes ein unvollständiges, aber potentiell gültiges Multibyte-Zeichen ergeben.

size_t mbsinit const mbstate_t *ps);

Funktion Überprüft, ob das mbstate_t-Objekt einen *initial conversion* Status beschreibt.
Header-Datei cwchar
Parameter ps Konvertierungszustand
Rückgabewert Ein Wert ungleich 0, wenn ps ein NULL-Zeiger ist oder einen *initial conversion* Status beschreibt, sonst der Wert 0.

size_t mbsrtowcs (wchar_t *ziel, const char **src, size_t anzahl, mbstate_t *ps);

Funktion Wandelt eine Multibyte-Zeichenkette ab einer vorgegebenen Position in eine Langzeichenkette um. Das Auftreten eines NULL-Zeichens beendet die Umwandlung.
Header-Datei cwchar

Parameter	ziel	Buffer für das unzuwandelnde Zeichen
	src	Startposition für die Umwandlung
	anzahl	Anzahl der Zeichen, die geschrieben werden sollen
	ps	Konvertierungszustand

Rückgabewert Die Anzahl der erfolgreich umgewandelten Multibyte-Zeichen – das NULL-Zeichen wird nicht berücksichtigt. Tritt ein Umwandlungsfehler auf, wird der Wert size_t-1 zurückgegeben.

size_t mbstowcs (wchar_t *wcstr, const char *mb_str, size_t anzahl);

Funktion Wandelt Multibyte-Strings in ein Feld vom Typ wchar_t (16 Bit) um.
Header-Datei cstdlib

Parameter	wcstr	Zeiger auf einen Puffer vom Typ wchar_t
	mb_str	Zeiger auf eine Folge von Multibyte-Zeichen
	anzahl	Anzahl der zu konvertierenden Multibyte-Zeichen

Rückgabewert Die Anzahl der gewandelten Multibyte-Zeichen (inkl. eines eventuell vorhandenen, abschließenden NULL-Zeichens), sonst ein negativer Wert

int mbtowc (wchar_t *w_char, const char *mb_char, size_t anzahl);

Funktion Wandelt ein Multibyte-Zeichen in ein Zeichen vom Typ wchar_t um.
Header-Datei cstdlib

Parameter	w_char	Puffer für das »breite« Zeichen (Typ wchar_t)
	mb_char	Zeiger auf ein Multibyte-Zeichen
	anzahl	Zahl der zu prüfenden Bytes

Rückgabewert	Die Anzahl der Bytes des umgewandelten Multibyte-Zeichens. Handelt es sich um kein gültiges Multibyte-Zeichen, der Wert -1, besteht das Zeichen aus dem NULL-Zeiger oder aus NULL-Zeichen, der Wert 0.	

char *setlocale (int kategorie, const char *lokal);

Funktion	Landesspezifische Einstellungen werden festgelegt, z.B. Währungsangaben, Zeichensatz ...	
Header-Datei	clocale	
Parameter	kategorie	Kennziffer für die Kategorie der zu verändernden Daten
	lokal	legt die Umsetzung auf das Landesspezifische in der jeweiligen Kategorie fest
Rückgabewert	Ein Zeiger auf einen String mit der gewählten Kategorie/Einstellung, im Falle eines Fehlers ein NULL-Zeiger	

int strcoll (const char *string_1, const char *string_2);

int wcscoll (const wchar_t *string_1, const wchar_t *string_2);

Funktion	Es werden zwei Strings, unter Berücksichtigung von landesspezifischen Einstellungen, verglichen.	
Header-Datei	cstring	oder cwchar
Parameter	string_1, string_2	zu vergleichende Strings
Rückgabewert	Der ASCII- bzw. ANSI-Code	

size_t strftime (char *string, size_t anzahl, const char *format, const struct tm *zeit_struc);

size_t wcsftime (wchar_t *string, size_t anzahl, const wchar_t *format, const struct tm *zeit_struc);

Funktion	Ausgabe von Datum/Uhrzeit in einen String (mit den landesspezifischen Einstellungen).	
Header-Datei	ctime	bzw. cwchar
Parameter	string	Puffer für Datum und Uhrzeit
	anzahl	Zahl der zu erzeugenden Zeichen
	format	Formatierungsanweisungen
	zeit_struc	Zeiger auf eine Struktur des Typs **tm** mit Datum und Uhrzeit
Rückgabewert	Die Anzahl der Zeichen, sonst der Wert 0	

size_t strxfrm (char *string_1, const char *string_2, size_t anzahl);

size_t wcsxfrm(wchar_t *string_1, const wchar_t *string_2, size_t anzahl);

Funktion	Wandelt unter Berücksichtigung landesspezifischer Einstellungen eine gewünschte Anzahl von Zeichen eines Strings um.	
Header-Datei	cstring	
Parameter	string_1	Puffer für den transformierten String
	string_2	zu transformierender String
	anzahl	Zahl der zu speichernden Zeichen
Rückgabewert	Die Länge des transformierten Strings	

size_t wcstombs (char* mb_str, const wchar_t*wc_str, size_t anzahl);

Funktion	Wandelt eine Folge von Zeichen des Typs wchar_t in einen Multibyte-String um.	
Header-Datei	cstdlib	
Parameter	mb_str	Puffer für den Multibyte-String
	wc_str	Adresse der Folge »breiter« Zeichen
	anzahl	Zahl der zu konvertierenden Zeichen
Rückgabewert	Die Anzahl der erzeugten Multibyte-Zeichen ohne abschließendes NULL-Zeichen, sonst der Wert size_t-1	

size_t wcsrtombs (char *ziel, const wchar_t **src, size_t anzahl, mbstate_t *ps);

Funktion	Wandelt ab einer bestimmten Position eine Langzeichenkette in eine Multibyte-Zeichenkette um.	
Header-Datei	cwchar	
Parameter	ziel	Puffer
	src	Startposition
	anzahl	Anzahl der zu konvertierenden Langzeichen
	ps	Konvertierungszustand
Rückgabewert	Die Anzahl der erfolgreich umgewandelten Langzeichen – das NULL-Zeichen wird nicht berücksichtigt. Tritt ein Umwandlungsfehler auf, wird der Wert size_t-1 zurückgegeben.	

size_t wcrtomb (char *ziel, wchar_t lz, mbstate_t *ps);

Funktion	Bestimmt die Anzahl der benötigten Bytes für die Uumwandlung von Langzeichen in Multibyte-Zeichen.	
Header-Datei	cwchar	
Parameter	ziel	Puffer
	lz	Langzeichen
	ps	Konvertierungsart
Rückgabewert	Die Anzahl der benötigten Bytes, im Fehlerfall der Wert size_t-1	

int wctomb (char *mbchar, wchar_t wchar);

Funktion	Wandelt ein einzelnes Zeichen vom Typ wchar_t in Multibyte-Format um.	
Header-Datei	cstdlib	
Parameter	mbchar	Puffer für das Multibyte-Zeichen
	wchar	das zu konvertierende »breite« Zeichen
Rückgabewert	Die Anzahl der Bytes, bei einem Fehler der Wert -1	

1.1.6 Zeichenklassifizierung / Umwandlung

int isalnum (int zeichen);

int isalpha (int zeichen);

int iscntrl (int zeichen);

int isdigit (int zeichen);

int isgraph (int zeichen);

int islower (int zeichen);

int isprint (int zeichen);

int ispunct (int zeichen);

int isspace (int zeichen);

int isupper (int zeichen);

int isxdigit (int zeichen);

Funktion	Ein Zeichen wird auf seine Gruppenzugehörigkeit geprüft.	
	isalnum	alphanumerische Zeichen
	isalpha	Buchstaben
	iscntrl	Steuerzeichen(0x00 – 0x1F und 0x7F)
	isdigit	Ziffern (0 – 9)
	isgraph	druckbare Zeichen (nicht Leerzeichen)
	islower	Kleinbuchstaben
	isprint	druckbare Zeichen (0x20 – 0x7E)
	ispunct	Interpunktionszeichen
	isspace	weiße Leerzeichen (0x09 – 0x0D und 0x20)
	isupper	Großbuchstaben
	isxdigit	hexadezimale Ziffern
Header-Datei	cctype	
Parameter	zeichen	das zu prüfende Zeichen
Rückgabewert	Ein Wert ungleich 0 bzw. TRUE, wenn das Kriterium erfüllt (wahr) ist, sonst der Wert 0.	

int iswalnum (wint_t zeichen);
int iswalpha (wint_t zeichen);
int iswcntrl (wint_t zeichen);
int iswctype (wint_t zeichen, wctype_t art);
int iswdigit (wint_t zeichen);
int iswgraph (wint_t zeichen);
int iswlower (wint_t zeichen);
int iswprint (wint_t zeichen);
int iswpunct (wint_t zeichen);
int iswspace (wint_t zeichen);
int iswupper (wint_t zeichen);
int iswxdigit (iwnt_t zeichen);

Funktion	**iswctype**	Prüft, ob das Zeichen dem via *art* übergebenen Wert entspricht, alle anderen Funktionen entsprechen den »normalen« is-Funktionen (s. oben).
Header-Datei	cwctype	

Parameter	zeichen	das zu prüfende Zeichen
	art	Zugehörigkeit – hierfür sind folgende Werte möglich: _ALPHA, _BLANK, _CONTROL, _DIGIT, _HEX, _LOWER, _PUNCT, _SPACE, _UPPER
Rückgabewert	Ein Wert ungleich 0 bzw. TRUE, wenn das Kriterium erfüllt (wahr) ist, sonst der Wert 0.	

int atoi (int zeichen);

int toupper (int zeichen);

int towlower (wint_t zeichen);

int towupper (wint_t zeichen);

Funktion	Wandelt das übergebene Zeichen um.	
	tolower/towlower	– Groß- in Kleinbuchstabe
	toupper/towupper	– Klein- in Großbuchstabe
Header-Datei	cwctype	bzw. cwchar
Parameter	zeichen	zu wandelndes Zeichen
Rückgabewert	Umgewandeltes Zeichen	

int wctob (wint_t zeichen);

Funktion	Wandelt ein Langzeichen in ein Multibyte-Zeichen um.	
Header-Datei	cwchar	
Parameter	zeichen	Zeichen
Rückgabewert	Das Multibyte-Zeichen, wenn kein korrespondierendes Multibyte-Zeichen existiert der Wert WEOF	

1.1.7 Manipulation von Speicherbereichen

void *memchr (const void *buf, int zeichen, size_t anzahl);

wchar_t *wmemchr const wchar_t *zk, wchar_t *lz, size_t n);

Funktion	**memchr** durchsucht einen Speicherbereich nach einem bestimmten Zeichen, **wmemchr** sucht nach dem Vorkommen es Langzeichens innerhalb der Zeichenkette.	
Header-Datei	cstring	bzw. cwchar
Parameter	buf	abzusuchender Puffer
	zeichen	zu suchender Zeichencode
	anzahl	Anzahl der zu untersuchenden Zeichen
Rückgabewert	Ein Zeiger auf das gefundene Zeichen, sonst ein NULL-Zeiger	

int memcmp (const void *buf1, const void *buf2, size_t anzahl);

wchar_t *wmemchp (const wchar_t *buf1, const wchar_t *buf2, size_t anzahl);

Funktion	Zwei Speicherbereiche werden lexikalisch verglichen.	
Header-Datei	cstring	bzw. cwchar

Parameter	buf1, buf2	Zeiger auf die zu vergleichenden Speicherbereiche
	anzahl	Anzahl der zu vergleichenden Bytes
Rückgabewert	Das Ergebnis des Vergleichs in Form eines Integer-Wertes: der Wert 0, wenn *buf1 == buf2* ein Wert < 0, wenn *buf1< buf2* ein Wert > 0, wenn *buf1>buf2*	

void *memcpy (void *wohin, const void *woher, size_t anzahl);

wchar_t *wmemcpy (const wchar_t *wohin, const wchar_t *woher, size_t anzahl);

Funktion	Mit **memcpy** wird die gewünschte Anzahl Bytes von einem Speicherbe-reich in einen anderen kopiert, die Speicherbereiche dürfen nicht überlappen. **wmemcpy** kopiert die ersten n Bytes der zweiten Langzeichenketten in die ersten n Bytes der ersten Langzeichenkette.	
Header-Datei	cstring	bzw. cwchar
Parameter	wohin	Zeiger auf den Zielbereich
	woher	Zeiger auf den Quellbereich
	anzahl	Anzahl der zu kopierenden Bytes
Rückgabewert	Ein Zeiger auf den Bereich, in den kopiert wurde.	

void *memmove (void *wohin, const void *woher, size_t anzahl);

wchar_t *wmemmove (const wchar_t *zk1, const wchar_t *zk2, size_t n);

Funktion	Die ersten n Bytes der zweiten Langzeichenketten werden über ein pseudo-temporäres Feld in die ersten n Bytes der ersten Langzeichenkette kopiert. **memmove** kopiert eine gewünschte Anzahl von Byte von einem Speicherbereich in einen anderen, die Speicherbereiche dürfen überlappend sein.	
Header-Datei	cstring	bzw. cwchar
Parameter	wohin	Zeiger auf den Zielbereich
	woher	Zeiger auf den Quellbereich
	anzahl	Anzahl zu kopierender Bytes
Rückgabewert	Ein Zeiger auf den Speicherbereich, in den kopiert wurde.	

void *memset (void *wohin, int zeichen, size_t anzahl);

wchar_t *wmemset (wchar_t *wohin, wchar_t *zeichen, size_t anzahl);

Funktion	**wmemset** setzt in der Langzeichenketten die ersten n Bytes auf den Wert von zeichen. **memset** füllt einen Speicherbereich mit der gewünschten Anzahl von Zeichen.	
Header-Datei	cstring	bzw. cwchar
Parameter	wohin	Zeiger auf den zu füllenden Bereich
	zeichen	einzusetzender Zeichencode
	anzahl	Anzahl der Zeichen
Rückgabewert	Ein Zeiger auf den gefüllten Bereich	

1.1.8 Mathematische Funktionen

double acos (double wert);

Funktion	Arcus Cosinus von *wert.*	
Header-Datei	cmath	
Parameter	wert	umzurechnender Wert (von -1 .. 1)
Rückgabewert	Ein Bereich von 0 bis 2π, sonst der Wert 0	

double asin (double wert);

Funktion	Arcus Sinus von *wert.*	
Header-Datei	cmath	
Parameter	wert	umzurechnender Wert von (-1 .. 1)
Rückgabewert	Ein Bereich von 0 bis 2π, sonst der Wert 0	

double atan (double x);

double atan2 (double y, double x);

Funktion	Arcus Tangens von *x* bzw. von *x/y.*	
Header-Datei	cmath	
Parameter	x, y	beliebige numerische Werte
Rückgabewert	Ein Bereich von -π/2 bis +π/2 bzw. – π bis +π, bei einem Fehler ist der Wert 0 und **errno** EDOM.	

double ceil (double wert);

Funktion	Aufrunden einer Fließkommazahl auf den nächsthöheren ganzzahligen Wert.	
Header-Datei	cmath	
Parameter	wert	aufzurundende Fließkommazahl
Rückgabewert	Ganzzahliges Ergebnis	

double cos (double winkel);

double cosh (double winkel);

Funktion	Cosinus bzw. Cosinus hyperbolicus	
Header-Datei	cmath	
Parameter	winkel	Winkel in Rad
Rückgabewert	Wert von Cosinus bzw. Cosinus hyperbolicus, sonst der Wert 0 und **errno** ERANGE	

div_t div (int zaehler, int nenner);

Funktion	Liefert Ergebnis einer Division zweier ganzer Zahlen in Quotient und Restsumme.	
Header-Datei	cstdlib	
Parameter	zaehler	Dividend
	nenner	Divisor
Rückgabewert	Struktur des Typs **div_t** mit dem Quotienten *(.quot)* und dem Rest *(.rem)*. Bei einer Division durch 0 bricht das Programm mit einer Fehlermeldung ab.	

double exp (double wert);

Funktion	Exponentialfunktion	
Header-Datei	cmath	
Parameter	wert	Fließkommawert
Rückgabewert	Der Exponentialwert, bei Überläufen: HUGE_VAL und **errno** ERANGE, bei Unterläufen: der Wert 0	

double fabs (double wert);

Funktion	Der Betrag einer Fließkommazahl wird berechnet.	
Header-Datei	cmath	
Parameter	wert	Fließkommawert
Rückgabewert	Der berechnete Betrag	

double floor (double wert);

Funktion	Der größte ganzzahlige Anteil eines Fließkommawertes wird berechnet.	
Header-Datei	cmath	
Parameter	wert	Fließkommawert
Rückgabewert	Der abgerundete Wert	

double fmod (double x, double y);

Funktion	Der Rest der Division x/y wird berechnet – also *x* Modulo *y*.	
Header-Datei	cmath	
Parameter	x, y	Fließkommawerte
Rückgabewert	Der Restwert der Division	

double frexp (double wert, int *expon);

Funktion	Die Mantisse und der binäre Exponent einer Fließkommazahl werden erzeugt und in zwei getrennten Werten zurückgeliefert.	
Header-Datei	cmath	
Parameter	wert	Fließkommawert
	expon	Puffer für den ermittelten Exponenten
Rückgabewert	Die Mantisse, der Exponent steht in der Variablen, auf die **expon* zeigt.	

double ldexp (double wert, int exp);

Funktion	Berechnet wert * 2^{exp}.	
Header-Datei	cmath	
Parameter	wert	Fließkommawert
	exp	Exponent (Integer-Wert)
Rückgabewert	Der Wert von wert*2^{exp}, bei Überläufen: HUGE_VAL und **errno** ERANGE, bei Unterläufen der Wert 0	

ldiv_t ldiv (long int zaehler, long int nenner);

Funktion	Zwei ganzzahlige **long int**-Werte werden geteilt und als Quotient und Rest in eine Struktur des Typs **ldiv_t** zurückgegeben.
Header-Datei	cstdlib

Parameter	zaehler	Dividend
	nenner	Divisor
Rückgabewert	Eine Struktur des Typs **ldiv_t** mit dem Quotienten *(.quot)* und dem Rest *(.rem)*. Bei einer Division durch 0 bricht das Programm mit einer Fehlermeldung ab.	

double log (double wert);

double log10 (double wert);

Funktion	**log**() berechnet den natürlichen Logarithmus, **log10**() berechnet den Logarithmus zur Basis 10.	
Header-Datei	cmath	
Parameter	wert	Wert für den zu ermittelnden Logarithmus
Rückgabewert	Der jeweilige Logarithmus. Ein negativer Wert von *wert* erzeugt eine Fehlermeldung des Typs DOMAIN via **stderr**, der Wert HUGE_VAL wird zurückgeliefert und **errno** auf EDOM gesetzt. Bei *wert == 0* wird eine Fehlermeldung des Typs _SING via **stderr** erzeugt, der Wert 0 wird zurückgeliefert und **errno** auf ERANGE gesetzt.	

double modf (double wert, double *int_wert);

Funktion	Der ganzzahlige Anteil und der Dezimalbruch einer Fließkommazahl werden berechnet.	
Header-Datei	cmath	
Parameter	wert	Fließkommawert
	int_wert	Puffer für den Integer-Anteil
Rückgabewert	Der Dezimalbruch (Nachkommazahl), der ganzzahlige Anteil wird in dem Puffer für den Integer-Anteil gespeichert.	

double pow (double basis, double expo);

Funktion	Potenzierung	
Header-Datei	cmath	
Parameter	basis	zu potenzierender Wert
	expo	Potenz
Rückgabewert	Die Potenz	

int rand (void);

Funktion	Eine Zufallszahl im Bereich von 0 .. RAND_MAX (2^{15}-1) wird erzeugt. Der von dieser Funktion benutzte Zufallsgenerator beginnt mit einem statischen Wert (d.h. immer gleiche Folge von Zufallszahlen). Der Startwert kann mit der Funktion **srand**() geändert werden.	
Header-Datei	cstdlib	
Parameter	keine	
Rückgabewert	Die Zufallszahl	

double sin (double winkel);

double sinh (double winkel);

Funktion	Sinus bzw. Sinus hyperbolicus	
Header-Datei	cmath	
Parameter	winkel	Winkel in Rad
Rückgabewert	Der berechnete Wert (bei einem Fehler gibt **sinh**() den Wert 0 und **sinh**() den Wert HUGE_VAL zurück).	

double sqrt (double wurzel);

Funktion	Berechnet die Quadratwurzel einer Fließkommazahl.	
Header-Datei	cmath	
Parameter	wurzel	positiver Fließkommawert
Rückgabewert	Die Quadratwurzel	

void srand (unsigned int start);

Funktion	Setzt den Startpunkt für das Erzeugen von Pseudozufallszahlen über die Funktion **rand**. Wird der Wert 1 übergeben, wird der Generator jedes Mal neu initialisiert.	
Header-Datei	cstdlib	
Parameter	start	Startwert für den Zufallszahlengenerator
Rückgabewert	Keiner	

double tan (double winkel);

double tanh (double winkel);

Funktion	Tangens bzw. Tangens hyperbolicus	
Header-Datei	cmath	
Parameter	winkel	Winkel in Rad
Rückgabewert	Der Tangens bzw. der Tangens hyperbolicus	

1.1.9 Prozesskontrolle und Programmumgebung

void abort (void);

Funktion	Ein Prozess wird mit der Meldung »Abnormal program termination« via **stderr** abgebrochen und **raise (SIGABRT)** wird aufgerufen. Dateipuffer werden nicht geleert, mit **atexit**() festgelegte Routinen nicht aufgerufen.
Header-Datei	cstdlib
Parameter	Keine
Rückgabewert	Keiner

void assert (int bedingung);

Funktion	Der Wert eines übergebenen Arguments wird überprüft. Ist das Ergebnis 0 (FALSE), wird eine Meldung auf **stderr** ausgegeben und das Programm durch den Aufruf der Funktion **abort**() abgebrochen.

Header-Datei	cassert	
Parameter	bedingung	die zu prüfende Bedingung
Rückgabewert	Keiner	

int atexit (void (*funktion) (void));

Funktion	Es wird festgelegt, welche Routine beim Ende des Programms aufgerufen wird (z.B. für notwendige Aufräumarbeiten). Mit jedem **atexit**()-Aufruf wird eine weitere Funktion registriert. Der Aufruf dieser registrierten Funktionen geschieht nach dem Prinzip »last in – first out« (die letzte Funktion wird zuerst aktiviert).	
Header-Datei	cstdlib	
Parameter	funktion	die aufzurufende Funktion
Rückgabewert	Ist die übergebene Funktion registriert, der Wert 0.	

void exit (int status);

Funktion	Beendet ein Programm. Alle mit **atexit**() registrierten Funktionen werden aufgerufen, alle Streampuffer werden geleert und offene Dateien geschlossen. Danach erfolgt der Rücksprung zum Betriebssystem.	
Header-Datei	cstdlib	
Parameter	status	Exitcode
Rückgabewert	Keiner	

char *getenv (const char *varname);

Funktion	Durchsucht eine Tabelle nach der gewünschten Umgebungsvariablen.	
Header-Datei	cstdlib	
Parameter	varname	Name der Umgebungsvariablen
Rückgabewert	Ein Zeiger auf die Umgebungsvariable, sonst ein NULL-Zeiger	

void longjmp (jmp_buf status, int wert);

Funktion	Stellt den bei dem Aufruf von **setjump**() gespeicherten Programmstatus wieder her und führt das Programm ab der Stelle weiter, an der **setjmp**() aufgerufen wurde.	
Header-Datei	csetjmp	
Parameter	status	Puffer zur Speicherung des momentanen Programmstatus
	wert	von **setjmp**() erzeugter Wert
Rückgabewert	Keiner	

void perror (const char *string);

Funktion	Erzeugt eine Fehlermeldung und gibt den übergebenen String zusammen mit der Fehlermeldung, die **errno** hat (als englischen Klartext), über **stderr** aus.	
Header-Datei	cstdio	
Parameter	string	vom aufrufenden Programm festgelegter Teil der Fehlermeldung
Rückgabewert	Keiner	

int raise (int sig_art);

Funktion	Der übergebene Wert wird an das aufrufende Programm übergeben. Ist eine Behandlungsroutine für das Signal entsprechenden Typs installiert, wird diese Routine aktiviert, sonst übernimmt die Laufzeitbibliothek selbst die Bearbeitung.	
Header-Datei	csignal	
Parameter	sig_art	Art des zu sendenden Signals
Rückgabewert	Bei fehlerfreier Ausführung der Wert 0, sonst ein Wert ungleich 0	

int setjmp (jmp_buf status);

Funktion	Der Status des Programms wird (für einen späteren Aufruft von **longjmp()**) festgehalten.	
Header-Datei	csetjmp	
Parameter	status	Puffer für den Programmstatus
Rückgabewert	Der Wert 0 für den festgehaltenen Programmstatus. Wurde die Funktion im Zusammenhang mit **longjmp()** aufgerufen, wird der Wert, den das zweite Argument von **longjmp()** hat, zurückgeliefert. Falls von **longjmp()** der Wert 0 geliefert wird, setzt **setjmp()** diesen Wert automatisch auf 1.	

void (*signal (int sig_art, void (*funktion) (int sig_art [, int subcode]))) (int sig_art);

Funktion	Programmeigene Behandlungsroutine für Interrupts des Betriebssystems, die vom Typ *sig_art* aufgerufen werden, können erstellt werden.	
Header-Datei	csignal	
Parameter	sig_art	Art des Signals
	funktion	Zeiger auf die auszuführende Funktion
	subcode	optionaler Subcode zu *sig_art*
Rückgabewert	Die Adresse der Funktion, die dem jeweiligen Signaltyp zuvor zugeordnet war. Bei einem Fehler ist der Wert SIG_ERR, **errno** wird auf EINVAL gesetzt.	

int system (const char *command);

Funktion	Ein anderes Programm kann ausgeführt werden, der laufende Prozess wird unterbrochen.	
Header-Datei	cstdlib	
Parameter	command	Befehlszeile
Rückgabewert	Bei erfolgreicher Ausführung der Wert 0, sonst der Wert -1	

1.1.10 Stringmanipulationen

char *strcat (char *string_1, const char *string_2);

wchar_t *wcscat (wchar_t *string_1, const wchar_t *string_2);

Funktion	Aneinanderhängen von Strings.	
Header-Datei	cstring	bzw. cwchar
Parameter	string_1	Puffer für das Ergebnis
	string_2	Quelle der Kopie
Rückgabewert	Ein Zeiger auf die verbundenen Strings	

char *strchr (const char *string, int zeichen);

wchar_t *wcschr (const wchar_t *string, wint_t zeichen);

Funktion	Ein String (inkl. des abschließenden NULL-Zeichens) wird nach einem bestimmten Zeichen durchsucht.	
Header-Datei	cstring	bzw. cwchar
Parameter	string	abzusuchender String
	zeichen	gesuchtes Zeichen
Rückgabewert	Ein Zeiger auf das gefundene Zeichen, sonst ein NULL-Zeiger	

int strcmp (const char *string_1, const char *string_2);

int wcscmp (const wchar_t *string_1, const wchar_t *string_2);

Funktion	Es werden zwei Strings miteinander verglichen. Der Vergleich wird abgebrochen, wenn das Ende der Zeichenkette erreicht ist oder zwei unterschiedliche Zeichen gefunden wurden.	
Header-Datei	cstring	bzw. cwchar
Parameter	string_1, string_2	die zu vergleichenden Strings
Rückgabewert	der Wert 0, wenn *string_1* mit *string_2* identisch ist, ein Wert < 0, wenn *string_1* kleiner *string_2* ist, ein Wert > 0, wenn *string_1* größer *string_2* ist.	

char *strcpy (char *string_1, const char *string_2);

wchar_t *wcscpy (wchar_t *string_1, const wchar_t *string_2);

Funktion	Kopiert einen String in einen anderen. Bei überlappenden Speicherbereichen beider Strings ist das Verhalten der Funktion undefiniert.	
Header-Datei	cstring	bzw. cwchar
Parameter	string_1	Zielstring
	string_2	Quellstring
Rückgabewert	Zeiger auf den neuen String	

size_t strcspn (const char *string_1, const char *string_2);

size_t wcscspn (const wchar_t *string_1, const wchar_t *string_2);

Funktion	Vergleicht zwei Strings und bestimmt die Länge des Teilstrings, der kein Zeichen aus dem zweiten String enthält.	
Header-Datei	cstring	oder cwchar
Parameter	string_1	abzusuchender String
	string_2	Vorgabestring
Rückgabewert	Die Länge des Teilstrings, der keine Zeichen aus *string_2* enthält.	

char *strerror (int fehlercode);

Funktion	Unterstützt das Erzeugen von Fehlermeldungen – meist wird **errno** als Parameter übergeben.	
Header-Datei	cstring	
Parameter	fehlercode	Der vom aufrufenden Programm festgelegte Teil der Fehlermeldung

Rückgabewert	Ein Zeiger auf einen statischen Stringpuffer – bei jedem Aufruf dieser Funktion wird er neu gesetzt.	

size_t strlen (const char *string);

size_t wcslen (const wchar_t *string);

Funktion	Die Länge eines Strings (ohne NULL-Zeichen) wird ermittelt.	
Header-Datei	cstring	bzw. cwchar
Parameter	string	String (im ASCII-Format)
Rückgabewert	Anzahl der Zeichen des Strings	

char *strncat (char *string_1, const char *string_2, size_t anzahl);

wchar_t *wcsncat (wchar_t *string_1, const wchar_t *string_2, size_t anzahl);

Funktion	Eine bestimmte Anzahl von Zeichen wird an einen String angehängt. Ist die Anzahl der zu kopierenden Zeichen oder das Ende des Strings erreicht, wird die Funktion beendet.	
Header-Datei	cstring	bzw. cwchar
Parameter	string_1	Quell- und Zielpuffer
	string_2	anzuhängender String
	anzahl	Anzahl der anzuhängenden Zeichen
Rückgabewert	Zeiger auf den String	

int strncmp (const char *string_1, const char *string_2, size_t anzahl);

int wcsncmp (const wchar_t *string_1, const wchar_t *string_2, size_t anzahl);

Funktion	Es wird die vorgegebene Anzahl vom (ersten) Zeichen zweier Strings verglichen.	
Header-Datei	cstring	bzw. cwchar
Parameter	string_1, string_2	zu vergleichende Strings
	anzahl	Zahl der zu vergleichenden Zeichen
Rückgabewert	Der Wert 0, wenn *string_1* mit *string_2* identisch ist, ein Wert < 0, wenn *string_1* kleiner *string_2* ist, ein Wert > 0, wenn *string_1* größer *string_2* ist.	

char *strncpy (char *string_1, const char *string_2, size_t anzahl);

wchar_t *wcsncpy (wchar_t *string_1, const wchar_t *string_2, size_t anzahl);

Funktion	Es wird die gewünschte Anzahl von Zeichen von einem String in den anderen kopiert. Ist die Anzahl der zu kopierenden Zeichen kleiner als die gewünschte Anzahl, werden so lange NULL-Zeichen kopiert, bis die Anzahl erreicht ist.	
Header-Datei	cstring	oder cwchar
Parameter	string_1	Zielpuffer
	string_2	zu kopierender String
	anzahl	Zahl der zu kopierenden Zeichen
Rückgabewert	Ein Zeiger auf den Puffer	

char *strpbrk (const char *string_1, const char *string_2);

wchar_t *wcspbrk (const wchar_t *string_1, const wchar_t *string_2);

Funktion	Durchsucht einen String nach einem Zeichen aus einem anderen String.	
Header-Datei	cstring	bzw. cwchar
Parameter	string_1	abzusuchender String
	string_2	Zeichensatz
Rückgabewert	Zeiger auf das erste gefundene Zeichen, sonst ein NULL-Zeiger	

char *strrchr (const char *string, int zeichen);

char *wcsrchr (const wchar_t *string, int zeichen);

Funktion	Sucht einen String nach einem Zeichen ab. Das abschließende NULL-Zeichen wird einbezogen.	
Header-Datei	cstring	bzw. cwchar
Parameter	string	abzusuchender String
	zeichen	zu suchendes Zeichen
Rückgabewert	Ein Zeiger auf das letzte gefundene Zeichen, sonst ein NULL-Zeiger	

size_t strspn (const char *string_1, const char *string_2);

size_t wcsspn (const wchar_t *string_1, const wchar_t *string_2);

Funktion	Ermittelt die Länge von Teilstrings, die in zwei Strings identisch ist.	
Header-Datei	cstring	bzw. cwchar
Parameter	string_1	abzusuchender String
	string_2	Zeichenmenge
Rückgabewert	Die Länge des ermittelten Teilstrings	

char *strstr (const char *string_1, const char *string_2);

wchar_t *wcsstr (const wchar_t *string_1, const wchar_t *string_2);

Funktion	Ein Teilstring wird innerhalb eines anderen Strings gesucht.	
Header-Datei	cstring	bzw. cwchar
Parameter	string_1	abzusuchender String
	string_2	zu suchende Zeichenfolge
Rückgabewert	Ein Zeiger auf das erste Vorkommen, sonst der Wert NULL	

char *strtok (char *string_1, const char *string_2);

wchar_t *wcstok (wchar_t *string_1, const wchar_t *string_2);

Funktion	Betrachtet einen String als eine Folge von Token, die voneinander durch die in *string_2* definierten Zeichenfolgen getrennt sind. Der erste Aufruf überspringt führende Trennzeichen, liefert einen Zeiger auf den Beginn des ersten gefundenen Token in *string_1* zurück und setzt ein NULL-Zeichen unmittelbar hinter sein Ende. Weitere Aufrufe mit dem Wert NULL anstelle des Arguments *string_1* liefern Zeiger auf weitere Token zurück, bis der ursprüngliche String vollständig bearbeitet ist.	
Header-Datei	cstring	bzw. cwchar

Parameter	string_1	zu untersuchender String
	string_2	Trennzeichen
Rückgabewert	Ein Zeiger auf das gefundene Token; ist kein Token mehr vorhanden, ein NULL-Zeiger.	

wint_t towctrans(wint_t lz, wctrans_t category);

Funktion	Wandelt das Langzeichen entsprechend der Kategorie um.	
Header-Datei	cwctype	
Parameter	lz	Langzeichen
	category	die gewünschte Kategorie
Rückgabewert	Bei erfolgreicher Umwandlung das umgewandelte Langzeichen.	

wctrans_t wctrans(const char *proberty);

Funktion	Definiert eine Abbildung zwischen Langzeichen.	
Header-Datei	cwctype	
Parameter	proberty	Abbildung gemäß der LC_CTYPE-Kategorie
Rückgabewert	Bei gültiger Abbildung ein Wert ungleich 0, sonst 0.	

wctype_t wctype(const char *zklasse);

Funktion	Definiert Langzeichenklassen.	
Header-Datei	cwctype	
Parameter	zklasse	Name der Zeichenklasse, z.B. alnum
Rückgabewert	Bei einem gültigen Objekt von Type wctype_t wird ein Wert ungleich 0, im Fehlerfall wird der Wert 0 zurückgegeben.	

1.1.11 Suchen und Sortieren

void *bsearch (const void *key, const void *basis, size_t anzahl, size_t groesse, int (*vergleich) (const void *elem_1, const void *elem_2));

Funktion	Binäre Suche in einem beliebigen, in aufsteigender Reihenfolge sortierten Array. Jeweils zwei Argumente werden zum Vergleich übergeben – die zu suchende Information und das Element, mit dem der Vergleich stattfinden soll. Die folgenden Werte müssen von *vergleich* zurückgeliefert werden: Der Wert 0, wenn **elem_1* == **elem_2*, Ein Wert < 0, wenn **elem_1* < **elem_2*, Ein Wert > 0, wenn **elem_1* > **elem_2*.	
Header-Datei	cstdlib	
Parameter	key	das gesuchte Objekt
	basis	Startadresse des Array
	anzahl	Anzahl der Array-Elemente
	groesse	Größe eines einzelnen Elements
	vergleich	Zeiger auf die Vergleichsroutine für *elem_1* und *elem_2*

	elem_1	1. Parameter von *vergleich*
	elem_2	2. Parameter von *vergleich*, wird mit *elem_1* verglichen
Rückgabewert	Ein Zeiger auf das erste Element des Array, das mit den gesuchten Daten übereinstimmt, sonst ein NULL-Zeiger.	

void qsort (void *basis, size_t anzahl, size_t groesse, int(*vergleich) (const void *elem_1, const void *elem_2));

Funktion	Die Elemente eines Array werden über den Quick-Sort-Algorithmus sortiert. Zwei Elemente werden miteinander verglichen und je nach Ergebnis werden folgende Werte von *vergleich* zurückgegeben : Der Wert 0, wenn *elem_1 == elem_2,* Ein Wert < 0, wenn *elem_1 < elem_2,* Ein Wert > 0, wenn *elem_1 > elem_2.*	
Header-Datei	cstdlib	
Parameter	basis	Startadresse des Array
	anzahl	Anzahl der Array-Elemente
	groesse	Größe eines einzelnen Elements
	vergleich	Zeiger auf die Vergleichsroutine
	elem_1	1. Parameter von *vergleich*
	elem_2	2. Parameter von *vergleich*, wird mit *elem_1* verglichen
Rückgabewert	Keiner	

1.1.12 Umrechnung (Binär- und ASCII-Format)

int abs (int int_arg);

Funktion	Der Betrag eines Integer-Arguments wird ermittelt.	
Header-Datei	cstdlib	
Parameter	int_arg	Integer
Rückgabewert	Betrag des Arguments	

double atof (const char *string);

int atoi (const char *string);

long atol (const char *string);

Funktion	Umwandlung von ASCII-Strings, wobei Leerzeichen bzw. Tabulatoren ignoriert werden.	
	atof	Der angegebene String wird als Fließkommazahl in das Format double umgewandelt.
	atoi	Der angegebene String wird als Ganzzahl in das Format integer umgewandelt.
	atol	Wird wie **atoi**, aber in das Format long umgewandelt.
Header-Datei	cstdlib	
Parameter	string	Der zu interpretierende String
Rückgabewert	Der umgewandelte Wert, sonst der Wert 0 bzw. 0.0	

long labs (long long_wert);

Funktion	Der Betrag einer **long int**-Zahl wird ermittelt.	
Header-Datei	cstdlib	cmath
Parameter	long_wert	Long-Integerwert
Rückgabewert	Der Betrag	

double strtod (const char *nptr, char **endptr);

long strtol (const char *nptr, char **endptr, int basis);

unsigned long strtoul (const char *nptr, char **endptr, int basis);

double wcstod (const wchar_t *nptr, wchar_t **endptr);

long wcstol (const wchar_t *nptr, wchar_t **endptr, int basis);

unsigned long wcstoul (const wchar_t *nptr, wchar _t **endptr, int basis);

Funktion	Umwandlung eines Strings; Leerzeichen bzw. Tabulatoren werden ignoriert.	
	strtod/wcstod	Umwandlung in einen **double**-Wert
	strtol/wcstol	Umwandlung in einen **long**-Wert
	strtoul/wcstoul	Umwandlung in einen **unsigned long**-Wert
Header-Datei	cstdlib	bzw. cwchar
Parameter	nptr	zu interpretierender String
	endptr	Puffer für die Endadresse der Analyse
	basis	Zahlenbasis
Rückgabewert	Umgewandelter Wert, sonst der Wert 0. Bei Über- und Unterläufen wird **errno** auf ERANGE gesetzt.	

1.1.13 Variable Parameterzahlen

Typ va_arg (va_list p_liste, type);

void va_end (va_list p_liste);

void va_start (va_list p_liste, vor_param);

Funktion	Implementierung von Routinen mit variablen Parameterzahlen – alle drei Funktionen sind Makros. Mit **va_start**() wird das erste Argument geholt, mit **va_arg**() können die einzelnen Elemente aus der Parameterliste geholt werden, und mit **va_end**() wird der Argumenten-Zeiger auf NULL gesetzt.	
Header-Datei	cstdarg	
Parameter	p_liste	Zeiger auf eine Parameterliste
	vor_param	Parameter, der dem ersten optionalen Argument vorangeht
	Typ	Typ des auszulesenden Parameters
Rückgabewert	**va_arg**() gibt den nächsten Wert aus der Parameterliste (im angegebenen Format) zurück, **va_start**() und **va_end**() nichts.	

1.2 Typen, Formate und Konstanten

1.2.1 Konstanten

Konstanten für die Wertebereiche von Datentypen (climits)

Konstante	*Wert*	*Beschreibung*
SCHAR_MAX	127	Maximum für signed char
SCHAR_MIN	-128	Minimum für signed char
UCHAR_MAX	255	Maximum für unsigned char
CHAR_BIT	8	Anzahl Bit (kein Bitfeld)
USHRT_MAX	65535	Maximum für unsigned short
SHRT_MAX	32767	Maximum für short
SHRT_MIN	-32768	Minimum für short
UINT_MAX	4294967295	Maximum für unsigned int
ULONG_MAX	4294967295	Maximum für long
INT_MAX	2147483647	Maximum für int
INT_MIN	-2147483648	Minimum für int
LONG_MAX	2147483647	Maximum für long
LONG_MIN	-2147483648	Minimum für long
CHAR_MAX	127	Maximum für char
CHAR_MIN	-128	Minimum für char
MB_LEN_MAX	2	Maximale Bytezahl für Multibyte-Zeichenkonstanten

Tab. 1.2.1: Wertebereiche von Datentypen

Konstante RAND_MAX

Sie stellt den höchsten Wert dar, den die Funktion **rand** als Zufallszahl zurückliefern kann. Sie ist in CSTDLIB als 0x7FFF definiert.

Konstante BUFSIZ

Sie ist die Standardgröße von Streampuffern. Die Routine **setbuf** – mit ihr lassen sich eigene Puffer einrichten – erwartet als Parameter entweder den Wert NULL oder einen Zeiger auf einen Puffer mit **BUFSIZ** (512) Byte Umfang.

Konstante FILENAME_MAX

Sie enthält die Maximallänge eines Dateinamens, inkl. des abschließenden NULL-Zeichens.

Konstante FOPEN_MAX

Sie entspricht der maximalen Anzahl von Dateien und Streams, die ein Prozess gleichzeitig offenhalten kann.

Konstante **HUGE_VAL**

Sie repräsentiert den größten positiven Wert, der sich im **double** bzw. **long double**-Format darstellen lässt. Einige Funktionen der Fließkommabibliothek liefern diese Konstante für »unendliche« Werte zurück.

Konstante **TMP_MAX und L_tmpnam**

TMP_MAX repräsentiert die Maximalzahl unterschiedlicher Dateinamen, die sich mittels der Funktion **tmpnam** erzeugen lassen. Dabei gibt die Konstante L_tmpnam die Länge der von **tmpnam** erzeugten Dateinamen an.

Konstante **NULL**

Ein Zeiger ins »Nichts«.

Konstanten für Fließkommawerte (in der Datei CFLOAT definiert)

Konstante	*Wert*	*Bedeutung*
FLT_DIG	6	Anzahl der sign. Dezimalstellen
DBL_DIG	15	
LDBL_DIG	18	
FLT_EPSILON	1.192092896e-07	Anzahl der sign. Gleitkomma-
DBL_EPSILON	2.2204460492503131e-016	tabellen
LDBL_EPSILON	1.084202172485504434e-019	
FLT_MANT_DIG	24	Anzahl sign. Stellen der Mantisse
DBL_MANT_DIG	53	
LDBL_MANT_DIG	64	
FLT_MAX	3.402823466e+38F	Größte darstellbare Zahl
DBL_MAX	1.7976931348623158e+308	
LDBL_MAX	1.189731495357231765e+4932	
FLT_MAX_10_EXP	38	Größte Potenz von 10
DBL_MAX_10_EXP	308	
LDBL_MAX_10_EXP	4932	
FLT_MAX_EXP	128	Größte Potenz von FLT_RADIX
DBL_MAX_EXP	1024	
LDBL_MAX_EXP	16384	
FLT_MIN	1.175494351e-38	Der kleinste darstellbare Wert
DBL_MIN	2.2250738585072014e-308	
LDBL_MIN	3.3621031431120935063e-4932	
FLT_MIN_10_EXP	-37	Kleinste Potenz von 10
DBL_MIN_10_EXP	-307	
LDBL_MIN_10_EXP	-4931	

Konstante	*Wert*	*Bedeutung*
FLT_MIN_EXP	-125	Kleinste Potenz von FLT_RADIX
DBL_MIN_EXP	-1021	
LDBL_MIN_EXP	-16381	
FLT_RADIX	2	Darstellung von Exponenten
FLT_ROUNDS	1 (nächstliegender Wert)	Rundungsmodus f. Gleitkomma

Tab. 1.2.2: Fließkommawerte

Konstanten für das Öffnen von Dateien

a	Daten an eine Datei anhängen. Existiert die Datei bereits, bleibt ihr Inhalt unverändert, ansonsten wird eine neue Datei angelegt. Wurde die momentane Position in der in diesem Modus geöffneten Datei verändert, wird sie bei Schreibaktionen automatisch auf das aktuelle Dateiende gesetzt.
a+	Wie **a**, aber hier auch mit Lesezugriff.
r	Öffnen einer Datei für Lesezugriffe. Existiert die Datei nicht bzw. wird sie nicht gefunden, bricht die entsprechende Funktion mit einem Fehler ab.
r+	Öffnen einer Datei für Lese- und Schreibzugriffe. Existiert die Datei nicht bzw. wird sie nicht gefunden, bricht die entsprechende Funktion mit einem Fehler ab.
w	Öffnen einer Datei für Schreibzugriffe. Existiert die Datei bereits, wird ihr Inhalt gelöscht, ansonsten wird sie neu angelegt.
w+	Wie **w**, aber hier mit gleichzeitigem Lesezugriff.

Konstanten für ERRNO

ECHILD	Es gibt kein Child-Prozess mit der angegebenen Kennziffer.
EAGAIN	Es lassen sich zur Zeit keine weiteren Prozesse starten.
E2BIG	Der Umfang der Argumentenliste ist zu groß.
EACCES	Auf diese Datei ist der gewünschte Zugriff nicht erlaubt.
EBADF	Der verwendete Handle steht nicht für die Kennziffer einer offenen Datei.
EDEADLOCK	Mindestens zwei Anforderungen würden sich gegenseitig blockieren.
EDOM	Unzulässiger Wertebereich für das Argument einer mathematischen Funktion.
EEXIST	Es wird versucht, eine bereits existierende Datei erneut anzulegen.
EINVAL	Ein Wertebereich wurde überschritten.
EMFILE	Die Maximalzahl offener Dateien ist erreicht.

ENOENT	Datei nicht lokalisierbar.
ENOEXEC	Die gewünschte Datei ist beschädigt oder ist kein ausführbares Programm.
ENOMEM	Nicht genug Speicher vorhanden.
ENOSPC	Datenträger ist voll.
ERANGE	Ein Wert lässt sich nicht mehr im gewünschten Format darstellen.
EXDEV	Es wird versucht, eine Datei von einem Datenträger auf einen anderen zu verschieben.

Konstanten für Standard-Ein-/-Ausgabe und -Fehlerausgabe

FILE * **stdin;**	Standard-Eingabe
FILE * **stdout;**	Standard-Ausgabe
FILE * **stderr;**	Standard-Fehlerausgabe

LC-Konstanten

LC_ALL	Auswahl aller Kategorien
LC_COLLATE	Informationen für **strcoll** und **strxfrm**
LC_CTYPE	Informationen zur Behandlung von Zeichen
LC_MONETARY	Informationen zur Formatierung von Währungsbeträgen
LC_NUMERIC	Informationen zur Dezimalpunktdarstellung für formatierte Ausgaben
LC_TIME	Informationen für Datum/Uhrzeit-Funktionen

Makro MB_CUR_MAX

Die übergebenen Zeichen werden definiert und auf die Anzahl von Bytes erweitert, die in einem aktuell verwendeten Multibyte-Zeichensatz benötigt wird (in cstdlib).

Makro MB_LEN_MAX

Liefert und definiert die maximale Bytezahl eines Multibyte-Zeichens (in climits).

1.2.2 Datentypen und Strukturen

Datentyp	*Benutzt von / für*	*Header-Datei*
fpos_t	*fgetpos, fsetpos*	cstdio
jmp_buf	*setjmp, longjmp*	csetjmp
ptrdiff_t	Ergebnis der Subtraktion zweier Pointer	cstddef

Datentyp	*Benutzt von / für*	*Header-Datei*
mbstate_t	Multibyte-Funktionen	cwchar
sig_atomic_t	*signal*	csignal
size_t	*sizeof* operator	cstddef, cstdio, cstring, ctime
time_t	*mktime, time*	ctime
wchar_t	für portable Programme im internat. Markt	cstddef, cstdlib
wctranc_t	länderspezifische Zeichenklassen	cwctype
wctype_t	repräsentiert alle Zeichen von jedem nationalen Zeichensatz	cstddef, cstdlib
wint_t	für wide character oder wide **end-of-file**-Wert	cwchar, cwctype
div_t / ldiv_t	Berechnung des Quotienten und Rest einer Division	cstdlib
va_list	für variable Argumentenliste	cstdarg
clock_t long	*clock*	ctime
FILE structure	benutzt von allen Stream- I/O-Operationen	cstdio

Tab. 1.2.1: C-Datentypen

Struktur tm

Sie ist in ctime definiert und wird benutzt von **asctime**, **gmtime**, **localtime**, **mktime**, und **strftime**.

```
struct tm
{
   int          tm_sec;        // Sekunden (0 -59)
   int          tm_min ;       // Minuten (0 -59)
   int          tm_hour;       // Stunden (0 -23)
   int          tm_mday;       // Tag im Monat (1 -31)
   int          tm_mon;        // Monat im Jahr (0 -11)
   int          tm_year;       // Jahr ab 1900
   int          tm_wday;       // Wochentag (0 - 6)
   int          tm_yday;       // Tag im Jahr (0 -365)
   int          tm_isdst;      // ungleich 0 für Sommerzeit, sonst 0
};
```

Struktur div_t und Struktur ldiv_t

Sie sind in der Header-Datei cstdlib definiert und werden von **div** und **ldiv** benutzt.

```
typedef struct
{
    int quot;           // Quotient
    int rem;            // Rest
} div_t;

typedef struct
{
    long quot;          // Quotient
    long rem;           // Rest
} ldiv_t;
```

Struktur lconv

Sie ist in clocale definiert.

```
typedef struct lconv
{
 char *decimal_point;         // Dezimalpunkt (num. Werte)
 char *mon_decimal_point;     // Dezimalpunkt für Geldbeträge
 char *grouping;              // Größe v. Dezimalgruppen (num. Werte)
 char *mon_grouping;          // Größe v. Dezimalgruppen(Geld)
 char *thousands_sep;         // Tausender-Trennzeichen (num. Werte)
 char *mon_thousands_sep;     // Tausender-Trennzeichen(Geld)
 char *currency_symbol;       // Währungssymbol nach ISO
 char *positive_sign;         // positives Vorzeichen (Geld)
 char *negative_sign;         // negatives Vorzeichen (Geld)
 char int_frac_digits;        // Zahl d. Nachkommastellen (int. Geld)
 char frac_digits;            // Zahl d. Nachkommastellen (lok. Geld)
 char p_sign_posn;            // Position Vorz. bei pos.Geldbeträgen
 char n_sign_posn;            // Position Vorz. bei neg.Geldbeträgen
 char p_cs_precedes;          // Position des Währungssymbols vor pos. Beträgen
 char n_cs_precedes;          // Position des Währungssymbols vor neg. Beträgen
 char p_sep_by_space;         // Leerzeichen zwischen Symbol und pos. Betrag
 char n_sep_by_space;         // Leerzeichen zwischen Symbol und neg. Betrag
};
```

Struktur va_list

Sie ist in der Header-Datei cstdarg definiert und wird von den Makros **va_arg** und **va_end** benutzt.

```
typedef struct
{
   char *a0;
   int offset;
} va_list;
```

1.2.3 Datum/Uhrzeit-Formatierungsangaben

%a	Name des Wochentags abgekürzt
%A	Name des Wochentags ausgeschrieben
%b	Name des Monats abgekürzt
%B	Name des Monats ausgeschrieben
%c	Datum/Uhrzeit im landesspezifischen Format
%d	Kalendertag im Monat (01 – 31)
%H	Stunden (00 – 23)
%I	Stunden (01 – 12)
%j	Tag im Jahr (001 – 366)

%m	Monat (01 – 12)
%M	Minute (00 – 59)
%p	Vormittag oder Nachmittag
%S	Sekunden (00 – 59)
%U	Kalenderwochen (00 – 51, Woch.beginn = Sonntag)
%w	Wochentage (0 – 6, 0 = Sonntag)
%W	Kalenderwochen (00-51, Wochenbeginn = Montag)
%x	Kalenderdatum
%X	Uhrzeit
%y	Jahreszahl (00 – 99)
%Y	Jahreszahl inkl. des Jahrhunderts
%Z	Zeitzone
%%	Prozentzeichen

1.2.4 printf-Formatierungsanweisungen

Die allgemeine Syntax lautet:

% [Flag] [Breite] [Genauigkeit] [Typvorsatz] Formatierungstyp

Flags	-	die Ausrichtung erfolgt linksbündig, ohne Angabe erfolgt sie rechtsbündig
	+	Voranstellung des Vorzeichens
	blank	ein Leerzeichen wird vorangestellt
	#	alternative Formatierung bei:
	o,x,X	es wird eine Null vorangestellt
	e, E, f, g, G	es wird die Ausgabe von einem Dezimalpunkt erzwungen

Breite	Anzahl der mindestens auszugebenden Zeichen
Genauigkeit	Anzahl der Zeichen nach einem Komma (Dezimalstellen) – dazu muss der Anzahl ein Punkt vorangestellt werden

Typvorsatz	h	für d,i,o,x,X der Typ short integer für u der Typ short unsigned interger
	l	für d,i,o,x,X der Typ long integer für u der Typ long unsigned interger für e, E, f, g,G der Type double
	L	für e, E, f, g,G der Type long double

Formatierungstypen	c	einzelnes Zeichen
	d,i	dezimale ganze Zahl mit Vorzeichen
	e, E	Fließkommazahl in Expotentialweise
	f	Fließkommazahl
	g, G	kürzeste Form einer Fließkommazahl (also %e oder %f)
	n	Anzahl der Zeichen bis hierhin
	o	oktale ganze Zahl ohne Vorzeichen
	p	Zeiger
	s	String
	u	dezimale ganze Zahl ohne Vorzeichen
	x,X	hexadezimale ganze Zahl ohne Vorzeichen

Darüber hinaus sind folgende **Escape-Sequenzen** möglich:

Escape-Sequenzen	\a	Alarm/Piepton
	\b	Rücktaste
	\f	Seitenvorschub
	\n	Zeilenvorschub
	\r	Wagenrücklauf
	\t	horizontaler Tabulator
	\v	vertikaler Tabulator
	\?	Fragezeichen (kein Dreierzeichen)
	\'	Hochkomma
	\"	Anführungszeichen
	\\	umgekehrter Schrägstrich
	\odd	Zeichencode in oktaler Notation
	\xdd	Zcichencode in hexadezimaler Notation

1.2.5 scanf-Formatierungsanweisungen

Die allgemeine Syntax lautet:

%[*] [Breite] [Größe] Formatierungstyp

Breite Anzahl der mindestens auszugebenden Zeichen

Genauigkeit Anzahl der Zeichen nach einem Komma (Dezimalstellen) – dazu muss der Anzahl ein Punkt vorangestellt werden

Formatierungstypen	d	dezimaler Integer
	o	oktaler Integer
	x	hexadezimaler Integer
	i	dezimaler, hexadezimaler oder oktaler Integer
	u	vorzeichenloser dezimaler Integer

e, E	Fließkommazahl in Exponentialweise
f	Fließkommazahl
g, G	Fließkommazahl in kürzester Schreibweise
c	Zeichen, inkl. weißer Leerzeichen
s	String
n	Zeiger auf einen int, in dem die Anzahl der bis hierher gelesenen Zeichen gespeichert wird
p	Werte in der Form xxxx:yyyy, wobei x und y für hexadezimale Ziffern stehen

1.3 Präprozessor

Präprozessor-Operatoren

#	Stringoperator
#@	Zeichenoperator
##	Symboloperator
defined	Bezeichner

Präprozessor-Direktiven

Direktiven			
#define	#elif	#else	#undef
#error	#if	#ifdef	#pragma
#include	#line	#ifndef	#endif

Tab. 1.3.1: Präprozessor-Direktiven

Vordefinierte Namen

__TIME__	Uhrzeit der Compilierung der aktuellen Quelltextdatei als String (hh:mm:ss)
__DATE__	Datum der Compilierung der aktuellen Quelltextdatei als String entsprechend der Bibliotheksfunktion **asctime**
__FILE__	Name der aktuellen Quelltextdatei als String in Anführungszeichen (Name über die Direktive #line veränderbar)
__LINE__	Aktuelle Zeilennummer des Quelltextes als Integer-Konstante (Startwert dieser Zählung über die Direktive #line veränderbar)
__STDC__	Konstante für den C-Compiler
__CPLUSPLUS__	Konstante für den C++-Compiler

1.4 Funktionen nach Header-Dateien geordnet (Prototypen)

Header	*Funktion*	
cassert	void assert (int);	
cctype	int isalnum (int);	int ispunct (int);
	int isalpha (int);	int isspace (int);
	int iscntrl (int);	int isupper (int);
	int isdigit (int);	int isxdigit (int);
	int isgraph (int);	int tolower (int);
	int islower (int);	int toupper (int);
	int isprint (int);	
clocale	struct lconv *localeconv (void);	
	char *setlocale (int, const char *);	
cmath	double acos (double);	
	double asin (double);	
	double atan (double);	
	double atan2 (double, double);	
	double ceil (double);	
	double cos (double);	
	double cosh (double);	
	double exp (double);	
	double fabs (double);	
	double floor (double);	
	double fmod (double, double);	
	double frexp (double, int *);	
	double ldexp (double, int);	
	double log (double);	
	double log10 (double);	
	double modf (double, double *);	
	double pow (double, double);	
	double sin (double);	
	double sinh (double);	
	double sqrt (double);	
	double tan (double);	
	double tanh (double);	
csetjmp	void longjmp (jmp_buf, int);	
	int setjmp (jmp_buf);	
csignal	int raise (int);	
	void signal (int, void *(int)) (int);	
cstdarg	va_arg (va_list);	
	va_end (va_list);	
	va_start (va_list);	

Header	*Funktion*
cstdio	void clearer (FILE *); int fclose (FILE *); int feof (FILE *); int ferror (FILE *); int fflush (FILE *); int fgetc (FILE *); int fgetpos (FILE *, fpos_t *); char *fgets (char *, int, FILE *); FILE *fopen (const char *, const char *); int fprintf (FILE *, const char *, ...); int fputc (int, FILE *); int fputs (const char *, FILE *); size_t fread (void *, size_t, size_t, FILE *); FILE *freopen (const char *, const char *, FILE *); int fscanf (FILE *, const char *, ...); int fseek (FILE *, long, int); int fsetpos (FILE *, const fpos_t *); long ftell (FILE *); size_t fwrite (const void *, size_t, size_t, FILE *); size_t fwrite (const void *, size_t, size_t, FILE *); int getc (FILE *); int getchar (void); char *gets (char *); void perror (const char *); int printf (const char *, ...); int putc (int, FILE *); int putchar (int); int puts (const char *); int remove (const char *); int rename (const char *, const char *); void rewind (FILE *);int scanf (const char *, ...); void setbuf (FILE *, char *); int setvbuf (FILE *, char *, int, size_t); int sprintf (char *, const char *, ...); int sscanf (const char *, const char *, ...); FILE *tmpfile (void); char *tmpnam (char *); int ungetc (int, FILE *); int vfprintf (FILE *, const char *, va_list); int vprintf (const char *, va_list); int vsprintf (char *, const char *, va_list);

Header	*Funktion*
cstdlib	void abort (void);
	int abs (int);
	int atexit (void * (void));
	double atof (const char *);
	int atoi (const char *);
	long atol (const char *);
	void *bsearch (const void *, const void *, size_t, size_t, int * (const void *,const void *));
	void *calloc (size_t, size_t);
	div_t div (int, int);
	void exit (int);
	void free (void *);
	char *getenv (const char *);
	long labs (long);
	ldiv_t ldiv (long, long);
	void *malloc (size_t);
	int mblen (const char *, size_t);
	size_t mbstowcs (wchar_t *, const char *, size_t);
	size_t mbtowc (wchar_t *, const char *, size_t);
	void qsort (void *, size_t, size_t, int *) (const void *, const void *));
	void *realloc (void *, size_t);void srand (unsigned int);
	double strtod (const char *, char * *);
	size_t wcstombs (char *, const wchar_t *, size_t);
	long strtol (const char *, char * *, int);
	unsigned long strtoul (const char *, char * *, int);
	int system (const char *);
cstring	void *memchr (const void *, int, size_t);
	int memcmp (const void *, const void *, size_t);
	void *memcpy (void *, const void *, size_t);
	void *memmove (void *, const void *, size_t);
	void *memset (void *, int, size_t);
	char *strcat (char *, const char *);
	char *strchr (const char *, int);
	int strcmp (const char *, const char *);
	int strcoll (const char *, const char *);
	char *strcpy (char *, const char *);
	size_t strcspn (const char *, const char *);
	char *strerror (int);
	size_t strlen (const char *);
	char *strncat (char *, const char *, size_t);
	int strncmp (const char *, const char *, size_t);
	char *strncpy (char *, const char *, size_t);
	char *strpbrk (const char *, const char *);
	char *strrchr (const char *, int);
	size_t strspn (const char *, const char *);
	char *strstr (const char *, const char *);
	char *strtok (char *, const char *);
	size_t strxfrm (char *, const char *, size_t);

Header	*Funktion*
ctime	char *asctime (const struct tm *); clock_t clock (void); char *ctime (const time_t *); double difftime (time_t, time_t); struct tm *gmtime (const time_t *); struct tm *localtime (const time_t *); time_t mktime (struct tm *); size_t strftime (char *, size_t, const char *, const struct tm *); time_t time (time_t *);

cwctype	int iswalnum (wint_t);
	int iswalpha (wint_t);
	int iswcntrl (wint_t);
	int iswctype (wint_t, wctype_t);
	int iswdigit (wint_t);
	int iswgraph (wint_t);
	int iswlower (wint_t);
	int iswprint (wint_t);
	int iswpunct (wint_t);
	int iswspace (wint_t);
	int iswupper (wint_t);
	int iswxdigit (wint_t);
	wint_t towctrans(wint_t, wctrans_t);
	int towlower (wchar_t);
	int towupper (wchar_t);
	wctrans_t wctrans(const char *);
	wctype_t wctype(const char *
	);int iswspace (wint_t);
	int iswupper (wint_t);
	int iswxdigit (wint_t);
	wint_t towctrans(wint_t, wctrans_t);
	int towlower (wchar_t);
	int towupper (wchar_t);
	wctrans_t wctrans(const char *);
	wctype_t wctype(const char *);

cwchar	wint_t btowc (int); win_t fputwc (wint_t, FILE *); wint_t fgetwc (FILE *); wchar_t *fgetws (wchar_t *, int, FILE *); int fputws (const wchar_t *, FILE *); int fwprintf (FILE, const wchar_t *,...); int fwscanf (FILE *, const wchar_t *, ...); win_t getwc (FILE *);

Header	*Funktion*
	win_t getwchar(void);
	size_t mbrlen (const char *, size_t , mbstate_t *);
	size_t mbrtowc (wchar_t *, const char *, size_t , mbstate_t *);
	size_t mbsinit (const mbstate_t *ps);
	size_t mbsrtowcs (wchar_t *, const char **, size_t , mbstate_t *);
	win_t putwc (wint_t, FILE *);
	win_t putwchar (wint_t);
	int swprintf (wchar_t *, const wchar_t *, ...);
	int swscanf (const wchar_t *, const wchar_t *, ...);
	win_t ungetwc (wint_t, FILE *);
	int vfwprintf (FILE *, const wchar_t *, va_list);
	int vswprintf (wchar_t *, const wchar_t *, va_list);
	int vwprintf (const wchar_t *, va_list);
	size_t wcrtomb (char *ziel, wchar_t lz, mbstate_t *ps);
	wchar_t *wcscat (wchar_t *, const wchar_t *);
	wchar_t *wcschr (const wchar_t *, wchar_t);
	int wcscmp (const wchar_t *, const wchar_t *);
	int wcscoll (const wchar_t *, const wchar_t *);wchar_t *wcscpy (wchar_t *, const wchar_t *);
	size_t wcsftime (wchar_t *, size_t, const wchar_t *, const struct tm *);
	size_t wcscspn (const wchar_t *, const wchar_t *);
	size_t wcslen (const wchar_t *);
	wchar_t *wcsncat (wchar_t *, const wchar_t *, size_t);
	int wcsncmp (const wchar_t *, const wchar_t *, size_t);
	wchar_t *wcsncpy (wchar_t *, const wchar_t *, size_t);
	wchar_t *wcspbrk (const wchar_t *, const wchar_t *);
	wchar_t *wcsrchr (const wchar_t *, wchar_t);
	size_t wcsrtobs (char *, const wchar_t **, size_t , mbstate_t *);
	size_t wcsspn (const wchar_t *, const wchar_t *);
	wchar_t *wcsstr (const wchar_t *, const wchar_t *);
	double wcstod (const wchar_t *, wchar_t **);
	wchar_t *wcstok (wchar_t *, const wchar_t *);
	long wcstol (const wchar_t *, wchar_t **, int);
	unsigned long wcstoul (const wchar_t *, wchar_t **, int);
	size_t wcsxfrm (wchar_t *, const wchar_t *, size_t);
	int wctob (wint_t);
	wchar_t *wmemchr (const wchar_t *, wchar_t *, size_t);
	wchar_t *wmemchp (const wchar_t *, const wchar_t *, size_t);
	wchar_t *wmemcpy (const wchar_t *, const wchar_t *, size_t);
	wchar_t *wmemmove (const wchar_t *, const wchar_t *, size_t);
	wchar_t *wmemset (wchar_t *, wchar_t *, size_t);
	int wprintf(const wchar_t *, ...);
	int wscanf (const wchar_t *, ...);

Tab. 1.4.1: Funktionen nach Header-Dateien

2 ANSI-C++-Standard

2.1 Algorithmen

Die STL stellt eine Reihe von Algorithmen zum Suchen, Sortieren, Mischen, Kopieren usw. zur Verfügung. Diese Algorithmen sind containerunabhängig, d.h. der Zugriff auf die Container erfolgt über Iteratoren. Ebenso ist ein Zugriff mit Zeigern auf sie möglich.

Die meisten Algorithmen gibt es in zwei Varianten:

- Die erste Variante benutzt zum Vergleich der Elemente einen relationalen Operator wie == oder <.
- Die zweite Variante benutzt ein Prädikat.
  Dieses Prädikat kann eine Funktion oder ein Funktionsobjekt sein, das einen Wert vom Typ **bool** zurückgibt, also *true* oder *false.* Ebenso kann es ein binäres Prädikat mit zwei Argumenten sein. Diese Algorithmen haben meistens die Endung **_if** im Namen.

Darüber hinaus gibt es Algorithmen, die nicht direkt auf dem Container arbeiten, sondern eine Kopie des Containers erzeugen und damit die Originaldaten erhalten. Diese Algorithmen haben die Endung **_copy** im Namen.

In der nun folgenden Beschreibung der Algorithmen wird nicht auf die unterschiedlichen Varianten eingegangen. Sie ergeben sich entweder aus der Namensendung oder aber der Parameterliste. Die meisten dieser Algorithmen sind in der Header-Datei **algorithm** deklariert, einige wenige auch in der Header-Datei **numeric**.

2.1.1 Algorithm-Klasse

Sucht nach zwei gleichen, benachbarten Elementen im Bereich *first .. last.*

```
template <class InputIterator>
    InputIterator adjacent_find (InputIterator first, InputIterator last);

template <class InputIterator, class BinaryPredicate>
    InputIterator adjacent_find (InputIterator first, InputIterator last,
                                 BinaryPredicate binary_pred);
```

Sucht die Elemente in dem Bereich *first .. last*, die dem Wert *value* entsprechen.

```
template <class ForwardIterator, class T>
    bool binary_search (ForwardIterator first,
                        ForwardIterator last, const T& value);

template <class ForwardIterator, class T, class Compare>
    bool binary_search (ForwardIterator first, ForwardIterator last,
                        const T& value, Compare comp);
```

Kopiert die Elemente des Bereichs *first .. last* in den Bereich *result.*

```
template <class InputIterator, class OutputIterator>
    OutputIterator copy (InputIterator first, InputIterator last, OutputIterator result);
```

Wie *copy*, jedoch beginnt der Kopiervorgang am Ende des Bereichs.

```
template <class BidirectionalIterator1, class BidirectionalIterator2>
    BidirectionalIterator2 copy_backward (BidirectionalIterator1 first,
                                          BidirectionalIterator1 last,
                                          BidirectionalIterator2 result);
```

Ermittelt die Anzahl der Elemente im Bereich von *first .. last,* die mit dem übergebenen Wert *value* bzw. dem Prädikat *pred* übereinstimmen.

```
template <class InputIterator, class T, class Size>
    void count (InputIterator first, InputIterator last,
                const T& value, Size& n);

template <class InputIterator, class Predicate, class Size>
    void count_if (InputIterator first, InputIterator last,
                   Predicate pred, Size& n);
```

Prüft den Inhalt zweier Container auf Übereinstimmung.

```
template <class InputIterator1, class InputIterator2>
    bool equal (InputIterator1 first1, InputIterator1 last1,
                InputIterator2 first2);

template <class InputIterator1, class InputIterator2, class BinaryPredicate>
    bool equal (InputIterator1 first1, InputIterator1 last1,
                InputIterator2 first2, BinaryPredicate binary_pred);
```

Es wird der größtmögliche Bereich ermittelt, in den der Wert *value* eingefügt werden kann, ohne die Sortierung zu zerstören.

```
template <class ForwardIterator, class T>
    pair <ForwardIterator, ForwardIterator>
    equal_range (ForwardIterator first, ForwardIterator last,
                 const T& value);

template <class ForwardIterator, class T, class Compare>
    pair <ForwardIterator, ForwardIterator>
    equal_range (ForwardIterator first, ForwardIterator last,
                 const T& value, Compare comp);
```

Füllt den Bereich von *first* .. *last* mit dem übergebenen Wert *value.*

```
template <class ForwardIterator, class T>
    void fill (ForwardIterator first, ForwardIterator last, const T& value);
```

Füllt den Bereich ab *first* um die angegebene Anzahl *n* von Elementen mit dem übergebenen Wert *value.*

```
template <class OutputIterator, class Size, class T>
    OutputIterator fill_n (OutputIterator first, Size n, const T& value);
```

Lineare Suche nach dem übergebenen Wert *value* im Bereich von *first* .. *last.*

```
template <class InputIterator, class T>
    InputIterator find  (InputIterator first, InputIterator last,
                         const T& value);
```

Suche nach der Sequenz *first2* .. *last2* in dem Bereich *first1* .. *last1*, wobei ein Iterator zurückgegeben wird, der auf das erste Element der gesuchten Sequenz zeigt.

```
template <class ForwardIterator1, class ForwardIterator2>
    ForwardIterator1 find_end (ForwardIterator first1,
                               ForwardIterator last1,
                               ForwardIterator first2,
                               ForwardIterator last2);

template <class ForwardIterator1, class ForwardIterator2, class BinaryPredicate>
    ForwardIterator1 find_end (ForwardIterator first1,
                               ForwardIterator last1,
                               ForwardIterator first2,
                               ForwardIterator last2,
                               BinaryPredicate pred);
```

Der Bereich *first1 .. last1* wird nach der Sequenz *first2 .. last2* durchsucht. Es wird ein Iterator auf den zu durchsuchenden Bereich zurückgegeben, der auf ein Element zeigt, das in der Sequenz *first2.. last2* vorhanden ist.

```
template <class ForwardIterator1, class ForwardIterator2>
  ForwardIterator1 find_first_of (ForwardIterator first1,
                                  ForwardIterator last1,
                                  ForwardIterator first2,
                                  ForwardIterator last2);

template <class ForwardIterator1, class ForwardIterator2, class BinaryPredicate>
  ForwardIterator1 find_first_of (ForwardIterator first1,
                                  ForwardIterator last1,
                                  ForwardIterator first2,
                                  ForwardIterator last2,
                                  BinaryPredicate pred);
```

Sucht das Element im Bereich *first .. last,* das mit dem Prädikat *pred* übereinstimmt.

```
template <class InputIterator, class Predicate>
  InputIterator find_if (InputIterator first, InputIterator last,
                         Predicate pred);
```

Es wird eine Funktion auf jedes Element des Containers ausgeführt.

```
template <class InputIterator, class Function>
  Function for_each (InputIterator first, InputIterator last, Function f);
```

Initialisiert die Elemente im Bereich *first .. last* mit den Werten *gen,* die durch die Funktion oder das Funktionsobjekt *Generator* erzeugt wurden.

```
template <class ForwardIterator, class Generator>
  void generate (ForwardIterator first, ForwardIterator last,
                 Generator gen);

template <class OutputIterator, class Size, class Generator>
  void generate_n (OutputIterator first, Size n, Generator gen);
```

Es wird geprüft, ob die sortierte Sequenz *first2 .. last2* in der ebenfalls sortierten Sequenz *first1 .. last1* enthalten ist. Ist dies der Fall, wird der Wert *true* zurückgegeben.

```
template <class InputIterator1, class InputIterator2>
  bool includes  (InputIterator1 first1, InputIterator1 last1,
                  InputIterator2 first2, InputIterator2 last2);

template <class InputIterator1, class InputIterator2, class Compare>
  bool includes (InputIterator1 first1, InputIterator1 last1,
                 InputIterator2 first2, InputIterator2 last2, Compare comp);
```

Mischt die sortierte Sequenz *first .. middle* mit der sortierten Sequenz *middle .. last* und schreibt das Ergebnis in den Bereich *first .. last.*

```
template <class BidirectionalIterator>
    inline void inplace_merge (BidirectionalIterator first,
                               BidirectionalIterator middle,
                               BidirectionalIterator last);

template <class BidirectionalIterator, class Compare>
    inline void inplace_merge (BidirectionalIterator first,
                               BidirectionalIterator middle,
                               BidirectionalIterator last,
                               Compare comp);
```

Vertauscht die zu den zwei Iteratoren gehörenden Elemente *a* und *b.*

```
template <class ForwardIterator1, class ForwardIterator2>
    void iter_swap (ForwardIterator1 a, ForwardIterator2 b);
```

Jedes Element aus dem Bereich *first1 .. last1* wird lexikographisch mit dem korrespondierenden Element der Sequenz *first2 .. last2* verglichen. Der Rückgabewert ist *true,* wenn das Element der ersten Sequenz kleiner ist als das korrespondierende Element der zweiten Sequenz.

```
template <class InputIterator1, class InputIterator2>
    bool lexicographical_compare (InputIterator1 first1,
                                  InputIterator1 last1,
                                  InputIterator2 first2,
                                  InputIterator2 last2);

template <class InputIterator1, class InputIterator2, class Compare>
    bool lexicographical_compare (InputIterator1 first1,
                                  InputIterator1 last1,
                                  InputIterator2 first2,
                                  InputIterator2 last2,
                                  Compare comp);
```

Sucht in einem sortierten Container nach der ersten Stelle, in die der Wert *value* eingefügt werden kann, ohne die Sortierung zu zerstören.

```
template <class ForwardIterator, class T>
    ForwardIterator lower_bound (ForwardIterator first,
                                 ForwardIterator last,
                                 const T& value);
```

```
template <class ForwardIterator, class T, class Compare>
    ForwardIterator lower_bound (ForwardIterator first,
                                 ForwardIterator last,
                                 const T& value,
                                 Compare comp);
```

Alle Elemente im Bereich *first .. last* stellen den Heap dar.

```
template <class RandomAccessIterator>
    void make_heap (RandomAccessIterator first, RandomAccessIterator last);

template <class RandomAccessIterator, class Compare>
    void make_heap (RandomAccessIterator first, RandomAccessIterator last, Compare comp);
```

Sucht das größere von den Elementen *a* und *b* und gibt es zurück.

```
template <class T>
    const T& max (const T& a, const T& b);

template <class T, class Compare>
    const T& max (const T& a, const T& b, Compare comp);
```

Sucht das größte Element, das in dem Bereich *first .. last* vorhanden ist, und gibt einen Iterator auf dieses Element zurück.

```
template <class InputIterator>
    InputIterator max_element (InputIterator first, InputIterator last);

template <class InputIterator, class Compare>
    InputIterator max_element (InputIterator first,
                               InputIterator last, Compare comp);
```

Mischt die sortierte Sequenz *first1 .. last1* mit der sortierten Sequenz *first2 .. last2* und schreibt das Ergebnis in den Bereich *result.*

```
template <class InputIterator1, class InputIterator2, class OutputIterator>
    OutputIterator merge   (InputIterator1 first1, InputIterator1 last1,
                            InputIterator2 first2, InputIterator2 last2,
                            OutputIterator result);

template <class InputIterator1, class InputIterator2, class OutputIterator, class Compare>
    OutputIterator merge   (InputIterator1 first1, InputIterator1 last1,
                            InputIterator2 first2, InputIterator2 last2,
                            OutputIterator result, Compare comp);
```

Ermittelt das kleinere der beiden Elemente *a* und *b* und gibt es zurück.

```
template <class T>
    const T& min (const T& a, const T& b);

template <class T, class Compare>
    const T& min (const T& a, const T& b, Compare comp);
```

Sucht das kleinste Element aus dem Bereich *first .. last* und gibt einen Iterator auf dieses Element zurück.

```
template <class InputIterator>
    InputIterator min_element (InputIterator first, InputIterator last);

template <class InputIterator, class Compare>
    InputIterator min_element (InputIterator first,
                               InputIterator last, Compare comp);
```

Prüft den Inhalt zweier Container auf Übereinstimmung und gibt ein Iteratorenpaar auf die Stelle zurück, ab der es keine Übereinstimmung mehr gibt.

```
template <class InputIterator1, class InputIterator2>
    pair <InputIterator1, InputIterator2>
    mismatch (InputIterator1 first1, InputIterator1 last1,
              InputIterator2 first2);

template <class InputIterator1, class InputIterator2, class BinaryPredicate>
    pair <InputIterator1, InputIterator2>
    mismatch (InputIterator1 first1, InputIterator1 last1,
              InputIterator2 first2, BinaryPredicate binary_pred);
```

Durch einen lexikographischen Vergleich der Elemente in dem Bereich *first .. last* wird versucht, die nächste Permutation zu erzeugen. Ist dies möglich, wird der Wert *true* zurückgegeben.

```
template <class BidirectionalIterator>
    bool next_permutation (BidirectionalIterator first,
                           BidirectionalIterator last);

template <class BidirectionalIterator, class Compare>
    bool next_permutation (BidirectionalIterator first, BidirectionalIterator last, Compare comp);
```

Alle Elemente, die kleiner oder gleich dem Element *nth* sind, werden davor geschrieben. Alle Elemente, die größer sind, werden dahinter geschrieben.

```
template <class RandomAccessIterator>
    void nth_element       (RandomAccessIterator first, RandomAccessIterator nth,
                            RandomAccessIterator last);
```

```
template <class RandomAccessIterator, class Compare>
    void nth_element        (RandomAccessIterator first, RandomAccessIterator nth,
                             RandomAccessIterator last,
                             Compare comp);
```

Sortiert die Elemente in dem Bereich *first .. last* und schreibt sie in die Sequenz *first .. middle.* Die Elemente in der Sequenz *middle .. last* bleiben unsortiert.

```
template <class RandomAccessIterator>
    void partial_sort (RandomAccessIterator first, RandomAccessIterator middle,
                       RandomAccessIterator last);

template <class RandomAccessIterator, class Compare>
    void partial_sort (RandomAccessIterator first, RandomAccessIterator middle,
                       RandomAccessIterator last, Compare comp);
```

Wie *partial_sort,* jedoch als kopierende Variante.

```
template <class InputIterator, class RandomAccessIterator>
 RandomAccessIterator partial_sort_copy (InputIterator first,   InputIterator last,
                                         RandomAccessIterator result_first,
                                         RandomAccessIterator result_last);

template <class InputIterator, class RandomAccessIterator, class Compare>
 RandomAccessIterator partial_sort_copy (InputIterator first, InputIterator last,
                                         RandomAccessIterator result_first,
                                         RandomAccessIterator result_last,
                                            Compare comp);
```

In dem Bereich *first .. last* werden alle Elemente, die dem Prädikat *pred* entsprechen, vor die Elemente gelegt, die dem Prädikat *pred* nicht entsprechen. Es werden also zwei Sequenzen erzeugt. Der Rückgabewert ist ein Iterator auf den Anfang des zweiten Bereichs.

```
template <class BidirectionalIterator, class Predicate>
    BidirectionalIterator partition (BidirectionalIterator first,
                                     BidirectionalIterator last,
                                     Predicate pred);
```

Entfernt ein Element aus dem Heap, wobei der Bereich *first .. last* den Heap darstellt.

```
template <class RandomAccessIterator>
    void pop_heap   (RandomAccessIterator first,
                     RandomAccessIterator last);

template <class RandomAccessIterator, class Compare>
    void pop_heap   (RandomAccessIterator first,
                     RandomAccessIterator last, Compare comp);
```

Durch einen lexikographischen Vergleich der Elemente in dem Bereich *first .. last* wird versucht, die vorhergehende Permutation zu erzeugen. Ist dies möglich, wird der Wert *true* zurückgegeben.

```
template <class BidirectionalIterator>
    bool prev_permutation (BidirectionalIterator first,
                           BidirectionalIterator last);

template <class BidirectionalIterator, class Compare>
    bool prev_permutation (BidirectionalIterator first,
                           BidirectionalIterator last, Compare comp);
```

Fügt ein Element in den Heap ein, wobei der Bereich *first .. last* den Heap darstellt.

```
template <class RandomAccessIterator>
    void push_heap (RandomAccessIterator first, RandomAccessIterator last);

template <class RandomAccessIterator, class Compare>
    void push_heap (RandomAccessIterator first, RandomAccessIterator last, Compare comp);
```

Die Elementenfolge in dem Bereich *first .. last* wird zufällig gemischt. Von der Variante, die eine Funktion oder ein Funktionsobjekt benutzt, wird für *rand* ein Wert zwischen 0 und *n*-1 erwartet. Dabei muss *n* ein positives Argument vom Distanztyp des verwendeten RandomAccess-Iterators sein.

```
template <class RandomAccessIterator>
    void random_shuffle   (RandomAccessIterator first,
                           RandomAccessIterator last);

template <class RandomAccessIterator, class RandomNumberGenerator>
    void random_shuffle   (RandomAccessIterator first,
                          RandomAccessIterator last,
                          RandomNumberGenerator& rand);
```

Entfernt alle Elemente aus dem Bereich *first .. last* entsprechend dem übergebenen Wert bzw. dem Prädikat. Die Länge des Bereichs wird dabei nicht verändert.

```
template <class ForwardIterator, class T>
    ForwardIterator remove (ForwardIterator first,
                            ForwardIterator last, const T& value);

template <class ForwardIterator, class Predicate>
    ForwardIterator remove_if (ForwardIterator first,
                               ForwardIterator last, Predicate pred);
```

Wie *remove* bzw. *remove_if*, aber als kopierende Version.

```
template <class InputIterator, class OutputIterator, class T>
    OutputIterator remove_copy    (InputIterator first, InputIterator last,
                                   OutputIterator result, const T& value);

template <class InputIterator, class OutputIterator, class Predicate>
    OutputIterator remove_copy_if (InputIterator first, InputIterator last,
                                   OutputIterator result,
                                   Predicate pred);
```

Ersetzt in dem Bereich *first .. last* den Wert *old_value* durch den Wert *new_value.*

```
template <class ForwardIterator, class T>
    void replace (ForwardIterator first, ForwardIterator last,
                  const T& old_value, const T& new_value);

template <class ForwardIterator, class Predicate, class T>
    void replace_if (ForwardIterator first, ForwardIterator last,
                     Predicate pred, const T& new_value);
```

Wie *replace* bzw. *replace_if*, jedoch in der kopierenden Variante.

```
template <class InputIterator, class OutputIterator, class T>
    OutputIterator replace_copy (InputIterator first, InputIterator last,
                                 OutputIterator result,
                                 const T& old_value,
                                 const T& new_value);

template <class Iterator, class OutputIterator, class Predicate, class T>
    OutputIterator replace_copy_if (Iterator first, Iterator last,
                                    OutputIterator result,
                                    Predicate pred,
                                    const T& new_value);
```

Im Bereich *first .. last* wird die Reihenfolge der Elemente umgedreht: erstes = letztes, zweites = vorletztes ... . **reverse_copy** ist die kopierende Variante.

```
template <class BidirectionalIterator>
    void reverse (BidirectionalIterator first, BidirectionalIterator last);

template <class BidirectionalIterator, class OutputIterator>
    OutputIterator reverse_copy    (BidirectionalIterator first,
                                    BidirectionalIterator last,
                                    OutputIterator result);
```

Im Bereich *first .. last* werden alle Elemente nach links verschoben, das über *middle* gekennzeichnete Element steht nach der Rotation am Anfang des Bereichs. Vorne herausfallende Elemente werden am Ende wieder eingefügt. **rotate_copy** ist die kopierende Version.

```
template <class ForwardIterator>
    inline void rotate (ForwardIterator first, ForwardIterator middle,
                        ForwardIterator last);

template <class ForwardIterator, class OutputIterator>
    OutputIterator rotate_copy    (ForwardIterator first,
                                   ForwardIterator middle,
                                   ForwardIterator last,
                                   OutputIterator result);
```

Durchsucht den Bereich *first1 .. last1* nach der Sequenz von *first2 .. last2.*

```
template <class ForwardIterator1, class ForwardIterator2>
    ForwardIterator1 search       (ForwardIterator1 first1,
                                   ForwardIterator1 last1,
                                   ForwardIterator2 first2,
                                   ForwardIterator2 last2);

template <class ForwardIterator1, class ForwardIterator2, class BinaryPredicate>
    ForwardIterator1 search       (ForwardIterator1 first1,
                                   ForwardIterator1 last1,
                                   ForwardIterator2 first2,
                                   ForwardIterator2 last2,
                                   BinaryPredicate binary_pred);
```

Durchsucht den Bereich *first .. last* nach einem bestimmten Wert.

```
template <class ForwardIterator, class Size, class T>
    ForwardIterator search_n      (ForwardIterator first,
                                   ForwardIterator last,
                              Size count,
                              const T& value);

template <class ForwardIterator, class Size, class T, class BinaryPredicate>
    ForwardIterator search_n      (ForwardIterator first,
                                   ForwardIterator last,
                                   Size count,
                                   const T& value,
                                   BinaryPredicate pred);
```

Es wird eine Sequenz *result* erzeugt, die alle Elemente beinhaltet, die im sortierten Bereich *first1* .. *last1*, aber nicht im sortierten Bereich *first2* .. *last2* vorkommen.

```
template <class InputIterator1, class InputIterator2, class OutputIterator>
    OutputIterator set_difference (InputIterator1 first1,
                                   InputIterator1 last1,
                                   InputIterator2 first2,
                                   InputIterator2 last2,
                                   OutputIterator result);

template <class InputIterator1, class InputIterator2,
          class OutputIterator, class Compare>
    OutputIterator set_difference  (InputIterator1 first1,
                                   InputIterator1 last1,
                                   InputIterator2 first2,
                                   InputIterator2 last2,
                                   OutputIterator result,
                                   Compare comp);
```

Es wird eine sortierte Sequenz *result* erzeugt, die alle Elemente enthält, die sowohl im Bereich *first1* .. *last1* als auch im Bereich *first2* .. *last2* vorkommen.

```
template <class InputIterator1, class InputIterator2, class OutputIterator>
    OutputIterator set_intersection (InputIterator1 first1,
                                     InputIterator1 last1,
                                     InputIterator2 first2,
                                     InputIterator2 last2,
                                     OutputIterator result);

template <class InputIterator1, class InputIterator2,
          class OutputIterator, class Compare>
    OutputIterator set_intersection (InputIterator1 first1,
                                     InputIterator1 last1,
                                     InputIterator2 first2,
                                     InputIterator2 last2,
                                     OutputIterator result,
                                     Compare comp);
```

Es wird eine sortierte Sequenz *result* erzeugt, in der alle Elemente, die mindestens in dem Bereich *first1* .. *last1* oder *first2* .. *last2* vorkommen, enthalten sind – also eine Vereinigung der Bereiche *first1* .. *last1* und *first2* .. *last2*.

```
template <class InputIterator1, class InputIterator2,
          class OutputIterator>
    OutputIterator set_union (InputIterator1 first1, InputIterator1 last1,
                              InputIterator2 first2, InputIterator2 last2,
                              OutputIterator result);
```

```
template <class InputIterator1, class InputIterator2, class OutputIterator, class Compare>
    OutputIterator set_union (InputIterator1 first1, InputIterator1 last1,
                              InputIterator2 first2, InputIterator2 last2,
                              OutputIterator result, Compare comp);
```

> Es wird eine sortierte Sequenz *result* gebildet, in der alle Elemente, die entweder nur in dem Bereich *first1 .. last1* oder nur in dem Bereich *first2 .. last2* vorkommen, vorhanden sind.

```
template <class InputIterator1, class InputIterator2, class OutputIterator>
    OutputIterator set_symmetric_difference (InputIterator1 first1,
                                             InputIterator1 last1,
                                             InputIterator2 first2,
                                             InputIterator2 last2,
                                             OutputIterator result);

template <class InputIterator1, class InputIterator2, class OutputIterator, class Compare>
    OutputIterator set_symmetric_difference (InputIterator1 first1,
                                             InputIterator1 last1,
                                             InputIterator2 first2,
                                             InputIterator2 last2,
                                             OutputIterator result,
                                             Compare comp);
```

> Sortiert alle Elemente im Bereich *first .. last.* Da der QuickSort-Algorithmus zur Anwendung kommt, ist die Sortierung nicht stabil.

```
template <class RandomAccessIterator>
    void sort (RandomAccessIterator first, RandomAccessIterator last);

template <class RandomAccessIterator, class Compare>
    void sort (RandomAccessIterator first,
               RandomAccessIterator last, Compare comp);
```

> Wandelt den Heap in eine aufsteigend sortierte Sequenz, wobei die Sortierung nicht stabil ist.

```
template <class RandomAccessIterator>
    void sort_heap (RandomAccessIterator first,
                    RandomAccessIterator last);

template <class RandomAccessIterator, class Compare>
    void sort_heap (RandomAccessIterator first,
                    RandomAccessIterator last, Compare comp);
```

In dem Bereich *first .. last* werden alle Elemente, die dem Prädikat *pred* entsprechen, vor die Elemente gelegt, die dem Prädikat *pred* nicht entsprechen. Es werden also zwei Sequenzen erzeugt, wobei die relative Ordnung der Elemente innerhalb eines Bereichs bestehen bleibt. Der Rückgabewert ist ein Iterator auf den Anfang des zweiten Bereichs.

```
template <class ForwardIterator, class Predicate>
    ForwardIterator stable_partition (ForwardIterator first,
                                      ForwardIterator last,
                                      Predicate pred);
```

Sortiert alle Elemente im Bereich *first .. last* und erhält dabei die relative Ordnung der Elemente innerhalb eines Bereichs.

```
template <class RandomAccessIterator, class Compare>
    inline void stable_sort (RandomAccessIterator first,
                             RandomAccessIterator last,
                             Compare comp);
```

Vertauschen der Elemente *a* und *b.*

```
template <class T>
    void swap (T& a, T& b);
```

Vertauscht zwei Bereiche. *first1* kennzeichnet den Anfang des ersten Bereichs, *first2* den Anfang des zweiten Bereichs. Die Anzahl der zu tauschenden Elemente ist durch die Größe des ersten Bereichs gegeben, denn *last1* zeigt die Position nach dem letzten Element des ersten Bereichs an.

```
template <class ForwardIterator1, class ForwardIterator2>
    ForwardIterator2 swap_ranges (ForwardIterator1 first1,
                                  ForwardIterator1 last1,
                                  ForwardIterator2 first2);
```

Wandelt Elemente entsprechend der Operation *op* um und kopiert sie in den Bereich *result.*

```
template <class InputIterator, class OutputIterator, class UnaryOperation>
    OutputIterator transform (InputIterator first, InputIterator last,
                              OutputIterator result, UnaryOperation op);

template <class InputIterator1, class InputIterator2, class OutputIterator, class BinaryOperation>
    OutputIterator transform (InputIterator1 first1, InputIterator1 last1,
                              InputIterator2 first2, OutputIterator result,
                              BinaryOperation binary_op);
```

In dem Bereich *first .. last* werden gleiche, aufeinander folgende Elemente, bis auf ein Element in dieser Folge, gelöscht.

```
template <class ForwardIterator>
    ForwardIterator unique (ForwardIterator first, ForwardIterator last);

template <class ForwardIterator, class BinaryPredicate>
    ForwardIterator unique (ForwardIterator first, ForwardIterator last,
                            BinaryPredicate binary_pred);
```

Wie **unique,** jedoch als kopierende Variante.

```
template <class InputIterator, class OutputIterator>
    inline OutputIterator unique_copy   (InputIterator first,
                                         InputIterator last,
                                         OutputIterator result);

template <class InputIterator, class OutputIterator,
        class BinaryPredicate>
inline OutputIterator unique_copy (InputIterator first,
                                   InputIterator last,
                                   OutputIterator result,
                                   BinaryPredicate binary_pred);
```

Sucht in einem sortierten Container nach der letzten Stelle, in die der Wert *value* eingefügt werden kann, ohne die Sortierung zu zerstören.

```
template <class ForwardIterator, class T>
    inline ForwardIterator upper_bound (ForwardIterator first,
                                        ForwardIterator last,
                                        const T& value);

template <class ForwardIterator, class T, class Compare>
    inline ForwardIterator upper_bound (ForwardIterator first,
                                        ForwardIterator last,
                                        const T& value,
                                        Compare comp);
```

Die folgenden Algorithmen setzen die Header-Datei **numeric** voraus!

Nachdem der Akkumulator mit *init* initialisiert wurde, wird jeder Wert aus dem Bereich *first .. last* zum Akkumulator hinzuaddiert.

```
template <class InputIterator, class T>
    T accumulate (InputIterator first, InputIterator last, T init);

template <class InputIterator, class T, class BinaryOperation>
    T accumulate (InputIterator first, InputIterator last, T init,
                  BinaryOperation binary_op);
```

Nachdem der Akkumulator mit *init* initialisiert wurde, wird aus dem Bereich *first1* .. *last1* und dem Bereich *first2* .. *last2* das Produkt (*InputIterator1 x InputItertor2*) gebildet und zum Akkumulator hinzuaddiert.

```
template <class InputIterator1, class InputIterator2, class T>
   T inner_product (InputIterator1 first1, InputIterator1 last1,
                    InputIterator2 first2, T init);

template <class InputIterator1, class InputIterator2, class T,
         class BinaryOperation1, class BinaryOperation2>
   T inner_product (InputIterator1 first1, InputIterator1 last1,
                    InputIterator2 first2, T init,
                    BinaryOperation1 binary_op1,
                    BinaryOperation2 binary_op2);
```

Summiert nacheinander alle Elemente aus dem Bereich *first* .. *last* auf.

```
template <class InputIterator, class OutputIterator>
   OutputIterator partial_sum (InputIterator first, InputIterator last,
                               OutputIterator result);

template <class InputIterator, class OutputIterator, class BinaryOperation>
   OutputIterator partial_sum (InputIterator first, InputIterator last,
                               OutputIterator result,
                               BinaryOperation binary_op);
```

Ermittelt die Differenz eines jeden Elementenpaares aus dem Bereich *first* .. *last* und schreibt das Ergebnis in *result.*

```
template <class InputIterator, class OutputIterator>
   OutputIterator adjacent_difference   (InputIterator first,
                                         InputIterator last,
                                         OutputIterator result);

template <class InputIterator, class OutputIterator, class BinaryOperation>
   OutputIterator adjacent_difference   (InputIterator first,
                                         InputIterator last,
                                         OutputIterator result,
                                         BinaryOperation binary_op);
```

2.2 Komplexe Zahlen, Mengen und Matrizen

2.2.1 complex-Klasse

Sie dient der Repräsentation und zur Manipulation komplexer Zahlen und ist in der Header-Datei **complex** deklariert.

Konstruktoren

complex (const T& re = 0, const T& im = 0);
complex (const complex& x);

Kopierkonstruktor

template <class X> **complex** (const complex<X>&);

Der Realteil des Objekts wird zurückgeliefert.

T **real** () const;

Der Imaginärteil eines Objekts wird zurückgeliefert.

T **imag** () const;

Zuweisungsoperator

template <class X> complex<T>& **operator=** (const complex<X>&);
complex <T>& **operator=** (const T&);

Zwei komplexe Zahlen addieren.

template <class X> complex<T>& **operator+=** (const complex<X>&);
complex <T>& **operator+=** (const T&);

Zwei komplexe Zahlen subtrahieren.

template <class X> complex<T>& **operator-=** (const complex<X>&);
complex <T>& **operator-=** (const T&);

Zwei komplexe Zahlen multiplizieren.

template <class X> complex<T>& **operator*=** (const complex<X>&);
complex <T>& **operator*=** (const T&);

Zwei komplexe Zahlen dividieren.

template <class X> complex<T>& **operator/=** (const complex<X>&);
complex <T>& **operator/=** (const T&);

Spezifikation von complex für **float**.

```
template <> class complex <float>
{ public:
    typedef float value_type;
    complex (float re = 0.0f, float im = 0.0f);
    explicit complex (const complex<double>&);
    explicit complex (const complex<long double>&);
    float real() const;
    float imag() const;
    complex <float>& operator=  (float);
    complex <float>& operator+= (float);
    complex <float>& operator-= (float);
    complex <float>& operator*= (float);
    complex <float>& operator/= (float);
    complex <float>& operator= (const complex <float>&);
    template <class X> complex<float>&
      operator= (const complex<X>&);
    template <class X> complex<float>&
      operator+= (const complex<X>&);
    template <class X> complex<float>&
      operator-= (const complex<X>&);
    template <class X> complex<float>&
      operator*= (const complex<X>&);
    template <class X> complex<float>&
      operator/= (const complex<X>&);
};
```

Spezifikation von complex für **double**.

```
template <> class complex <double>
{
 public:
    typedef double value_type;
    complex (double re = 0.0, double im = 0.0);
    complex (const complex <float> &);
    explicit complex (const complex <long double> &);
    double real() const;
    double imag() const;
    complex <double>& operator=  (double);
    complex <double>& operator+= (double);
    complex <double>& operator-= (double);
    complex <double>& operator*= (double);
    complex <double>& operator/= (double);
    complex <double>& operator=  (const complex <double>&);
    template <class X> complex <double> &
        operator= (const complex <X> &);
    template <class X> complex <double> &
        operator+= (const complex <X> &);
    template <class X> complex <double> &
```

```
        operator-= (const complex <X> &);
    template <class X> complex<double> &
        operator*= (const complex <X> &);
    template <class X> complex <double> &
        operator/= (const complex <X> &);
};
```

Spezifikation von complex für **long double**

```
template <> class complex<long double>
{ public:
    typedef long double value_type;
    complex (long double re = 0.0L, long double im = 0.0L);
    complex (const complex<float>&);
    complex (const complex<double>&);
    long double real () const;
    long double imag () const;
    complex < long double >& operator=  (long double);
    complex < long double >& operator+= (long double);
    complex < long double >& operator-= (long double);
    complex < long double >& operator*= (long double);
    complex < long double >& operator/= (long double);
    complex < long double >& operator=  (const complex < long double >&);
    template <class X> complex <long double> &
        operator= (const complex <X> &);
    template <class X> complex <long double> &
        operator+= (const complex <X> &);
    template <class X> complex <long double> &
        operator-= (const complex <X> &);
    template <class X> complex <long double> &
        operator*= (const complex <X> &);
    template <class X> complex <long double> &
        operator/= (const complex <X> &);
};
```

Transzendentale Funktionen. Sie korrespondieren mit den mathematischen Funktionen (**cmath, cstdlib**), führen aber die Berechnung für komplexe Argumente aus und liefern einen komplexen Wert zurück.

```
template <class T> complex <T> cos (const complex <T> &);
template <class T> complex <T> cosh (const complex <T> &);
template <class T> complex <T> exp (const complex <T> &);
template <class T> complex <T> log (const complex <T> &);
template <class T> complex <T> log10 (const complex <T> &);
template <class T> complex <T> pow (const complex <T> &, int);
template <class T> complex <T> pow (const complex <T> &, T);
template <class T> complex <T> pow
    (const complex <T> &, const complex <T> &);
template <class T> complex <T> pow (T, const complex <T> &);
```

template <class T> complex <T> **sin** (const complex <T> &);
template <class T> complex <T> **sinh** (const complex <T> &);
template <class T> complex <T> **sqrt** (const complex <T> &);
template <class T> complex <T> **tan** (const complex <T> &);
template <class T> complex <T> **tanh** (const complex <T> &);

Werteoperationen

template <class T> T **real** (const complex <T> &);
template <class T> T **imag** (const complex <T> &);
template <class T> T **abs** (const complex <T> &);
template <class T> T **arg** (const complex <T> &);
template <class T> T **norm** (const complex <T> &);
template <class T> complex<T> **conj** (const complex <T> &);
template <class T> complex<T> **polar** (T, T);

Operatoren

template <class T> complex <T>
operator+ (const complex <T> &, const complex <T> &);

template <class T> complex <T>
operator+ (const complex <T> &, const T&);

template <class T> complex <T>
operator+ (const T&, const complex <T> &);

template <class T> complex <T>
operator- (const complex <T> &, const complex <T> &);

template <class T> complex <T>
operator- (const complex <T> &, const T&);

template <class T> complex <T>
operator- (const T&, const complex <T> &);

template <class T> complex <T>
operator* (const complex <T> &, const complex <T> &);

template <class T> complex <T>
operator* (const complex <T> &, const T&);

template <class T> complex <T>
operator* (const T&, const complex <T> &);

template <class T> complex <T>
operator/ (const complex <T> &, const complex <T> &);

template <class T> complex <T>
operator/ (const complex <T> &, const T&);

template <class T> complex <T>

operator/ (const T&, const complex <T> &);

template <class T> comple x<T>
operator+ (const complex <T> &);

template <class T> complex <T>
operator- (const complex <T> &);

template <class T> complex <T>
operator== (const complex <T> &, const complex <T> &);

template<class T> complex <T>
operator== (const complex <T> &, const T&);

template <class T> complex <T>
operator== (const T&, const complex <T> &);

template <class T> complex <T>
operator!= (const complex <T> &, const complex <T> &);

template <class T> complex <T>
operator!= (const complex <T> &, const T&);

template <class T> complex <T>
operator!= (const T&, const complex <T> &);

template <class T, class chart, class traits> basic_istream <chart, traits>&
operator>> (basic_istream <chart, traits>&, complex <T> &);

template <class T, class chart, class traits> basic_ostream <chart, traits>&
operator<< (basic_ostream <chart, traits>&, const complex <T> &);

2.2.2 valarray-Klasse

Sie repräsentiert geordnete Mengen und bietet die Möglichkeit, eine Menge als Array oder als Matrize zu behandeln. Dazu muss die Header-Datei **valarray** eingebunden sein.

Konstruktor

valarray ();

Erzeugt ein **valarray**-Objekt von *n* Länge des übergebenen Datentyps.

explicit **valarray** (size_t n);

Erzeugt ein **valarray**-Objekt von *n* Länge und initialisiert es mit dem Wert von T&.

valarray (const T&, size_t n);

Erzeugt ein **valarray**-Objekt von *n* Länge und initialisiert es mit den ersten *n* Werten von *T**. Dies sollte die bevorzugte Methode zur Umwandlung eines C-Array in ein **valarray**-Objekt sein.

valarray (const T*, size_t n);

Kopierkonstruktor

valarray (const valarray&);

Destruktor

~**valarray** ();

Umwandlung in ein **valarray**-Objekt.

valarray (const **slice_array** <T>&);
valarray (const **gslice_array** <T>&);
valarray (const **mask_array** <T>&);
valarray (const **indirect_array** <T>&);

Zuweisungsoperator

valarray <T>& **operator** = (const valarray<T>&);
valarray <T>& **operator** = (const T&);
valarray <T>& **operator** = (const slice_array<T>&);
valarray <T>& **operator** = (const gslice_array<T>&);
valarray <T>& **operator** = (const mask_array<T>&);
valarray <T>& **operator** = (const indirect_array<T>&);

Ermittelt den Wert bzw. erzeugt eine Referenz auf das indizierte Element.

T **operator** [ ] (size_t) const;
T& **operator** [ ] (size_t);

Definition von Teilmengen im aktuellen **valarry**-Objekt im Sinne einer neuen Teilmenge.

valarray <T> **operator** [ ] (slice) const;
valarray <T> **operator** [ ] (const gslice&) const;
valarray <T> **operator** [ ] (const valarray<bool>&) const;
valarray <T> **operator** [ ] (const valarray<size_t>&) const;

Definition von Teilmengen im aktuellen **valarry**-Objekt im Sinne einer Referenz.

slice_array <T> **operator** [ ] (slice);
gslice_array <T> **operator** [ ] (const gslice&);
mask_array <T> **operator** [ ] (const valarray<bool>&);
indirect_array <T> **operator** [ ] (const valarray<size_t>&);

Unäre Operatoren

valarray <T> **operator** + () const;
valarray <T> **operator** – () const;
valarray <T> **operator** ~ () const;
valarray <T> **operator !** () const;

Alle Operatoren können auf jedes Element der Instanz und dem korrespondierenden Element von *T&* ausgeführt werden.

valarray <T>& **operator** *= (const T&);
valarray <T>& **operator** /= (const T&);
valarray <T>& **operator** %= (const T&);
valarray <T>& **operator** += (const T&);
valarray <T>& **operator** -= (const T&);
valarray <T>& **operator** ^= (const T&);
valarray <T>& **operator** &= (const T&);
valarray <T>& **operator** |= (const T&);
valarray <T>& **operator** <<= (const T&);
valarray <T>& **operator** >>= (const T&);

Alle Operatoren können auf jedes Element der Instanz und dem korrespondierenden Element von *T&* ausgeführt werden. Dabei müssen die Anzahl der Elemente beider Instanzen übereinstimmen.

valarray <T>& **operator** *= (const valarray<T>&);
valarray <T>& **operator** /= (const valarray<T>&);
valarray <T>& **operator** %= (const valarray<T>&);
valarray <T>& **operator** += (const valarray<T>&);
valarray <T>& **operator** -= (const valarray<T>&);
valarray <T>& **operator** ^= (const valarray<T>&);
valarray <T>& **operator** |= (const valarray<T>&);
valarray <T>& **operator** &= (const valarray<T>&);
valarray <T>& **operator** <<= (const valarray<T>&);
valarray <T>& **operator** >>= (const valarray<T>&);

Ermittelt die Anzahl der Elemente.

size_t **size** () const;

Ändert die Größe des Array.

void resize (size_t sz, T c = T());

Summiert alle Elemente im **valarray**-Objekt auf.

T **sum** () const;

Ermittelt das kleinste bzw. größte Element des **valarray**-Objekts.

T **min** () const;
T **max** () const;

Verschiebt die Elemente um die übergebene Anzahl von Plätzen. Ein positiver Wert schiebt sie nach links, ein negativer Wert nach rechts.

valarray <T> **shift** (int) const;

Schiebt die Elemente um die übergebene Anzahl von Plätzen und fügt die herausgefallenen am anderen Ende wieder ein. Ein positiver Wert schiebt sie nach links, ein negativer Wert nach rechts.

valarray <T> **cshift** (int) const;

Jedes Element des **valarray**-Objekts wird an die Funktion *func* übergeben und bekommt dann den Rückgabewert zugewiesen.

valarray <T> **apply** (T func (T)) const;
valarray <T> **apply** (T func (const T&)) const;

2.2.3 slice-Klasse

Sie dient dazu, ab einer spezifizierten Position eine bestimmte Anzahl von Elementen auszuwählen.

Konstruktor

slice ();

Erzeugt ein Objekt mit *length* Elementen. Das erste Element befindet sich an Position *start*, die anderen Elemente befinden sich *stride* vom Vorgänger entfernt.

slice (size_t start, size_t length, size_t stride);

Ermittelt die Position des ersten Elements.

size_t **start** () const;

Ermittelt die Anzahl der Elemente.

size_t **size** () const;

Legt den Abstand fest.

size_t **stride** () const;

2.2.4 slice_array-Klasse

Sie ist eine Hilfsklasse von **slice** und benutzt den **Indexoperator** [ ] der **valarray**-Klasse. Sie besitzt keinen als **public** gekennzeichneten Konstruktor.

Destruktor

~**slice_array** ();

Allen Elementen, die zum **valarray**-Objekt und zum **slice_array**-Objekt gehören, wird der Wert der entsprechenden Operation zugewiesen.

```
void operator=     (const valarray <T>&) const;
void operator*=    (const valarray <T>&) const;
void operator/=    (const valarray <T>&) const;
void operator%=    (const valarray <T>&) const;
void operator+=    (const valarray <T>&) const;
void operator-=    (const valarray <T>&) const;
void operator^=    (const valarray <T>&) const;
void operator&=    (const valarray <T>&) const;
void operator|=    (const valarray <T>&) const;
void operator<<=   (const valarray <T>&) const;
void operator>>=   (const valarray <T>&) const;
void operator=     (const T&);
```

2.2.5 gslice-Klasse

Diese Klasse dient dazu, Elemente aus einem eindimensionalen Objekt auszuwählen und daraus ein mehrdimensionales Objekt aufzubauen. Sie benutzt den Indexoperator [ ] der **valarray**-Klasse.

Konstruktor

gslice ();

Erzeugt ein **gslice**-Objekt. Eine mehrdimensionale Indizierung wird in einen eindimensionalen Index umgewandelt. Damit können Elemente aus einem **valarry**-Objekt ausgewählt werden.

gslice (size_t s, const valarray<size_t>& len,
const valarray<size_t>& d);

Ermittelt die Position des ersten Elements.

size_t **start**() const;

Ermittelt die Laufweite des Indexes.

valarray <size_t> **size**() const;

Ermittelt den mit den Indizes verbundenen Abstand.

valarray <size_t> **stride**() const;

2.2.6 gslice_array-Klasse

Sie ist eine Hilfsklasse von **gslice** und benutzt den Indexoperator [ ] der Klasse **valarray**. Sie besitzt keinen als **public** gekennzeichneten Konstruktor.

Destruktor

~**gslice_array** ();

Allen Elementen, die zum **valarray**-Objekt und zum **gslice_array**-Objekt gehören, wird der Wert der entsprechenden Operation zugewiesen.

void **operator=** (const valarray <T>&) const;
void **operator*=** (const valarray <T>&) const;
void **operator/=** (const valarray <T>&) const;
void **operator%=** (const valarray <T>&) const;

```
void operator+=   (const valarray <T>&) const;
void operator-=   (const valarray <T>&) const;
void operator^=   (const valarray <T>&) const;
void operator&=   (const valarray <T>&) const;
void operator|=   (const valarray <T>&) const;
void operator<<=  (const valarray <T>&) const;
void operator>>=  (const valarray <T>&) const;
void operator=    (const T&);
```

2.2.7 mask_array-Klasse

Sie ist eine Hilfsklasse und benutzt den Indexoperator [ ] der **valarray**-Klasse. Dabei unterstützt sie den Zugriff auf eine Teilmenge von Elementen des Typs **valarray<bool>**. Sie besitzt keinen als **public** gekennzeichneten Konstruktor.

Destruktor

~mask_array ();

Allen Elementen, die zum valarray-Objekt und zum mask_array-Objekt gehören, wird der Wert der entsprechenden Operation zugewiesen.

```
void operator=    (const valarray <T>&) const;
void operator*=   (const valarray <T>&) const;
void operator/=   (const valarray <T>&) const;
void operator%=   (const valarray <T>&) const;
void operator+=   (const valarray <T>&) const;
void operator-=   (const valarray <T>&) const;
void operator^=   (const valarray <T>&) const;
void operator&=   (const valarray <T>&) const;
void operator|=   (const valarray <T>&) const;
void operator<<=  (const valarray <T>&) const;
void operator>>=  (const valarray <T>&) const;
void operator=    (const T&);
```

2.2.8 indirect_array-Klasse

Sie ist eine Hilfsklasse und benutzt den Indexoperator [ ] der **valarray**-Klasse. Dabei unterstützt sie den Zugriff auf eine Teilmenge von Elementen des Typs **valarray<int>**. Sie besitzt keinen als **public** gekennzeichneten Konstruktor.

Destruktor

~indirect_array ();

Allen Elementen, die zum **valarray**-Objekt und zum **indirect_array**-Objekt gehören, wird der Wert der entsprechenden Operation zugewiesen.

```
void operator=     (const valarray <T>&) const;
void operator*=    (const valarray <T>&) const;
void operator/=    (const valarray <T>&) const;
void operator%=    (const valarray <T>&) const;
void operator+=    (const valarray <T>&) const;
void operator-=    (const valarray <T>&) const;
void operator^=    (const valarray <T>&) const;
void operator&=    (const valarray <T>&) const;
void operator|=    (const valarray <T>&) const;
void operator<<=   (const valarray <T>&) const;
void operator>>=   (const valarray <T>&) const;
void operator=     (const T&);
```

2.3 Container-Klassen

Container sind Objekte, die andere Objekte beinhalten/verwalten. Sie stellen eine Reihe von Funktionen, wie z.B. zum Einfügen und Löschen von Elementen oder zur Speicherverwaltung, zur Verfügung. Durch eine definierte Schnittstelle können Container z.B. mit Algorithmen zusammenarbeiten. Erfolgt der Zugriff auf Container-Elemente über Iteratoren der Kategorie RandomAccessIterator oder Bidirection, wird dieser Container als **reversible** bezeichnet. Grundsätzlich kann man zwischen zwei Arten von Containern unterscheiden:

1. **Sequentielle Container** – In ihnen sind alle Elemente linear geordnet. Hierzu zählen **vector, list** und **deque.**
2. **Assoziative Container** – Sie erlauben mittels eines Schlüssels einen schnellen Zugriff auf die Elemente. Dies sind die Container **set, multi_set, map** und **multi_map**.

Darüber hinaus werden **Container-Adapter** zur Verfügung gestellt – dazu gehören **stack, queue** und **priority_queue.**

2.3.1 bitset-Klasse

Sie dient zum Manipulieren, Setzen oder Zurücksetzten einer bestimmten Anzahl von Bits. Die Bits können nur den Wert 1 für gesetzt oder den Wert 0 für zurückgesetzt annehmen. Mit **bitset** können z.B. Flags verwaltet werden. Die Header-Datei **bitset** muss dazu eingebunden sein.

Der indizierte Zugriff auf die einzelnen Bits wird geregelt.

```
template <size_t N> class bitset
{
    public:
```

```
    class reference
    {
      friend class bitset;
      reference();
      public:
        ~reference();                                     // Destruktor
        reference& operator= (bool x);                    // b[i] = x;
        reference& operator= (const reference&);          // b[i] = b[j];
        bool operator~ () const;                          // x = b[i];
        operator bool () const;                           // b[i].flip ();
        reference& flip ();                               // invertieren der bits
    };
...
};
```

Konstruktor

bitset ();

Erzeugt ein **bitset**-Objekt und initialisiert die ersten *n* Bits mit den korrespondierenden Bits aus *val.* Allerdings muss *n* kleiner als *N* und *CHAR_BIT***sizeof(unsigned long)* sein. Die verbleibenden Bits werden mit 0 initialisiert, wenn $n < N$ ist.

bitset (unsigned long val);

Erzeugt ein **bitset**-Objekt und bestimmt die effektive Länge des zu initialisierenden Strings *str.* Dabei ist *n* kleiner als *N* und *str.size()-pos.*

```
explicit bitset (const bacis_string <charT, traits, Allocator>& str,
                 typename basic_string <charT, traits, Allocator>:: size_t pos = 0,
                 typename basic_string <charT, traits, Allocator>:: size_t n =
                          basic_string <charT, traits, Allocator>:: npos);
```

Löscht alle Bits, die in dem korrespondierenden *rsh* auf Null gesetzt sind.

bitset <N>& **operator&=** (const bitset <N>& rhs);

Setzt alle Bits, die in dem korrespondierenden *rsh* gesetzt sind.

bitset <N>& **operator|=** (const bitset <N>& rhs);

Invertierung aller Bits, die in dem korrespondierenden *rsh* auf Null gesetzt sind.

bitset <N>& **operator^=** (const bitset <N>& rhs);

Erzeugt ein neues Objekt und initialisiert es mit den umgeschalteten Bits der aktuellen Instanz.

bitset <N> **operator~** () const;

Alle Bits werden gesetzt.

bitset <N>& **set** ();

Manipuliert das Bit an der Position *pos* entsprechend *val*. Bei *val = 1* wird das Bit gesetzt, bei *val = 0* gelöscht.

bitset <N>& **set** (size_t pos, int val);

Setzt alle Bits zurück.

bitset <N>& **reset** ();

Das Bit an der Position *pos* wird zurückgesetzt.

bitset <N>& **reset** (size_t pos);

Alle Bits werden umgeschaltet.

bitset <N>& **flip** ();

Das Bit an Position *pos* wird umgeschaltet.

bitset <N>& **flip** (size_t pos);

Erzeugt eine Referenz auf das Bit an Position *pos*.

reference **operator**[ ] (size_t pos); // für b[i];

Umwandlung in unsigned long.

unsigned long **to_ulong** () const;

Erzeugt ein **string**-Objekt und initialisiert es mit *bitset.*

string **to_string** () const;

Ermittelt die Anzahl der gesetzten Bits.

size_t **count** () const;

Ermittelt die Anzahl der Bits.

size_t **size** () const;

Prüft, ob alle Bits der aktuellen Instanz mit *rhs* übereinstimmen.

bool **operator==** (const bitset<N>& rhs) const;

Prüft, ob sich alle Bits der aktuellen Instanz mit *rhs* unterscheiden.

bool **operator!=** (const bitset<N>& rhs) const;

Prüft, ob das Bit an *pos* gesetzt ist.

bool **test** (size_t pos) const;

Prüft, ob irgendein Bit gesetzt ist.

bool **any** () const;

Prüft, ob kein Bit gesetzt ist.

bool **none** () const;

Rechtsschieben

bitset <N> **operator<<** (size_t pos) const;

Linksschieben

bitset <N> **operator>>** (size_t pos) const;

Rechtsschieben. Sofern *I* >= *pos* ist, bekommt das Bit *pos* den Wert *I-pos* zugewiesen. Ist *I* > *pos*, bekommt Bit *pos* den Wert 0 zugewiesen.

bitset <N>& **operator**<<= (size_t pos);

Linksschieben. Sofern *pos* < *N-I* ist, bekommt das Bit *pos* den Wert *I+pos* zugewiesen. Ist *pos* >= *N-I*, bekommt Bit *pos* den Wert 0 zugewiesen .

bitset <N>& **operator**>>= (size_t pos);

2.3.2 deque-Klasse

Der Container **deque** (**d**ouble **e**nded **queue**) erlaubt den Zugriff mit Random-Access-Iteratoren und ist ein **sequentieller Container,** d.h. seine Elemente sind streng linear geordnet. Er sollte immer dann benutzt werden, wenn ein häufiges Einfügen und Löschen von Elementen am Anfang oder Ende des Containers zu erwarten ist. Ist beim Einfügen von Elementen nicht genügend Platz vorhanden, wird ein neuer Speicherblock hinzugefügt. Die Header-Datei **deque** muss dazu eingebunden sein.

Typendefinition

typedef typename Allocator::reference	reference;
typedef typename Allocator::const_reference	const_reference;
typedef **implementation defined**	iterator;
typedef **implementation defined**	const_iterator;
typedef **implementation defined**	size_type;
typedef **implementation defined**	difference_type;
typedef T	value_type;
typedef Allocator	allocator_type;
typedef typename Allocator::pointer	pointer;
typedef typename Allocator::const_pointer	const_pointer;
typedef std::reverse_iterator<iterator>	reverse_iterator;
typedef std::reverse_iterator<const_iterator>	const_reverse_iterator;

Der Konstruktor erzeugt einen leeren Container.

explicit **deque** (const Allocator & = Allocator ( ));

Erzeugt einen Container mit *n* Kopien von *x* .

explicit **deque** (size_type n, const T& value = T(), const Allocator& = Allocator ( ));

Kopierkonstruktor

deque (const deque<T, Allocate>& x);

Erzeugt einen Container, in dem die Elemente aus dem Bereich *first* .. *last* enthalten sind.

template <class InputIterator>
    deque (InputIterator first, InputIterator last, const Allocator& = Allocator ( ));

Destruktor

~**deque** ();

Ersetzt eine Sequenz durch eine andere Sequenz bzw. durch n Elemente vom Wert t.

void **assign** (InputIterator first, InputIterator last);
void **assign** (size_type n, const T& t);

Setzt den Anfang-Iterator auf die Position des ersten bzw. für den Rückwärtsdurchlauf auf die Position des letzten Elements des Containers.

iterator **begin** ();
const_iterator **begin** () const;
reverse_iterator **rbegin** ();
const_reverse_iterator **rbegin** () const;

Setzt den Ende-Iterator auf das letzte Element im Container, bei **rend** wird der Ende-Iterator für den Rückwärtsdurchlauf gesetzt.

iterator **end** ();
const_iterator **end** () const;
reverse_iterator **rend** ();
const_reverse_iterator **rend** () const;

Erzeugt eine Referenz auf das erste Element des Containers.

reference **front** ();
const_reference **front** () const ;

Erzeugt eine Referenz auf das letzte Element im Container.

reference **back** ();
const_reference **back** () const;

Ermittelt die Anzahl der Elemente im Container.

size_type **size** () const;

Verändert die Größe des Containers.

void **resize** (size_type sz, T c = T( ));

Ermittelt die Anzahl der Elemente im größtmöglichen Container.

size_type **max_size** () const;

Es wird geprüft, ob der Container leer ist.

bool **empty** () const;

Erzeugt eine Referenz auf das *n*-te Objekt des Containers.

reference **operator**[ ] (size_type n);
const_reference **operator**[ ] (size_type n) const;

Löscht die Elemente im Bereich *first .. last* bzw. das Element, auf das *pos* zeigt.

void **erase** (iterator first, iterator last);
void **erase** (iterator pos);

Ruft erase(first, last) auf.

void **clear** ();

Löscht ein Element am Ende des Containers.

void **pop_back** ();

Löscht ein Element am Anfang des Containers.

void **pop_front** ();

Fügt die Elemente aus dem Bereich *first .. last* ab der übergebenen Position *pos* ein.

template <class InputIterator>
  void **insert** (iterator pos, InputIterator first, InputIterator last);

Ein Element wird *n*-mal ab der gewünschten Position *pos* eingefügt.

void **insert** (iterator pos, size_type n, const T& x);

Fügt *x* in die übergebene Position *pos* ein.

iterator **insert** (iterator pos, const T& x);

Fügt *x* am Ende des Containers ein.

void **push_back** (const T& x);

Fügt *x* am Anfang des Containers ein.

void **push_front** (const T& x);

Vertauschen von zwei Containern.

void **swap** (deque<T, Allcator>& x);

Liefert einen Allocator.

allocator_type **get_allocator** ( ) const;

Operatoren.

template <class T, class Allocator>
    bool **operator==** (const deque<T, Allocator>& x, const deque<T, Allocator>& y);

template <class T, class Allocator>
    bool **operator**< (const deque<T, Allocator>& x, const deque<T, Allocator>& y);

template <class T, class Allocator>
    bool **operator!=** (const deque<T, Allocator>& x, const deque<T, Allocator>& y);

template <class T, class Allocator>
    bool **operator**> (const deque<T, Allocator>& x, const deque<T, Allocator>& y);

template <class T, class Allocator>
  bool **operator**>= (const deque<T, Allocator>& x, const deque<T, Allocator>& y);

template <class T, class Allocator>
  bool **operator**<= (const deque<T, Allocator>& x, const deque<T, Allocator>& y);

deque <T, Allocator> & **operator=** (const deque<T, Allocator>& x);

2.3.3 list-Klasse

Der Container **list** erlaubt den Zugriff mit bidirectionalen Iteratoren und ist ein **sequentieller Container**, d.h. seine Elemente sind streng linear geordnet. Er sollte immer dann benutzt werden, wenn ein häufiges Einfügen und Löschen von Elementen in der Mitte des Containers zu erwarten ist. Die Header-Datei **list** muss eingebunden sein.

Typendefinition

typedef typename Allocator::reference reference;
typedef typename Allocator::const_reference const_reference;
typedef **implementation defined** iterator;
typedef **implementation defined** const_iterator;
typedef **implementation defined** size_type;
typedef **implementation defined** difference_type;
typedef T value_type;
typedef Allocator allocator_type;
typedef typename Allocator::pointer pointer;
typedef typename Allocator::const_pointer const_pointer;
typedef std::reverse_iterator<iterator> reverse_iterator;
typedef std::reverse_iterator<const_iterator> const_reverse_iterator;

Der Konstruktor erzeugt einen leeren Container.

explicit **list** (const Allocator& = Allocator ());

Erzeugt einen Container mit *n* Kopien von *x*.

explicit **list** (size_type n, const T& value = T ());

Erzeugt einen Container, in dem die Elemente aus dem Bereich *first* .. *last* enthalten sind.

template <class InputIterator>
  list (InputIterator first, InputIterator last, const Allocator& = Allocator());

Kopierkonstruktor

list (const list<T, Allocator>& x)

Destruktor

~**list** ()

Ersetzt eine Sequenz durch eine andere Sequenz bzw. durch n Elemente vom Wert t.

void **assign** (InputIterator first, InputIterator last);
void **assign** (size_type n, const T& t);

Setzt den Anfangs-Iterator auf die Position des ersten bzw. für den Rückwärtsdurchlauf auf die Position des letzten Elements des Containers.

iterator **begin** ();
const_iterator **begin** () const;
reverse_iterator **rbegin** ();
const_reverse_iterator **rbegin** () const;

Setzt den End-Iterator auf das letzte Element des Containers. Bei *rend* wird der End-Iterator für den Rückwärtsdurchlauf gesetzt.

iterator **end** ();
const_iterator **end** () const;
reverse_iterator **rend** ();
const_reverse_iterator **rend** () const;

Erzeugt eine Referenz auf das erste Element des Containers.

reference **front** ();
const_reference **front** () const ;

Erzeugt eine Referenz auf das letzte Element im Container.

reference **back** ();
const_reference **back** () const;

Ermittelt die Anzahl der Elemente des Containers.

size_type **size** () const;

Veränderung der Containergröße.

void **resize** (size_type n, T& = T());

Ermittelt die Anzahl der Elemente im größtmöglichen Container.

size_type **max_size** () const;

Prüft, ob der Container leer ist.

bool **empty** () const;

Erzeugt eine Referenz auf das *n*-te Objekt des Containers.

reference **operator**[ ] (size_type n);
const_reference **operator**[ ] (size_type n) const;

Löscht alle Elemente im Bereich von *first .. last* bzw. das Element, auf das *pos* zeigt.

void **erase** (iterator first, iterator last);
void **erase** (iterator pos);

Löscht ein Element am Ende des Containers.

void **pop_back** ();

Löscht ein Element am Anfang des Containers.

void **pop_front** ();

Fügt die Elemente aus dem Bereich *first .. last* ab der übergebenen Position *pos* ein.

template <class InputIterator>
    void **insert** (iterator pos, InputIterator first, InputIterator last);

Das Element wird *n*-mal ab der gewünschten Position *pos* eingefügt.

void **insert** (iterator pos, size_type n, const T& x);

Fügt *x* in die übergebene Position *pos* ein.

iterator **insert** (iterator pos, const T& x);

Fügt *x* am Ende des Containers ein.

void **push_back** (const T& x);

Fügt ein Objekt als Element am Anfang ein.

void **push_front** (const T& x);

Vertauscht zwei Container.

void **swap** (list<T, Allocator>& x, list<T, Allocator>& y);

Fügt *list x* vor *pos* ein und leert *list* x anschließend.

void **splice** (iterator pos, list<T, Allocator>& x);

Fügt aus *list x* das Element, auf das *i* zeigt, vor *pos* ein und löscht es anschließend in *list x*.

void **splice** (iterator pos, list<T, Allocator>& x, iterator i);

Fügt aus *list x* die Elemente aus dem Bereich *first* .. *last* vor *pos* ein und entfernt sie aus *list x* .

void **splice** (iterator pos, list <T,Allocator>& x,
iterator first, iterator last);

Löscht alle Elemente, die *value* entsprechen.

void **remove** (const T& value);
template <class Predicate>
void **remove_if** (Predicate pred);

Löscht alle gleichen, aufeinander folgenden Elemente bis auf das erste.

void **unique** ();
template <class BinaryPredicate>
void **unique** (BinaryPredicate binary_pred);

Mischt zwei sortierte Listen.

void **merge** (list<T>& x);
template <class Compare>
void **merge** (list<T, Allocator>& x, Compare comp);

Die Reihenfolge der Elemente wird umgekehrt.

void **reverse** ();

Sortiert die Elemente.

void **sort** ();

Liefert einen Allocator.

allocator_type **get_allocator** ( ) const;

Operatoren

template <class T, class Allocator>
    bool **operator==** (const list<T, Allocator>& x, const list<T, Allocator>& y) ;
template <class T, class Allocator>
    bool **operator<** (const list<T, Allocator>& x, const list<T, Allocator>& y);
template <class T, class Allocator>
    bool **operator!=** (const list<T, Allocator>& x, const list<T, Allocator>& y);
template <class T, class Allocator>
    bool **operator>** (const list<T, Allocator>& x, const list<T, Allocator>& y);
template <class T, class Allocator>
    bool **operator>=** (const list<T, Allocator>& x, const list<T, Allocator>& y);
template <class T, class Allocator>
    bool **operator<=** (const list<T, Allocator>& x, const list<T, Allocator>& y);
list <T, Allocator> & **operator=** (const list<T, Allocator>& x);

2.3.4 vector-Klasse

Der Container **vector** erlaubt den Zugriff mit Random-Access-Iteratoren und ist ein **sequentieller Container**, d.h. seine Elemente sind streng linear geordnet. Er sollte als Standard-Container benutzt werden. Dazu muss die Header-Datei **vector** eingebunden sein.

Typenvereinbarungen

typedef typename Allocator::reference   reference;
typedef typename Allocator::const_reference   const_reference;
typedef **implementation defined**   iterator;
typedef **implementation defined**   const_iterator;
typedef **implementation defined**   size_type;
typedef **implementation defined**   difference_type;
typedef T   value_type;
typedef Allocator   allocator_type;
typedef typename Allocator::pointer   pointer;

typedef typename Allocator::const_pointer const_pointer
typedef std::reverse_iterator<iterator> reverse_iterator;
typedef std::reverse_iterator<const_iterator> const_reverse_iterator;

Der Konstruktor erzeugt einen leeren Container.

explicit **vector** (const Allocator& = Allocator ());

Erzeugt einen Container mit *n* Kopien von *x*.

explicit **vector** (size_type n, const T& value = T () , const Allocator& = Allocator ( ));

Erzeugt einen Container, in dem die Elemente aus dem Bereich *first .. last* enthalten sind.

template <class InputIterator>
  vector (InputIterator first, InputIterator last, const Allocator& = Allocator ( ));

Kopierkonstruktor

vector (const vector<T, Allocator>& x)

Destruktor

~vector ()

Ersetzt eine Sequenz durch eine andere Sequenz bzw. durch n Elemente vom Wert t.

void **assign** (InputIterator first, InputIterator last);
void **assign** (size_type n, const T& t);

Setzt den Anfangs-Iterator auf die Position des ersten bzw. für den Rückwärtsdurchlauf auf die Position des letzten Elements des Containers.

iterator **begin** ();
const_iterator **begin** () const;
reverse_iterator **rbegin** ();
const_reverse_iterator **rbegin** () const;

Setzt den End-Iterator auf das letzte Element des Containers, bei *rend* wird der End-Iterator für den Rückwärtsdurchlauf gesetzt.

iterator **end** ();
const_iterator **end** () const;
reverse_iterator **rend** ();
const_reverse_iterator **rend** () const;

Erzeugt eine Referenz auf das erste Element des Containers.

reference **front** ();
const_reference **front** () const ;

Erzeugt eine Referenz auf das letzte Element im Container.

reference **back** ();
const_reference **back** () const;

Ermittelt die Anzahl der Elemente des Containers.

size_type **size** () const;

Containergröße verändern.

void **resize** (size_type n, T& = T());

Ermittelt die Anzahl der Elemente im größtmöglichen Container.

size_type **max_size** () const;

Prüft, ob der Container leer ist.

bool **empty** () const;

Speicherplatz reservieren.

void **reserve** (size_type n);

Erzeugt eine Referenz auf das *n*-te Objekt des Containers.

reference **operator**[ ] (size_type n);
const_reference **operator**[ ](size_type n) const;
const_reference **at** (size_type n) const;
reference **at** (size_type n);

Löscht alle Elemente im Bereich von *first .. last* bzw. das Element, auf das *pos* zeigt.

void **erase** (iterator first, iterator last);
void **erase** (iterator pos);

Ruft erase(first, last) auf.

void **clear** ();

Löscht ein Element am Ende des Containers.

void **pop_back** ();

Fügt die Elemente aus dem Bereich *first .. last* in die übergebene Position *pos* ein.

template <class InputIterator>
 void **insert** (iterator pos, InputIterator first, InputIterator last);

Das Element wird *n*-mal ab der gewünschten Position *pos* eingefügt.

void **insert** (iterator pos, size_type n, const T& x);

Fügt *x* in die übergebene Position *pos* ein.

iterator **insert** (iterator pos, const T& x);

Fügt *x* am Ende des Containers ein.

void **push_back** (const T& x);

Vertauscht t zwei Container.

void **swap** (vector <T, Allocator>& x);

Liefert einen Allocator.

allocator_type **get_allocator** ( ) const;

Operatoren

```
template <class T, class Allocator>
    bool operator== (const vector<T, Allocator>& x,  const vector<T, Allocator>& y) ;
template <class T, class Allocator>
    bool operator< (const vector<T, Allocator>& x,  const vector<T, Allocator>& y);
template <class T, class Allocator>
    bool operator!= (const vector<T, Allocator>& x,  const vector<T, Allocator>& y);
template <class T, class Allocator>
    bool operator> (const vector<T, Allocator>& x,  const vector<T, Allocator>& y);
template <class T, class Allocator>
    bool operator>= (const vector<T, Allocator>& x,  const vector<T, Allocator>& y);
template <class T, class Allocator>
    bool operator<= (const vector<T, Allocator>& x,  const vector<T, Allocator>& y);
vektor <T, Allocator> & operator= (const vektor<T, Allocator>& x );
```

2.3.5 map-Klasse

map gehört zu den **assoziativen** Containern und arbeitet mit Schlüsseln, was einen schnellen Zugriff auf Daten ermöglicht. Die Schlüssel und die dazugehörigen Daten können verschieden sein. Bei der Deklaration eines **map**-Containers müssen neben dem Schlüssel und dem Vergleichsobjekt auch der Typ der Daten angegeben werden. Die Elemente dieses Containers sind Paare, wobei *Key* der Typ des Schlüssels und *T* der Typ der Daten ist.

Typendefinition

```
typedef Key                                             key_type;
typedef T                                               mapped_type;
typedef pair<const Key, T>                              value_type;
typedef Compare                                         key_compare;
typedef Allocator                                       allocator_type;
typedef typename Allocator::reference                   reference;
typedef typename Allocator::const_reference             const_reference;
typedef implementation defined                          iterator;
typedef implementation defined                          const_iterator;
typedef implementation defined                          size_type;
typedef implementation defined                          difference_type
typedef typename Allocator::pointer                     pointer;
typedef typename Allocator::const_pointer               const_pointer;
typedef std::reverse_iterator<iterator>                 reverse_iterator;
typedef std::reverse_iterator<const_iterator>           const_reverse_iterator;
```

Konstruktor

```
explicit map (const Compare& comp = Compare(), const Allocator = Allocator () );
```

Erzeugt ein Objekt und fügt die Elemente aus dem Bereich *first* .. *last* ein.

template <class InputIterator>
map (InputIterator first, OutputIterator last,
const Compare& comp = Compare(), const Allocator& = Allocator ());

Kopierkonstruktor

map (const map<Key, T, Compare, Allocator>& x);

Destruktor

~**map** ();

Vertauscht zwei Objekte.

void **swap** (map<Key, T, Compare, Allocator>& x);

Setzt den Anfang-Iterator auf die Position des ersten bzw. für den Rückwärtsdurchlauf auf die Position des letzten Elements des Containers.

iterator **begin** ();
const_iterator **begin** () const;
reverse_iterator **rbegin** ();
const_reverse_iterator **rbegin** () const;

Setzt den End-Iterator auf das letzte Element im Container, bei *rend* wird der End-Iterator für den Rückwärtsdurchlauf gesetzt.

iterator **end** ();
const_iterator **end** () const;
reverse_iterator **rend** ();
const_reverse_iterator **rend** () const;

Prüft, ob der Container leer ist.

bool **empty** () const;

Ermittelt, wie viele Elemente im Container enthalten sind.

size_type **size** () const;

Ermittelt die Anzahl der Elemente im größtmöglichen Container.

size_type **max_size** () const;

Einfügen eines Elements mit dem Schlüssel *x*.

T& **operator** [ ] (const key_type& x);

Fügt das Element *x* ein, sofern noch kein Element mit diesem Schlüssel vorhanden ist.

pair <iterator, bool>
    insert (const value_type& x);

Fügt das Element *x* ein, sofern noch kein Element mit diesem Schlüssel vorhanden ist. *pos* dient als Hinweis, ab welcher Position die richtige Einfügeposition gesucht werden soll.

iterator **insert** (iterator pos, const value_type& x);

Fügt die Elemente aus dem Bereich *first .. last* ein.

template <class InputIterator>
    void **insert** (InputIterator first, InputIterator last);

Löscht die Elemente im Bereich *first .. last* bzw. das Element, auf das *pos* zeigt.

void **erase** (iterator pos);
void **erase** (iterator first, iterator last);

Löscht alle Elemente, die dem übergebenen Schlüssel *x* entsprechen.

size_type **erase** (const key_type& x);

Ruft erase(first, last) auf.

void **clear** ();

Setzt einen Iterator auf das Element, das dem Schlüssel *x* entspricht.

iterator **find** (const key_type& x);
const_iterator **find** (const key_type& x) const;

Zählt die Anzahl der Elemente, die dem Schlüssel *x* entsprechen.

size_type **count** (const key_type& x) const;

Ermittelt das erste Element, dessen Schlüssel nicht kleiner *x* ist.

iterator **lower_bound** (const key_type& x);
const_iterator **lower_bound** (const key_type& x) const

Ermittelt das erste Element, dessen Schlüssel größer *x* ist.

iterator **upper_bound** (const key_type& x);
const_iterator **upper_bound** (const key_type& x) const;

Ermittelt, entsprechend **upper_bound** und **lower_bound**, die Position der Elemente, die dem Schlüssel *x* entsprechen, und vereint sie in *pair.*

pair <const_iterato, constr_iterator>
    equal_range (const key_type& x);
pair <const_iterator, const_iterator>
    equal_range (const key_type& x) const;

Erzeugt ein Funktionsobjekt zum Vergleich von **key_type**-Objekten bzw. von **value_type**-Objekten.

key_compare **key_comp** () const;
value_compare **value_comp** () const;

Operatoren

template <class Key, class T, class Compare, class Allocator>
    bool **operator==** (const map<Key, T, Compare, Allocator>& x,
        const map<Key, T, Compare, Allocator>& y);

template <class Key, class T, class Compare, class Allocator>
    bool **operator<** (const map<Key, T, Compare, Allocator>& x,
        const map<Key, T, Compare, Allocator>& y);

template <class Key, class T, class Compare, class Allocator>
    bool **operator!=** (const map<Key, T, Compare, Allocator>& x,
        const map<Key, T, Compare, Allocator>& y);

template <class Key, class T, class Compare, class Allocator>
    bool **operator>** (const map<Key, T, Compare, Allocator>& x,
        const map<Key, T, Compare, Allocator>& y);

template <class Key, class T, class Compare, class Allocator>
bool **operator>=** (const map<Key, T, Compare, Allocator>& x,
const map<Key, T, Compare, Allocator>& y);

template <class Key, class T, class Compare, class Allocator>
bool **operator<=** (const map<Key, T, Compare, Allocator>& x,
const map<Key, T, Compare, Allocator>& y);

map <Key, T, Compare, Allocator>&
operator= (const map<Key, T, Compare>& x);

2.3.6 multimap-Klasse

multimap gehört zu den **assoziativen** Containern und arbeitet mit Schlüsseln, was einen schnellen Zugriff auf Daten ermöglicht. Die Schlüssel und die dazugehörigen Daten können verschieden sein. Auch hier muss, neben dem Schlüssel und dem Vergleichsobjekt, der Typ der Daten angegeben werden. Die Elemente dieses Containers sind Paare, wobei *Key* der Typ des Schlüssels und *T* der Typ der Daten ist. Im Gegensatz zu **map** kann bei **multimap** ein Schlüssel auf mehrere Objekte verweisen.

Typendefinition	
typedef Key	key_type;
typedef T	mapped_type;
typedef pair<const Key, t>	value_type;
typedef Compare	key_compare;
typedef Allocator	allocator_type;
typedef typename Allocator::reference	reference;
typedef typename Allocator::const_reference	const_reference;
typedef **implementation defined**	iterator;
typedef **implementation defined**	const_iterator;
typedef **implementation defined**	size_type;
typedef **implementation defined**	difference_type;
typedef typename Allocator::pointer	pointer;
typedef typename Allocator::const_pointer	const_pointer;
typedef std::reverse_iterator<iterator>	reverse_iterator;
typedef std::reverse_iterator<const_iterator>	const_reverse_iterator;

Konstruktor

explicit **multimap** (const Compare& comp = Compare (),
Allocator& = Allocator ());

Erzeugt ein Objekt und fügt die Elemente aus dem Bereich *first .. last* ein.

template <class InputIterator>
multimap (InputIterator first, InputIterator last,
const Compare& comp = Compare (),
Allocator& = Allocator ());

Kopierkonstruktor

multimap (const multimap<Key, t,Compare,Allocator>& x,
Allocator& = Allocator ());

Destruktor

~**multimap** ();

Setzt den Anfang-Iterator auf die Position des ersten bzw. für den Rückwärtsdurchlauf auf die Position des letzten Elements des Containers.

iterator **begin** ();
const_iterator **begin** () const;
reverse_iterator **rbegin** ();
const_reverse_iterator **rbegin** () const;

Setzt den End-Iterator auf das letzte Element im Container. Bei *rend* wird der End-Iterator für den Rückwärtsdurchlauf gesetzt.

iterator **end** ();
const_iterator **end** () const;
reverse_iterator **rend** ();
const_reverse_iterator **rend** () const;

Prüft, ob der Container leer ist.

bool **empty** () const;

Ermittelt, wie viele Elemente im Container enthalten sind.

size_type **size** () const;

Ermittelt die Anzahl der Elemente im größtmöglichen Container.

size_type **max_size** () const;

Fügt *x* ein.

iterator **insert** (const value_type& x);

Fügt das Element *x* ein, sofern noch kein Element mit diesem Schlüssel vorhanden ist. *pos* dienst als Hinweis darauf, ab welcher Position die richtige Einfügeposition gesucht werden soll.

iterator **insert** (iterator pos, const value_type& x);

Fügt die Elemente aus dem Bereich *first* .. *last* ein.

template <class InputIterator>
  void **insert** (InputIterator first, InputIterator last);

Löscht die Elemente im Bereich *first* .. *last* bzw. das Element, auf das *pos* zeigt.

void **erase** (iterator pos);
void **erase** (iterator first, iterator last);

Löscht alle Elemente, die dem übergebenen Schlüssel *x* entsprechen.

size_type **erase** (const key_type& x);

Ruft erase(first, last) auf.

void **clear** ();

Vertauscht zwei Objekte.

void **swap** (multimap<Key, t,Compare,Allocator>&);

Erzeugt ein Funktionsobjekt zum Vergleich von **key_type**-Objekten bzw. von **value_type**-Objekten.

key_compare **key_comp** () const;
value_compare **value_comp** () const;

Setzt einen Iterator auf das Element, das dem Schlüssel *x* entspricht.

iterator **find** (const key_type& x);
const_iterator **find** (const key_type& x) const;

Zählt die Anzahl der Elemente, die dem Schlüssel *x* entsprechen.

size_type **count** (const key_type& x) const;

Ermittelt das erste Element, dessen Schlüssel nicht kleiner *x* ist.

iterator **lower_bound** (const key_type& x);
const_iterator **lower_bound** (const key_type& x) const;

Ermittelt das erste Element, dessen Schlüssel größer *x* ist.

iterator **upper_bound** (const key_type& x);
const_iterator **upper_bound** (const key_type& x) const;

Ermittelt, entsprechend **upper_bound** und **lower_bound** die Position der Elemente, die dem Schlüssel *x* entsprechen, und vereint sie in **pair**.

pair <iterator, iterator>
    equal_range (const key_type& x);
pair <const_iterator, const_iterator>
    equal_range (const key_type& x) const;

Liefert einen Allocator.

allocator_type **get_allocator** ( ) const;

Operatoren

template <class Key, class T, class Compare, class Allocator>
    bool **operator==** (const multimap<Key, t,Compare,Allocator>& x,
        const multimap<Key, t,Compare,Allocator>& y);

template <class Key, class T, class Compare, class Allocator>
    bool **operator<** (const multimap<Key, t,Compare,Allocator>& x,
        const multimap<Key, t,Compare,Allocator>& y);

template <class Key, class T, class Compare, class Allocator>
    bool **operator!=** (const multimap<Key, t,Compare,Allocator>& x,
        const multimap<Key, t,Compare,Allocator>& y);

template <class Key, class T, class Compare, class Allocator>
    bool **operator>** (const multimap<Key, t,Compare,Allocator>& x,
        const multimap<Key, t,Compare,Allocator>& y);

template <class Key, class T, class Compare, class Allocator>
    bool **operator>=** (const multimap<Key, t,Compare,Allocator>& x,
        const multimap<Key, t,Compare,Allocator>& y);

template <class Key, class T, class Compare, class Allocator>
bool **operator**<= (const multimap<Key, t,Compare,Allocator>& x,
const multimap<Key, t,Compare,Allocator>& y);

multimap <Key, T, Compare, Allocator>&
operator= (const multimap<Key, t,Compare,Allocator>& x);

2.3.7 set-Klasse

Die Klasse **set** gehört zu den **assoziativen** Containern und unterstützt Abbildungen von Mengen im Computer. Sie arbeitet mit Schlüsseln, wobei die Daten selber als Schlüssel benutzt werden. Es gibt in **set** keine Elemente mit dem gleichen Schlüssel.

Typendefinition

typedef Key key_type;
typedef Key value_type;
typedef Compare key_compare;
typedef Compare value_compare;
typedef Allocator allocator_type;
typedef typename Allocator::reference reference;
typedef typename Allocator::const_reference const_reference;
typedef **implementation defined** iterator;
typedef **implementation defined** const_iterator;
typedef **implementation defined** size_type;
typedef **implementation defined** difference_type;
typedef typename Allocator::pointer pointer;
typedef typename Allocator::const_pointer const_pointer;
typedef std::reverse_iterator<iterator> reverse_iterator;
typedef std::reverse_iterator<const_iterator> const_reverse_iterator;

Der Konstruktor erzeugt einen leeren Container.

explicit **set** (const Compare& comp = Compare(), const Allocator& = Allocator ());

Erzeugt einen Container, in dem die Elemente aus dem Bereich *first* .. *last* enthalten sind.

template <class InputIterator>
set (Inputiterator first, InputIterator last,
const Compare& comp = Compare(), const Allocator& = Allocator ());

Kopierkonstruktor

set (const set<Key, Compare>& x);

Destruktor

~**set** ();

Setzt den Anfang-Iterator auf die Position des ersten bzw. für den Rückwärtsdurchlauf auf die Position des letzten Elements im Container.

iterator **begin** ();
const_iterator **begin** () const;
reverse_iterator **rbegin** ();
const_reverse_iterator **rbegin** () const;

Setzt den Ende-Iterator auf das letzte Element im Container. Bei **rend** wird der Ende-Iterator für den Rückwärtsdurchlauf gesetzt.

iterator **end** ();
const_iterator **end** () const;
reverse_iterator **rend** ();
const_reverse_iterator **rend** () const;

Erzeugt ein Funktionsobjekt zum Vergleich von **key_type**-Objekten bzw. **value_type**-Objekten.

key_compare **key_comp** () const;
value_compare **value_comp** ();

Ermittelt die Anzahl der Elemente des Containers.

size_type **size** () const;

Ermittelt die Anzahl der Elemente im größtmöglichen Container.

size_type **max_size** () const;

Es wird geprüft, ob der Container leer ist.

bool **empty** () const;

Fügt das Element *x* ein, sofern noch kein Element mit diesem Schlüssel vorhanden ist.

pair <iterator, bool>
    insert (const value_type& x);

Fügt das Element *x* ein, sofern noch kein Element mit diesem Schlüssel vorhanden ist. *pos* dient als Hinweis darauf, ab welcher Position die richtige Einfügeposition gesucht werden soll.

iterator **insert** (iterator position, const value_type& x);

Fügt die Elemente aus dem Bereich *first* .. *last* ein.

template <class InputIterator>
void **insert** (InputIterator first, InputIterator last);

Löscht alle Elemente in dem Bereich *first* .. *last* bzw. das Element, auf das *pos* zeigt.

void **erase** (iterator pos);
void **erase** (iterator first, iterator last);

Löscht alle Elemente, die dem übergebenen Schlüssel *x* entsprechen.

size_type **erase** (const key_type& x);

Ruft erase(first, last) auf.

void **clear** ();

Setzt einen Iterator auf das Element, das dem Schlüssel *x* entspricht.

iterator **find** (const key_type& x) const;

Ermittelt die Anzahl der Elemente, die *x* entsprechen.

size_type **count** (const key_type& x) const;

Ermittelt das erste Element, dessen Schlüssel nicht kleiner *x* ist.

iterator **lower_bound** (const key_type& x) const;

Ermittelt das erste Element, dessen Schlüssel größer *x* ist.

iterator **upper_bound** (const key_type& x) const;

Ermittelt, entsprechend **upper_bound** und **lower_bound**, die Position der Elemente, die dem Schlüssel *x* entsprechen, und vereint sie in **pair**.

```
pair <iterator,iterator>
    equal_range (const key_type& x) const;
```

Vertauscht zwei Objekte.

```
void swap (map<Key, T, Compare, Allocator>& x);
```

Liefert einen Allocator.

```
allocator_type get_allocator ( ) const;
```

Operatoren

```
template <class Key, class Compare, class Allocator>
 bool operator==     (const set<Key,Compare,Allocator>& x,
                      const set<Key,Compare,Allocator>& y);
 template <class Key, class Compare, class Allocator>
    bool operator<  (const set<Key,Compare,Allocator>& x,
                     const set<Key,Compare,Allocator>& y);

template <class Key, class Compare, class Allocator>
    bool operator!= (const set<Key,Compare,Allocator>& x,
                     const set<Key,Compare,Allocator>& y);

template <class Key, class Compare, class Allocator>
    bool operator>  (const set<Key,Compare,Allocator>& x,
                     const set<Key,Compare,Allocator>& y);

template <class Key, class Compare, class Allocator>
    bool operator>= (const set<Key,Compare,Allocator>& x,
                     const set<Key,Compare,Allocator>& y);

template <class Key, class Compare, class Allocator>
    bool operator<= (const set<Key,Compare,Allocator>& x,
                     const set<Key,Compare,Allocator>& y);

set <Key,Compare,Allocator>&
    operator= const set<Key,Compare,Allocator>& x);
```

2.3.8 multiset-Klasse

Die Klasse **multiset** gehört zu den **assoziativen** Containern und unterstützt Abbildungen von Mengen im Computer. Sie arbeitet mit Schlüsseln, wobei die Daten selber als Schlüssel benutzt werden. Es erfolgt ein schneller Zugriff auf diese Schlüssel. In **multiset** kann es gleiche Schlüssel geben.

Typendefinition

```
typedef Key                                         key_type;
typedef Key                                         value_type;
typedef Compare                                     key_compare;
typedef Compare                                     value_compare;
typedef Allocator                                   allocator_type;
typedef typename Allocator::reference               reference;
typedef typename Allocator::const_reference         const_reference;
typedef implementation defined                      iterator;
typedef implementation defined                      const_iterator;
typedef implementation defined                      size_type;
typedef implementation defined                      difference_type;
typedef typename Allocator::pointer                 pointer;
typedef typename Allocator::const_pointer           const_pointer;
typedef std::reverse_iterator<iterator>             reverse_iterator;
typedef std::reverse_iterator<const_iterator>       const_reverse_iterator;
```

Der Konstruktor erzeugt einen leeren Container.

```
explicit multiset (const Compare& comp = Compare (),
                   Allocator& = Allocator ());
```

Erzeugt einen Container, in dem die Elemente aus dem Bereich *first* .. *last* enthalten sind.

```
template <class InputIterator>
   multiset (InputIterator first, InputIterator last,
             const Compare& comp = Compare (),
             Allocator& = Allocator ());
```

Kopierkonstruktor

```
multiset (const multiset<Key,Compare,Allocator>& x,
          Allocator& = Allocator ());
```

Destruktor

```
~multiset ();
```

Setzt den Anfang-Iterator auf die Position des ersten bzw. für den Rückwärtsdurchlauf auf die Position des letzten Elements des Containers.

iterator **begin** ();
const_iterator **begin** () const;
reverse_iterator **rbegin** ();
const_reverse_iterator **rbegin** () const;

Setzt den Ende-Iterator auf das letzte Element im Container. Bei **rend** wird der Ende-Iterator für den Rückwärtsdurchlauf gesetzt.

iterator **end** ();
const_iterator **end** () const;
reverse_iterator **rend** ();
const_reverse_iterator **rend** () const;

Es wird geprüft, ob der Container leer ist.

bool **empty** () const;

Ermittelt die Anzahl der Elemente des Containers.

size_type **size** () const;

Ermittelt die Anzahl der Elemente im größtmöglichen Container.

size_type **max_size** () const;

Fügt *x* ein , sofern noch kein Element mit diesem Schlüssel vorhanden ist.

iterator **insert** (const value_type& x);

Fügt das Element *x* ein, sofern noch kein Element mit diesem Schlüssel vorhanden ist. *pos* dienst als Hinweis, ab welcher Position die richtige Einfügeposition gesucht werden soll.

iterator **insert** (iterator pos, const value_type& x);

Fügt die Elemente aus dem Bereich *first* .. *last* ein.

template <class InputIterator>
    void **insert** (InputIterator first, InputIterator last);

Löscht die Elemente im Bereich *first* .. *last* bzw. das Element, auf das *pos* zeigt.

void **erase** (iterator pos);
void **erase** (iterator first, iterator last);

Löscht alle Elemente, die dem übergebenen Schlüssel *x* entsprechen.

size_type **erase** (const key_type& x);

Ruft erase(first, last) auf.

void **clear** ();

Vertauscht zwei Objekte.

void **swap** (multiset<Key,Compare,Allocator>&);

Erzeugt ein Funktionsobjekt zum Vergleich von **key_type**-Objekten bzw. von **value-type**-Objekten.

key_compare **key_comp** () const;
value_compare **value_comp** () const;

Setzt einen Iterator auf das Element, das dem Schlüssel *x* entspricht.

iterator **find** (const key_type& x) const;

Zählt die Anzahl der Elemente, die dem Schlüssel *x* entsprechen.

size_type **count** (const key_type& x) const;

Ermittelt das erste Element, dessen Schlüssel nicht kleiner *x* ist.

iterator **lower_bound** (const key_type& x) const;

Ermittelt das erste Element, dessen Schlüssel größer *x* ist.

iterator **upper_bound** (const key_type& x) const;

Ermittelt, entsprechend **upper_bound** und **lower_bound**, die Position der Elemente, die dem Schlüssel *x* entsprechen, und vereint sie in **pair.**

pair <iterator,iterator>
    equal_range (const key_type& x) const;

Liefert einen Allocator.

allocator_type **get_allocator** ( ) const;

Operatoren

template <class Key, class Compare, class Allocator>
    bool **operator==** (const multiset<Key,Compare,Allocator>& x,
        const multiset<Key,Compare,Allocator>& y);

template <class Key, class Compare, class Allocator>
    bool **operator<** (const multiset<Key,Compare,Allocator>& x,
        const multiset<Key,Compare,Allocator>& y);

template <class Key, class Compare, class Allocator>
    bool **operator!=** (const multiset<Key,Compare,Allocator>& x,
        const multiset<Key,Compare,Allocator>& y);

template <class Key, class Compare, class Allocator>
    bool **operator>** (const multiset<Key,Compare,Allocator>& x,
        const multiset<Key,Compare,Allocator>& y);

template <class Key, class Compare, class Allocator>
    bool **operator>=** (const multiset<Key,Compare,Allocator>& x,
        const multiset<Key,Compare,Allocator>& y);

template <class Key, class Compare, class Allocator>
    bool **operator<=** (const multiset<Key,Compare,Allocator>& x,
        const multiset<Key,Compare,Allocator>& y);

multiset <Key,Compare,Allocator>&
    operator= (const multiset<Key,Compare,Allocator>& x);

2.3.9 queue-Klasse

queue ist ein **Container-Adapter.** Unter ihm kann jeder Container liegen, der über die Methoden **front, back, push_back** und **pop_front** verfügt. Dies sind die sequentiellen Container **deque** und **list.** Mit **queue** kann auf der einen Seite ein Objekt abgelegt und auf der anderen Seite wieder rausgenommen werden.

Typendefinition

```
typedef typename Container::value_type    value_type;
typedef typename Container::size_type     size_type;
typedef Container                         container_type;
```

Erzeugt ein queue-Objekt.

```
explicit queue (const Container& = Container ( ) );
```

Prüft, ob der Container leer ist.

```
bool empty () const {return c.empty (); }
```

Ermittelt die Anzahl der Elemente des Containers.

```
size_type size () const {return c.size (); }
```

Ermittelt den ersten Wert.

```
value_type& front (){return c.font (); }
const value_type& front () const {return c.font (); }
```

Ermittelt den letzten Wert.

```
value_type& back (){return c.back (); }
const value_type& back () const {return c.back (); }
```

Fügt x am Ende ein.

```
void push (const value_type& x) { c.push (x); }
```

Löscht ein Element am Anfang.

```
void pop (){c.pop_font (); }
```

Operatoren

```
template <class Container>
    bool operator== (const queue<Container>& x,  const queue<Container>& y);
template <class Container>
    bool operator< (const queue<Container>& x, const queue<Container>& y) ;
```

template <class Container>
bool **operator!=** (const queue<Container>& x, const queue<Container>& y) ;
template <class Container>
bool **operator>** (const queue<Container>& x, const queue<Container>& y) ;
template <class Container>
bool **operator>=** (const queue<Container>& x, const queue<Container>& y) ;
template <class Container>
bool **operator<=** (const queue<Container>& x, const queue<Container>& y) ;

2.3.10 priority_queue-Klasse

priority_queue ist ein **Container-Adapter**. Unter ihm kann jeder Container liegen, der über die Methoden **front**, **push_back** und **pop_back** verfügt. Dies sind die sequentiellen Container **deque** und **vector. priority_queue** legt die Elemente in der Ordnung ab, die sich aus dem Funktionsobjekt zum Vergleich ergibt, und gibt immer das Element mit der höchsten Priorität zurück.

Typendefinition

typedef typename Container::value_type value_type;
typedef typename Container::size_type size_type;
typedef Container container_type;

Der Konstruktor erzeugt einen leeren Container.

explicit **priority_queue** (const Compare& x = Compare(), const Container& = Container ());

Erzeugt einen Container, in dem die Elemente aus dem Bereich *first* .. *last* enthalten sind.

template <class InputIterator>
priority_queue (InputIterator first, InputIterator last, const Compare& x = Compare(),
const Container& = Container ());

Prüft, ob der Container leer ist.

bool **empty** () const { return c.empty (); }

Ermittelt die Anzahl der Elemente des Containers.

size_type **size** () const { return c.size (); }

Ermittelt das letzte Element des Containers.

const value_type& **top** () const { return c.font (); }

Fügt *x* am Ende des Containers ein.

void **push** (const value_type& x);

Löscht das erste Element des Containers.

void **pop** ();

2.3.11 stack-Klasse

stack ist ein **Container-Adapter**. Unter ihm kann jeder Container liegen, der über die Methoden **back**, **push_back** und **pop_back** verfügt. Dies sind die sequentiellen Container **deque**, **list** oder **vector**. **stack** arbeitet nach dem Prinzip *first in – last out*, d.h. das Objekt, das zuerst abgelegt wurde, wird zuletzt wieder entnommen.

Typendefinition

```
typedef typename Container::value_type      value_type;
typedef typename Container::size_type       size_type;
typedef Container                           container_type;
```

Erzeugt einen leeren Container.

explicit **stack** (const Container& = Container ());

Prüft, ob der Container leer ist.

bool **empty** () const { return c.empty (); }

Ermittelt die Anzahl der Elemente, die der Container enthält.

size_type **size** () const { return c.size (); }

Ermittelt das letzte Element des Containers.

value_type& **top** () { return c.back (); }
const value_type& **top** () const { return c.back (); }

Fügt ein x am Ende ein.

void **push** (const value_type& x) { c.push_back (x); }

Löscht ein Objekt am Ende des Containers.

```
void pop () { c.pop_back (); }
```

Operatoren

```
template <class Container>
    bool operator == (const stack<Container>& x,  const stack<Container>& y) ;
template <class Container>
    bool operator <  (const stack<Container>& x, const stack<Container>& y) ;
template <class Container>
    bool operator != (const stack<Container>& x, const stack<Container>& y) ;
template <class Container>
    bool operator >  (const stack<Container>& x, const stack<Container>& y) ;
template <class Container>
    bool operator >= (const stack<Container>& x, const stack<Container>& y) ;
template <class Container>
    bool operator <= (const stack<Container>& x, const stack<Container>& y) ;
```

2.4 Überblick über Container-Anforderungen

Für die Tabellen gilt:

X	kennzeichnet eine Container-Klasse für Objekte des Typs *T*.
a und b	kennzeichnet Werte von *X*.
r	kennzeichnet einen Wert von *X &*.
i und j	bezeichnen einen InputIterator.
i .. j	bezeichnet einen gültigen Bereich.
p	bezeichnet einen gültigen Iterator auf *a*.
q, q1, q2	bezeichnen gültige und dereferenzierbare Iteratoren auf *a*.
q1 .. q2	bezeichnet einen gültigen Bereich.
u	kennzeichnet einen Bezeichner.
k	bezeichnet einen Wert von *X::key_type*.
n	bezeichnet einen Wert von *X::size_type*.
t	bezeichnet einen Wert von *X::value_type*.

Ausdruck	*Rückgabewert*	*Anmerkung*
X::value_type	*T*	
X::reference		
X::const_reference	lvalue von T	
X::iterator	Iterator-Typ	alle Iterator-Kategorien außer Output-Iterator
X::const_iterator	Iterator-Typ für Container mit **const**-Elementen	alle Iterator-Kategorien außer Output-Iterator

Ausdruck	*Rückgabewert*	*Anmerkung*
X::difference_type	integraler Typ – vorzeichenbehaftet	Ist identisch mit dem **distance**-Typ X::iterator und X::const_iterator.
X::size_type	integraler Typ – vorzeichenlos	Repräsentiert jeden vorzeichenlosen Wert von difference_type.
X u;		post: *u.size () == 0*
X ();		*X ().size () == 0*
X (a);		*a == X (a)*
X u (a);		post: *u == a.*
X u = a;		gleichbedeutend mit: X u; u = a;
(&a)->~X();	void	
a.begin ();	iterator bzw. const_iterator für const a	Setzt den Iterator auf den Anfang des Containers bzw. den const_iterator auf den Anfang eines Containers mit **const**-Elementen.
a.end ();	iterator bzw. const_iterator für const a	Setzt den Iterator auf die Position nach dem letzten Element des Containers bzw. den const_iterator auf die Position nach dem letzten Element eines Containers mit **const**-Elementen.
a == b	umwandelbar in bool	== entspricht: *a.size() == b.size()* && *equal (a.begin (), a.cnd (), b.begin ())*
a != b	umwandelbar in bool	!= entspricht: *! (a == b)*
a.swap (b);	void	swap *(a,b)*
r = a	X&	post: *r == a*
a.size()	size_type	
a.max_size()	size_type	
a.empty()	umwandelbar in bool	
a < b	umwandelbar in bool	pre: < ist für Werte von *T* definiert
a > b	umwandelbar in bool	
a <= b	umwandelbar in bool	
a >= b	umwandelbar in bool	
X::reverse_iterator	iterator type auf *T*	
X::const_reverse_iterator	iterator type auf const *T*	
a.rbegin ()	reverse_iterator; const_reverse_ iterator für const *a*	reverse_iterator *(end())*
a.rend ()	reverse_iterator; const_reverse_ iterator für const *a*	reverse_iterator *(begin())*

Tab. 2.4.1: Anforderungen an reversible Container (zusätzlich zu den allgemeinen Anforderungen)

Ausdruck	*Rückgabewert*	*Anmerkung*
X (n, t) X a (n, t);		post: *size () == n* Erzeugt eine Sequenz mit *n* Kopien von *t.*
X (i, j) X a (i, j);		post: *size () == distance* Erzeugt eine Sequenz aus dem Bereich *i .. j.*
a.insert (p, t)	iterator	Fügt eine Kopie von *t* vor *p* ein.
a.insert (p, n, t)	void	Fügt *n* Kopien von *t* vor *p* ein.
a.insert (p, i, j)	void	Fügt Kopien der Elemente aus dem Bereich *i .. j* vor *p* ein.
a.erase (q)	iteratror	Löscht das durch *p* gekennzeichnete Element.
a.erase (q1,q2)	iterator	Löscht die Elemente im Bereich *q1 .. q2.*
a.clear ()	void	erase (a.begin (), a.end ()) posr: size () == 0
a.front ()	reference; const reference für const a	Gleichbedeutend mit **a.begin().* Benutzbar in **vector**, **list** und **deque**.
a.back ()	reference; const reference für const a	Gleichbedeutend mit **--a.end().* Benutzbar in **vector**, **list** und **deque**.
a.push_front (x)	void	Gleichbedeutend mit *a.insert (a.begin(), x).* Benutzbar in **list** und **deque**.
a.push_back (x)	void	Gleichbedeutend mit *a.insert(a.end() ,x).* Benutzbar in **vector**, **list** und **deque**.
a.pop_front ()	void	Gleichbedeutend mit *a.erase(a.begin()).* Benutzbar in **list** und **deque**.
a.pop_back ()	void	Gleichbedeutend mit *a.erase(--a.end()).* Benutzbar in **vector**, **list** und **deque**.
a [n]	reference; const reference für const a	Gleichbedeutend mit **(a.begin() + n).* Benutzbar in **vector** und **deque**.

Tab. 2.4.3: Anforderungen an sequentielle Container (zusätzlich zu den allgemeinen Anforderungen)

Ausdruck	*Rückgabewert*	*Anmerkung*
X::key_type	Key	
X::key_compare	Compare	Ist vorbesetzt mit *less <key_type>.*
X:: value_compare	ein binary predicate type	Ist das Gleiche wie *key_compare* bei **set** und **multiset.** Für **map** und **multimap** wird dies als erste *pair*-Komponente zugeordnet.
X(c) X a (c);		Erzeugt einen leeren Container; benutzt *c* als Vergleichsobjekt.
X () X a;		Erzeugt einen leeren Container; benutzt *Compare ()* als Vergleichsobjekt.

Ausdruck	*Rückgabewert*	*Anmerkung*
X (i, j ,c); X a (i, j, c);		Erzeugt einen leeren Container und fügt die Elemente aus dem Bereich *i .. j* ein; benutzt *c* als Vergleichsobjekt.
X (i, j) X a (i, j);		Das Gleiche wie oben, benutzt aber *Compare ()* als Vergleichsobjekt.
a.key_comp ()	X::key_compare	Liefert ein Vergleichsobjekt, das von *a* erzeugt wurde, zurück.
a.value_comp ()	X::value_compare	Liefert ein *value_ compare*-Objekt, das vom Vergleichsobjekt erzeugt wurde, zurück.
a_uniq.insert (t)	pair<iterator, bool>	Fügt *t* ein, wenn – und nur wenn – es in dem Container noch kein Element mit dem gleichen Schlüssel gibt. Die *bool*-Komponente des zurückgegebenen *pair* verweist auf die Einfügestelle, die *Iterator*-Komponente auf das Element mit dem Schlüssel, der dem von *t* entspricht.
a_eq.insert (t)	iterator	Fügt *t* ein und liefert den Iterator auf das neu eingefügte Element zurück.
a.insert (p, t)	a.insert (p, t)	Fügt in Container mit einmaligen Schlüsseln *t* ein, wenn, und nur wenn es kein Element mit dem Schlüssel gibt, der identisch ist mit dem von *t*. Bei Containern, die nicht mit einmaligen Schlüsseln arbeiten, wird *t* immer eingefügt. Es wird ein Iterator auf das Element, das dem Schlüssel entspricht, und ein Iterator (*p*), der die Stelle kennzeichnet, ab der die Suche beginnen soll, zurückgeliefert.
a.insert (i, j)	void	Fügt die Elemente aus dem Bereich *i .. j* in den Container ein.
a.erase (k)	size_type	Löscht alle Elemente des Containers, die dem Schlüssel *k* entsprechen, und liefert die Anzahl der gelöschten Elemente zurück.
a.erase (q)	Ergebnis wird nicht genutzt	Löscht das durch *q* gekennzeichnete Element.
a.erase (q1, q2)	Ergebnis wird nicht genutzt	Löscht alle Elemente aus dem Bereich *q1.. q2.*
a.clear ()	void	erase (a.begin (), a.end()) post: size == 0
a.find (k)	iterator; const_iterator für const a	Liefert einen Iterator auf das Element zurück, das dem Schlüssel *k* entspricht. Wurde kein ent-sprechendes Element gefunden, wird *a.end()* zurückgegeben.
a.count (k)	size_type	Liefert die Anzahl der Elemente, die dem Schlüssel *k* entsprechen.

Ausdruck	*Rückgabewert*	*Anmerkung*
a.lower_bound (k)	iterator; const_iterator für const a	Liefert einen Iterator auf das erste Element, dessen Schlüssel nicht kleiner als *k* ist.
a.upper_bound (k)	iterator; const_iterator für const a	Liefert einen Iterator auf das erste Element, dessen Schlüssel größer als *k* ist.
a.equal_range (k)	pair< iterator, iterator>; pair<const_iterator, const_iterator> für const a	Entspricht: *make_pair (a.lower_bound (k), a.upper_bound (k))*

Tab. 2.4.4: Anforderungen an assoziative Container (zusätzlich zu den allgemeinen Anforderungen)

2.5 Diagnose-Klassen

Sie umfassen die Klassen zur Fehlerbehandlung und zur dynamischen Typenerkennung und benötigen die Header-Datei **exception**.

2.5.1 exception-Klasse

Sie ist die Basisklasse für alle Objekte, die Exceptions auslösen – also alle entsprechenden Komponenten der C++ Standard Library. Sie selber kann keine Exception auslösen.

Der Konstruktor erzeugt ein Objekt der Klasse **exception.**

exception () throw();

Kopierkonstruktor für ein **exception**-Objekt.

exception (const exception&) throw();

Zuweisungsoperator

exception& **operator=** (const exception&) throw();

Destruktor

virtual ~**exception**() throw();

Liefert in abgeleiteten Klassen einen Zeiger auf einen Meldungsstring.

virtual const char* **what** () const throw();

2.5.2 logic_error-Klasse

Sie dient für Exceptions bei logischen Fehlern, z.B. Verletzungen von logischen Bedingungen oder bei Varianten von Klassen, die auch schon vor der Programmausführung gefunden werden können.

Der Konstruktor erzeugt ein Objekt der **logic_error**-Klasse und gibt einen Fehlermeldungsstring aus.

explicit **logic_error** const string& what_arg);

2.5.3 domain_error-Klasse

Sie wird genutzt für Exceptions bei Fehlern bzw. bei Verletzungen von Gültigkeitsbereichen.

Der Konstruktor erzeugt ein Objekt der **domain_error**-Klasse und gibt einen Fehlermeldungsstring aus.

explicit **domain_error** (const string& what_arg);

2.5.4 invalid_argument-Klasse

Sie ist zuständig für Exceptions bei der Übergabe von unzulässigen Argumenten.

Der Konstruktor erzeugt ein Objekt der **invalid_error**-Klasse und gibt einen Fehlermeldungsstring aus.

explicit **invalid_argument** (const string& what_arg);

2.5.5 lenght_error-Klasse

Sie dient Exceptions, wenn versucht wird, die maximal zulässige Größe für eine Datenstruktur zu überschreiten.

Der Konstruktor erzeugt ein Objekt der **lenght_error**-Klasse und gibt einen Fehlermeldungsstring aus.

explicit **length_error** (const string& what_arg);

2.5.6 out_of_range-Klasse

Sie erzeugt Exceptions, wenn der vorgesehene Wertebereich mit dem übergebenen Argument nicht übereinstimmt.

Der Konstruktor erzeugt ein Objekt der **out_of_range**-Klasse und gibt einen Fehlermeldungsstring aus.

explicit **out_of_range** (const string& what_arg);

2.5.7 runtime_error-Klasse

Sie dient zur Erzeugung von Exceptions, wenn bei Programmen Laufzeitfehler auftreten.

Der Konstruktor erzeugt ein Objekt der **runtime_error**-Klasse und gibt einen Fehlermeldungsstring aus.

explicit **runtime_error** (const string& what_arg);

2.5.8 range_error-Klasse

Sie löst Exceptions bei Verletzung von Gültigkeitsbereichen aus.

Der Konstruktor erzeugt ein Objekt der **range_error**-Klasse und gibt einen Fehlermeldungsstring aus.

explicit **range_error** (const string& what_arg);

2.5.9 underflow_error-Klasse

Sie dient Exceptions, wenn ein arithmetischer Unterlauf stattgefunden hat.

Der Konstruktor erzeugt ein Objekt der **underflow_error**-Klasse und gibt eine Fehlermeldung aus.

explicit **underflow_error** (const string& what_arg);

2.5.10 overflow_error-Klasse

Sie dient Exceptions, wenn ein arithmetischer Überlauf stattgefunden hat.

Der Konstruktor erzeugt ein Objekt der **overflow_error**-Klasse und gibt einen Fehlermeldungsstring aus.

explicit **overflow_error** (const string& what_arg);

2.5.11 bad_exception-Klasse

Sie dient Exceptions im Rahmen von Fehlern, die bei Exceptions-Behandlungen auftreten können, z.B. bei Auslösung einer Exception, die für die Klasse nicht deklariert war.

Konstruktor bzw. Kopierkonstruktor

bad_exception () throw();
bad_exception (const bad_exception&) throw();

Zuweisungsoperator

bad_exception& **operator=** (const bad_exception&) throw();

Destruktor

virtual ~**bad_exception** () throw();

Erzeugt einen Zeiger auf die auszugebende Meldung.

virtual const char* **what** () const throw();

2.5.12 bad_alloc-Klasse

Sie dient für Exceptions im Rahmen von Speicherreservierungsfehlern.

Konstruktor bzw. Kopierkonstruktor

bad_alloc () throw();
bad_alloc (const bad_alloc&) throw();

Zuweisungsoperator

bad_alloc& **operator=** (const bad_alloc&) throw();

Destruktor

virtual ~**bad_alloc** () throw();

Erzeugt einen Zeiger auf die auszugebende Meldung.

virtual const char* **what** () const throw();

2.5.13 bad_cast-Klasse

Sie ist zuständig für Exceptions im Rahmen von Typenumwandlungsfehlern.

Konstruktor bzw. Kopierkonstruktor

bad_cast () throw();
bad_cast (const bad_cast&) throw();

Zuweisungsoperator

bad_cast& **operator=** (const bad_cast&) throw();

Destruktor

virtual ~**bad_cast** () throw();

Erzeugt einen Zeiger auf die auszugebende Meldung.

virtual const char* **what** () const throw();

2.5.14 bad_typeid-Klasse

Sie dient Exceptions im Rahmen von NULL-Zeigern in einem **typeid**-Ausdruck.

Konstruktor bzw. Kopierkonstruktor

bad_typeid () throw();
bad_typeid (const bad_typeid&) throw();

Zuweisungsoperator

bad_typeid& **operator=** (const bad_typeid&) throw();

Destruktor

virtual ~**bad_typeid** () throw();

Erzeugt einen Zeiger auf die auszugebende Meldung.

virtual const char* **what** () const throw();

2.5.15 type_info-Klasse

Sie dient zur Abfrage von Datentypen eines Objekts zur Laufzeit des Programms. Sie verfügt über keinen **public**-Konstruktor und wird im Zusammenhang mit dem **typeid**-Operator benutzt.

Destruktor

virtual ~**type_info** ();

Operatoren für true und false.

bool **operator==** (const type_info& rhs) const;
bool **operator!=** (const type_info& rhs) const;

Vergleicht lexikographisch den aktuellen Datentyp mit dem übergebenen Datentyp *rhs*. Ist der aktuelle Datentyp größer, wird true zurückgegeben.

bool **before** (const type_info& rhs) const;

Wandelt den Datentyp, der **tpyeid** übergeben wurde, in einen String um.

const char* **name** () const;

2.5.16 nothrow-Struktur

Sie dient zur Auswahl einer **new**-Funktion.

struct nothrow {};

2.6 Iterator-Klasse

Iteratoren (in der Header-Datei **iterator** definiert) arbeiten wie Zeiger und werden für den Zugriff auf Container-Elemente benutzt. Sie können aber ebenso containerunabhängig, z.B. mit Algorithmen zusammen, arbeiten. Über den ++ – Operator können Iteratoren weiter geschaltet, mit dem * – Operator dereferenziert und mit dem != – bzw. == – Operator verglichen werden. Damit die Iteratoren mit allen Containern zusammenarbeiten können, werden sie in fünf Kategorien zur Verfügung gestellt:

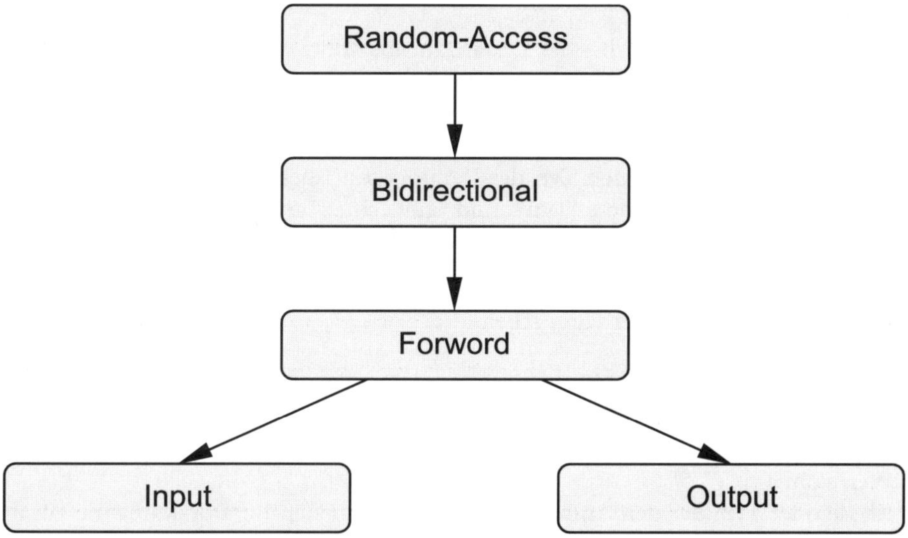

Jeder Iterator ist in einer dieser Basisklassen definiert:

```
template <class T, class Distance> struct input_iterator{ };
struct output_iterator { }; 1)
template <class T, class Distance> struct forward_iterator { };
template <class T, class Distance> struct bidirectional_iterator { };
template <class T, class Distance> struct random_access_iterator { };
```

1) Für den output_iterator ist weder ein value_type() noch ein distance_type() definiert, er ist also kein Template.

Ebenso ist jeder Iterator in einer der folgenden Markierungsklassen (**tag**) definiert:

```
struct input_iterator_tag { };
struct output_iterator_tag { };
struct forward_iterator_tag { };
struct bidirectional_iterator_tag { };
struct random_access_iterator_tag { };
```

Jede dieser Iterator-Kategorien verfügt über die Funktionen:

value_type ()	liefert bei der Dereferenzierung des Iterators den Typ des Objekts zurück.
distance_type ()	liefert bei der Distanzangabe von zwei Iteratoren den entsprechenden Wert zurück.
iterator_categorie ()	stellt den Typ des Iterators fest (dies ist immer der am besten geeignete Typ) und gibt eine Instanz der entsprechenden Iterator-tag-Struktur zurück.

Weiterhin sind für alle Iteratoren bestimmte Anforderungen/Bedingungen definiert. Bei der Beschreibung sind die folgenden Identifier vorgegeben:

Bezeichner	**Bedeutung**
T	Iteratortyp
t	Wert vom Typ T
X	Klasse oder Typ, der den Anforderungen der gegebenen Iterator-Kategorie vom Typ T entspricht.
a,b	Werte von X
n	Wert vom Distanztyp distance
u, tmp, m	Bezeichner
r	Eine Referenz von X (X&)

2.6.1 Input-Iterator

Der **Input-Iterator** dient zum Lesen von Daten, er kann sich nur vorwärts bewegen und ist nur für einen Durchlauf nutzbar (single pass). Es gelten die Bedingungen:

Ausdruck	*Rückgabewert*	*Anmerkungen*
X u (a)		u ist eine Kopie von a – Destruktor ist Voraussetzung.
u = a	X&	
a == b	konvertibel nach bool	
a != b	konvertibel nach bool	bool (a==b) != bool (a!=b)

Ausdruck	*Rückgabewert*	*Anmerkungen*
*a	konvertibel nach T	
a -> m		
++r	X &	
(void) r++		entspricht mit (void) ++r
*r++	T	{ X tmp = r; ++r; return tmp; }

Tab. 2.6.1: **input_iterator**-Bedingungen/Forderungen

2.6.2 Output-Iterator

Der **Output-Iterator** dient zum Schreiben von Daten. Auch er kann sich nur vorwärts bewegen und ist ebenfalls nur für einen Durchlauf nutzbar (single pass). Für den output_iterator gilt:

Ausdruck	*Rückgabewert*	*Anmerkungen*
X (a)		a = t ist äquivalent zu X (a) = t.
X u(a);		
X u = a		
*a = t		
++r	X&	&r == &++r
r++	konvertibel nach const X&	{ X tmp = r; ++r; return tmp; } gibt T zurück und inkrementiert dann r.
*r++ = t	T	

Tab. 2.6.2: **output_iterator**-Bedingungen/Forderungen

2.6.3 Forward-Iterator

Auch der **Forward-Iterator** lässt sich nur vorwärts bewegen, ist aber für mehrfache Durchläufe geeignet, da sich seine Werte speichern lassen (multi pass). Für ihn gilt:

Ausdruck	*Rückgabewert*	*Anmerkungen*
X u		
X ()		
X (a)		a == X(a)
X u(a); X u(a)		u == a
X u; u = a;		
a == b	konvertibel nach bool	
a != b	konvertibel nach bool	
r = a	X&	post: r == a

Ausdruck	*Rückgabewert*	*Anmerkungen*
*a	T&	Pre: a ist dereferenzierbar. a == b beinhaltet *a == *b. Wenn X veränderlich, ist *a = t gültig.
a -> m	U&	
++r	X& Post: r ist dereferenzierbar oder r is »past-the-end.	Pre: r ist dereferenzierbar. r == s und r ist dereferenzierbar beinhaltet ++r == ++s bzw. &r == &++r.
r++	konvertibel nach const X&	entspricht: { X tmp = r; ++r; return tmp; }
*r++	T&	

Tab. 2.6.3: **forward_iterator**-Bedingungen/Forderungen

2.6.4 Bidirectional-Iterator

Der **Bidirectional-Iterator** verfügt über alle Möglichkeiten des Forward-Iterators, lässt sich aber auch rückwärts bewegen. Neben allen Bedingungen/Anforderungen des forward_iterators gilt:

Ausdruck	*Rückgabewert*	*Anmerkungen*
--r	X &	
r--	konvertibel nach const X &	{ X tmp = r; -r; return tmp; }
*r--	konvertibel nach T	

Tab. 2.6.4: **bidirectional_iterator**-Bedingungen/Forderungen

2.6.5 Random-Access-Iterator

Der **Random-Access-Iterator** verfügt über alle Möglichkeiten des Bidirectional-Iterators. Darüber hinaus ist über ihn auch ein wahlfreier Zugriff möglich. Neben den Anforderungen/Bedingungen des bidirectional_iterators gilt:

Ausdruck	*Rückgabewert*	*Anmerkung*

r+ = n	X &	entspricht:
		{ Distance m = n;
		if (m >= 0)
		while (m--) ++r;
		else
		while (m++) --r;
		return r; }

Ausdruck	*Rückgabewert*	*Anmerkung*
a + n n + a	X	entspricht: { X tmp = a; return tmp -= n; }
r -= n	X&	return r += -n;
a – n	X	{ X tmp = a; return tmp -= n; }
b -a	Distance	
a[n]	konvertibel nach T	entspricht: *(a + n)
a < b	konvertibel nach bool	ist das Äquivalent zu (a -b) > 0
a > b	konvertibel nach bool	beinhaltet: b < a
a >= b	konvertibel nach bool	ist äquivalent zu !(a < b)
a <=b	konvertibel nach bool	ist äquivalent zu ! (a > b)

Tab. 2.6.5: **random_access_iterator**-Bedingungen/Forderungen

2.6.6 Reverse-Iterator

Hier handelt es sich um den bidirektionalen Iterator der in umgekehrter Richtung, also rückwärts, durch einen Container geführt werden kann.

Konstruktor

reverse_iterator ()

Bildet eine Instanz der Klasse und initialisiert den Iterator mit *x*.

explicit **reverse_iterator** (Iterator x)

Der Iterator *current* wird zurückgeliefert.

Iterator **base** () const;

Erzeugt eine temporäre Kopie von *current*, die dekrementiert und dereferenziert wird.

Reference **operator*** ( ) const;
pointer **operator** -> ( ) const;

current wird dekrementiert bzw. inkrementiert.

reverse_iterator& **operator++** ( );
reverse_iterator& **operator--** ( );

Erzeugt eine temporäre Kopie der Instanz und dekrementiert bzw. inkrementiert *current* und liefert die zuvor erzeugte Kopie zurück.

reverse_iterator **operator++** (int);
reverse_iterator **operator--** (int);

Erzeugt eine temporäre Kopie der Instanz und erhöht bzw. erniedrigt *current* um den übergebenen Wert *n*.

reverse_iterator **operator+** (difference_type n) const;
reverse_iterator **operator-** (difference_type n) const;

Erhöht bzw. erniedrigt *current* um den übergebenen Wert *n*.

reverse_iterator & **operator+=** (difference_type n);
reverse_iterator & **operator-=** (difference_type n);

Erzeugt eine temporäre Kopie der Instanz und erniedrigt *current* um den übergebenen Wert *n+1*

Reference **operator**[ ] (difference_type n);

Vergleicht x.current mit y.current.

template <class Iterator>
bool **operator==** (const reverse_iterator <Iterator>& x, , const reverse_iterator <Iterator>& y);

template <class Iterator>
bool **operator** < <(const reverse_iterator <Iterator>& x, , const reverse_iterator <Iterator>& y);

template <class Iterator>
bool **operator** != (const reverse_iterator <Iterator>& x, , const reverse_iterator <Iterator>& y);

template <class Iterator>
bool **operator** > (const reverse_iterator <Iterator>& x, , const reverse_iterator <Iterator>& y);

template <class Iterator>
bool **operator** >= (const reverse_iterator <Iterator>& x, , const reverse_iterator <Iterator>& y);

template <class Iterator>
bool **operator** <= (const reverse_iterator <Iterator>& x, , const reverse_iterator <Iterator>& y);

Ermittelt die Distanz zwischen *x* und *y*.

template <class Iterator>
typename reverse_iterator <Iterator>::difference_type
operator- (const reverse_iterator <Iterator> & x,
const reverse_iterator <Iterator>& y);

template <class Iterator>
reverse_iterator <Iterator>
operator+ (typename reverse_iterator <Iterator>::difference_type n,
const reverse_iterator <Iterator>& x);

2.6.7 Insert-Iterator

Die Insert-Iteratoren ermöglichen das Einfügen von Elementen an den Anfang bzw. das Ende eines Containers und werden direkt für den Container erzeugt. Es stehen hierfür drei Iteratoren-Typen zur Verfügung:

- Mit dem **insert_iterator** kann das Einfügen von Elementen an einer bestimmten Position erfolgen.
- Der **front_insert_iterator** fügt Elemente am Anfang des Containers ein.
- Mit dem **back_insert_iterator** werden Elemente am Ende des Containers eingefügt.

Erzeugt den Iterator und weist ihn dem Container *x* zu.

explicit **back_insert_iterator** (Container& x);
explicit **front_insert_iterator** (Container& x);

Erzeugt einen Iterator und weist ihn dem Container *x* und dort der Position *i* zu.

insert_iterator (Container& x, typename Container::iterator i);

Das Element *value* wird am Ende bzw. am Anfang des Containers eingefügt. Der insert_iterator fügt *value* vor die Position von *iter* ein und inkrementiert danach *iter*.

back_insert_iterator <Container>&
operator= (typename Container::const_reference value);

front_insert_iterator <Container>&
operator= (typename Container::const_reference value);

insert_iterator <Container>&
operator= (typename Container::const_reference value);

Dereferenziert den Iterator.

back_insert_iterator <Container>& **operator*** ();
front_insert_iterator <Container>& **operator*** ();
insert_iterator <Container>& **operator*** ();

Der Iterator wird präinkrementiert.

back_insert_iterator <Container>& **operator++** ();
front_insert_iterator <Container>& **operator++** ();
insert_iterator <Container>& **operator++** ();

Der Iterator wird postinkrementiert.

back_insert_iterator <Container>& **operator++** (int);
front_insert_iterator <Container>& **operator++** (int);
insert_iterator <Container> **operator++** (int);

2.6.8 Stream-Iterator

Der **istream_iterator** dient zum Lesen von Daten aus einem Stream. Er ist aus der **input_ iterator**-Klasse abgeleitet. Der **ostream_iterator** ist aus der **output_iterator**-Klasse abgeleitet und dient zum Schreiben von Daten in einen Stream.

Konstruktor

istream_iterator ();

Erzeugt einen Iterator für *s* – Ein- bzw. Ausgabe.

istream_iterator (istream_type& s);
ostream_iterator (ostream_type& s);

Erzeugt einen Iterator für *s* und hängt nach jeder Ausgabe das Zeichen *delimiter* an.

ostream_iterator (ostream_type& s, const charT* delimiter);

Kopierkonstruktor

istream_iterator (const istream_iterator<T, charT, Distance>& x);
ostream_iterator (const ostream_iterator<T, charT, traits>& x);

Destruktor

~**istream_iterator** ();
~**ostream_iterator** ();

Dereferenziert den Iterator.

const T& **operator*** () const;
const T* **operator** -> () const;
ostream_iterator <T, charT, traits>& **operator*** ();

Der Iterator wird inkrementiert. Der Iterator liest ein Element aus bzw. schreibt es in den Stream. Von dem istream_iterator wird das Element anschließend in einem Pufferobjekt gespeichert.

istream_iterator <T, Distance>& **operator++** () ;
ostream_iterator <T, charT, traits >& **operator++** () ;

Legt eine temporäre Kopie der Instanz an. Der Iterator wird postinkrementiert und liest ein Element aus bzw. schreibt es in den Stream.

istream_iterator <T, Distance> **operator++** (int) ;
ostream_iterator <T, charT, traits >& **operator++** (int) ;

Dem Iterator wird der Wert *value* zugewiesen.

ostream_iterator <T, charT, traits >& **operator=** (const T& value);

2.6.9 Streambuf-Iterator

Der **istreambuf_iterator** dient zum Lesen von Zeichen aus einem **basic_streambuf**-Objekt, der **ostreambuf_iterator** zum Schreiben von Zeichen in ein **basic_streambuf**-Objekt.

Typendefinition

typedef charT	char_type;
typedef traits	traits_type;
typedef typename traits::int_type	int_type;
typedef basic_streambuf <charT, traits>	streambuf_type;
typedef basic_istream <charT, traits>	istream_type;
typedef basic_ostream <charT, traits>	ostream_type;
class proxy;	

Konstruktor

istreambuf_iterator () throw ();

Erzeugt einen Iterator für das Pufferobjekt des Streams *s.*

istreambuf_iterator (istream_type& s) throw ();
ostreambuf_iterator (ostream_type& s) throw ();

Erzeugt einen Iterator für das Pufferobjekt *s.*

istreambuf_iterator (streambuf_type* s) throw ();
ostreambuf_iterator (streambuf_type* s) throw();

Dereferenzieren des Iterators.

charT **operator*** () const;
ostreambuf_iterator& **operator*** ();

Der Iterator wird inkrementiert.

istreambuf_iterator <charT, traits>& **operator++** () ;
ostreambuf_iterator& **operator++** () ;

Für das Pufferobjekt von proxy *p* wird ein Iterator erzeugt.

istreambuf_iterator (const proxy& p);

Es wird die **proxy**-Instanz ermittelt, die das Zeichen beinhaltet, das zuletzt referenziert wurde. Der Iterator wird inkrementiert (Postinkrement). Gilt nur für **istreambuf**-Iteratoren.

proxy **operator++** (int) ;

Der Iterator fügt das ihm übergebene Zeichen *c* in die Kopie des **basic_streambuf**-Objekts ein.

ostreambuf_iterator& **operator=** (charT c);

Postinkrementiert den Iterator.

ostreambuf_iterator **operator++** (int);

Überprüft, ob sowohl der Iterator *b* als auch der Iterator der aktuellen Instanz ein Streamende kennzeichnet.

bool **equal** (istreambuf_iterator& b);

2.7 Klassen für lokale Einstellungen

Die Klassen für lokale Einstellungen stellen Möglichkeiten zur Verfügung, länderspezifische Vorgaben z.B. im Zusammenhang mit Währungen oder Zeitangabe aber auch Zeichenklassifizierungen zu berücksichtigen. Sie sind in der Header-Datei **locale** deklariert und in die folgenden Kategorien und Facetten unterteilt:

Kategorie	*Facette*	*Zuständigkeit*
collate	collate<char>	Zeichen umwandeln und klassifizieren
	collate<wchar_t>	
ctype	ctype<char>	Zeichen vergleichen
	ctype<wchar_t>	
ctype	codecvt<char,wchar_t,mbstate_t>	
	codecvt<wchar_t,char, mbstate_t>	
monetary	moneypunct <char>	Währungsangaben formatieren
	moneypunct <wchar_t>	
	moneypunct <char, true>	
	moneypunct <wchar_T, true>	
	money_get <char>	
	money_get <wchar_t>	
	money_put <char>	
	money_put <wchar_t>	
numeric	numpunct <char>	in numerischen Angaben Zeichen setzen
	numpunct <wchar_t>	
	num_get <char >	
	num_get <wchar_t >	
	num_put <char>	
	num_put <wchar_t>	
time	time_get <char >	Datumsangaben
	time_get <wchar_t>	
	time_put <char>	
	time_put <wchar_t>	
messages	messages <char>	Botschaften verarbeiten
	messages <wchar_t>	

Tab. 2.7.1: Kategorien und Facetten für lokale Einstellungen

Alle Klassen verfügen über **public**-Funktionen. Sie rufen allerdings lediglich die entsprechende **protected virtuelle**-Funktion auf, die in einer abgeleiteten Klasse selbstverständlich überschrieben werden kann. Darüber hinaus wird ein komfortables Interface zur Klassifizierung von Zeichen angeboten.

2.7.1 Interface zur Zeichenklassifizierung

template <class charT>
    bool **isspace** (charT c, const locale& loc);
template <class charT>
    bool **isprint** (charT c, const locale& loc);
template <class charT>
    bool **iscntrl** (charT c, const locale& loc);
template <class charT>
    bool **isupper** (charT c, const locale& loc);
template <class charT>
    bool **islower** (charT c, const locale& loc);
template <class charT>
    bool **isalpha** (charT c, const locale& loc);
template <class charT>
    bool **isdigit** (charT c, const locale& loc);
template <class charT>
    bool **ispunct** (charT c, const locale& loc);
template <class charT>
    bool **isxdigit**(charT c, const locale& loc);
template <class charT>
    bool **isalnum** (charT c, const locale& loc);
template <class charT>
    bool **isgraph** (charT c, const locale& loc);
template <class charT>
    charT **toupper**(charT c, const locale& loc);
template <class charT>
    charT **tolower**(charT c, const locale& loc);

2.7.2 locale-Klasse

Sie verwaltet und repräsentiert lokale Einstellungen und ist in der Header-Datei **local** deklariert. Sie verfügt über keine **protected virtuelle**-Funktionen.

Typendefinition

typedef unsigned **category**;
Als **category** ist zulässig (Oder-Verknüpfungen sind erlaubt) :

none	=	0	// keine Kategorie
collate	=	0x010	// Stringvergleich
ctype	=	0x020	// Zeichenklassifizierung
monetary	=	0x040	// Währungsformat
numeric	=	0x080	// arithmetisches Format
time	=	0x100	// Zeitangabe
messages	=	0x200	// Botschaftsverarbeitung
all	=	collate | ctype | monetary | numeric | time | messages	// alle Kategorien

class facet ist die Basisklasse für Facettenimplementierung.

```
namespace std
{
  class locale::facet
  {
    protected:
      explicit facet(size_t refs = 0);     // Bei refs = 0 ist die Gültigkeitsdauer von der lokalen
                                           // Einstellung abhängig, bei refs = 1 so lange, bis sie
                                           // explizit gelöscht wird.
      virtual ~facet();
    private:
      facet(const facet&);                 // nicht definiert
      void operator=(const facet&);        // nicht definiert
  };
}
```

class id stellt den Index, um Facetten zu identifizieren. Jede Facette muss über einen Index *id* verfügen.

```
namespace std
{
  class locale::id
  {
    public:
      id();
    private:
      void operator=(const id&);    // nicht definiert
      id(const id&);                // nicht definiert
  };
}
```

Konstruktor

locale () throw ();

Erzeugt eine Kopie von der **locale**-Einstellung *other.*

locale (const locale& other) throw ();

Erzeugt eine Kopie von der durch den Standardnamen *std_name* bezeichneten **locale**-Einstellung. Standardnamen sind u.a. "C", " " und "POSIX".

explicit **locale** (const char* std_name);

Erzeugt eine Kopie der **locale**-Einstellung *other*, allerdings ohne die Facetten *category*. Diese Facetten werden von der **locale**-Einstellung übernommen, die dem Standardnamen *std_name* entspricht.

locale (const locale& other, const char* std_name, category);

Erzeugt eine Kopie der **locale**-Einstellung *other*, allerdings ohne die Facetten, die dem Typ *Facet* entsprechen. Für diese wird *f* übernommen.

template <class Facet> **locale** (const locale& other, Facet* f);

Erzeugt eine Kopie der **locale**-Einstellung *other*, allerdings ohne die Facetten von *category*. Diese werden von der lokalen Einstellung *one* übernommen.

locale (const locale& other, const locale& one, category);

Destruktor

~**locale** ();

Dem aktuellen **locale**-Objekt wird eine Kopie der **locale**-Einstellung *other* zugewiesen.

const locale& **operator=** (const locale& other);

Der Name der aktuellen **locale**-Instanz wird ermittelt.

basic_string <char> **name** () const;

Prüft, ob die aktuelle **locale**-Einstellung und *other* gleich sind.

bool **operator==** (const locale& other) const;

Prüft, ob die aktuelle **locale**-Einstellung und *other* verschieden sind oder verschiedene Namen haben.

bool **operator!=** (const locale& other) const;

Vergleicht den String *s1* mit dem String *s2* entsprechend der Facette **collate <charT>**.

template <class charT, class Traits, class Allocator>
bool **operator ()** (const basic_string<charT, Traits, Allocator>& s1,
const basic_string<charT, Traits, Allocator>& s2) const;

Erzeugt die neue globale **locale**-Einstellung *new*.

static locale **global** (const locale& new);

2.7.3 collate-Klasse

Sie dient zur Erzeugung von Facetten der Kategorie **collate** und zum Vergleich von Strings.

Typendefinition

typedef charT char_type;
typedef basic_string <charT> string_type;

Erzeugt eine Instanz für eine Facette und legt über *refs* die Gültigkeitsdauer fest. Bei *refs=0* ist sie abhängig von der **locale**-Einstellung, bei *refs=1* ist sie bis zum expliziten Löschen gültig.

explicit **collate** (size_t refs = 0);

Erzeugt den Facetten-Index.

static locale::id **id**;

Durch den Aufruf der virtuellen Funktion **do_compare** werden zwei Strings verglichen. Die Strings sind durch *low1* bzw. *low2* für den Anfang und *high1* bzw. *high2* für das Ende begrenzt.

public: int **compare** (const charT* low1, const charT* high1,
const charT* low2, const charT* high2) const;

protected: virtual int **do_compare** (const charT* low1,
const charT* high1,
const charT* low2,
const charT* high2) const;

Durch den Aufruf der virtuellen Funktion **do_transform** wird für den String ein Wert von Typ **basic_string** erzeugt.

public: string **transform** (const charT* low, const charT* high) const;

protected: virtual string **do_transform** (const charT* low,
const charT* high) const;

Durch den Aufruf der virtuellen Funktion **do_hash** wird für den String ein Integer-Wert zurückgeliefert.

public: long **hash** (const charT* low, const charT* high) const;

protected: virtual long **do_hash** (const charT* low,
const charT* high) const;

Destruktor

protected: ~**collate** (); // virtual

2.7.4 collate_byname-Klasse

Erzeugt eine Instanz für eine Facette, die der **locale**-Einstellung *name* entspricht, und legt über *refs* die Gültigkeitsdauer fest. Bei *refs=0* ist sie abhängig von der **locale**-Einstellung, bei *refs=1* ist sie bis zum expliziten Löschen gültig.

explicit **collate_byname** (const char*, size_t refs = 0);

Virtuelle Funktionen

protected: ~**collate_byname** (); // virtual

protected: virtual int **do_compare** (const charT* low1,
const charT* high1,
const charT* low2,
const charT* high2) const;

protected: virtual string **do_transform** (const charT* low,
const charT* high) const;

protected: virtual long **do_hash** (const charT* low,
const charT* high) const;

2.7.5 ctype Kategorie

```
namespace std
{
 class ctype_base
 {
   public:
      space=1<<0,          // nicht darstellbares Zeichen
      print=1<<1,          // darstellbares Zeichen
      cntrl=1<<2,          // Steuerzeichen
      upper=1<<3,          // Großbuchstabe
```

```
        lower=1<<4,           // Kleinbuchstabe
        alpha=1<<5,           // Buchstabe
        digit=1<<6,           // Ziffer
        punct=1<<7,           // Interpunktionszeichen
        xdigit=1<<8,          // Hexadezimalzeichen
        alnum=alpha | digit,  // Buchstabe oder Ziffer
        graph=alnum | punct   // Buchstabe oder Ziffer
                              // oder Interpunktionszeichen
  };
}
```

2.7.6 ctype-Klasse

Sie dient zur Zeichenumwandlung, Zeichenklassifizierung und zum Erzeugen von Facetten der Kategorie **ctype.**

Typendefinition

typedef charT char_type;

Erzeugt eine Instanz für eine Facette und legt über *refs* die Gültigkeitsdauer fest. Bei *refs=0* ist sie abhängig von der **locale**-Einstellung, bei *refs=1* ist sie bis zum expliziten Löschen gültig.

explicit **ctype** (size_t refs = 0);

Erzeugt den Facetten-Index.

static locale::id **id**;

Durch den Aufruf der virtuellen Funktion **do_is** wird das Zeichen *c* auf seine Zugehörigkeit zu *maske* überprüft.

public:	bool	**is** (mask m, charT c) const;
protected:	virtual bool	**do_is** (mask m, charT c) const;

Durch den Aufruf der virtuellen Funktion **do_is** werden die Klassen der Zeichen *low* .. *high* in *vec* abgelegt und ein Zeiger auf *low* geliefert.

public: const charT* **is** (const charT* low, const charT* high,
ctype_mask* vec) const;

protected: virtual const charT* **do_is** (const charT* low,
const charT* high,
ctype_mask* vec) const;

> Durch den Aufruf der virtuellen Funktion **scan_is** wird ein Zeiger auf das erste Zeichen aus dem Bereich *low .. high*, das mit *maske* übereinstimmt, zurückgeliefert.

public: const charT* **scan_is** (cmask m, const charT* low,
const charT* high) const;

protected: virtual const char* **do_scan_is** (mask m, const charT* low,
const charT* high) const;

> Durch den Aufruf der virtuellen Funktion **scan_not** wird ein Zeiger auf das erste Zeichen aus dem Bereich *low .. high*, das nicht mit *maske* übereinstimmt, zurückgeliefert.

public: const charT* **scan_not** (mask m, const charT* low,
const charT* high) const;

protected: virtual const char* **do_scan_not** (mask m, const charT* low,
const charT* high) const;

> Durch den Aufruf der virtuellen Funktion **toupper** wird ein Zeichen in einen Großbuchstaben umgewandelt und das gewandelte Zeichen zurückgegeben.

public: charT **toupper** (charT) const;
protected: virtual charT **do_toupper** (charT) const;

> Durch den Aufruf der virtuellen Funktion **toupper** werden die Zeichen im Bereich *low .. high* in Großbuchstaben umgewandelt und ein Zeiger auf *high* zurückgegeben.

public: const charT* **toupper** (charT* low, const charT* high) const;

protected: virtual const charT* **do_toupper** (charT* low, const charT* high) const;

> Durch den Aufruf der virtuellen Funktion **tolower** wird ein Zeichen in einen Kleinbuchstaben umgewandelt und das gewandelte Zeichen zurückgegeben.

public: charT **tolower** (charT c) const;
protected: virtual charT **do_tolower** (charT) const;

> Durch den Aufruf der virtuellen Funktion **tolower** werden die Zeichen im Bereich *low .. high* in Kleinbuchstaben umgewandelt und ein Zeiger auf *high* zurückgegeben.

public: const charT* **tolower** (charT* low, const charT* high) const;

protected: virtual const charT* **do_tolower** (charT* low, const charT* high) const;

Durch den Aufruf der virtuellen Funktion **widen** wird das Zeichen *c* in ein Zeichen vom Typ *charT* umgewandelt und zurückgeliefert.

public: charT **widen** (char c) const;
protected: virtual charT **do_widen** (char) const;

Durch den Aufruf der virtuellen Funktion **widen** werden die Zeichen aus dem Bereich *low .. high* in den Typ *charT* umgewandelt und ein Zeiger auf *high* zurückgegeben.

public: const char* **widen** (const char* low, const char* high, charT* to) const;
protected: virtual const char* **do_widen** (const char* low, const char* high, charT* dest) const;

Durch den Aufruf der virtuellen Funktion **narrow** wird das Zeichen *c* in den Typ *char* umgewandelt und zurückgegeben. Ist keine Abbildung vorhanden, wird *dfault* zurückgegeben.

public: char **narrow** (charT c, char dfault) const;
protected: virtual char **do_narrow** (charT, char dfault) const;

Der Aufruf der virtuellen Funktion **narrow** wandelt alle Zeichen aus dem Bereich *low .. high* in den Typ *char* um und liefert einen Zeiger auf *high* zurück. Die gewandelten Zeichen werden ab *ziel* abgelegt. Ist keine Abbildung vorhanden, wird *dfault* zurückgegeben.

public: const charT* **narrow** (const charT* low, const charT*, char dfault, char* to) const;

protected: virtual const charT* **do_narrow** (const charT* low, const charT* high, char dfault, char* dest) const;

Destruktor

protected: ~**ctype** (); // virtual

2.7.7 ctype_byname-Klasse

Erzeugt eine Instanz für eine Facette, die der **locale**-Einstellung *name* entspricht, und legt über *refs* die Gültigkeitsdauer fest. Bei *refs=0* ist sie abhängig von der **locale**-Einstellung, bei *refs=1* ist sie bis zum expliziten Löschen gültig.

explicit **ctype_byname** (const char* name, size_t refs = 0);

Virtuelle Funktionen

protected: ~**ctype_byname** (); // virtual
protected: virtual bool **do_is** (mask m, charT c) const;
protected: virtual const charT* **do_is** (const charT* low, const charT* high,
mask* vec) const;
protected: virtual const char* **do_scan_is** (mask m, const charT* low,
const charT* high) const;
protected: virtual const char* **do_scan_not** (mask m, const charT* low,
const charT* high) const;
protected: virtual charT **do_toupper** (charT) const;
protected: virtual const charT* **do_toupper** (charT* low,
const charT* high) const;
protected: virtual charT **do_tolower** (charT) const;
protected: virtual const charT* **do_tolower** (charT* low,
const charT* high) const;
protected: virtual charT **do_widen** (char) const;
protected: virtual const char* **do_widen** (const char* low,
const char* high, charT* dest) const;
protected: virtual char **do_narrow** (charT, char dfault) const;
protected: virtual const charT* **do_narrow** (const charT* low,
const charT* high, char dfault, char* dest) const;

2.7.8 codecvt_base-Klasse

```
class codecvt_base
{
   public:
   enum result
   {
      ok,         // Umwandlung war vollständig
      partial,    // es ist nicht genug Speicher vorhanden
      error,      // Fehler bei der Umwandlung, keine Umwandlung möglich
      noconv      // es ist keine Umwandlung erforderlich
   };
};
```

2.7.9 codecvt-Klasse

Sie dient der Erzeugung von Facetten der Kategorie **ctype** und zur Umwandlung von einfachen Zeichen in Multibyte-Zeichen.

Typendefinition

typedef internTT intern_type;
typedef externT extern_type;
typedef stateT state_type;

Erzeugt eine Instanz für eine Facette und legt über *refs* die Gültigkeitsdauer fest. Bei *refs=0* ist sie abhängig von der **locale**-Einstellung, bei *refs=1* ist sie bis zum expliziten Löschen gültig.

explicit **codecvt** (size_t refs = 0)

Erzeugt den Facetten-Index.

static locale::id **id**;

Durch den Aufruf der virtuellen Funktion **do_out** werden Zeichen sequenziell vom Quellbereich *from .. from_end* geholt, konvertiert und in den Zielbereich *to .. to_limit* geschrieben. *from_next* und *to_next* kennzeichnen die Position hinter dem zuletzt gewandelten Zeichen.

```
public:     result out (stateT& state, const internT* from,
                  const internT* from_end,
                  const internT*& from_next, toT* to,
                  externT* to_limit, externT*& to_next) const;

protected:  virtual result do_ out (stateT& state, const internT* from,
                  const internT* from_end,
                  const internT*& from_next, toT* to,
                  externT* to_limit, externT*& to_next) const;
```

Die virtuelle Funktion **do_in** ist von der Beschreibung her identisch mit der Funktion do_out.

```
public:     result in (stateT& state, const externT* from,
                  const externT* from_end,
                  const externT*& from_next, toT* to,
                  internT* to_limit, internT*& to_next) const;

protected:  virtual result do_ in (stateT& state, const externT* from,
                  const externT* from_end,
                  const externT*& from_next, toT* to,
                  internT* to_limit, internT*& to_next) const;
```

Die virtuelle Funktion **do_encoding** dient der Zeichensatzkonvertierung – z.B. zwischen Unicode und EUC.

```
public:     int encoding ( ) const throw ();
protected:  virtual int do_ encoding ( ) const throw ();
```

Die virtuelle Funktion **do_length** ermittelt den kleineren Wert von *max* und (*from_end – from*).

public: int **length** (const stateT&, const externT* from, const externT* end,
size_t max) const;
protected: virtual int **do_ length** (const stateT&, const externT* from, const externT* end,
size_t max) const;

Ermittelt den größten zulässigen Wert, der von **do_length** zurückgeliefert werden kann.

public: int **max_length** ( ) const throw ();
protected: virtual int **do_ max_length** ( ) const throw ();

Liefert true zurück, wenn jeder Aufruf von **do_in** oder **do_out** nonconv zurückliefert.

public: int **always_noconv** ( ) const throw ();
protected: virtual int **do_ always_noconv** ( ) const throw ();

Destruktor

protected: ~**codecvt** (); // virtual

2.7.10 codecvt_byname-Klasse

Erzeugt eine Instanz für eine Facette, die der **locale**-Einstellung *name* entspricht, und legt über *refs* die Gültigkeitsdauer fest. Bei *refs=0* ist sie abhängig von der **locale**-Einstellung, bei *refs=1* ist sie bis zum expliziten Löschen gültig.

explicit **codecvt_byname** (const char* name, size_t refs = 0);

Virtuelle Funktionen

protected: ~**codecvt_byname** (); // virtual

protected: virtual **result do_convert** (stateT& state, const fromT* from,
const fromT* from_end,
const fromT*& from_next,
toT* to, toT* to_limit,
toT*& to_next) const;

2.7.11 money_base-Klasse

```
class money_base
{
   public:
      enum part
      {
         none,            // keine Angabe
         space,           // weißes Zeichen
         symbol,          // Währungssymbol
         sign,            // Vorzeichen
         value            // Wert
      };
      struct pattern
      {
         char field[4];   // Festlegung der Elementenreihenfolge
      };
};
```

2.7.12 moneypunct-Klasse

Sie dient zur Erzeugung von Facetten der Kategorie **monetary** und zur Zeichensetzung in Währungsangaben.

Typendefinition

typedef charT char_type;
typedef basic_string <charT> string_type;

Erzeugt eine Instanz für eine Facette und legt über *refs* die Gültigkeitsdauer fest. Bei *refs=0* ist sie abhängig von der **locale**-Einstellung, bei *refs=1* ist sie bis zum expliziten Löschen gültig.

explicit **moneypunct** (size_t refs = 0);

Erzeugt den Facetten-Index.

static locale::id **id**;

Umschaltung zwischen lokalem und internationalem Format.

static const bool **intl** = International;

Durch den Aufruf der virtuellen Funktion **do_decimal_point** wird ein Dezimalpunkt für Geldbeträge erzeugt.

public: charT **decimal_point** () const;
protected: virtual charT **do_decimal_point** () const;

Durch den Aufruf der virtuellen Funktion **do_thousend_sep** wird ein Tausendertrennzeichen für Geldbeträge erzeugt.

public: charT **thousands_sep** () const;
protected: virtual charT **do_thousands_sep** () const;

Durch den Aufruf der virtuellen Funktion **do_grouping** wird die Größe von Dezimalgruppen erzeugt.

public: string **grouping** () const;
protected: virtual string **do_grouping** () const;

Durch den Aufruf der virtuellen Funktion **do_curr_symbol** wird das verwendete Währungssymbol zurückgegeben.

public: string_type **curr_symbol** () const;
protected: virtual string_type **do_curr_symbol** () const;

Durch den Aufruf der virtuellen Funktion **do_positive_sign** wird ein positives Vorzeichen für Geldbeträge erzeugt.

public: string_type **positive_sign** () const;
protected: virtual string_type **do_positive_sign** () const;

Durch den Aufruf der virtuellen Funktion **do_negative_sign** wird ein negatives Vorzeichen für Geldbeträge erzeugt.

public: string_type **negative_sign** () const;
protected: virtual string_type **do_negative_sign** () const;

Durch den Aufruf der virtuellen Funktion **do_frac_digits** wird die Anzahl der Nachkommastellen ermittelt.

public: int **frac_digits** () const;
protected: virtual int **do_frac_digits** () const;

Durch den Aufruf der virtuellen Funktion **do_pos_format** bzw. *do_neg_format* wird das Ausgabemuster der Währungsangaben, wie es in der Struktur *pattern* abgelegt ist, zurückgegeben.

public: pattern **pos_format** () const;
protected: virtual pattern **do_pos_format** () const;
public: pattern **neg_format** () const;
protected: virtual pattern **do_neg_format** () const;

Destruktor

protected: ~**moneypunct** (); // virtual

2.7.13 moneypunct_byname-Klasse

Erzeugt eine Instanz für eine Facette, die der **locale**-Einstellung *name* entspricht, und legt über *refs* die Gültigkeitsdauer fest. Bei *refs=0* ist sie abhängig von der **locale**-Einstellung, bei *refs=1* ist sie bis zum expliziten Löschen gültig.

explicit **moneypunct_byname** (const char*, size_t refs = 0);

Virtuelle Funktionen

protected: ~**moneypunct_byname** (); // virtual
protected: virtual charT **do_decimal_point** () const;
protected: virtual charT **do_thousands_sep** () const;
protected: virtual string **do_grouping** () const;
protected: virtual string_type **do_curr_symbol** () const;
protected: virtual string_type **do_positive_sign** () const;
protected: virtual string_type **do_negative_sign** () const;
protected: virtual int **do_frac_digits** () const;
protected: virtual pattern **do_pos_format** () const;
protected: virtual pattern **do_neg_format** () const;

2.7.14 money_get-Klasse

Sie dient zur Erzeugung von Facetten der Kategorie **monetary** und zum Lesen von Währungsangaben.

Typendefinition

typedef charT	char_type;
typedef InputIterator	iter_type;
typedef basic_string <charT>	string_type;

Erzeugt eine Instanz für eine Facette und legt über *refs* die Gültigkeitsdauer fest. Bei *refs=0* ist sie abhängig von der **locale**-Einstellung, bei *refs=1* ist sie bis zum expliziten Löschen gültig.

explicit **money_get** (size_t refs = 0);

Erzeugt den Facetten-Index.

static locale::id **id**;

Durch den Aufruf der überladenen virtuellen Funktion **do_get** wird die Währungsangabe ab *s* gelesen und in *units* bzw. *digits* gespeichert. Vorher wird sie gemäß *f* und den Facetten **ctype** und **moneypunct** interpretiert und in eine unformatierte Angabe im kleinsten Wert der Währung umgewandelt.

public: iter_type **get** (iter_type s, iter_type end, bool intl, ios_base& f,
ios_base::iostate& err, long double& units) const;

protected: virtual iter_type **do_get** (iter_type, iter_type, bool intl, ios_base&,
ios_base::iostate& err, long double& units) const;

public: iter_type **get** (iter_type s, iter_type end, io_bases& f,
ios_base::iostate& err, string_type& digits) const;

protected: virtual iter_type **do_get** (iter_type, iter_type, ios_base&,
ios_base::iostate& err, string_type& digits) const;

Destruktor

protected: ~**money_get** (); // virtual

2.7.15 money_put-Klasse

Sie dient zur Erzeugung von Facetten der Kategorie **monetary** und zum Schreiben von Währungsangaben.

Typendefinition

typedef charT	char_type;
typedef OutputIterator	iter_type;
typedef basic_string <charT>	string_type;

Erzeugt eine Instanz für eine Facette und legt über *refs* die Gültigkeitsdauer fest. Bei *refs=0* ist sie abhängig von der **locale**-Einstellung, bei *refs=1* ist sie bis zum expliziten Löschen gültig.

explicit **money_put** (size_t refs = 0);

Erzeugt den Facetten-Index.

static locale::id **id**;

Durch den Aufruf der überladenen virtuellen Funktion **do_put** wird die Währungsangabe nach *s* geschrieben. Vorher wird sie gemäß *f* und den Facetten **ctype** und **moneypunct** formatiert. Die Nachkommastellen von *units* bleiben unberücksichtigt, *digits* darf nur Ziffern enthalten, ausgenommen des Minuszeichens.

public: iter_type **put** (iter_type s, bool intl, ios_base& f, char_type fill, long double units) const;

protected: virtual iter_type **do_put** (iter_type, bool, ios_base&, char_type fill, long double units) const;

public: iter_type **put** (iter_type s, bool intl, ios_base& f, char_type fill, const string_type& digits) const;

protected: virtual iter_type **do_put** (iter_type, bool, ios_base&, char_type fill, const string_type& digits) const;

Destruktor

protected: ~**money_put** (); // virtual

2.7.16 numpunct-Klasse

Sie dient zur Erzeugung von Facetten der Kategorie **numeric** und zur Zeichensetzung in numerischen Werten.

Typendefinition

typedef charT char_type;
typedef basic_string <charT> string_type;

Erzeugt eine Instanz für eine Facette und legt über *refs* die Gültigkeitsdauer fest. Bei *refs=0* ist sie abhängig von der **locale**-Einstellung, bei *refs=1* ist sie bis zum expliziten Löschen gültig.

explicit **numpunct** (size_t refs = 0);

Durch den Aufruf der virtuellen Funktion **do_decimal_point** wird das als Dezimalpunkt verwendete Zeichen zurückgeliefert.

public: char_type **decimal_point** () const;
protected: virtual schar_type **do_decimal_point** () const;

Durch den Aufruf der virtuellen Funktion **do_thousands_sep** wird das Interpunktionszeichen, das bei der Kennzeichnung großer Zahlen eingesetzt ist, zurückgeliefert.

public: char_type **thousands_sep** () const;
protected: virtual char_type **do_thousands_sep** () const;

Durch den Aufruf der virtuellen Funktion **do_grouping** wird die Anzahl der Ziffern, die zu jeder Gruppe gehören, zurückgeliefert.

public: string **grouping** () const;
protected: virtual string **do_grouping** () const;

Durch den Aufruf der virtuellen Funktion **do_truename** wird ein String für den booleschen Wert true zurückgeliefert.

public: string_type **truename** () const;
protected: virtual string_type **do_truename** () const; // für bool

Durch den Aufruf der virtuellen Funktion **do_falsename** wird ein String für den booleschen Wert false zurückgeliefert.

public: string_type **falsename** () const;
protected: virtual string_type **do_falsename** () const; // für bool

Erzeugt den Facetten-Index.

static locale::id **id**;

Destruktor

protected: ~**numpunct** (); // virtual

2.7.17 numpunct_byname-Klasse

Erzeugt eine Instanz für eine Facette, die der **locale**-Einstellung *name* entspricht, und legt über *refs* die Gültigkeitsdauer fest. Bei *refs=0* ist sie abhängig von der **locale**-Einstellung, bei *refs=1* ist sie bis zum expliziten Löschen gültig.

explicit **numpunct_byname** (const char* name, size_t refs = 0);

Virtuelle Funktionen

protected: ~**numpunct_byname** (); // virtual
protected: virtual char_type **do_decimal_point** () const;
protected: virtual char_type **do_thousands_sep** () const;
protected: virtual string **do_grouping** () const;
protected: virtual string_type **do_truename** () const; // für bool
protected: virtual string_type **do_falsename** () const; // für bool

2.7.18 num_get-Klasse

Sie dient zur Erzeugung von Facetten der Kategorie **numeric** und zum Lesen numerischer Werte.

Typendefinition

typedef charT char_type;
typedef InputIterator iter_type;

Erzeugt eine Instanz für eine Facette und legt über *refs* die Gültigkeitsdauer fest. Bei *refs=0* ist sie abhängig von der **locale**-Einstellung, bei *refs=1* ist sie bis zum expliziten Löschen gültig.

explicit **num_get** (size_t refs = 0);

Durch den Aufruf der überladenen virtuellen Funktion **do_get** werden die Zeichen aus dem Bereich *in .. end* eingelesen und gemäß den Facetten **ctype** und **numpunct** umgewandelt, formatiert und anschließend in *v* gespeichert.

public: iter_type **get** (iter_type in, iter_type end, ios_base&, ios_base::iostate& err, bool& v) const;

protected: virtual iter_type **do_get** (iter_type, iter_type, ios_base&, ios_base::iostate& err, bool& v) const;

public: iter_type **get** (iter_type in, iter_type end, ios& , const locale&, long& v) const;

protected: virtual iter_type **do_get** (iter_type, iter_type, ios_base&, ios_base::iostate& err, long& v) const;

public: iter_type **get** (iter_type in, iter_type end, ios_base&, ios_base::iostate& err, unsigned long& v) const;

protected: virtual iter_type **do_get** (iter_type, iter_type, ios_base&, ios_base::iostate& err, unsigned long& v) const;

public: iter_type **get** (iter_type in, iter_type end, ios&, ios_base::iostate& err, double& v) const;

protected: virtual iter_type **do_get** (iter_type, iter_type, ios_base&,
ios_base::iostate& err, double& v) const;

public: iter_type **get** (iter_type in, iter_type end, ios_base&,
ios_base::iostate& err, long double& v) const;

protected: virtual iter_type **do_get** (iter_type, iter_type, ios_base&,
ios_base::iostate& err, long double& v) const;

Erzeugt einen Facetten-Index.

static locale::id **id**;

Destruktor

protected: ~**num_get** (); // virtual

2.7.19 num_put-Klasse

Sie dient zur Erzeugung von Facetten der Kategorie **numeric** und zum Schreiben von numerischen Werten.

Typendefinition

typedef charT char_type;
typedef OutputIterator iter_type;

Erzeugt eine Instanz für eine Facette und legt über *refs* die Gültigkeitsdauer fest. Bei *refs=0* ist sie abhängig von der **locale**-Einstellung, bei *refs=1* ist sie bis zum expliziten Löschen gültig.

explicit **num_put** (size_t refs = 0);

Durch den Aufruf der überladenen virtuellen Funktion **do_put** werden die Zeichen nach *s* geschrieben. Vorher werden sie gemäß *f* und den Facetten **ctype** und **numpunct** formatiert und umgewandelt.

public: iter_type **put** (iter_type s, ios_base& f, char_type fill,
bool v) const;

protected: virtual iter_type **do_put** (iter_type, ios_base&, char_type fill,
bool v) const;

public: iter_type **put** (iter_type s, ios_base& f, char_type fill,
long v) const;

protected: virtual iter_type **do_put** (iter_type, ios_base&, char_type fill,
long v) const;

public: iter_type **put** (iter_type s, ios_base& f, char_type fill,
unsigned long v) const;

protected: virtual iter_type **do_put** (iter_type, ios_base&, char_type fill,
unsigned long) const;

public: iter_type **put** (iter_type s, ios_base& f, char_type fill,
double v) const;

protected: virtual iter_type **do_put** (iter_type, ios_base&, char_type fill,
double v) const;

public: iter_type **put** (iter_type s, ios_base& f, char_type fill,
long double v) const;

protected: virtual iter_type **do_put** (iter_type, ios_basse&, char_type fill,
long double v) const;

public: iter_type **put** (iter_type s, ios_base& f, char_type fill,
void* v) const;

protected: virtual iter_type **do_put** (iter_type, ios_basse&, char_type fill,
void* v) const;

Erzeugt einen Facetten-Index.

static locale::id **id**;

Destruktor

protected: ~**num_put** (); // virtual

2.7.20 time_base-Klasse

```
class time_base
{
   public:
      enum dateorder
      {
            no_order,   // ohne Angabe
            dmy,        // Tag, Monat, Jahr
            mdy,        // Monat, Tag, Jahr
            ymd,        // Jahr, Monat, Tag
            ydm         // Jahr, Tag, Monat
      };
};
```

2.7.21 time_get-Klasse

Sie dient zur Erzeugung von Facetten der Kategorie **time** und zum Lesen von Zeitangaben.

Typendefinition

typedef charT	char_type;
typedef InputIterator	iter_type;

Erzeugt eine Instanz für eine Facette und legt über *refs* die Gültigkeitsdauer fest. Bei *refs=0* ist sie abhängig von der **locale**-Einstellung, bei *refs=1* ist sie bis zum expliziten Löschen gültig.

explicit **time_get** (size_t refs = 0);

Erzeugt den Facetten-Index.

static locale::id **id**;

Durch den Aufruf der virtuellen Funktion **do_date_order** wird die bevorzugte Abfolge der Datumsangabe ermittelt

protected: virtual dateorder **do_date_order** () const;

Durch den Aufruf der virtuellen Funktion **do_get_time** wird die Zeitangabe ab *s* eingelesen und in der Struktur *t* abgelegt. Ist ein Fehler aufgetreten, die Struktur gefüllt oder *ende* erreicht, bricht die Funktion ab.

public: iter_type **get_time** (iter_type s, iter_type end, ios_base& f,
ios_base ::iostate& err, tm* t) const;

protected: virtual iter_type **do_get_time** (iter_type s, iter_type end,
ios_base&, ios_base ::iostate& err,
tm* t) const;

Durch den Aufruf der virtuellen Funktion **do_get_date** wird die Datumsangabe ab *s* eingelesen und in der Struktur *t* abgelegt. Ist ein Fehler aufgetreten, die Struktur gefüllt oder *ende* erreicht, bricht die Funktion ab.

public: iter_type **get_date** (iter_type s, iter_type end, ios_base& f,
ios_base::iostate& err, tm* t) const;

protected: virtual iter_type **do_get_date** (iter_type s, iter_type end,
ios_base&, ios_base::iostate& err,
tm* t) const;

Durch den Aufruf der virtuellen Funktion **do_get_weekday** wird die Wochentagsangabe ab *s* eingelesen und in der Struktur *t* abgelegt. Ist ein Fehler aufgetreten, die Struktur gefüllt oder *ende* erreicht, bricht die Funktion ab.

public: iter_type **get_weekday** (iter_type s, iter_type end, ios_base& f, ios_base::iostate& err, tm* t) const;

protected: virtual iter_type **do_get_weekday** (iter_type s, iter_type end, ios_base&, ios_base::iostate& err, tm* t) const;

Durch den Aufruf der virtuellen Funktion **do_get_monthname** wird die Monatsnameangabe ab *s* eingelesen und in der Struktur *t* abgelegt. Ist ein Fehler aufgetreten, die Struktur gefüllt oder *ende* erreicht, bricht die Funktion ab.

public: iter_type **get_monthname** (iter_type s, iter_type end, ios_base& f, ios_base::iostate& err, tm* t) const;

protected: virtual iter_type **do_get_monthname** (iter_type s, ios_base&, ios_base::iostate& err, tm* t) const;

Durch den Aufruf der virtuellen Funktion **do_get_year** wird die Jahreszahlenangabe ab *s* eingelesen und in der Struktur *t* abgelegt. Ist ein Fehler aufgetreten, die Struktur gefüllt oder *ende* erreicht, bricht die Funktion ab.

public: iter_type **get_year** (iter_type s, iter_type end, ios_base& f, ios_base::iostate& err, tm* t\fP) const;
protected: virtual iter_type **do_get_year** (iter_type s, iter_type end, ios_base&, ios_base::iostate& err, tm* t) const;

Destruktor

protected: ~**time_get** (); // virtual

2.7.22 time_get_byname-Klasse

Erzeugt eine Instanz für eine Facette, die der **locale**-Einstellung *name* entspricht, und legt über *refs* die Gültigkeitsdauer fest. Bei *refs=0* ist sie abhängig von der **locale**-Einstellung, bei *refs=1* ist sie bis zum expliziten Löschen gültig.

explicit **time_get_byname** (const char*, size_t refs = 0);

Virtuelle Funktionen

protected: ~**time_get_byname** (); // virtual

protected: virtual dateorder **do_date_order** () const;

protected: virtual iter_type **do_get_time** (iter_type s, iter_type end,
ios_base&, ios_base::iostate& err,
tm* t) const;

protected: virtual iter_type **do_get_date** (iter_type s, iter_type end,
ios_base&, ios_base::iostate& err,
tm* t) const;

protected: virtual iter_type **do_get_weekday** (iter_type s, iter_type end,
ios_base&, ios_base::iostate& err,
tm* t) const;

protected: virtual iter_type **do_get_monthname** (iter_type s, iter_type end,
ios_base&, ios_base::iostate& err,
tm* t) const;

protected: virtual iter_type **do_get_year** (iter_type s, iter_type end,
ios_base&, ios_base::iostate& err,
tm* t) const;

2.7.23 time_put-Klasse

Sie dient zur Erzeugung von Facetten der Kategorie **time** und zur Ausgabe von Zeitangaben.

Typendefinition

typedef charT char_type;
typedef OutputIterator iter_type;

Erzeugt eine Instanz für eine Facette und legt über *refs* die Gültigkeitsdauer fest. Bei *refs=0* ist sie abhängig von der **locale**-Einstellung, bei *refs=1* ist sie bis zum expliziten Löschen gültig.

explicit **time_put** (size_t refs = 0);

Erzeugt den Facetten-Index.

locale::id **id**;

Durch den Aufruf der virtuellen Funktion **do_put** wird die Zeitangabe von *pattern* bis *pat_end* ausgegeben.

public: iter_type **put** (iter_type s, ios_base& f, char_type fill, const tm* tmb,
const charT* pattern, const charT* pat_end) const;

public: iter_type **put** (iter_type s, ios_base& f, char_type fill,
const tm* t, char format, char modifier = 0) const;

protected: virtual iter_type **do_put** (iter_type s, ios_base&, char_type fill, const tm* t,
char format, char modifier) const;

Destruktor

protected: ~**time_put** (); // virtual

2.7.24 time_put_byname-Klasse

Erzeugt eine Instanz für eine Facette, die der **locale**-Einstellung *name* entspricht, und legt über *refs* die Gültigkeitsdauer fest. Bei *refs=0* ist sie abhängig von der **locale**-Einstellung, bei *refs=1* ist sie bis zum expliziten Löschen gültig.

explicit **time_put_byname** (const char*, size_t refs = 0);

Virtuelle Funktionen

protected: ~**time_put_byname** (); // virtual

protected: virtual iter_type **do_put** (iter_type s, ios_base&, char_type, const tm* t,
char format, char modifier) const;

2.7.25 message-Klasse

Sie dient zur Erzeugung von Facetten der Kategorie **messages** und zur Auswahl von Meldungen aus Katalogen.

Typendefinition

typedef charT char_type;
typedef int catalog;
typedef basic_string <charT> string_type;

Erzeugt eine Instanz für eine Facette und legt über *refs* die Gültigkeitsdauer fest. Bei *refs=0* ist sie abhängig von der **locale**-Einstellung, bei *refs=1* ist sie bis zum expliziten Löschen gültig.

explicit **messages** (size_t refs = 0);

Erzeugt den Facetten-Index.

static locale::id **id**;

Durch den Aufruf der virtuellen Funktion **do_open** wird der Katalog *fn* geöffnet und dessen Handle zurückgegeben. Er wird von **do_get** und **do_close** benutzt.

public: catalog **open** (const basic_string<char>& fn, const locale&) const;
protected: virtual catalog **do_open** (const basic_string<char>&, const locale&) const;

Durch den Aufruf der virtuellen Funktion **do_get** werden aus dem Katalog *c* die Meldungen *set*, *msgid* und *dfault* zurückgegeben.

public: string **get** (catalog c, int set, int msgid,
const string_type& dfault) const;

protected: virtual string **do_get** (catalog, int set, int msgid,
const string_type& dfault) const;

Durch den Aufruf der virtuellen Funktion **do_close** wird der Katalog *c* geschlossen.

public: void **close** (catalog c) const;
protected: virtual void **do_close** (catalog) const;

Destruktor

protected: ~**messages**(); // virtual

2.7.26 messages_byname-Klasse

Erzeugt eine Instanz für eine Facette und legt über *refs* die Gültigkeitsdauer fest. Bei *refs=0* ist sie abhängig von der **locale**-Einstellung, bei *refs=1* ist sie bis zum expliziten Löschen gültig.

explicit **messages_byname** (const char*, size_t refs = 0);

Virtuelle Funktionen

protected: ~**messages_byname** (); // virtual

protected: virtual catalog **do_open** (const basic_string<char>&,
const locale&) const;

protected: virtual string **do_get** (catalog, int set, int msgid,
const string_type& dfault) const;

protected: virtual void **do_close** (catalog) const;

2.8 Streamklassen

2.8.1 ios_traits-Struktur

Sie dient der Kapselung von Definitionen, die für bestimmte Charakter-Typen spezifisch sind. Die **ios_traits**-Struktur übergibt den Stream-Template-Klassen die für sie notwendigen Informationen. Allerdings gelten für die Datentypen POS_T und OFF_T spezielle Anforderungen/Bedingungen, wobei von folgenden Annahmen ausgegangen wird:

P verweist auf einen fpos-Typ.
p, q verweisen auf einen Wert vom Typ fpos.
O verweist auf einen OFF_T-Type.
o verweist auf einen Wert vom Typ OFF_T.
i verweist auf einen Wert vom Typ int.

Ausdruck	*Rückgabewert*	*Anmerkung*
P (i)		entspricht p == P(i), wobei ein Destruktor angenommen wird
P p (i); P p = i;		post: p == P(i)
P (o)	POS_T	
O (p)	OFF_T	P(O(p)) == p
p == q	Umwandelbar in bool	
p != q	Umwandelbar in bool	
q = p + o p += o	POS_T	q-o == p
q = p – o p -= o	POS_T	q+o == p
o = p – q	OFF_T	q+o == p

Tab. 2.8.1: Anforderungen/Bedingungen für POS_T und OFF_T

Typendefinition

typedef char	char_type;
typedef wchar_t	char_type;
typedef int	int_type;
typedef wint_t	int_type;
typedef steamoff	off_type;
typedef streampos	pos_type;
typedef wstreampos	pos_type;
typedef mbstate_t	state_type

Ersetzt *s1* durch s*2*.

static void **assign** (char_type& s1, const char_type& s2);
static char_type* **assign** (char_type* s1, const char_type s2, size_t n);

Liefert das *end-of-file*-Zeichen.

static int_type **eof** ();

Liefert ein Zeichen, das ungleich *eof* ist.

static int_type **not_eof** (const int_type c);

Liefert die Länge des Strings *s*.

static size_t **length** (const char_type* s);

Prüft, ob *s1* und s2 gleich sind.

static bool **eq** (const char_type& s1, const char_type& s2)

Liefert true, wenn *i1* == *i2* ist.

static bool **eq_int_type** (cont int_type& i1, const int_type& i2);

Wandelt **int** *c* in **char** *c*.

static char_type **to_char_type** (const int_type& c);

Wandelt **char** *c* in **int** *c*.

static int_type **to_int_type** (const char_type c);

Kopiert *n* Zeichen von *src* nach *dst*.

static char_type* **copy** (char_type* dst, const char_type* src, size_t n) ;

Verschiebt *n* Zeichen von *src* nach *dst*.

static char_type* **move** (char_type* dst, const char_type* src, size_t n) ;

Vergleicht zwei Zeichenketten.

static char_type* **copy** (char_type* ds1, const char_type* s2, size_t n) ;

Prüft, ob *c1* kleiner *c2* ist.

static bool **lt** (const char_type& c1, const char_type& c2);

Durchsucht *s* nach dem Vorkommen von *a*.

static const char_type* **find** (const char_type* s, size_t n, const char_type& a);

2.8.2 ios_base-Klasse

Sie beinhaltet die **failure**-Klasse und die **init**-Klasse sowie Funktionen zur Statusabfrage (iostate), zur Formatierung (fmtflags), zum Öffnen von Dateien (openmode) und zur Suche in Streams (seekdir). Die **ios_base**-Klasse ist die Basisklasse von **basic_ios** und in der Header-Datei **ios** deklariert.

Ausdruck		*Beschreibung*
typedef T1 fmtflags;		
static const fmtflags	boolalpha	Umwandlung von bool nach arithmetischem Wert
static const fmtflags	dec	dezimale Zahlenbasis
static const fmtflags	fixed	es wird ein Fixpunkt bei Gleitkommazahlen angewandt
static const fmtflags	hex	hexadezimale Zahlenbasis
static const fmtflags	internal	mit Füllzeichen auffüllen
static const fmtflags	left	Ausgabe linksbündig
static const fmtflags	oct	Oktale Zahlenbasis

Ausdruck		*Beschreibung*
static const fmtflags	right	Ausgabe rechtsbündig
static const fmtflags	scientific	Wissenschaftliche Notation für Gleitkommawerte
static const fmtflags	showbase	Zahlenbasis anzeigen
static const fmtflags	showpoint	Dezimalpunkt anzeigen
static const fmtflags	showpos	Pluszeichen bei positiven Werten anzeigen
static const fmtflags	skipws	Whitespace übergehen
static const fmtflags	unitbuf	Puffer nach jeder Ausgabe leeren
static const fmtflags	uppercase	Kleinbuchstaben werden durch Großbuchstaben ersetzt
static const fmtflags	adjustfield	Bitmaske: Ermöglicht die Feldausrichtung left, right und internal
static const fmtflags	basefield	Bitmaske: Dient zur Wahl der Zahlensysteme dec, oct und hex
static const fmtflags	floatfield	Bitmaske: Festlegung der Fließkommadarstellung in scientific oder fixed
typedef T2 iostate;		
static const iostate	badbit	signalisiert Fehler bei Schreib- und Leseaktionen
static const iostate	eofbit	zeigt an, dass das Dateiende erreicht ist
static const iostate	failbit	die letzte Schreib- oder Leseaktion ist fehlgeschlagen
static const iostate	goodbit	die Operation ist korrekt verlaufen
typedef T3 openmode;		
static const openmode	app	Daten ans Dateiende anhängen
static const openmode	ate	öffnet eine Datei und setzt den Dateizeiger auf das Ende der Datei
static const openmode	binary	öffnet eine Datei im Binärmodus
static const openmode	in	öffnet eine Datei für Leseoperationen
static const openmode	out	öffnet eine Datei für Schreiboperationen
static const openmode	trunc	löscht eine geöffnete Datei
typedef T4 seekdir;		
static const seekdir	beg	der Anfang des Streams/der Datei
static const seekdir	cur	die momentane Position im Stream/in der Datei
static const seekdir	end	das Ende des Streams/der Datei

Tab. 2.8.2: Ausdrücke von class failure

2.8.3 init-Klasse

Ermittelt die aktuellen Formatierungsflags.

fmtflags **flags** () const;

Die Formatierungsflags werden entsprechend *fmtfl* gesetzt.

fmtflags **flags** (fmtflags fmtfl);

Setzt die Bits *fmtfl* für die Formatierungsflags.

fmtflags **setf** (fmtflags fmtfl);

Die Bits in *mask* werden gelöscht und über *fmtfl* neu gesetzt.

fmtflags **setf** (fmtflags fmtfl, fmtflags mask);

Setzt alle Bits, die *mask* entsprechen, zurück.

void **unsetf** (fmtflags mask);

Ermittelt die Genauigkeit der Fließkommadarstellung.

int **precision** () const;

Setzt die Genauigkeit der Fließkommadarstellung auf *prec.*

int **precision** (streamsize prec);

Ermittelt die aktuelle Feldbreite.

int **width** () const;

Setzt die Feldbreite auf *wide.*

int **width** (streamsize wide);

loc wird als neue lokale Umgebung festgelegt.

locale **imbue** (const locale& loc);

Ermittelt die aktuelle lokale Einstellung.

locale **getloc** () const;

Liefert den Index auf den Speicherbereich.

static int **xalloc** ();

Allokiert Speicher für **int**-Werte.

long& **iword** (int index);

Allokiert Speicher für ein Zeiger-Array.

void*& **pword** (int index);

2.8.4 basic_ios-Klasse

basic_ios

Typendefiniton

typedef charT	char_type;
typedef typename traits::int_type	int_type;
typedef typename traits::pos_type	pos_type;
typedef typename traits::off_type	off_type;
typedef traits	traits_type

Ist der Status *failbit* oder *badbit* gesetzt, wird *false* (!*fail*()) geliefert.

operator void* () const

Ist der Status *failbit* oder *badbit* gesetzt, wird *true* (*fail*()) geliefert.

bool operator **!** () const

Liefert den Kontrollstatus vom Streampuffer.

iostate **rdstate** () const;

Prüft den Streamstatus auf auszulösende Exceptions. Sind keine entsprechenden Bits gesetzt, wird der Streamstatus mit *state* neu gesetzt.

void **clear** (iostate state = goodbit);

Der aktuelle Status und *state* werden addiert.

void **setstate** (iostate state);

Es wird jeweils *true* zurückgegeben, wenn die entsprechenden Statusbits (faildbit, badbit) gesetzt bzw. das **eof**-Zeichen gefunden wurde. Bei *good* gilt: Kein Bit ist gesetzt.

bool **good** () const;
bool **eof** () const;
bool **fail** () const;
bool **bad** () const;

Ermittelt die Maske für Exceptions.

iostate **exceptions** () const;

Setzt über *except* eine neue **exception**-Maske.

void **exceptions** (iostate except);

Verbindet den neu eingerichteten Stream mit *sb* und initialisiert ihn.

explicit **basic_ios** (basic_streambuf<charT, traits>* sb);

Destruktor

virtual ~**basic_ios** ();

Prüft, welches **basic_ostream**-Objekt zur Zeit angebunden ist.

basic_ostream <charT, traits>* **tie** () const;

Bindet *str* an das **basic_ostream**-Objekt.

basic_ostream <charT, traits>* **tie** (basic_ostream<charT, traits>* tiestr);

Liefert einen Zeiger auf das **streambuf**-Objekt.

basic_streambuf <charT, traits>* **rdbuf** () const;

Wenn keine Exception ausgelöst werden muss, wird *sb* als neues Pufferobjekt eingerichtet.

basic_streambuf <charT, traits>* **rdbuf** (basic_streambuf<charT, traits>* sb);

rhs wird der aktuellen Instanz zugewiesen.

basic_ios& **copyfmt** (const basic_ios& rhs);

Ermittelt das aktuelle Füllzeichen.

char_type **fill** () const;

Legt das neue Füllzeichen *ch* fest.

ichar_type **fill** (int_type ch);

loc wird als neue lokale Umgebung gesetzt.

locale **imbue** (const locale& loc);

Funktion	*Rückgabewert*
rdbuf ()	sb
tie ()	0
rdstate ()	existiert ein Pufferobjekt, *goodbit*, sonst *badbit*
exceptions ()	*goodbit*
flags ()	*skipws* oder *dec*
width ()	*zero*
precision ()	6
fill ()	Leerzeichen
getloc ()	*locale::classic* ()
iarray	NULL-Zeiger
parray	NULL-Zeiger

Tab. 2.8.3 Initialisierung von abgeleiteten Klassen

2.8.5 basic_istream-Klasse

Sie kontrolliert mit ihren Typen und Funktionen die Eingabe über ein Streampufferobjekt und ist in der Header-Datei **istream** deklariert.

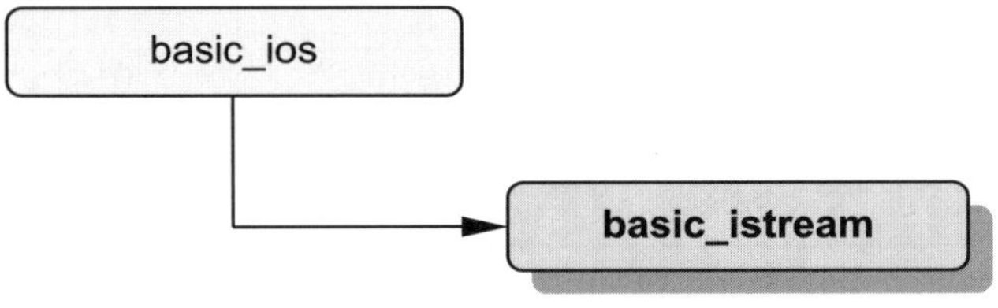

Typendefinition

typedef charT	char_type;
typedef typename traits::int_type	int_type;
typedef typename traits::pos_type	pos_type;

```
typedef typename traits::off_type        off_type;
typedef traits                           traits_type
```

Erzeugt ein Objekt und verbindet es mit dem **basic_streambuf**-Objekt *sb.*

```
explicit basic_istream (basic_streambuf<charT, traits>* sb);
```

Destruktor

```
virtual ~basic_istream ();
```

Operator für die formatierte Eingabe überladen.

```
basic_istream <charT, traits>& operator>>
    (basic_istream<charT, traits>& (*pf) (basic_istream<charT, traits>&))
basic_istream <charT, traits>& operator>>
    (basic_ios<charT, traits>& (*pf) (basic_ios<charT, traits>&))
basic_istream <charT, traits>& operator>> (bool& n);
basic_istream <charT, traits>& operator>> (short& n);
basic_istream <charT, traits>& operator>> (unsigned short& n);
basic_istream <charT, traits>& operator>> (int& n);
basic_istream <charT, traits>& operator>> (unsigned int& n);
basic_istream <charT, traits>& operator>> (long& n);
basic_istream <charT, traits>& operator>> (unsigned long& n);
basic_istream <charT, traits>& operator>> (float& f);
basic_istream <charT, traits>& operator>> (double& f);
basic_istream <charT, traits>& operator>> (long double& f);
basic_istream <charT, traits>& operator>> (void*& p);
basic_istream <charT, traits>& operator>> (basic_streambuf<char_type, traits>* sb);
```

Operator für Zeichenextrahierung

```
template <class charT, class traits>
   basic_istream <charT, traits>& operator>> (basic_istream<charT, traits>& charT&);
template <class traits>
   basic_istream <char, traits>& operator>> (basic_istream<char, traits>&
                                             unsigned  char&);
template <class traits>
   basic_istream <char, traits>& operator>> (basic_istream<char, traits>&
                                             signed char &);
template <class charT, class traits>
   basic_istream <charT, traits>& operator>> (basic_istream<charT, traits>& charT*);
template <class traits>
   basic_istream <char, traits>& operator>> (basic_istream<char, traits>&
                                             unsigned char*);
template <class traits>
   basic_istream <char, traits>& operator>> (basic_istream<char, traits>&
                                             signed char*);
```

Ermittelt, wie viele Zeichen aus dem Eingabepuffer durch die letzte unformatierte Leseaktion entfernt wurden.

streamsize **gcount** () const;

Ein einzelnes Zeichen wird aus dem Stream gelesen bzw. gelesen und in *c* gespeichert.

int_type **get** ();
basic_istream <charT, traits>& **get** (char_type& c);

Liest *n* Zeichen aus dem Stream und speichert sie in *s* bzw. über das **streambuf**-Objekt *sb*.

basic_istream<charT, traits>& **get** (char_type* s, streamsize n);
basic_istream<charT, traits>& **get** (basic_streambuf <char_type, traits>& sb,);

Liest Zeichen aus dem Stream und speichert sie in *s* bzw. über das **streambuf**-Objekt *sb*, bis *n*-1, das Dateiende oder das Begrenzungszeichen *delim* erreicht wurde.

basic_istream<charT, traits>& **get** (char_type* s, streamsize n, char_type delim);
basic_istream<charT, traits>& **get** (basic_streambuf <char_type, traits>& sb,
char_type delim);

Liest Zeichen vom Stream, bis *n*-1, das Dateiende oder das Begrenzungszeichen *delim* erreicht wurde. Die eingelesenen Zeichen werden mit einem abschließenden NULL-Zeichen in *s* gespeichert.

basic_istream <charT, traits>& **getline** (char_type* s, streamsize n);
basic_istream <charT, traits>& **getline** (char_type* s, streamsize n, char_type delim);

Ignoriert die eingelesenen Zeichen, bis *n* oder das Begrenzungszeichen *delim* erreicht wurde.

basic_istream <charT, traits>& **ignore**
(streamsize n = 1, int_type delim = traits::eof ());

Ermittelt das nächste Zeichen für eine folgende Leseaktion.

int_type **peek** ();

Liest Zeichen aus dem Stream, bis *n* oder das Dateiende erreicht wurde, und speichert sie in *s*.

basic_istream <charT, traits>& **read** (char_type* s, streamsize n);

Liest Zeichen aus dem Stream, bis n erreicht wurde oder der Lesespeicher voll ist.

streamsize **readsome** (char_type* s, streamsize n);

Das Zeichen *c* wird in den Stream zurückgeschrieben.

basic_istream <charT, traits>& **putback** (char_type c);

Der Lesezeiger des Pufferobjekts wird dekrementiert.

basic_istream <charT, traits>& **unget** ();

Synchronisiert Eingabeeinheit und Zeichensequenz.

int **sync** ();

Ermittelt die momentane Position im Stream.

pos_type **tellg** ();

Setzt den Zeiger auf die übergebene Position.

basic_istream <charT, traits>& **seekg** (pos_type);

Setzt den Zeiger auf die Position, die durch *seekdir – offset* gekennzeichnet ist.

basic_istream <charT, traits>& **seekg** (off_type, ios_base::seekdir);

2.8.6 basic_ifstream-Klasse

Sie dient zum Lesen aus Dateien und benutzt zur Pufferung eine Instanz des **basic_filebuf**-Objekts. Sie ist in der Header-Datei **ifstream** deklariert.

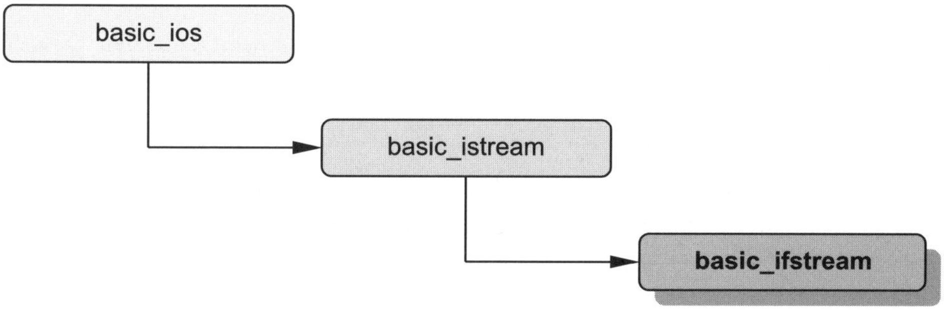

Typendefinition

typedef charT	char_type;
typedef typename traits::int_type	int_type;
typedef typename traits::pos_type	pos_type;
typedef typename traits::off_type	off_type;
typedef traits	traits_type

Erzeugt ein **basic_ifstream**-Objekt und initialisiert die dazugehörige Basisklasse sowie das Pufferobjekt, ohne dabei eine Datei zu öffnen.

basic_ifstream ();

Erzeugt ein **basic_ifstream**-Objekt und initialisiert die dazugehörige Basisklasse sowie das Pufferobjekt und öffnet die Datei *s* entsprechend dem Parameter *mode.*

explicit **basic_ifstream** (const char* s, ios_base::openmode mode = ios_base::in);

Erzeugt einen Zeiger auf das **basic_filebuf**-Objekt.

basic_filebuf <charT, traits>* **rdbuf** () const;

Prüft, ob der Stream mit einer geöffneten Datei verbunden ist.

bool **is_open** ();

Öffnet die Datei *s* in dem übergebenen Modus *mode* und verbindet sie gleichzeitig über das **basic_filebuf**-Objekt mit dem Stream.

void **open** (const char* s, ios_base::openmode mode = ios_base::in);

Schließt die Datei durch die *close*-Methode des angekoppelten **basic_filebuf**-Objekts.

void **close** ();

2.8.7 basic_istringstream-Klasse

Dient zum Lesen von Dateien und benutzt ein **basic_filebuf**-Objekt zur Kontrolle der verbundenen Sequenz. Sie ist in der Header-Datei **stream** deklariert.

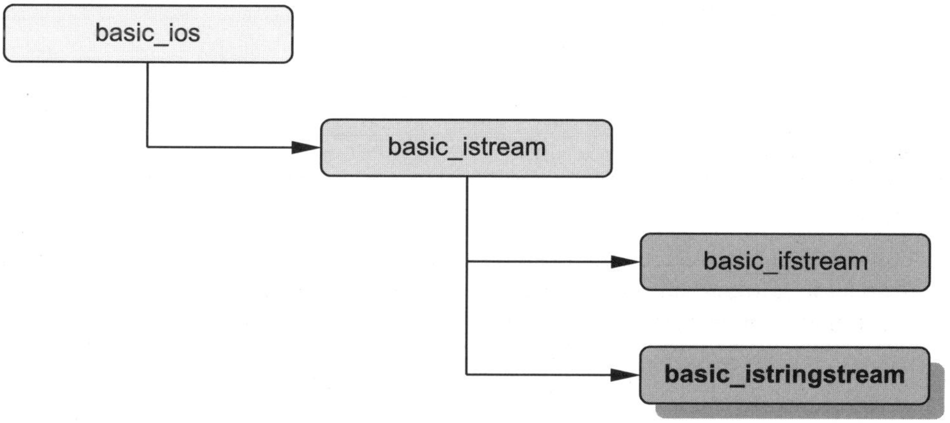

Typendefinition

typedef charT char_type;
typedef typename traits::int_type int_type;
typedef typename traits::pos_type pos_type;
typedef typename traits::off_type off_type;
typedef traits traits_type;

Erzeugt ein **basic_istringstream**-Objekt und initialisiert das Pufferobjekt und die Basisklasse.

explicit **basic_istringstream** (ios_base::openmode which =
ios_base::in);

Erzeugt ein **basic_istringstream**-Objekt und initialisiert die Basisklasse. Das Pufferobjekt wird mit *str* initialisiert.

explicit **basic_istringstream** (const basic_string<chart, traits, Allocator>& str,
ios_base::openmode which =
ios_base::in);

Erzeugt einen Zeiger auf das **basic_stringbuf**-Objekt.

basic_stringbuf <charT, traits, Allocator>* **rdbuf** () const;

Das **basic_string**-Objekt wird mit dem Inhalt der Eingabesequenz initialisiert. Ist die Eingabesequenz leer, wird eine neue Instanz erzeugt.

basic_string <chart, traits, Allocator > **str** () const;

Die Eingabesequenz wird mit *s* initialisiert.

void **str** (const basic_string<chart, traits, Allocator >& s);

2.8.8 basic_ostream-Klasse

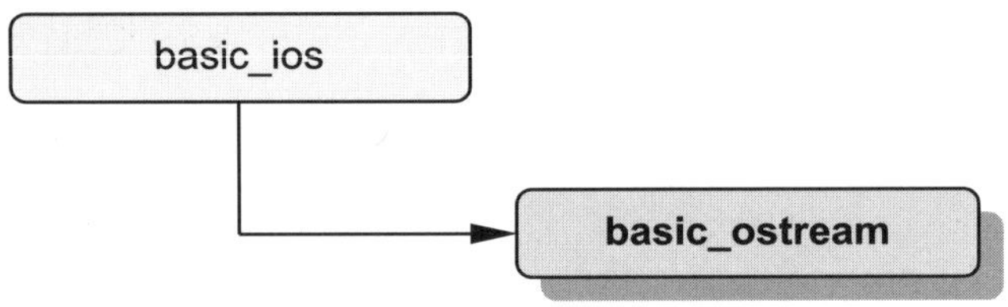

Typendefinition

typedef charT char_type;
typedef typename traits::int_type int_type;
typedef typename traits::pos_type pos_type;
typedef typename traits::off_type off_type;
typedef traits traits_type

Erzeugt ein **basic_ostream**-Objekt und initialisiert es mit *sb*.

explicit **basic_ostream** (basic_streambuf<char_type, traits>* sb);

Destruktor

virtual ~**basic_ostream** ();

Operator für die formatierte Ausgabe überladen.

basic_ostream <charT, traits>& **operator**<<
(basic_ostream<charT, traits>& (*pf) basic_ostream<charT, traits>&));
basic_ostream <charT, traits>& **operator**<<
(basic_ios <charT, traits>& (*pf) (basic_ios<charT, traits>&));
basic_ostream <charT, traits>& **operator**<< (ios_base& (*pf) (ios_base&));););
basic_ostream <charT, traits>& **operator**<< (bool n);
basic_ostream <charT, traits>& **operator**<< (short n);

basic_ostream <charT, traits>& **operator**<< (unsigned short n);
basic_ostream <charT, traits>& **operator**<< (int n);
basic_ostream <charT, traits>& **operator**<< (unsigned int n);
basic_ostream <charT, traits>& **operator**<< (long n);
basic_ostream <charT, traits>& **operator**<< (unsigned long n);
basic_ostream <charT, traits>& **operator**<< (float f);
basic_ostream <charT, traits>& **operator**<< (double f);
basic_ostream <charT, traits>& **operator**<< (long double f);
basic_ostream <charT, traits>& **operator**<< (void* p);
basic_ostream <charT, traits>& **operator**<< (basic_streambuf<char_type, traits>* sb);

Operator zum Einfügen von Zeichen, signed und unsigned

template <class charT, class traits>
basic_ostream <charT, traits>& **operator**<< (basic_ostream <charT, traits>& charT);
template <class charT, class traits>
basic_ostream <charT, traits>& **operator** (basic_ostream <charT, traits>& char);
template <class traits>
basic_ostream <char, traits>& **operator**<< (basic_ostream <char, traits>& char);
template <class traits>
basic_ostream <char, traits>& **operator**<< (basic_ostream <char, traits>& signed char);
template <class traits>
basic_ostream <char, traits>& **operator**<< (basic_ostream <char, traits>& unsigned char);
template <class charT, class traits>
basic_ostream <charT, traits>& **operator**<< (basic_ostream <charT, traits>& const charT*);
template <class charT, class traits>
basic_ostream <charT, traits>& **operator**<< (basic_ostream <charT, traits>& const char*);
template <class traits>
basic_ostream <char, traits>& **operator**<< (basic_ostream <char, traits>& const char*);
template <class traits>
basic_ostream <char, traits>& **operator**<< (basic_ostream <char, traits>& const signed char*);
template <class traits>
basic_ostream <char, traits>& **operator**<< (basic_ostream <char, traits>& const unsigned char*);

Das Zeichen *c* wird ausgegeben.

basic_ostream <charT, traits>& **put** (char_type c);

Es werden *n* Zeichen von *s* in die Ausgabesequenz geschrieben.

basic_ostream <charT, traits>& **write** (const char_type* s, streamsize n);

Der Ausgabepuffer wird geleert.

basic_ostream <charT, traits>& **flush** ();

Ermittelt die aktuelle Position im Stream.

pos_type **tellp** ();

Setzt den Streamzeiger auf die Position *pos.*

basic_ostream <charT, traits>& **seekp** (pos_type);

Setzt den Streamzeiger auf die Position *pos – offset.*

basic_ostream <charT, traits>& **seekp** (off_type, ios_base::seekdir);

2.8.9 basic_ofststream-Klasse

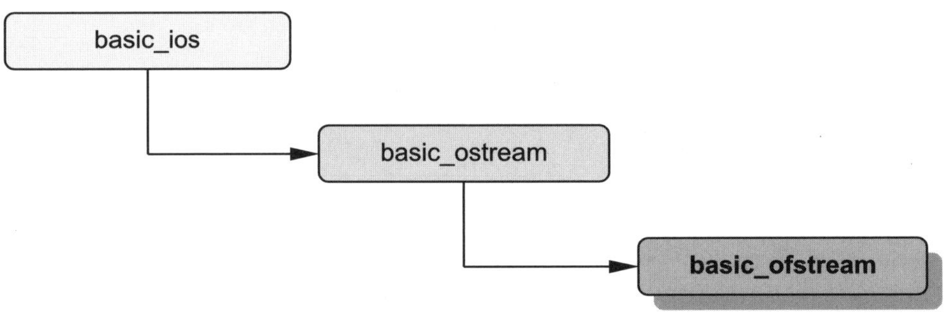

Typendeklaration

typedef charT	char_type;
typedef typename traits::int_type	int_type;
typedef typename traits::pos_type	pos_type;
typedef typename traits::off_type	off_type;
typedef traits	traits_type

Erzeugt ein **basic_ofstream**-Objekt und initialisiert die dazugehörige Basisklasse sowie das Pufferobjekt, ohne dabei eine Datei zu öffnen.

basic_ofstream ();

Erzeugt ein **basic_ofstream**-Objekt und initialisiert die dazugehörige Basisklasse sowie das Pufferobjekt und öffnet die Datei *s* entsprechend dem Parameter *mode*.

explicit **basic_ofstream** (const char* s, ios_base::openmode mode = ios_base::out);

Erzeugt einen Zeiger auf das **basic_filebuf**-Objekt.

basic_filebuf <charT, traits>* **rdbuf** () const;

Prüft, ob der Stream mit einer geöffneten Datei verbunden ist.

bool **is_open** ();

Öffnet die Datei *s* in dem übergebenen Modus *mode* und verbindet sie gleichzeitig über das **basic_filebuf**-Objekt mit dem Stream.

void **open** (const char* s, ios_base::openmode mode = ios_base::out);

Schließt die Datei durch die *close*-Methode des angekoppelten **basic_filebuf**-Objekts.

void **close** ();

2.8.10 basic_ostringstream-Klasse

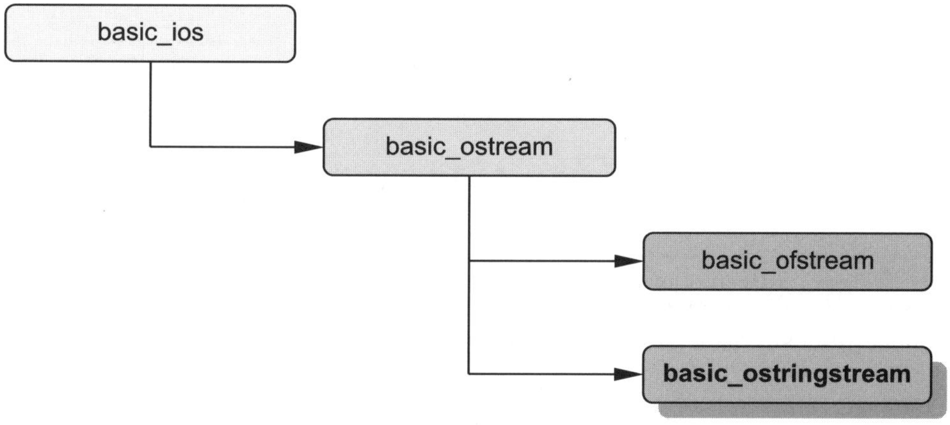

Typendefinition

typedef charT	char_type;
typedef typename traits::int_type	int_type;
typedef typename traits::pos_type	pos_type;
typedef typename traits::off_type	off_type;

Erzeugt ein **basic_ostringstream**-Objekt und initialisiert das Pufferobjekt und die Basisklasse.

explicit **basic_ostringstream** (ios_base::openmode which = ios_base::out);

Erzeugt ein **basic_ostringstream**-Objekt und initialisiert die Basisklasse. Das Pufferobjekt wird mit *str* initialisiert.

explicit **basic_ostringstream** (const basic_string<charT, traits, Allocator>& str,
ios_base::openmode which = ios_base::out);

Erzeugt einen Zeiger auf das **basic_stringbuf**-Objekt.

basic_stringbuf <charT, traits, Allocator>* **rdbuf** () const;

Das **basic_string**-Objekt wird mit dem Inhalt der Ausgabesequenz initialisiert. Ist die Ausgabesequenz leer, wird eine neue Instanz erzeugt.

basic_string <charT, traits, Allocator> **str** () const;

Die Ausgabesequenz wird mit *s* initialisiert.

void **str** (const basic_string<charT, traits, Allocator>& s);

2.8.11 basic_iostream-Klasse

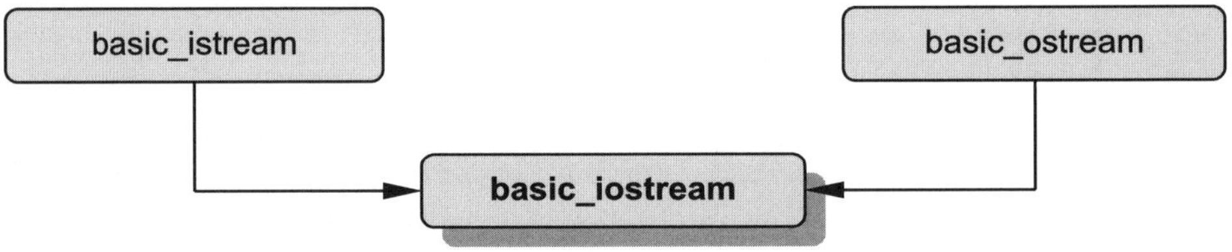

Erzeugt ein **basic_iostream**-Objekt und initialisiert es mit sb.

explicit **basic_iostream** (basic_streambuf <chart, traits>* sb);

Destruktor

virtual ~**basic_iostream** ();

2.8.12 basic_stringstream

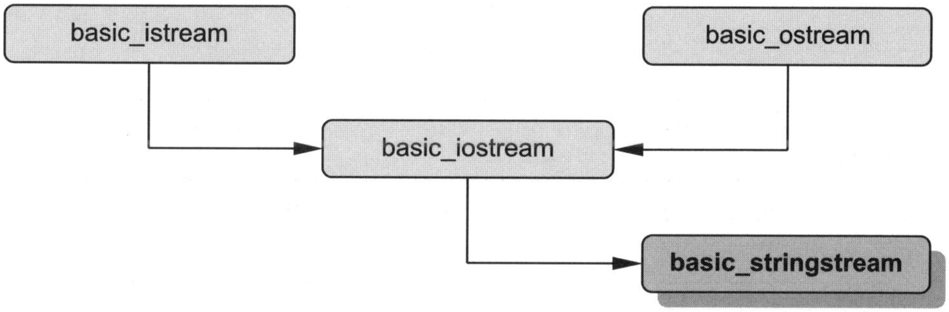

Typendeklaration

typedef charT	char_type;
typedef typename traits::int_type	int_type;
typedef typename traits::pos_type	pos_type;
typedef typename traits::off_type	off_type;

Erzeugt ein **basic_stringstream**-Objekt und initialisiert das Pufferobjekt und die Basisklasse.

explicit **basic_stringstream** (ios_base::openmode which = ios_base::out | ios_base::in);

Erzeugt ein **basic_stringstream**-Objekt und initialisiert die Basisklasse. Das Pufferobjekt wird mit *str* initialisiert.

explicit **basic_stringstream** (const basic_string<charT, traits, Allocator>& str,
ios_base::openmode which = ios_base::out);

Erzeugt einen Zeiger auf das **basic_stringbuf**-Objekt.

basic_stringbuf <charT, traits, Allocator>* **rdbuf** () const;

Das **basic_string**-Objekt wird mit dem Inhalt der Ausgabesequenz initialisiert. Ist die Ausgabesequenz leer, wird eine neue Instanz erzeugt.

basic_string <charT, traits, Allocator> **str** () const;

Die Ausgabesequenz wird mit *s* initialisiert.

void **str** (const basic_string<charT, traits, Allocator>& s);

2.8.13 basic_fstream

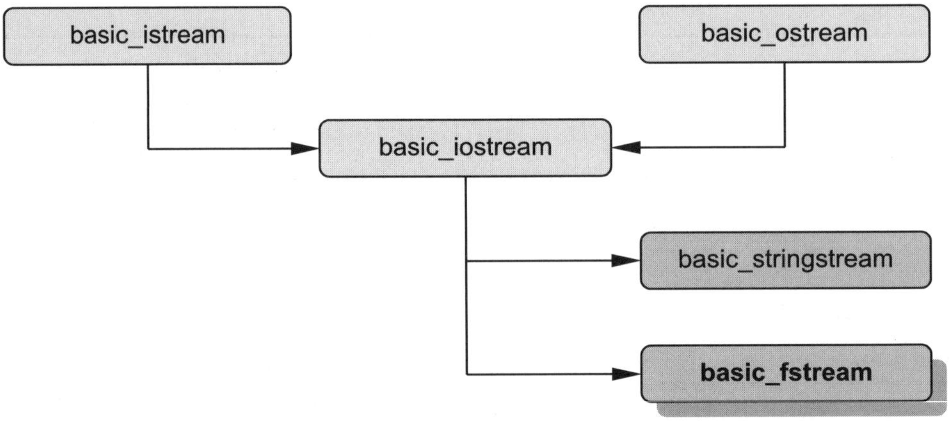

Typendefinition

typedef charT	char_type;
typedef typename traits::int_type	int_type;
typedef typename traits::pos_type	pos_type;
typedef typename traits::off_type	off_type;
typedef traits	traits_type

Erzeugt ein **basic_fstream**-Objekt und initialisiert die dazugehörige Basisklasse sowie das Pufferobjekt, ohne dabei eine Datei zu öffnen.

basic_fstream ();

Erzeugt ein **basic_fstream**-Objekt und initialisiert die dazugehörige Basisklasse sowie das Pufferobjekt und öffnet die Datei *s* entsprechend dem Parameter *mode.*

explicit **basic_fstream** (const char* s, ios_base::openmode mode = ios_base::in | ios_base::out);

Erzeugt einen Zeiger auf das **basic_filebuf**-Objekt.

basic_filebuf <charT, traits>* **rdbuf** () const;

Prüft, ob der Stream mit einer geöffneten Datei verbunden ist.

bool **is_open** ();

Öffnet die Datei *s* in dem übergebenen Modus *mode* und verbindet sie gleichzeitig über das **basic_filebuf**-Objekt mit dem Stream.

void **open** (const char* s, ios_base::openmode mode = ios_base::in | ios_base::out);

Schließt die Datei durch die *close*-Methode des angekoppelten **basic_filebuf**-Objekts.

void **close** ();

2.8.12 basic_streambuf-Klasse

Sie ist eine abstrakte Basisklasse für verschiedene abgeleitete Pufferobjekte, die die Kontrolle über Eingabezeichensequenzen und Ausgabezeichensequenzen haben. Jede dieser Sequenzen verfügt über drei Zeiger, die alle auf das gleiche **charT**-Objekt zeigen.

- Der *begin*-Zeiger weist auf das erste Element der Sequenz.
- Der *next*-Zeiger weist auf die Adresse, ab der als Nächstes geschrieben oder gelesen werden soll.
- Der *end*-Zeiger weist auf das erste Element nach dem Sequenzende.
  Alle Objekte der **basic_streambuf**-Klasse reservieren, sofern die Objekte auf die Pufferung von Daten ausgelegt sind, einen internen Speicherbereich. Die **basic_streambuf**-Klasse ist in der Header-Datei **streambuf** deklariert. Sie besitzt keinen **public**-Konstruktor und kann daher nicht direkt instanziiert werden.

basic_streambuf

Typendefinition

typedef charT	char_type;
typedef typename traits::int_type	int_type;
typedef typename traits::pos_type	pos_type;
typedef typename traits::off_type	off_type;
typedef traits	traits_type

Destruktor

virtual ~**basic_streambuf** ();

pubimbue ruft die protected-virtual-Funktion **imbue** auf, die *loc* als neue lokale Umgebung festlegt.

locale **pubimbue** (const locale& loc);
protected: virtual void **imbue** (const locale& loc);

Die lokale Umgebung wird ermittelt.

locale **getloc** () const;

pubsetbuf ruft die protected-virtual-Funktion **setbuf** auf und koppelt damit den als *s* übergebenen Puffer mit der Größe *n* an das **basic_streambuf**-Objekt.

basic_streambuf <char_type, traits>*
    pubsetbuf (char_type* s, streamsize n);

protected: virtual basic_streambuf<char_type, traits>*
    setbuf (char_type* s, streamsize n);

pubseekoff ruft die protected-virtual-Funktion **seekoff** auf und verschiebt damit die Position (*off, way, which*) auf dem Stream.

pos_type **pubseekoff** (off_type off, ios_base::seekdir way,
    ios_base::openmode which =
    ios_base::in ios_base::out);

protected: virtual pos_type **seekoff** (off_type off, ios_base::seekdir way,
    ios_base::openmode which =
    ios_base::in ios_base::out);

pubseekpos ruft die protected-virtual-Funktion **seekpos** auf und verändert damit die Position (*sp, which*) auf dem Stream.

pos_type **pubseekpos** (pos_type sp, ios_base::openmode which =
    ios_base::in | ios_base::out);
protected: virtual pos_type **seekpos** (pos_type sp, ios_base::openmode which =
    ios_base::in | ios_base::out);

pubsync ruft die protected-virtual-Funktion **sync** auf, um den Puffer mit dem verbundenen Stream zu synchronisieren.

int **pubsync** ();
protected: virtual int **sync** ();

Überprüft die (noch verbliebene) Größe der Eingabesequenz.

int **in_avail** ();

Der Lesezeiger des Eingabepuffers wird inkrementiert und das Zeichen zurückgegeben.

int_type **snextc** ();

Liefert das aktuelle Zeichen des Eingabepuffers und inkrementiert dann den Lesezeiger.

int_type **sbumpc** ();

Liefert das aktuelle Zeichen des Eingabepuffers.

int_type **sgetc** ();

Es werden *n* Zeichen aus dem Eingabepuffer gelesen und in *s* gespeichert.

int **sgetn** (char_type* s, streamsize n);

Der *next*-Zeiger der Eingabesequenz wird dekrementiert und das Zeichen *c* in den Eingabepuffer zurückgeschrieben, sofern noch nicht das Ende des Eingabepuffers erreicht wurde.

int_type **sputbackc** (char_type c);

Der *next*-Zeiger der Eingabesequenz wird dekrementiert und das Zeichen in den Stream zurückgeschrieben.

int **sungetc** ();

Das Zeichen *c* wird in den Ausgabepuffer geschrieben und der *next*-Zeiger inkrementiert.

int **sputc** (char_type c);

Es werden *n* Zeichen aus *s* in den Ausgabepuffer geschrieben.

int_type **sputn** (const char_type* s, streamsize n);

Konstruktoraufruf aus abgeleiteten Klassen.

protected: **basic_streambuf** ();

begin-Zeiger für die Eingabesequenz.

protected: char_type* **eback** () const;

next-Zeiger der Eingabesequenz.

protected: char_type* **gptr** () const;

end-Zeiger der Eingabesequenz.

protected: char_type* **egptr** () const;

Der Schreibzeiger des Ausgabepuffers wird um *n* erhöht.

protected: void **gbump** (int n);

Die Zeiger des Eingabepuffers werden initialisiert.

protected: void **setg** (char_type* gbeg, char_type* gnext,
char_type* gend);

next-Zeiger der Ausgabesequenz.

protected: char_type* **pptr** () const;

end-Zeiger der Ausgabesequenz.

protected: char_type* **epptr** () const;

Erhöht den *next*-Zeiger der Ausgabesequenz um *n*.

protected: void **pbump** (int n);

Die Zeiger des Ausgabepuffers werden initialisiert.

protected: void **setp** (char_type* pbeg, char_type* pend);

Sollte vor einem Aufruf von **underflow** oder **uflow** benutzt werden, um eine gesicherte Anzahl von Zeichen aus der Eingabesequenz zu lesen.

protected: virtual int **showmanyc** ();

Es werden *n* Zeichen aus dem Eingabestream gelesen und in *s* gespeichert.

protected: virtual streamsize **xsgetn** (char_type* s, streamsize n);

Dient zum Abfangen von Überläufen der Eingabesequenz.

protected: virtual int_type **underflow** ();

Wie **underflow**, schreibt aber das Ergebnis in eine *backup*-Sequenz.

protected: virtual int_type **uflow** ();

Zeigt an, dass ein Zeichen nicht zurückgeschrieben werden kann.

protected: virtual int_type **pbackfail** (int_type c = traits::eof ());

Es werden *n* Zeichen aus *s* gelesen und in den Ausgabestream geschrieben.

protected: virtual streamsize **xsputn** (const char_type* s, streamsize n);

Dient zum Abfangen von Überläufen in der Ausgabesequenz.

protected: virtual int_type **overflow** (int_type c = traits::eof ());

2.8.13 basic_stringbuf-Klasse

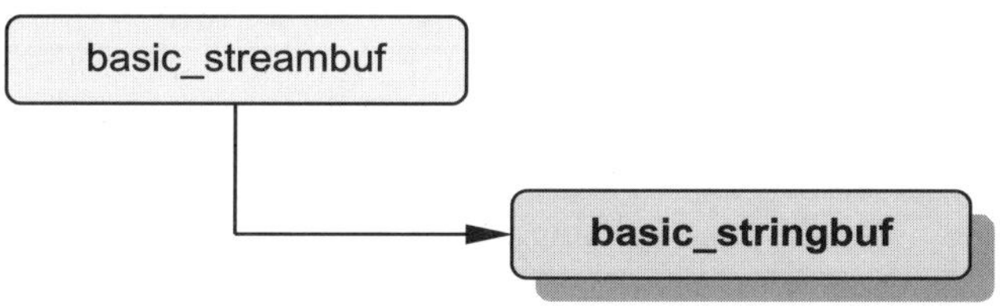

Typendefinition

typedef charT	char_type;
typedef typename traits::int_type	int_type;
typedef typename traits::pos_type	pos_type;
typedef typename traits::off_type	off_type;
typedef traits	traits_type

Erzeugt ein **basic_stringbuf**-Objekt und initialisiert die Basisklasse.

explicit **basic_stringbuf** (ios_base::openmode which =
ios_base::in | ios_base::out);

Erzeugt ein **basic_stringbuf**-Objekt und initialisiert die Basisklasse. Die Zeiger werden mit *which* initialisiert.

explicit **basic_stringbuf** (const basic_string<charT, traits, Allocator>& str,
ios_base::openmode which =
ios_base::in | ios_base::out);

Das **basic_string**-Objekt wird entweder mit dem Inhalt der Engabesequenz oder mit dem Inhalt der Ausgabesequenz initialisiert. Sind sie leer, wird eine neue Instanz erzeugt.

basic_string <charT, traits, Allocator> **str** () const;

Initialisiert die Ein- oder Ausgabesequenz mit *s*.

void **str** (const basic_string<charT, traits, Allocator>& s);

Liefert eof, wenn die Eingabesequenz voll ist.

protected: virtual int_type **underflow** ();

Kann *c* nicht mehr zurückgeschrieben werden, wird eof zurückgeliefert.

protected: virtual int_type **pbackfail** (int_type c = traits::eof ());

Kann *c* nicht mehr in die Ausgabesequenz geschrieben werden, wird eof zurückgeliefert.

protected: virtual int_type **overflow** (int_type c = traits::eof ());

Ermittelt aus *way* und *which* die neue Streamposition.

protected: virtual pos_type **seekoff** (off_type off, ios_base::seekdir way,
ios_base::openmode which =
ios_base::in | ios_base::out);

Die Streamposition wird auf *sp* gesetzt.

protected: virtual pos_type **seekpos** (pos_type sp,
ios_base::openmode which =
ios_base::in | ios_base::out);

2.8.14 basic_filebuf-Klasse

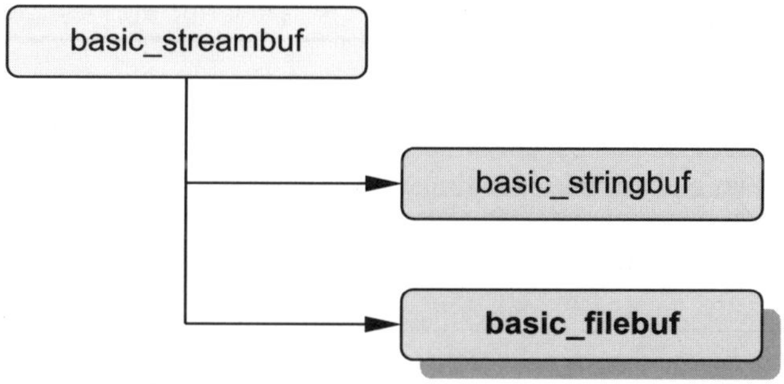

Typendefinition

typedef charT	char_type;
typedef typename traits::int_type	int_type;
typedef typename traits::pos_type	pos_type;
typedef typename traits::off_type	off_type;
typedef traits	traits_type

Erzeugt ein **basic_filebuf**-Objekt, initialisiert die Basisklasse, öffnet dabei aber keine Datei.

basic_filebuf ();

Destruktor

virtual ~**basic_filebuf** ();

Prüft, ob die verbundene Datei geöffnet ist.

bool **is_open** () const;

Öffnet die Datei *s* in dem übergebenen Modus *mode.*

basic_filebuf <charT, traits>* **open** (const char* s,
ios_base::openmode mode);

Schließt die Datei.

basic_filebuf <charT, traits>* **close** ();

Sollte vor einem Aufruf von **underflow** oder **uflow** benutzt werden, um eine gesicherte Anzahl von Zeichen aus der Eingabesequenz zu lesen.

protected: virtual streamsize **showmanyc** ();

Dient zum Abfangen von Überläufen der Eingabesequenz.

protected: virtual int_type **underflow** ();

Zeigt an, dass ein Zeichen nicht zurückgeschrieben werden kann.

protected: virtual int_type **pbackfail** (int_type c = traits::eof());

Dient zum Abfangen von Überläufen in der Ausgabesequenz.

protected: virtual int_type **overflow** (int_type c = traits::eof());

Ordnet dem **filebuf**-Objekt den angegebenen Puffer zu.

protected: virtual basic_streambuf <chart, traits>*
setbuf (char_type* s, streamsize n) ;

pubseekoff ruft die protected-virtual-Funktion **seekoff** auf und verschiebt damit die Position (*off, way, which*) auf dem Stream.

protected: virtual pos_type **seekoff** (off_type off, ios_base::seekdir way,
ios_base::openmode which =
ios_base::in ios_base::out);

pubseekpos ruft die protected-virtual-Funktion **seekpos** auf und verändert damit die Position (*sp, which*) auf dem Stream.

protected: virtual pos_type **seekpos** (pos_type sp, ios_base::openmode which =
ios_base::in | ios_base::out);

Synchronisierung des Puffers mit dem verbundenen Stream.

protected: virtual int **sync** ();

Legt die neue lokale Umgebung fest.

protected: virtual void **imbue** (const locale& loc);

2.9 Stringklassen

2.9.1 string_char_traits-Strukturen

Sie dienen dazu, die für einen Character-Typ spezifischen Definitionen zu kapseln.

Typendefiniton

typedef char	char_type;
typedef wchar_t	char_type
typedef int	int_type;
typedef wint_t	int_type;
typedef streamoff	off_type;
typedef streampso	pos_type;
typedef mbstate_t	state_type;

Ersetzt *c1* durch *c2*.

static void **assign** (char_type& c1, const char_type& c2)
static char_type* **assign** (char_type* s1, const char_type s2, size_t n);

Prüft, ob *c1* und c2 gleich sind.

static bool **eq** (const char_type& c1, const char_type& c2)

Prüft, ob *c1* kleiner *c2* ist.

static bool **lt** (const char_type& c1, const char_type& c2)

Vergleicht *n* Zeichen von *s1* mit *s2*.

static int **compare** (const char_type* s1, const char_type* s2, size_t n);

Ermittelt die Länge der Zeichenkette – das abschließende NULL-Zeichen bleibt unberücksichtigt.

static size_t **length** (const char_type* s);

Liefert das *end-of-file*-Zeichen.

static int_type **eof** ();

Liefert ein Zeichen, das ungleich *eof* ist.

static int_type **not_eof** (const int_type c);

Liefert true, wenn *i1* == *i2* ist.

static bool **eq_int_type** (cont int_type& i1, const int_type& i2);

Wandelt **int** *c* in **char** *c*.

static char_type **to_char_type** (const int_type& c);

Wandelt **char** *c* in **int** *c*.

static int_type **to_int_type** (const char_type c);

Kopiert *n* Zeichen von *src* nach *dst*.

static char_type* **copy** (char_type* dst, const char_type* src, size_t n) ;

Verschiebt *n* Zeichen von *src* nach *dst*.

static char_type* **move** (char_type* dst, const char_type* src, size_t n) ;

Durchsucht *s* nach dem Vorkommen von *a*.

static const char_type* **find** (const char_type* s, size_t n, const char_type& a);

2.9.2 basic_string-Klasse

Typendefinition

typedef traits traits_type;
typedef typename traits::char_type value_type;
typedef Allocator allocator_type;
typedef typename Allocator::size_type size_type;
typedef typename Allocator::difference_type difference_type;
typedef typename Allocator::reference reference;
typedef typename Allocator::const_reference const_reference;
typedef typename Allocator::pointer pointer;
typedef typename Allocator::const_pointer const_pointer;
typedef implementation defined iterator;
typedef implementation defined const_iterator;
typedef std::reverse_iterator<iterator> reverse_iterator;
typedef std::reverse_iterator<const_iterator> const_reverse_iterator;
static const size_type npos = -1;

Konstruktor

explicit **basic_string** (const Allocator& a = Allocator ());

Kopierkonstruktor

basic_string (const basic_string& str, size_type pos = 0,
size_type n = npos, const Allocator& a = Allocator ( ));

Erzeugt ein Objekt und initialisiert es mit *n* Zeichen des String *s*.

basic_string (const charT* s, size_type n, const Allocator& a = Allocator ());

Erzeugt ein Objekt und initialisiert es mit einer Kopie vom Strings *s*.

basic_string (const charT* s, const Allocator& a = Allocator ());

Erzeugt ein Objekt und initialisiert es mit *n* Kopien vom Zeichen *c*.

basic_string (size_type n, charT c, const Allocator& a = Allocator ());

Erzeugt ein Objekt und initialisiert es mit den Zeichen aus dem Bereich *first* .. *last*.

template <class InputIterator>
basic_string (InputIterator first, InputIterator last, const Allocator& a = Allocator ());

Destruktor

~**basic_string** ();

Setzt den Anfang-Iterator auf die Position des ersten bzw. für den Rückwärtsdurchlauf auf die Position des letzten Zeichens.

iterator **begin** ();
const_iterator **begin** () const;
reverse_iterator **rbegin** ();
const_reverse_iterator **rbegin** () const;

Setzt den Ende-Iterator auf das letzte Zeichen. Bei **rend** wird der Ende-Iterator für den Rückwärtsdurchlauf gesetzt.

iterator **end** ();
const_iterator **end** () const;
reverse_iterator **rend** ();
const_reverse_iterator **rend** () const;

Ermittelt die Anzahl der Zeichen in dem **string**-Objekt.

size_type **size** () const;

Ermittelt die Länge des Strings in dem **string**-Objekt.

size_type **length** () const;

Liefert die maximale Größe des **string**-Objekts.

size_type **max_size** () const;

Ändert die Größe des Strings auf *n*.

void **resize** (size_type n, charT c);
void **resize** (size_type n);

Ermittelt die Größe des Speicherbereichs, der für den String reserviert wurde.

size_type **capacity** () const;

Allokiert neuen Speicher, falls durch eine Größenänderung vom String dessen Kapazität überschritten wird.

void **reserve** (size_type res_arg = 0);

Prüft, ob der String leer ist.

bool **empty** () const;

Das *n*-te Zeichen des Strings wird zurückgeliefert.

const reference **operator**[ ] (size_type n) const;
reference **operator**[ ] (size_type n);
const_reference **at** (size_type n) const;
reference **at** (size_type n);

Hängt ab Position *pos* an den aktuellen String *n* Zeichen des Strings der Instanz *str*.

basic_string& **append** (const basic_string& str, size_type pos, size_type n);

Hängt an den aktuellen String *n* Zeichen des Strings *s*.

basic_string& **append** (const charT* s, size_type n);

Hängt an den aktuellen String eine Kopie des Strings *s*.

basic_string& **append** (const charT* s);
basic_string& append (const basic_string& str);

Hängt an den aktuellen String *n* Kopien des Zeichens *c*.

basic_string& **append** (size_type n, charT c);

Hängt an den aktuellen String eine Kopie der Zeichen aus dem Bereich *first .. last*.

template<class InputIterator>
basic_string& **append** (InputIterator first, InputIterator last);

Weist ab Position *pos* dem aktuellen String *n* Zeichen des Strings der Instanz *str* zu.

basic_string& **assign** (const basic_string& str, size_type pos, size_type n);
basic_string& **assign** (basic_string&).

Weist dem aktuellen String *n* Zeichen des Strings *s* zu.

basic_string& **assign** (const charT* s, size_type n);

Weist dem aktuellen String eine Kopie des Strings *s* zu.

basic_string& **assign** (const charT* s);

Weist dem aktuellen String *n* Kopien des Zeichens *c* zu.

basic_string& **assign** (size_type n, charT c);

Weist dem aktuellen String eine Kopie der Zeichen aus dem Bereich *first .. last* zu.

template<class InputIterator>
basic_string& **assign** (InputIterator first, InputIterator last);

Fügt an Position *pos1* des aktuellen Strings den String der Instanz *str* ein.

basic_string& **insert** (size_type pos1, const basic_string& str,);
basic_string& **insert** (size_type pos1, const basic_string& str,
size_type pos2 = 0, size_type n = npos);

Fügt ab Position *pos* in dem aktuellen String *n* Zeichen des Strings *s* ein.

basic_string& **insert** (size_type pos, const charT* s, size_type n);

Fügt in die Position *pos* des aktuellen Strings den String *s* ein.

basic_string& **insert** (size_type pos, const charT* s);

Fügt ab Position *pos* im aktuellen String *n*-mal das Zeichen *c* ein.

basic_string& **insert** (size_type pos, size_type n, charT c);

Fügt in die Position *p* im aktuellen String das Zeichen *c* ein.

iterator **insert** (iterator p, charT c);

Fügt ab Position *p* im aktuellen String die Zeichen aus dem Bereich *first .. last* ein.

template<class InputIterator>
void **insert** (iterator p, InputIterator first, InputIterator last);

Fügt ab Position *p* in dem aktuellen String *n* Kopien von *c* ein.

iterator **insert** (iterator p, size_type n, charT c);

Löscht alle Zeichen im Bereich *first .. last* bzw. das Zeichen, auf das *p* verweist.

basic_string& **erase** (iterator p);
basic_string& **erase** (iterator first, iterator last);

Löscht *n* Zeichen ab Position *pos*.

basic_string& **erase** (size_type pos = 0, size_type n = npos);

Ersetzt *n1* Zeichen ab Position *pos1* im aktuellen String durch *n2* Zeichen ab Position *pos2* des Strings der Instanz *str.*

basic_string& **replace** (size_type pos1, size_type n1, const basic_string& str);
basic_string& **replace** (size_type pos1, size_type n1,
const basic_string& str, size_type pos2, size_type n2);

Ersetzt *n1* Zeichen ab Position *pos* im aktuellen String durch *n2* Zeichen des Strings *s.*

basic_string& **replace** (size_type pos, size_type n1, const charT* s, size_type n2);

Ersetzt ab Position *pos* im aktuellen String *n* Zeichen durch String *s.*

basic_string& **replace** (size_type pos, size_type n, const charT* s);

Ersetzt ab Position *pos* im aktuellen string *n* Zeichen durch das Zeichen *c.*

basic_string& **replace** (size_type pos, size_type n, size_type n2, charT c);

Ersetzt den Bereich *first .. last* im aktuellen String durch den String der Instanz *str.*

basic_string& **replace** (iterator first, iterator last, const basic_string& str);

Ersetzt den Bereich *first .. last* im aktuellen String durch *n* Zeichen des Strings *s.*

basic_string& **replace** (iterator first, iterator last, const charT* s, size_type n);

Ersetzt den Bereich *first .. last* im aktuellen String durch den String *s.*

basic_string& **replace** (iterator first, iterator last, const charT* s);

Ersetzt den Bereich *first .. last* im aktuellen String durch *n* Kopien des Zeichens *c.*

basic_string& **replace** (iterator i1, iterator i2, size_type n, charT c);

Ersetzt den Bereich *first1 .. last1* im aktuellen String durch den Bereich *first2 .. last2.*

template<class InputIterator>
basic_string& **replace** (iterator first1, iterator last1, InputIterator first2, InputIterator last2);

Kopiert *n* Zeichen des aktuellen Strings ab Position *pos* in den String *s.*

size_type **copy** (charT* s, size_type n, size_type pos = 0) const;

Vertauscht zwei Strings.

void **swap** (basic_string<charT, traits, Allocator>&);

Erzeugt einen Zeiger auf einen String mit abschließendem NULL-Zeichen, der dem aktuellen String entspricht.

const charT* **c_str** () const; // explicit
const charT* **data** () const;

Liefert einen Allocator.

allocator_type **get_allocator** ( ) const;

Prüft ab Position *pos*, ob in dem aktuellen String der String der Instanz *str* enthalten ist, und gibt die entsprechende Position zurück. **rfind** dient dem Rückwärtsdurchlauf.

size_type **find** (const basic_string& str, size_type pos = 0) const;
size_type **rfind** (const basic_string& str, size_type pos = npos) const;

Prüft ab Position *pos*, ob in dem aktuellen String *n* Zeichen des übergebenen Strings *s* enthalten sind, und gibt die entsprechende Position zurück. **rfind** dient dem Rückwärtsdurchlauf.

size_type **find** (const charT* s, size_type pos, size_type n) const;
size_type **rfind** (const charT* s, size_type pos, size_type n) const;

Prüft ab Position *pos*, ob in dem aktuellen String der übergebene String *s* enthalten ist, und gibt die entsprechende Position zurück. **rfind** dient dem Rückwärtsdurchlauf.

size_type **find** (const charT* s, size_type pos = 0) const;
size_type **rfind** (const charT* s, size_type pos = npos) const;

Prüft ab Position *pos*, ob in dem aktuellen String das Zeichen *c* enthalten ist, und liefert seine Position zurück. **rfind** dient dem Rückwärtsdurchlauf.

size_type **find** (charT c, size_type pos = 0) const;
size_type **rfind** (charT c, size_type pos = npos) const;

Wie **find** bzw. **rfind**, die Suche wird jedoch abgebrochen, wenn ein entsprechendes Zeichen gefunden wurde. **find_last_of** dient dem Rückwärtsdurchlauf.

size_type **find_first_of** (const basic_string& str, size_type pos = 0) const;
size_type **find_first_of** (const charT* s, size_type pos, size_type n) const;
size_type **find_first_of** (const charT* s, size_type pos = 0) const;

size_type **find_first_of** (charT c, size_type pos = 0) const;
size_type **find_last_of** (const basic_string& str, size_type pos = npos) const;
size_type **find_last_of** (const charT* s, size_type pos, size_type n) const;
size_type **find_last_of** (const charT* s, size_type pos = npos) const;
size_type **find_last_of** (charT c, size_type pos = npos) const;

Wie *find_first_of* bzw. *find_last_of*, jedoch wird geprüft, ob in dem aktuellen String der übergebene String *s* bzw. das Zeichen *c* **nicht** vorhanden sind.

size_type **find_first_not_of** (const basic_string& str, size_type pos = 0) const;
size_type **find_first_not_of** (const charT* s, size_type pos, size_type n) const;
size_type **find_first_not_of** (const charT* s, size_type pos = 0) const;
size_type **find_first_not_of** (charT c, size_type pos = 0) const;
size_type **find_last_not_of** (const basic_string& str, size_type pos = npos) const;
size_type **find_last_not_of** (const charT* s, size_type pos, size_type n) const;
size_type **find_last_not_of** (const charT* s, size_type pos = npos) const;
size_type **find_last_not_of** (charT c, size_type pos = npos) const;

Kopiert ab Position *pos* *n* Zeichen aus dem aktuellen String und gibt ihn als **basic_string**-Objekt zurück.

basic_string **substr** (size_type pos = 0, size_type n = npos) const;

Vergleicht ab Position *pos* *n* Zeichen des aktuellen Strings mit dem String der Instanz *str* bzw. den vollständigen String.

int **compare** (const basic_string& str);
int **compare** (size_type pos1, size_type n1, const basic_string& str);
int **compare** (size_type pos1, size_type n1, const basic_string & str,
    size_type pos2, size_type n2) const;
int **compare** (const chart* s) const;
int **compare** (size_type pos1, size_type n1, const chart s,
    size_type n2 =pos) const;

Operatoren

basic_string& **operator=** (const basic_string& str);
basic_string& **operator=** (const charT* s);
basic_string& **operator=** (charT c);
basic_string& **operator+=** (const basic_string& rhs);
basic_string& **operator+=** (const charT* s);
basic_string& **operator+=** (charT c);

2.10 Utility-Klassen

2.10.1 Funktionsobjekte

Funktionsobjekte sind Objekte, die sich wie Funktionen verhalten. Die Schnittstelle des Algorithmen-Templates akzeptiert Objekte, die den **Funktionsoperator** () definiert haben, und erlaubt ihnen ein Funktionsverhalten. Es besteht so die Möglichkeit, dass eigene Funktionsobjekte auf das Algorithmen-Template zugreifen können. Die Header-Datei **functional** muss dazu eingebunden werden.

Dient zur Unterstützung einer einheitlichen Typendefinition von Argument und Rückgabe für Funktionsobjekte mit einem Argument.

```
template <class Arg, class Result>
   struct unary_function
    {
      typedef Arg argument_type;
      typedef Result result_type;
    };
```

Dient zur Unterstützung einer einheitlichen Typendefinition von Argumenten und Rückgabe für Funktionsobjekte mit zwei Argumenten.

```
template <class Arg1, class Arg2, class Result>
   struct binary_function
   {
      typedef Arg1 first_argument_type;
      typedef Arg2 second_argument_type;
      typedef Result result_type;
   };
```

Addition

template <class T>
 struct **plus**: binary_function <T, T, T>
 { T operator () (const T& x, const T& y) const; }

Subtraktion

template <class T>
 struct **minus** : binary_function <T, T, T>
 { T operator () (const T& x, const T& y) const; }

Multiplikation

template <class T>
 struct **times** : binary_function <T, T, T>
 { T operator () (const T& x, const T& y) const; }

Division

template <class T>
  struct **divides** : binary_function <T, T, T>
  { T operator () (const T& x, const T& y) const; }

Modula

template <class T>
  struct **modulus** : binary_function <T, T, T>
  { T operator () (const T& x, const T& y) const; }

Negation

template <class T>
  struct **negate** : unary_function <T, T>
  { T **operator** () (const T& x) const; }

Gleich

template <class T>
  struct **equal_to** : binary_function <T, T, bool>
  { bool operator () (const T& x, const T& y) const; }

Ungleich

template <class T>
  struct **not_equal_to** : binary_function <T, T, bool>
  { bool operator () (const T& x, const T& y) const; }

Größer als

template <class T>
  struct **greater** : binary_function <T, T, bool>
  { bool operator () (const T& x, const T& y) const; }

Kleiner als

template <class T>
  struct **less** : binary_function <T, T, bool>
  { bool operator () (const T& x, const T& y) const; }

Größer als und gleich

```
template <class T>
    struct greater_equal : binary_function <T, T, bool>
    { bool operator () (const T& x, const T& y) const; }
```

Kleiner als und gleich

```
template <class T>
    struct less_equal : binary_function <T, T, bool>
    { bool operator () (const T& x, const T& y) const; }
```

Logisches UND

```
template <class T>
    struct logical_and : binary_function <T, T, bool>
    { bool operator () (const T& x, const T& y) const; }
```

Logisches ODER

```
template <class T>
    struct logical_or : binary_function <T, T, bool>
    { bool operator () (const T& x, const T& y) const; }
```

Logisches NICHT

```
template <class T>
    struct logical_not : unary_function <T, bool>
    { bool operator () (const T& x) const; }
```

Negiert die Aussage des unären Funktionsobjekts *Predicate.* **class unary_negate** ist die dafür notwendige Funktionsklasse, die auch als Rückgabetyp für die Funktion **not1** benutzt wird.

```
template <class Predicate>
   class unary_negate : public unary_function
                          < Predicate :: argument_type, bool>
    {
    public:
       explicit unary_negate (const Predicate& pred);
       bool operator () (const argument_type& x) const;
    };
```

Die unäre Aussage negieren.

```
template <class Predicate>
 unary_negate <Predicate> not1 (const Predicate& pred);
```

Negiert die Aussage des unären Funktionsobjekts *Predicate.* **class binary_negate** ist die dafür notwendige Funktionsklasse, die auch als Rückgabetyp für die Funktion **not2** benutzt wird.

```
template <class Predicate>
 class binary_negate : public binary_function
                          <Predicate::first_argument_type,
                          Predicate::second_argument_type, bool>
   {
   public:
      explicit binary_negate (const Predicate& pred);
      bool operator() (const first_argument_type& x,
                    const second_argument_type& y) const;
   };
```

Die binäre Aussage negieren.

template <class Predicate>
binary_negate <Predicate> **not2** (const Predicate& pred);

Umwandlung eines binären Funktionsobjekts in ein unäres Funktionsobjekt, wobei dem ersten Argument ein fester Wert zugewiesen wird. Dient auch als Rückgabetyp für die Funktion **bind1st.**

```
template <class Operation>
 class binder1st : public unary_function
                         <Operation::second_argument_type,
                          Operation::result_type>
   {
    protected:
      Operation op;      // Instanz des binären Funktionsobjektes, der Konstruktor
                         // initialisiert es mit x
      typename Operator:: first_argument_type value;
    public:
    // Erzeugt ein binder1st-Objekt mit der gleichen Funktion wie x,
    // benutzt aber fürs erste Argument den Wert von y
      binder1st (const Operation& x,
                 const Operation :: first_argument_type& y);
      tpyename Operator::result_type
        operator () (const typename Operation::second_argument_type& x) const;
   };
```

Erzeugt eine Instanz der Template-Klasse **binder1st** und bindet das erste Argument als Datenelement an diese Instanz.

template <class Operation, class T>
binder1st <Operation> **bind1st** (const Operation& op, const T& x);

Umwandlung eines binären Funktionsobjekts in ein unäres Funktionsobjekt, wobei dem zweiten Argument ein fester Wert zugewiesen wird. Dient auch als Rückgabetyp für die Funktion **bind2st.**

```
template <class Operation>
   class binder2nd : public unary_function
                              <Operation::first_argument_type,
                              Operation::result_type>
   {
      protected:
        Operation op;              // Instanz des binären Funktionsobjekts,
                                   // der Konstruktor initialisiert es mit x
        typename Operator:: second_argument_type value;
      public:
                                   // Erzeugt ein binder2st-Objekt mit der gleichen
                                   // Funktion wie x,
                                   // benutzt aber fürs zweite Argument den Wert von y
         binder2nd (const Operation& x,
                    const Operation::second_argument_type& y);
         typename Operation::result_type
           operator () (const typename Operation::first_argument_type& x) const;
    };
```

Erzeugt eine Instanz der Template-Klasse **binder2st** und bindet das zweite Argument als Datenelement an diese Instanz.

template <class Operation, class T>
binder2nd <Operation> **bind2nd** (const Operation& op, const T& x);

Erzeugt aus einem Zeiger auf eine Funktion mit einem Argument ein unäres Funktionsobjekt. Wird als Rückgabetyp für die Funktion **ptr_fun**() benutzt.

```
template <class Arg, class Result>
 class pointer_to_unary_function : public unary_function
                                     <Arg, Result>
   {
    public:
       explicit pointer_to_unary_function (Result (*f)(Arg));
       Result operator () (const Arg& x) const;
   };
```

Erzeugt aus einem Zeiger auf eine Funktion mit zwei Argumenten ein binäres Funktionsobjekt. Wird als Rückgabetyp für die Funktion **ptr_fun**() benutzt.

```
template <class Arg1, class Arg2, class Result>
   class pointer_to_binary_function : public binary_function
                              <Arg1,Arg2,Result>
```

```
  {
   public:
      explicit pointer_to_binary_function (Result (*f)(Arg1, Arg2));
      Result operator () (Arg1& x, Arg2& y) const;
 };
```

Bildet für den Funktionszeiger **f* eine Instanz der Klasse **pointer _to _unary_function** bzw. **pointer_to_binary_function**

template <class Arg, class Result>
    pointer_to_unary_function <Arg, Result> **ptr_fun** (Result (*f) (Arg));
template <class Arg1, class Arg2, class Result>
    pointer_to_binary_function <Arg1,Arg2,Result> **ptr_fun** (Result (*f) (Arg1, Arg2));

In dieser Struktur wird ein Paar von Objekten unterschiedlichen Datentyps repräsentiert.

```
template <class T1, class T2>
   struct pair
   {
      typedef T1  first_type;
      typedef T2  second_type;
      T1 first;                          // Element first.
      T2 second;                         // Element second.
      pair(const T1& x, const T2& y);    // Der Konstruktor initialisiert
                                         // Element first mit x und das
                                         // Element second mit y.
      template <class U, class V>
        pair (const pair <U, V>& p);
   };
```

2.10.2 allocator-Klasse

Sie dient zur Speicherallokation und setzt die Header-Datei **memory** voraus. Der passende Allokator wird, in Abhängigkeit vom Memory-Modell, vom System zur Verfügung gestellt. Unter der Annahme, dass Folgendes gilt:

T, U	jeder beliebige Typ
X	eine allocator-Klasse für Objekte vom Typ T
Y	eine korrespondierende allocator-Klasse vom Typ U
t	ein Wert vom Typ const T&
a, a1, a2	einWert von X&
b	ein Wert vom Typ Y
q	ein Wert vom Typ X::const_pointer
r	ein Wert vom Typ X::reference
s	ein Wert vom Typ X::const_reference

u	ein Wert vom Type Y::const_pointer
n	ein Wert vom Typ X::size_type
p	ein Wert vom Typ X::pointer

Es gelten folgende Anforderungen/Bedingungen für Allocatoren:

Ausdruck	*Rückgabewert*	*Anmerkung*
X::value_type	T	
X::pointer	T *	Der Rückgabewert wird in eine Referenz auf ein Objekt vom Typ T umgewandelt.
X::const_pointer	const T *	Der Rückgabewert wird in eine const-Referenz auf ein Objekt vom Typ T umgewandelt.
X::reference	T&	
X::const_reference	T const&	
X::size_type	vorzeichenloser Integral-Typ	Repräsentiert die Größe des größten Objekts des Memory-Modells.
X::difference_type	vorzeichenbehafteter Integral-Typ	Repräsentiert die Differenz zwischen zwei Zeigern des Memory-Modells.
X ()		Erzeugt eine default-Instanz.
X a (b);		post: Y (a) == b
a.adress (r)	X..pointer	
a.adress (s)	X::const_pointer	
a.allocate (n)	X::pointer	Der Speicher wird für *n* Objekte vom Typ T allokiert, die Objekte werden aber nicht erzeugt.
a.allocator (n, u)		
a.deallocate (p, n)		Gibt den Speicher, der mit *p* assoziiert ist, frei. Es wird vorausgesetzt, dass alle Objekte, auf die *p* verweist, gelöscht wurden.
a.max_size ()	X::size_type	Größter positiver Wert von X::difference_type.
a1 == a2	bool	
a1 != a2	bool	
a.construct (p, t)		entspricht: new ((void*) p) T (t)
a.destroy (p)		bewirkt: ((T*) p) -> ~T ()

Tab. 2.10.1: allocator-Bedingungen/Anforderungen

Typendefinition	
typedef T*	pointer;
typedef const T*	const_pointer;
typedef T&	reference;
typedef const T&	const_reference;
typedef T	value_type;
typedef size_t	size_type;
typedef ptrdiff_t	difference_type;

Konstruktor

allocator () throw();
allocator (const allocator&) throw();

Destruktor

~**allocator** () throw();

Liefert &x.

pointer **address** (reference x) const;
const_pointer **address** (const_reference x) const;

Die Speicherreservierung erfolgt über den **new**-Operator.

pointer **allocate** (size_type, allocator <void>::const_pointer hint = 0);

Gibt den Speicherbereich, auf den *p* verweist, wieder frei.

void **deallocate** (pointer p, size_type n);

Ermittelt die Größe des Speicherbereichs.

size_type **max_size** () const;

Erzeugt ein Objekt.

void **construct** (pointer p, const T& val);

Vernichtet das über p festgelegte Objekt.

void **destroy** (pointer p);

2.10.3 auto_ptr-Klasse

Sie ist zuständig für die automatische Freigabe des Speicherbereichs eines via **new** erzeugten Objekts, wenn der Zeiger auf diesen Speicherbereich gelöscht wurde. Setzt die Header-Datei **memory** voraus.

Konstruktor

explicit **auto_ptr** (X* p =0) throw();

Kopierkonstruktor

auto_ptr (auto_ptr&) throw();

Destruktor

~**auto_ptr** () throw();

Zuweisungsoperator

void **operator=** (auto_ptr&) throw();

Erzeugt eine Referenz auf das Objekt, auf das der Zeiger weist.

X& **operator*** () const throw();

Erzeugt einen Zeiger auf ein Element des Objekts, auf das der Zeiger weist.

X* **operator->** () const throw ();

Liefert den Zeiger zurück.

X* **get** () const throw();

Der Zeiger der Instanz wird freigegeben.

X* **release** () throw();

p wird als neuer Zeiger eingesetzt.

X* **reset** (X* p =0) throw();

2.10.4 raw_storage_iterator-Klasse

Objekte können mit Hilfe dieser Klasse in einem nicht initialisierten Speicherbereich abgelegt werden. Die Definitionen sind in der Header-Datei **memory** enthalten.

Der Konstruktor sorgt dafür, dass der Iterator auf das gleiche Objekt wie *x* zeigt.

explicit **raw_storage_iterator** (OutputIterator x);

Erzeugt eine Referenz auf das Objekt, auf das der Iterator zeigt.

raw_storage_iterator <OutputIterator, T>& **operator*** ();

Erzeugt an der Stelle, auf die der Iterator zeigt, eine Kopie von *element*.

raw_storage_iterator <OutputIterator, T>& **operator=** (const T& element);

Liefert eine Referenz auf das Objekt, auf das der Iterator nach dem Inkrementieren zeigt.

raw_storage_iterator <OutputIterator, T>& **operator++** ();

Liefert eine Referenz auf das Objekt, auf das der Iterator vor dem Inkrementieren gezeigt hat.

raw_storage_iterator <OutputIterator, T> **operator++** (int);

2.11 C++ im Überblick

2.11.1 Standard-Template-Klassen

Template-Klassen		
allocator	complex	num_put
auto_ptr	ctype	numeric_limits
back_insert_iterator	ctype_byname	numpunct
basic_filebuf	deque	ostream_iterator
basic_ifstream	front_insert_iterator	ostreambuf_iterator
basic_ios	gslice_array	pointer_to_binary_function
basic_istream	indirect_array	pointer_to_unary_function
basic_istringstream	insert_iterator	priority_queue
basic_ofstream	istream_iterator	queue
basic_ostream	istreambuf_iterator	raw_storage_iterator
basic_ostringstream	list	reverse_iterator
basic_streambuf	map	set
basic_string	mask_array	slice_array
basic_stringbuf	messages	stack
binary_negate	messages_byname	time_get
binder1st	money_get	time_get_byname
binder2nd	money_put	time_put
bitset	moneypunct	time_put_byname
codecvt	moneypunct_byname	unary_negate
codecvt_byname	multimap	valarray
collate	multiset	vector
collate_byname	num_get	

Tab. 2.11.1: Standard-Template-Klassen

2.11.2 Standard-Template-Funktionen

Temlpate-Funktionen		
abs	includes	random_shuffle
accumulate	inner_product	real
acos	inplace_merge	remove
adjacent_difference	inserter	remove_copy
adjacent_find	isalnum	remove_copy_if
advance	isalpha	remove_if
allocate	iscntrl	replace
arg	isdigit	replace_copy
asin	isgraph	replace_copy_if
atan	islower	replace_if
atan2	isprint	reverse
back_inserter	ispunct	reverse_copy
binary_search	isspace	rotate
bind1st	isupper	rotate_copy
bind2nd	isxdigit	search
conj	iterator_category	set_difference
construct	lexicographical_compare	set_intersection
copy	log	set_symmetric_difference
copy_backward	log10	set_union
cos	lower_bound	sin
cosh	make_heap	sin
count	make_pair	sinh
count_if	max	sort
deallocate	max_element	sort_heap
destroy	merge	sqrt
distance	min	stable_partition
distance_type	min_element	stable_sort
equal	mismatch	swap
equal_range	next_permutation	swap_ranges
exp	norm	tan
fill	not1	tanh
fill_n	not2	tolower
find	nth_element	toupper
find_end	partial_sort	transform
find_first_of	partial_sort_copy	uninitialized_copy
find_if	partial_sum	unititialized_fill
for_each	partition	uninitialized_fill_n
front_inserter	polar	unique
generate	pop_heap	unique_copy
generate_n	pow	upper_bound
getline	prev_permutation	value_type
get_temporary_buffer	ptr_fun	
imag	push_heap	

Tab. 2.11.2: Standard-Temlpate-Funktionen

2.11.3 Standard-Template-Strukturen

Template-Strukturen		
bidirectional_iterator	less	negate
binary_function	less_equal	not_equal_to
divides	logical_and	output_iterator
equal_to	logical_not	pair
forward_iterator	logical_or	plus
greater	minus	random_access_iterator
greater_equal	modulus	times
input_iterator	multiplies	unary_function

Tab. 2.11.3: Standard-Template-Strukturen

2.11.4 numeric-limits-Klasse

numeric-limits-Klasse	
static T min ()	kleinster Wert – äquivalent zu INT_MIN und DBL_MIN
static T max ()	größter Wert – äquivalent zu INT_MAX und DBL_MAX
static const int digits	Anzahl der signifikanten Stellen
static const int digits10	Anzahl der signifikanten Stellen zur Basis 10 – äquivalent zu FLT_DIG und LDBL_DIG
static const bool is_signed	TRUE, wenn der Wert vorzeichenbehaftet sein darf
static const bool is_integer	TRUE, wenn der Wert einen Integer-Typ darstellt
static const bool is_exact	TRUE, wenn der Typ eine exakte Zahl darstellt
static const int radix	Basis bei exp. Zahlendarstellung
static T epsilon ()	Genauigkeit der Zahlendarstellung – äquivalent zu FLT_EPSILON
static T round_error ()	Rundungsfehler
static const int min_exponent	kleinster negativer Exponent – äquivalent zu FLT_MIN_EXP
static const int min_exponent10	kleinster negativer Exponent zur Basis 10 – äquivalent zu FLT_MIN_10_EXP
static const int max_exponent	größter positiver Exponent – äquivalent zu FLT_MAX_EXP
static const int max_exponent10	größter positiver Exponent zur Basis 10 – äquivalent zu FLT_MAX_10_EXP
static const bool has_infinity	TRUE, wenn infinity darstellbar
static const bool has_quiet_NaN	TRUE, wenn nicht »nicht signalisierende« Darstellung von NaN (not a number) möglich
static const bool has_signaling_NaN	TRUE, wenn »signalisierende« Darstellung von NaN (not a number) möglich
static const bool has_denorm	TRUE, wenn ein denormalisierter Wert darstellbar ist

numeric-limits-Klasse	
static T infinity ()	wenn has_infinity true, die Darstellungsform
static T quiet_NaN ()	wenn has_quiet_NaN true, die Darstellungsform
static T signaling_NaN ()	wenn has_signaling_NaN true, die Darstellungsform
static T denorm_min ()	kleinster denormalisierter Wert
static const bool is_iec559	TRUE, wenn IEC 559 Standard (entspricht IEEE 754)
static const bool is_bounded	TRUE, wenn endlicher Zahlentyp
static const bool is_modulo	TRUE, wenn durch Addition keine Bereichsüberschreitung stattfindet
static const bool traps	TRUE, wenn exceptions für traps vorhanden
static const bool tinyness_before	TRUE, wenn der kleinste Wert vor der Rundung gefunden wird – äquivalent zu FLT_ROUNDS
static const float_round_style round_style	Rundungsart

Tab. 2.11.4: numeric-limits-Klasse

2.11.5 Header-Dateien von C++

Header-Dateien von C++			
<algorithm>	<ios>	<map>	<stack>
<bitset>	<iosfwd>	<memory>	<stdexcept>
<complex>	<iostream>	<new>	<streambuf>
<deque>	<istream>	<numeric>	<string>
<exception>	<iterator>	<ostream>	<typeinfo>
<fstream>	<limits>	<queue>	<utility>
<functional>	<list>	<set>	<valarray>
<iomanip>	<locale>	<sstream>	<vector>

Tab. 2.11.5: Header-Dateien von C++

2.11.6 C-Header-Dateien

C-Header-Dateien		
<cassert>	<clocale>	<cstdio>
<cctype>	<cmath>	<cstdlib>
<cerrno>	<csetjmp>	<cstring>
<cfloat>	<csignal>	<ctime>
<ciso646>	<cstdarg>	<cwchar>
<climits>	<cstddef>	<cwctype>

Tab. 2.11.6: C-Header-Dateien

2.11.7 Token

<table>
<tr><th>Primäres Token</th><th>Alternativ</th><th>Primäres Token</th><th>Alternativ</th></tr>
<tr><td>{</td><td><%</td><td>}</td><td>%></td></tr>
<tr><td>[</td><td><:</td><td>]</td><td>:></td></tr>
<tr><td>#</td><td>%:</td><td>##</td><td>%:%:</td></tr>
<tr><td>! =</td><td>not_eq</td><td>!</td><td>not</td></tr>
<tr><td>&&</td><td>and</td><td>& =</td><td>and_eq</td></tr>
<tr><td>&</td><td>bitand</td><td>|</td><td>bitor</td></tr>
<tr><td>| |</td><td>or</td><td>| =</td><td>or_eq</td></tr>
<tr><td>~</td><td>compl</td><td>^</td><td>xor</td></tr>
<tr><td>^ =</td><td>xor_eq</td><td></td><td></td></tr>
</table>

Tab. 2.11.7: ANSI- / ISO-Konversionen für Token

2.11.8 Klassen und Strukturen nach Header

Klassen und Strukturen nach Header-Dateien

<complex>		
complex	class complex<double>	class complex<long double>
class complex<float>		
<exception>		
bad_exception		
<fstream>		
basic_filebuf	basic_ifstream	basic_ofstream
basic_fstream		
<functional>		
bind1st	greater_equal	negate
bind2nd	less	not_equal_to
binary_function	less_equal	plus
binary_negate	logical_and	pointer_to_binary-function
binder1st	logical_not	pointer_to_unary_function
binder2nd	logical_or	unary_function
divides	minus	unary_negate
equal_to	modulus	
greater	multiplies	
<ios>		
basic_ios	ios_base::init	ios_traits<char>
ios_base	ios_traits	ios_traits<wchar_t>
ios_base::failure		
<istream>		
basic_istream	basic_iostream	

Klassen und Strukturen nach Header-Dateien

<iterator>		
back_insert_iterator	forward_iterator_tag	output_iterator_tag
bidirectional_iterator	input_iterator	random_access_iterator_tag
bidirectional_iterator_tag	input_iterator_tag	random_access_iterator
front_insert_iterator	insert_iterator	reverse_bidirectional_iterator
forward_iterator	output_iterator	reverse_iterator
<limits>		
numeric_limits		
<locale>		
codecvt	locale	moneypunct_byname
codecvt_base	locale::facet	num_get
codecvt_byname	locale::id	num_put
collate	messages	numeric_limits
collate_byname	messages_byname	numpunct
ctype	money_base	time_base
ctype_base	money_base::pattern	time_get
ctype_byname	money_get	time_get_byname
ctype<char>	money_put	time_put
ctype_byname<char>	moneypunct	time_put_byname
<memory>		
allocator	nothrow	uninitialized_copy
auto_ptr	raw_storage_iterator	uninitialized_fill
get_temporary_buffer	return_temporary_buffer	uninitialized_fill_n
<ostream>		
basic_ostream		
<sstream>		
basic_istringstream	basic_ostringstream	basic_stringbuf
<stdexcept>		
domain_error	length_error	overflow_error
exception	logic_error	range_error
invalid_argument	out_of_range	runtime_error
<streambuf>		
basic_streambuf		
<string>		
basic_string	basic_string <wchar_t>	string_char_traits <char>
basic_string <char>	string_char_traits	string_char_traits <wchar_t>
<typeinfo>		
bad_cast	bad_typeid	type_info
<utility>		
pair		
<valarray>		
gslice	mask_array	slice_array
gslice_array	slice	valarray
indirect_array		

Tab. 2.11.8: Klassen und Strukturen nach Header-Dateien

Stichwortverzeichnis

D

E

F

N

O

P

T

W

X

Z